Estatuto Jurídico do Trabalhador em Funções Públicas

Estatuto Jurídico do Trabalhador em Funções Públicas

(E DO SINDICALISMO NA ADMINISTRAÇÃO PÚBLICA)

2021 • 2ª Edição revista e atualizada

Francisco Pimentel
Licenciado em Direito pela Universidade Católica de Lisboa
Inspetor Superior da Inspeção Regional da Administração Pública dos Açores

ALMEDINA

ESTATUTO JURÍDICO DO TRABALHADOR EM FUNÇÕES PÚBLICAS

AUTOR
Francisco Pimentel
EDITOR
EDIÇÕES ALMEDINA, S.A.
Rua Fernandes Tomás, nºs 76-80
3000-167 Coimbra
Tel.: 239 851 904 · Fax: 239 851 901
www.almedina.net · editora@almedina.net
DESIGN DE CAPA
EDIÇÕES ALMEDINA, S.A.
PRÉ-IMPRESSÃO
João Jegundo
IMPRESSÃO E ACABAMENTO
ACD Print, S.A.

Agosto, 2021

DEPÓSITO LEGAL
486745/21

ALMEDINA | GRUPOALMEDINA

BIBLIOTECA NACIONAL DE PORTUGAL – CATALOGAÇÃO NA PUBLICAÇÃO

PIMENTEL, Francisco

Estatuto jurídico dos trabalhadores em funções públicas : (e do sindicalismo na administração pública). – 2ª ed. rev. e atualizada. – (Manuais profissionais)
ISBN 978-972-40-9697-1

CDU 342

À memória da Nanda, minha querida irmã,
para que o seu exemplo de amor, alegria de viver
e dedicação profissional inspire e perdure
sempre no seio da sua família

SIGLAS UTILIZADAS

ACCG – Acordo Coletivo de Carreiras Gerais
ACEP – Acordo Coletivo de Empregador Público
ACT – Acordo Coletivo de Trabalho
AP – Administração Pública
AR – Assembleia da República
ASs – Associações Sindicais
CC – Código Civil
CCT – Contrato Coletivo de Trabalho
CES – Conselho Económico e Social
CGA – Caixa Geral de Aposentações
CPC – Código do Processo Civil
CPCS – Comissão Permanente de Concertação Social
CPTA – Código do Processo dos Tribunais Administrativos
CT – Código do Trabalho
DGAEP – Direção-Geral da Administração e Emprego Público
DR – Diário da República
EP – Empregador Público
EPs – Empregadores Públicos
IAP – Indexante dos Apoios Sociais
IGF – Inspeção Geral de Finanças
INA – Instituto Nacional da Administração
IRCT – Instrumento de Regulamentação Coletiva de Trabalho
LOE – Lei do Orçamento do Estado
LP – Lei Preambular nº 35/2014, de 20 de junho, que aprova a LTFP
LTFP – Lei de Trabalho em Funções Públicas
LVCR – Lei de Vínculos, Carreiras e Remunerações, aprovada pela Lei nº 12-A/2008, de 27 de fevereiro (derrogada)
OE – Orçamento de Estado
PNT – Período Normal de Trabalho
RCTFP – Regime do Contrato de Trabalho em Funções Públicas, aprovado pela Lei nº 59/2008, de 11 de setembro (revogada)
RGSS – Regime Geral da Segurança Social
RPSC – Regime da Proteção Social Convergente

INTRODUÇÃO

O presente Guia visa facultar aos trabalhadores que exercem funções públicas e aos seus dirigentes e delegados sindicais um documento prático e acessível que os informe sobre os seus direitos e deveres individuais, enquanto trabalhadores sujeitos de uma relação jurídica de emprego público, e coletivos, enquanto sindicalistas, de modo a que todos possam levar por diante as suas funções e competências em prol da defesa dos seus legítimos direitos e interesses, constitucional e legalmente consagrados, sem esquecer obviamente a prossecução do interesse público a que se encontram vinculados.

A deriva do estatuto da função pública do âmbito do direito público administrativo para o do direito privado do trabalho, numa época em que se assiste aqui a uma marcada flexibilização laboral, precarização do emprego, perda progressiva de direitos e desemprego, fruto da emergência das doutrinas e ideologias neoliberais ocorrida logo a seguir ao colapso dos regimes comunistas; a entrada em vigor de uma nova legislação laboral sobre os trabalhadores em funções públicas, a Lei de Trabalho em Funções Públicas (LTFP); a apreciável redução do efetivo destes trabalhadores, verificada nos últimos anos, como consequência do Programa de Assistência Económica e Financeiro (PAEF), assinado entre Portugal, a União Europeia e o Fundo Monetário Internacional em maio de 2011, por via da sua passagem à reforma ou do puro e simples abandono da função pública, com a concomitante perda dos mais experientes, que constituíam a memória coletiva da Administração Pública (AP), transmissível aos mais novos; o ingresso de novos profissionais sem a devida preparação e aculturação no que toca à organização e funcionamento dos diferentes empregadores públicos (EPs) que constituem a AP; e os impactos recentes da pandemia do COVID 19 sobre a Administração Pública e os seus trabalhadores, em que o recurso ao teletrabalho emergiu como modalidade de trabalho suscetível de conciliar as necessidades do trabalho com as medidas de isolamento profilático, são algumas das razões que justificam e tornam urgente facultar aos trabalhadores e aos seus representantes sindicais informação e formação assertiva sobre a respetiva legislação laboral que lhes permita defender e garantir a sua condição de trabalhadores, enquanto tais, e de cidadãos, detentores de direitos, liberdades e garantias constitucionais.

Por força das alterações legislativas entretanto introduzidas à LTFP, procedeu-se, por último e como não podia deixar de ser, à revisão e atualização do texto da presente obra.

Resta-nos, assim, fazer votos para que este documento se constitua num verdadeiro ***Estatuto Jurídico do Trabalhador em Funções Públicas, e do Sindicalismo na Administração Pública,*** que lhe dê a conhecer os meandros da LTFP que os rege, bem como os direitos e prerrogativas coletivas que assistem aos seus representantes sindicais, que os habilite a melhor exercer a sua atividade sindical junto dos trabalhadores e, não menos importante, junto dos EPs (empregadores públicos) que constituem a nossa AP, na certeza de que é, também, por aqui que passa e se afirma a quota-parte da cidadania que lhes cabe na sociedade, enquanto trabalhadores e sindicalistas, e se contribui assim para a construção de uma sociedade cada vez mais participada, transparente e democrática.

Angra do Heroísmo, 19 maio de 2021

FRANCISCO JOSÉ DUARTE PIMENTEL

PARTE I
A RELAÇÃO JURÍDICA DE EMPREGO PÚBLICO

Capítulo I
A Administração Pública

1. O direito, tradicionalmente definido como o sistema de normas de conduta social, assistido de proteção coletiva (*Introdução ao Estudo do Direito*, João Castro Mendes, Editora Danúbio, Lisboa, 1984), regula as relações jurídicas que se estabelecem entre os homens. Não obstante esta definição do direito ter sido, desde finais do século passado, alvo de críticas visando a substituição do conceito de relação jurídica pelo de situação jurídica, e o facto destes críticos terem conseguido afastar o uso daquele conceito do texto final da LTFP, através do recurso às figuras de vínculo de trabalho em funções públicas e vínculo de emprego público, continuamo-nos a manter fiéis a ele, não só por razões que se prendem com a alteridade do direito e com a dogmática do nosso direito positivo, que assenta no conceito de relação jurídica, mas fundamentalmente por ser esta a noção que melhor nos permite explicar e compreender o objeto e fim últimos do direito. No caso em apreço, que nos permite dizer que o direito da função pública vertido na LTFP é o sistema de normas que regula as relações de trabalho em funções públicas e de emprego público constituídas entre a Administração Pública, por um lado, mas não toda como veremos adiante, e os prestadores de serviço e os trabalhadores, por outro. Administração Pública, enquanto empregador público, e trabalhador em funções públicas, são, por excelência, os sujeitos da relação laboral pública propriamente dita ou do vínculo de jurídico de emprego público regulado na LTFP e que constituem, por isso, o objeto de estudo e os destinatários desta obra (artº 6º da LTFP).

Vejamo-los!

2. AP em sentido orgânico ou subjetivo – é o conjunto de órgãos, serviços e agentes de diferentes e diversas entidades públicas que, reunindo e mobilizando inúmeros recursos financeiros, técnicos, materiais e humanos, desenvolve e prossegue, em nome do interesse público da comunidade em que se insere e representa, a satisfação regular e contínua das suas necessidades coletivas de segurança, cultura e bem-estar, sendo visível a importância da AP pelo conjunto de normas que a CRP lhe consagra (arts. 266º a 272º) e pela sujeição da sua ação de realização do interesse público ao respeito estrito pelos direitos e interesses constitucionalmente protegidos dos cidadãos.

3. AP em sentido material ou objetivo – é, por sua vez, «a atividade típica dos serviços públicos e agentes administrativos desenvolvida no interesse geral da coletividade, com vista à satisfação regular e contínua das necessidades coletivas de segurança, cultura e bem-estar, obtendo para o efeito os recursos mais adequados e utilizando as formas mais convenientes» (Diogo Freitas do Amaral, «Curso de Direito Administrativo», Volume I, 3ª Edição, Almedina, 2009, pág. 39).

4. Entidades que constituem a AP em sentido orgânico ou subjetivo – a AP é composta por uma diversidade de entidades públicas dotadas de personalidade jurídica, de pessoas coletivas públicas, que se passam a enunciar:

a) **Estado-administração** – que é a pessoa coletiva de direito público de população e território que, no país, desenvolve, sob a direção do governo e de modo direto, uma atividade administrativa destinada à satisfação das múltiplas necessidades coletivas de segurança, cultura e bem-estar de âmbito nacional. Estamos aqui perante a chamada **AP direta do Estado (ou AP Central),** que abarca todos os órgãos, serviços e agentes que integram a pessoa coletiva Estado (vd. Lei nº 4/2004, de 15 de janeiro, que aprova os princípios e normas a que deve obedecer administração direta do Estado, alterada pela Lei nº 51/2005, de 30 de agosto, pelo Dec. – Lei nº 200/2006, de 25 de outubro, pelo Dec. – Lei nº 105/2007, de 3 de abril, pela Lei nº 64-A/2008, de 31 de dezembro, pela Lei nº 57/2011, de 28 de novembro, pelo Dec. – Lei nº 116/2011, de 5 de dezembro, e pela Lei nº 64/2011, de 22 de dezembro).

b) **As Autarquias Locais** – são as pessoas coletivas públicas de população e território que, no âmbito das suas circunscrições territoriais administrativas mais pequenas, como sejam os municípios e as freguesias, desenvolvem, sob a direção dos respetivos órgãos executivos e de um modo direto, uma atividade administrativa destinada à satisfação das múltiplas necessidades coletivas das respetivas populações resultantes das suas relações de vizinhança, através de órgãos próprios por elas eleitos. Estamos aqui perante a **AP direta das autarquias (ou AP Local)**, que integra todos os órgãos, serviços e agentes de cada uma das autarquias locais (vd. Lei nº 169/99, de 18 de setembro, que estabelece o quadro de competências, assim como o regime jurídico de funcionamento, dos órgãos dos municípios e das freguesias, alterado pela Lei nº 5-A/2002, de 11 de janeiro, pela Lei nº 67/2007, de 31 de dezembro, pela Lei Orgânica nº 1/2011, de 30 de novembro, pela Lei nº 75/2013, de 12 de setembro, pela Lei nº 75/2013, de 12 de setembro, que estabelece o regime jurídico das autarquias locais das entidades intermunicipais e do associativismo autárquico, retificado pelas Declarações nºs 50-A/2013 e 46-C/2013, respetivamente de 1 e 11 de novembro, alterado pela Lei nº 25/2015, de 30 de março, pela Lei nº 69/2015, de 16 de julho, pela Lei nº 7-A/2016, de 30 de março, e pela Lei nº 42/2016, de 28 de dezembro, e pela Lei nº 71/2018, de 31 de dezembro).

c) **As Regiões Autónomas dos Açores e da Madeira** – são as pessoas coletivas de direito público de população e território que desenvolvem, sob a direção dos seus governos regionais e de um modo direto, uma atividade administrativa destinada à satisfação das múltiplas necessidades coletivas das populações dos respetivos arquipélagos (muito embora estas Regiões possuam autonomia política, caracterizada pela titularidade do poder legislativo próprio por parte das respetivas assembleias legislativas regionais, é, contudo, a sua autonomia administrativa que importa para a sua definição enquanto pessoa coletiva de direito público). Temos aqui as **APs diretas das Regiões (ou as APs Regionais dos Açores e da Madeira),** que abrangem todos os órgãos, serviços e agentes que fazem parte integrante de cada uma das pessoas coletivas regionais (Vd. Estatuto Político-Administrativo dos Açores aprovado pela Lei nº 39/80, de 5 de agosto, alterado pela Lei nº 9/87, de 26 de março, pela Lei nº 61/98, de 27 de agosto, e pela Lei nº 2/2009, de 12 de janeiro, e o Estatuto Político-Administrativo da Madeira, aprovado pela Lei nº 13/91, de 5 de junho, alterado pela Lei nº 130/99, de 21 de agosto, e pela Lei nº 12/2000, de 21 de junho).

d) **Os Institutos Públicos** – são as pessoas coletivas públicas, dotadas de personalidade jurídica, autonomia administrativa e órgãos de gestão próprias, de natureza institucional, que desenvolvem, sob a direção dos respetivos conselhos de administração, uma atividade administrativa destinada à satisfação de necessidades coletivas específicas de carácter não empresarial que lhes forem atribuídas pelas suas entidades criadoras, Estado, Regiões Autónomas ou municípios, ficando, por esse facto, sujeitos aos poderes de superintendência e de tutela destas suas entidades públicas criadoras. Temos aqui **AP Indireta** (adjetivada do Estado, das Regiões ou dos municípios, conforme a entidade pública que esteve na sua génese), que integra todos os órgãos, serviços e agentes que compõem cada um dos institutos (vd. Lei nº 3/2004, de 15 de janeiro, que aprovou a lei-quadro dos institutos públicos, alterada pela Lei nº 51/2005, de 30 de agosto, pelo Decreto – Lei nº 200/2006, de 25 de outubro, pelo Dec. – Lei nº 105/2007, de 3 de abril, pela Lei nº 64-A/2008, de 31 de dezembro, pelo Dec. – Lei nº 40/2011, de 22 de março, pela Resolução da Assembleia da República nº 86/2011, de 11 de abril, pela Lei nº 57/2011, de 28 de novembro, pelo Dec. – Lei nº 5/2012, de 17 de janeiro, pelo Dec. – Lei nº 123/2012, de 20 de junho, pela Lei nº 24/2012, de 9 de julho, pela Lei nº 66-B/2012, de 31 de dezembro, pelo Dec. – Lei nº 102/2013, de 25 de julho, pelo Dec. – Lei nº 40/2015, de 16 de março, e pelo Dec. – Lei nº 96/2015, de 29 de maio).

Freitas do Amaral distingue, no âmbito desta Administração Pública indireta, ***3 espécies de institutos públicos, a saber:***

- ***Os serviços personalizados*** *– são os serviços públicos criados por lei, e por ela dotados de personalidade jurídica e de autonomia administrativa e financeira, «para assegurar o desempenho de determinadas funções administrativas de caráter não empresarial, pertencentes ao Estado ou a outra pessoa coletiva pública», daqui resultando uma sobreposição de conceitos entre estes serviços e os institutos públicos, ao ponto de se poder considerar como estando perante realidades sinónimas. Exemplos: Centros Regionais de Segurança Social, Instituto Nacional de Medicina Legal, Instituto Português do Mar e da Atmosfera, Instituto Nacional de Estatística, Instituto do Emprego e da Formação Profissional, Laboratório Nacional de Engenharia Civil, etc.*
- ***As fundações públicas*** *– são as pessoas coletivas públicas de base fundacional constituídas em torno e por causa de patrimónios consignados à realização de fins públicos específicos, em relação às quais a lei reconhece e atribui personalidade jurídica e autonomia administrativa e financeira próprias, mandando a Lei nº 24/2012, de 9 de julho, que aprova a lei-quadro das fundações, alterada pela Lei nº 150/2015, de 10 de setembro, e regulamentado pelo Dec. – Lei nº 157/2019, de 22 de outubro, aplicar aos respeti-*

vos trabalhadores o regime jurídico dos trabalhadores que exercem funções públicas (artº 52º, nº 2, al. b); vd. ainda artº 48º, al. e)). De acordo com este *diploma as fundações podem assumir uma das seguintes formas:* ***fundações privadas****, que são «as fundações criadas por uma ou mais pessoas de direito privado, em conjunto ou não com pessoas coletivas públicas, desde que estas, isolada ou conjuntamente, não detenham sobre a fundação uma influência dominante»;* ***fundações públicas de direito público****, que são «as fundações criadas exclusivamente por pessoas coletivas públicas, bem como os fundos personalizados criados exclusivamente por pessoas coletivas públicas nos termos da lei-quadro dos institutos públicos»;* ***fundações públicas de direito privado****, que são «as fundações criadas por uma ou mais pessoas coletivas públicas, em conjunto ou não com pessoas de direito privado, desde que aquelas, isolada ou conjuntamente, detenham uma influência dominante sobre a fundação» (artº 4º).*

- ***Os estabelecimentos públicos*** *– são «institutos públicos de natureza cultural ou social, organizados como serviços abertos ao público, e destinados a efetuar prestações individuais à generalidade dos cidadãos que delas careçam», sendo exemplo disso as Universidades Públicas, que são institutos públicos na modalidade de estabelecimentos públicos, mas de regime especial por força do disposto nos arts. 3º, nº 2 e 48º, nºs 1, al. a) e 2 da Lei nº 3/2004, de 15 de janeiro, sucessivamente alterado, e da Lei nº 62/2007, de 10 de setembro, que aprova o regime jurídico das instituições de ensino superior (Marcelo Rebelo de Sousa e João Caupers são do entendimento que as universidades públicas integram a administração autónoma).*

e) **As associações públicas** – que integram a chamada administração autónoma, são as pessoas coletivas de direito público, de tipo associativo, destinadas à prossecução de determinados interesses públicos pertencentes a um grupo de pessoas que se organizam com um fim específico, não lucrativo, e que, por esse facto, definem «com independência a orientação das suas atividades, sem sujeição a hierarquia ou a superintendência do Governo», a saber, as associações de freguesias, as comunidades intermunicipais, as áreas metropolitanas, as regiões de turismo, enquanto associações públicas de entidades públicas, as ordens profissionais dos médicos, dos advogados, as câmaras dos solicitadores, dos despachantes oficiais e dos revisores oficiais de contas, como exemplo de associações públicas de entidades privadas.

f) **As empresas públicas/entidades públicas empresariais/empresas municipais** – que integram a administração pública indireta, são as organizações económicas de fim lucrativo, criadas e controladas por entidades públicas maiores, Estado, Regiões Autónomas ou municípios (vd. Dec. – Lei nº 133/2013, de 3 de outubro, que estabelece os princípios e regras aplicáveis ao sector público empresarial, incluindo as bases gerais do estatuto das empresas públicas, alterado pela Lei nº 75-A/2014, de 30 de setembro, pela Lei nº 42/2016, de 28 de dezembro, pela Lei nº 114/2017, de 29 de dezembro, e pelo Dec. – Lei nº 39-B/2020, e Lei nº 50/2012, de 31 de agosto, que aprovou o regime jurídico da atividade empresarial local e das participações locais, alterada pela Lei nº 53/2014, de 25 de agosto, pela Lei nº 69/2015, de 16 de julho, pela Lei nº 7-A/2016, de 30 de março, pela Lei nº 42/2016, de 28 de dezembro, pela Lei nº 114/2017, de 29 de dezembro, pela Lei nº 71/2018, de 31 de dezembro, e pela Lei nº 2/2020, de 31 de março).

5. Administração autónoma – é a administração pública que prossegue interesses públicos próprios que a constituem e por isso se dirige a si mesma, definindo com independência a orientação das suas atividades, sem sujeição a hierarquia ou a superintendência do governo (Freitas do Amaral, in Curso de Direito Administrativo, 3º edição, Volume I, Almedina, 2009, págs. 420 e 421), constituindo exemplos desta autoadministração as associações públicas, as autarquias locais e, de um modo especial, as Regiões Autónomas (detentoras de autonomia política, isto é, de poder legislativo próprio).

6. Empregador público (EP) – conforme teremos oportunidade de ver no Capítulo IV desta obra, nem todas estas entidades públicas enunciadas anteriormente, que integram a nossa AP, são empregadoras públicas, só o sendo assim consideradas as que possam constituir relações ou vínculos de emprego público nos termos da LTFP (artº 25º, nº 1).

Capítulo II
O Vínculo de Trabalho em Funções Públicas: Modalidades

1. **O vínculo de trabalho em funções públicas** – a AP, para poder funcionar corretamente em ordem a satisfazer as necessidades coletivas que lhe estão legalmente cometidas, necessita de admitir e contratar pessoas de modo a assim obter a sua prestação de trabalho para o exercício de funções públicas no âmbito da atividade desenvolvida pelos seus órgãos e serviços, constituindo assim com elas um vínculo de trabalho em funções públicas, sendo a **Lei de Trabalho em Funções Públicas, LTFP, aprovada pela Lei nº 35/2014, de 20 de junho, o diploma que regula este vínculo de trabalho em funções públicas** (artº 1º, nº 1 da LTFP – doravante todas as referências a artigos sem mais devem entender-se como reportadas à LTFP), alterada pela Lei nº 82-B/2014, de 31 de dezembro, pela Lei nº 84/2015, de 7 de agosto, que consagrou a meia jornada como nova modalidade de horário de trabalho, pela Lei nº 18/2016, de 20 de junho, que repôs o horário semanal das 35 horas de trabalho na Administração Pública, com entrada em vigor a 1 de julho de 2016, pela Lei nº 42/2016, de 28 de dezembro, que aditou o artº 99-A à LTFP, sobre a consolidação da mobilidade intercarreiras, pela Lei nº 25/2017, de 30 de maio, que aprovou o regime da valorização profissional em substituição do da requalificação profissional, pela Lei nº 70/2017, de 14 de agosto, que alterou a redação do artº 2º, nº 2 da LTFP, pela Lei nº 73/2017, de 16 de agosto, que alterou ao arts. 4º e 71º da LTFP, pela Lei nº 114/2017, de 29 de dezembro, que repôs em vigor em 2018 os acréscimos do valor de retribuição horária do regime do trabalho suplementar previstos na LTFP, pela Lei nº 49/2018, de 14 de agosto, que alterou o artº 215º da LTFP, pela Lei nº 71/2018, de 31 de dezembro, que aditou o artº 39º-A da LTFP, pelo Dec. – Lei nº 6/2019, de 14 de janeiro, que altera os arts. 76º, 176º, 291º, e 292º da LTFP, pelo Dec. – Lei nº 85/2019, de

1 de julho, que permite aos trabalhadores em funções públicas faltarem justificadamente para acompanhamento de menor de 12 anos no primeiro dia do ano letivo, pelo Dec. – Lei nº 114/2019, de 20 de agosto, que estabelece o regime da carreira especial de fiscalização, extinguindo as carreiras de fiscal municipal, de fiscal técnico de obras, de fiscal técnico de obras públicas e de todas as carreiras de fiscal técnico adjetivadas, pela Lei nº 79/2019, de 2 de setembro, que adita à LTFP os arts. 16º- A a 16º- G sobre saúde e segurança no trabalho, pela Lei nº 82/2019, de 2 de setembro, que alterou os arts. 71º e 72º da LTFP, pelo Dec. – Lei nº 10-A/2020, de 13 de março, que estabelece Medidas Excecionais e Temporárias Relativas à Situação Epidemiológica do Novo Coronavírus – COVID 19, pela Lei nº 1-A/2020, de 19 de março, que aprova medidas excecionais e Temporárias de Resposta à Situação Epidemiológica Provocada pelo coronavírus SARS-CoV-2 e da doença COVID-19, e pela Lei nº 2/2020, de 31 de março, que altera o artigo 4º, com aplicação a todos os processos que se encontrem pendentes em 01-04-2020 e determina que partir do ano de 2020 seja retomado o normal desenvolvimento das carreiras, no que se refere a alterações de posicionamento remuneratório, progressões e mudanças de nível ou escalão, passando o pagamento dos acréscimos remuneratórios a que o trabalhador tenha direito a ser feito na sua totalidade.

2. Modalidades de trabalho em funções públicas – o vínculo de trabalho em funções públicas pode ser constituído por uma das seguintes formas ou modalidades (artº 6º, nº 1):

I. **Contrato de prestação de serviço para o exercício de funções públicas** – é aquele que se constitui entre a AP, por um lado, e, em regra, uma pessoa coletiva ou, excecionalmente, uma pessoa singular, por outro lado, através da qual esta última se compromete a prestar àquela um trabalho não subordinado – caraterizado legalmente por ser o trabalho executado com autonomia, não sujeito à disciplina e à direção do órgão e serviço contratante e em que não há lugar a qualquer obrigação do cumprimento de um horário de trabalho (artº 10º, nº 1) – no caso da pessoa contratada ser um singular, ie, um indivíduo, este assume o papel ou função de trabalhador por conta própria, de mero prestador de serviço, não sendo assim investido na qualidade de trabalhador em funções públicas, subordinado, por conta de outrem.
II. **Vínculo de emprego público** – é aquele através do «qual uma pessoa singular presta a sua atividade a um EP, de forma subordinada e mediante remuneração», sujeito à observância de um horário de tra-

balho, ficando assim investido na qualidade de verdadeiro trabalhador subordinado em funções públicas (artº 6º, nº 2).

3. Modalidades de contrato de prestação de serviços – são duas, a saber:

a) **Contrato de tarefa** – «cujo objeto é a execução de trabalhos específicos, de natureza excecional, não podendo exceder o termo do prazo contratual inicialmente estabelecido» (artº 10º, nº 2. al. *a*)), devendo o trabalho específico e concreto a realizar aqui extravasar o âmbito das atividades normais, permanentes ou transitórias, prosseguidas pelo órgão ou serviço;

b) **Contrato de avença** – que tem como objeto «a execução de prestações sucessivas no exercício de profissão liberal, com retribuição certa mensal, podendo ser feito cessar a todo o tempo, por qualquer das partes, mesmo quando celebrado com cláusula de prorrogação tácita, com aviso prévio de 60 dias e sem obrigação de indemnizar» (artº 10º, nº 2, al. *b*)).

4. Publicitação – os contratos de prestação de serviços, suas renovações e cessações, são afixadas no órgão ou serviço e inseridas em página eletrónica, por extrato (artº 5º, nº 1, als. *c)* e *d)* da LP).

5. Requisitos para a celebração de um contrato de prestação de serviços – a sua celebração depende da verificação dos seguintes requisitos cumulativos:

a) Se trate da execução de trabalho não subordinado, para o qual não se revele conveniente o recurso a qualquer modalidade de vínculo de emprego público;

b) Seja observado o regime legal de aquisição de serviços;

c) Seja comprovada pelo prestador de serviço a regularidade da sua situação fiscal e perante a segurança social (artº 32º, nº 1 da LTFP);

d) Sem prejuízo do cumprimento dos requisitos *b)* e *c)*, a celebração deste contrato de prestação de serviço carece ainda da emissão de prévio parecer favorável dos membros do Governo responsáveis pelas áreas das finanças e da AP, relativamente à verificação daquele primeiro requisito (artº 32º, nº 2 da LTFP).

6. Nulidade dos contratos de prestação de serviços – se se detetar a existência de uma subordinação jurídica nalguns destes contratos são os mesmos considerados nulos, não dando lugar à constituição de um vínculo de emprego público (artº 10º, nº 3), produzindo, porém, os seus efeitos durante o tempo em que tenham estado em execução como se de um verdadeiro contrato de trabalho em funções públicas se tratasse (isto, no seguimento do disposto no artº 12º, nº 1 do CT, aplicável por remissão do artº 4º da LTFP), sem prejuízo do apuramento da responsabilidade civil, financeira e disciplinar de quem de direito (artº 10,º, nº 4).

7. Deteção de falsos contratos de prestação de serviços pelo IGF – caso a existência destes contratos de prestação de serviços para execução de trabalho subordinado seja detetada através de relatório de auditoria efetuada pela IGF, em articulação com a DGAEP, tal significa o «reconhecimento pelo órgão ou serviço da necessidade de ocupação de um posto de trabalho com recurso à constituição de um vínculo de emprego público por tempo indeterminado ou a termo, conforme caracterização resultante daquela auditoria, determinando:

a) A alteração do mapa de pessoal do órgão ou serviço, por forma a prever aquele posto de trabalho;
b) A publicitação de procedimento concursal para constituição de vínculo de emprego público (...)» (artº 32º, nº 4).

8. Presunção da existência de relação de trabalho subordinado – quando a relação constituída por um contrato de prestação de serviços apresente algumas das caraterísticas enunciadas no artº 12º, nº 1 do CT, aplicável por força do disposto no artº 4º da LTFP, ou se venha a apurar que as funções prestadas pela pessoa singular se enquadram nas funções normais, permanentes ou transitórias, dos órgãos ou serviços, deve-se então presumir a existência de uma relação de trabalho subordinado durante o tempo de vigência daquele contrato até à declaração da sua nulidade (artº 6º).

Capítulo III
O Vínculo de Emprego Público
Modalidades de Constituição

1. O vínculo de emprego público – é aquele através do qual uma pessoa singular admitida presta o seu trabalho a um EP e adquire assim a qualidade de verdadeiro **trabalhador em funções públicas**, na medida em que este vínculo o subordina, mediante remuneração, ao poder de direção e disciplina do EP e ao cumprimento do horário de trabalho definido por este (artº 6º, nº 2).

2. Modalidades de constituição do vínculo de emprego público – são 3, a saber (artº 6º, nº 3):

a) **Contrato de trabalho em funções públicas** – é o contrato administrativo através do qual uma pessoa singular se compromete a ***prestar a sua atividade*** (trabalho manual ou intelectual) a um EP, Estado ou outra pessoa coletiva pública, tal como vem definido e delimitado na LTFP (arts. 1º, 2º e 25º), de ***forma subordinada*** e ***mediante remuneração***, sendo que esta modalidade de constituição de um vínculo jurídico de emprego público se assume como a modalidade regra por ser utilizado relativamente à generalidade dos trabalhadores que não tenham o seu vínculo especificamente constituído por nomeação ou comissão de serviço (arts. 6º, nº 3, al. *a)*, 7º e 40º), em que as respetivas funções são geralmente exercidas no âmbito das carreiras de regime geral, podendo, contudo, ter também lugar no quadro de carreiras especiais desde que não envolvam o exercício de funções de autoridade e soberania típicas da nomeação (arts. 8º e 84º, nºs 3 e 4);

b) **Nomeação** – é o ato administrativo, unilateral, do EP, cuja eficácia depende da aceitação do nomeado, que só pode ser utilizado «nos casos de exercício funções no âmbito das seguintes atribuições, competências e atividades:

I. Missões genéricas e específicas das Forças Armadas em quadros permanentes;
II. Representação externa do Estado;
III. Informações de segurança;
IV. Investigação criminal;
V. Segurança pública, quer em meio livre quer em meio institucional;
VI. Inspeção»,

Sendo que o exercício destas funções só pode ser desenvolvido, obrigatoriamente, no âmbito de carreiras especiais (artº 8º, nº 2).
(Vd. arts. 6º, nº 3, al. *b)*, 8º, nº 1 e 41º a 44º)

c) **A comissão de serviço** – é o ato administrativo, unilateral, do EP utilizável apenas nos casos:

I. Do exercício de «cargos não inseridos em carreiras, designadamente cargos dirigentes;
II. De funções exercidas com vista à aquisição de formação específica, habilitação académica ou título profissional por trabalhador com vínculo de emprego público por tempo indeterminado» (artº 9º, nº 1), como são os casos dos auditores do Curso de Estudos Avançados em Gestão Pública dado pelo INA e dos médicos internos, por exemplo, desde que possuam um vínculo de emprego público indeterminado anterior, que frequentam a sua formação específica em regime de comissão de serviço (se o seu vínculo não for indeterminado, a sua formação faz-se então em regime de contrato de trabalho em funções públicas a termo resolutivo).

3. Sujeitos do vínculo de emprego público – o vínculo de emprego público não é assim mais do que uma relação jurídica de emprego público constituída por contrato de trabalho em funções, nomeação ou comissão de serviço entre duas partes, a saber, o EP e o trabalhador em funções públicas, que se assumem deste modo como os sujeitos desta relação de emprego (arts. 1º, 2º, 17º, 25º e seguintes).

4. Vigência no tempo do vínculo de emprego público – este vínculo, seja ele na modalidade de contrato de trabalho em funções públicas ou de nomeação, no que toca à sua vigência no tempo, pode ainda ser constituído por (artº 6, nº 4):

a) **Tempo indeterminado** (ou seja, a título permanente, tendencialmente definitivo), sob a forma de ***contrato de trabalho em funções públicas por tempo indeterminado*** e de ***nomeação definitiva***;

b) **Termo resolutivo** (isto é, a prazo), que pode assumir as figuras de ***contrato de trabalho em funções públicas a termo resolutivo certo ou incerto*** e de ***nomeação transitória***, nas situações excecionais enunciadas no artº 57º e sempre que as necessidades em causa não possam ser justificadamente satisfeitas com recurso ao pessoal a tempo indeterminado do respetivo órgão ou serviço, considerando-se ilegais, logo nulos, os contratos celebrados fora daquelas situações (artº 63º).

A comissão de serviço, como veremos adiante, pela sua natureza, tem a sua vigência limitada no tempo, podendo-se assim afirmar que estamos perante um vínculo a termo.

5. Exclusividade na constituição do vínculo de emprego público – significa que o EP só pode constituir uma relação ou vínculo jurídico de emprego público com o trabalhador que deseja admitir apenas, e tão só, através do recurso a uma das modalidades legais de constituição desta mesma relação previstas no artº 6º, nºs 2 e 3 da LTFP.

Capítulo IV
O Empregador Público

1. Empregador Público – «é o Estado ou outra pessoa coletiva pública que constitui vínculos de emprego público nos termos» da LTFP (artº 25º, nº 1), aprovada pela Lei nº 35/2014, de 20 de junho, sendo o EP equiparado a empresa para efeito de aplicação das regras do CT que dependem do número de trabalhadores (nº 3).

2. Tipos de empregadores públicos – nem todas as pessoas coletivas que compõem a AP enunciadas no Capítulo I são EPs, apenas o sendo aquelas pessoas coletivas de direito público que, de acordo com o disposto no artº 1º, podem constituir um vínculo de emprego público, a saber:

a) **A administração direta do Estado, i.e., o Estado-administração;**
b) **Os serviços da administração regional, i.e., as administrações regionais dos Açores e da Madeira;**
c) **Os serviços da administração autárquica, i.e., as administrações locais dos municípios e freguesias;**
d) **A administração indireta do Estado, das Regiões Autónomas e das autarquias locais, i.e., os institutos públicos** (artº 1º, nº 2);
e) **Os órgãos e serviços de apoio do Presidente da República, dos tribunais e do Ministério Público e respetivos órgãos de gestão e outros órgãos independentes** (artº 1º, nº 3);
f) **Os órgãos e serviços de apoio da Assembleia da República** (artº 1º, nº 4).

3. Exercício das competências por parte do EP – essas competências são exercidas:

a) **Pelo dirigente máximo do órgão ou serviço,** na administração direta (arts. 1º, nº 2, 25º, nº 1, e 27º, nº 1, al. *a*));
b) **Pelo órgão de direção da pessoa coletiva pública,** na administração indireta (arts. 1º, nº 2, 25º, nº 1, e 27º, nº 1, al. *b*));
c) **Pelo presidente da câmara,** nos municípios (arts. 1º, nº 2, 25º, nº 1, e 27º, nº 2, al. *a*));
d) **Pela junta de freguesia,** nas freguesias (arts. 1º, nº 2, 25º, nº 1, e 27º, nº 2, al. *b*));
e) **Pelo presidente do conselho de administração,** nos serviços municipalizados, no que toca à administração autárquica (arts. 1º, nº 2, 25º, nº 1, e 27º, nº 2, al. *c*)).

Nota** – De acordo com o disposto no artº 2º, nºs 2, 3 e 4 da Lei nº 2/2004, de 15 de janeiro, que aprovou o estatuto do pessoal dirigente, sucessivamente alterado, os **cargos dirigentes das administrações central, regional e local classificam-se em:

a) ***Cargos de direção superior**, que, em função do nível hierárquico e das competências e responsabilidades que lhes estão cometidas, se subdividem em 2 graus, a saber:*
   i) ***Cargos de direção superior de 1º Grau,** como os de **diretor-geral, secretário-geral, inspetor-geral e presidente;***
   ii) ***Cargos de direção superior de 2º Grau,** nomeadamente, **subdiretor-geral, secretário-geral-adjunto, subinspetor-geral e vice-presidente**.*

b) ***Cargos de direção intermédia**, que, em função do nível hierárquico e das competências e responsabilidades que lhes estão cometidas, se subdividem em tantos graus quantos os que a organização interna exija, sendo:*
   i) ***Cargos de direção intermédia de 1º Grau** – o de **diretor de serviços;***
   ii) ***Cargos de direção intermédia de 2º Grau** – o de **chefe de divisão.***

4. Extensão do âmbito de aplicação subjetiva – a LTFP aplica-se ainda aos trabalhadores recrutados para exercerem funções nos serviços periféricos externos do Ministério dos Negócios Estrangeiros (artº 1º, nº 5) e aos trabalhadores já com contrato de trabalho em funções públicas, mas que não exerçam funções em nenhum dos EPs anteriormente referidos (artº 1º, nº 6).

5. Inaplicabilidade da LTFP – a LTFP não se aplica ao pessoal:

a) **Dos gabinetes de apoio dos membros do Governo** e dos titulares dos órgãos referidos nos nºs 2 e 4 do artº 1º (artº 2º, nº 1, al. *a*); vd. ainda o Dec. – Lei nº 11/2012, de 20 de janeiro (alterado pelo Dec. – Lei nº 25/2017, de 3 de março, e pelo Dec. – Lei nº 33/208, de 15 de maio), que estabelece a natureza, a composição, a orgânica e o regime jurídico a que estão sujeitos os gabinetes dos membros do Governo e o respetivo pessoal);

b) **Das entidades públicas empresariais** (artº 2º, nº 1, al. *b)*);

c) **Das entidades administrativas independentes com funções de regulação da atividade económica dos setores privado, público e cooperativo e Banco de Portugal** (artº 2º, nº 1, al. *c)*);

d) **Associações públicas, v.g., as ordens profissionais;**

e) **Militares das Forças Armadas, da Guarda Nacional Republicana, ao pessoal com funções policiais da Polícia de Segurança Pública, ao pessoal da carreira de investigação criminal, da carreira de segurança e ao pessoal com funções de inspeção judiciária e de recolha de prova da Polícia Judiciária e ao pessoal da carreira de investigação e fiscalização do Serviço de Estrangeiros e Fronteiras**, cujos regimes constam de lei especial, sem prejuízo do disposto nas als. *a)* e *e)* do nº 1 do artº 8º e do respeito pelos princípios aplicáveis ao vínculo de emprego público previstos nos arts. 11º, 19º a 24º, 28º a 31º, 33º, 79º, nº 1, 80º, 84º, 85º, 87º, nº 1, 145º a 147º, 149º, nºs 1 e 2, 150º, nº 1, 154º, 159º e 169º a 175º, todos da LTFP (artº 2º, nº 2 da LTFP, na redação que lhe foi dada pela Lei nº 70/2017, de 14 de agosto).

6. Sucessão na posição jurídica de empregador público – há esta sucessão quando um trabalhador com vínculo de emprego público com uma pessoa coletiva pública passa a exercer a sua atividade a título definitivo noutra pessoa coletiva pública abrangida pela LTFP (artº 25º, nº 2), cabendo àquela as obrigações que se constituam até à data da sucessão enquanto esta última assumirá a responsabilidade pelo cumprimento das obrigações que surjam a partir daquela data, o mesmo acontecendo em matéria disciplinar quando o trabalhador cometa uma infração disciplinar no âmbito de um determinado EP e mude para outro sem que tenha sido entretanto punido, cabendo sempre àquele EP a competência para instaurar o procedimento tendente ao apuramento da responsabilidade efetiva do trabalhador, incumbindo ao novo EP a execução da pena que vier a ser fixada, isto por força do disposto no artº 176º, nº 4 (que determina que a alteração da situação jurídico-funcional do trabalhador não impede a punição pelas infrações por ele cometidas) – porque a lei atribui a competência para a instauração do procedimento disciplinar ao superior hierárquico do EP onde o trabalhador se encontra a exercer funções e pratica a infração (artº 196º), apenas ele é competente para o instaurar, uma vez que é a ordem e disciplina do órgão ou serviço do EP a que pertence que são postas em causa com o comportamento do trabalhador, não havendo, por isso, lugar à transmissão de tal competência para os superiores hierárquicos do novo EP onde o trabalhador passou a exercer funções.

Em suma, para haver lugar à sucessão na posição jurídica de EP é necessário que se verifiquem 3 condições, a saber:

a) **Que a sucessão ocorra entre 2 EPs;**
b) **Que não haja quebra de vínculo de emprego; e,**
c) **Que o trabalhador transite para o novo EP a título definitivo.**

7. Pluralidade de empregadores públicos – a LTFP admite a possibilidade dos EPs poderem celebrar contratos de trabalho, sempre por escrito, em regime de pluralidade de empregadores nos termos do artº 101º do CT, em que o vínculo de emprego público é constituído simultaneamente com vários EPs (artº 26º, nº 1), ficando o trabalhador, em caso de cessação da situação de pluralidade de empregadores, apenas vinculado ao EP que representar os demais no cumprimento dos deveres e no exercício dos direitos que resultam do contrato de trabalho, salvo acordo em contrário; porém, se tal representação não constar do contrato, o trabalhador tem então o direito de optar pelo EP que pretende ficar vinculado. A qualquer um daqueles empregadores é legítimo exigir, nos termos do disposto no artº 512º do CC, sobre obrigações solidárias, integralmente a prestação a que o trabalhador se comprometeu, considerando-se este desobrigado no caso de a cumprir.

Capítulo V
O Trabalhador em Funções Públicas

1. Trabalhador em funções públicas – é o trabalhador que, por contrato de trabalho em funções públicas, nomeação ou comissão de serviço, constitui um vínculo de emprego público com um EP nos termos da LTFP (arts. 6º, nº 3 e 25º, nº 1).

2. Função pública – é o conjunto de pessoas que prestam o seu trabalho de forma subordinada, profissional e especializada aos diversos EPs que constituem a AP, e que têm o seu vínculo de emprego público regulado e disciplinado por um estatuto laboral próprio e específico de direito público administrativo e pelo Código do Trabalho, para o qual aquele remete através da sua LTFP (artº 4º).

3. Prevalência do interesse público – porque a AP prossegue e defende o interesse público e detém, por isso, especiais poderes e prerrogativas de autoridade, previstas e atribuídas por lei, ela está sujeita a um conjunto de princípios e normas específicas de direito público, constitucional e administrativo, que se projetam e refletem sobre a situação jurídico dos seus trabalhadores, sujeitando-os assim a um estatuto laboral próprio.

4. Estatuto da Função Pública – é o conjunto de normas de direito público administrativo, bem como do Código do Trabalho, aplicável por força da remissão contida no artº 4º da LTFP, que define e regula a relação ou vínculo de emprego público constituído entre o EP, por um lado, e o respetivo trabalhador, por outro lado, nos termos da LTFP.

5. Diplomas que integram o Estatuto da Função Pública – são vários, de entre os quais salientamos como os mais importantes os seguintes:

- **Lei Geral de Trabalho em Funções Públicas, LTFP,** aprovada pela Lei nº 35/2014, de 20 de junho, ou Lei Preambular (LP), que regula o vínculo de trabalho em funções públicas (artº 1º, nº 1 da LTFP), sucessivamente alterada;
- **Decreto Regulamentar nº 14/2008, de 30 de julho,** que estabelece os níveis da tabela remuneratória única correspondentes às posições remuneratórias das categorias das carreiras gerais de técnico superior, de assistente técnico e de assistente operacional (artº 42º, nºs 2, al. *a)* e 3 da LP);
- **Portaria nº 1553-C/2008, de 31 de dezembro,** que aprova a tabela remuneratória única dos trabalhadores que exercem funções públicas, contendo o número de níveis remuneratórios e o montante pecuniário correspondente a cada um e atualiza os índices 100 de todas as escalas salariais, sucessivamente alterada (artº 42º, nº 2, al. *b)* da LP);
- **Portaria nº 62/2009, de 22 de janeiro,** que aprova os modelos de termo de aceitação da nomeação e de termo de posse (artº 42º, nº 2, al. *c)* da LP);
- **Lei nº 66-B/2007, de 28 dezembro,** que estabelece o sistema integrado de gestão e avaliação do desempenho na AP, alterado pela Lei nº 64-A/2008, de 31 de dezembro, pela Lei nº 55-A/2010, de 31 de dezembro, e pela Lei nº 66-B/2012, de 31 de dezembro (artº 5º, al. *a)* da LTFP);
- **Dec. – Lei nº 503/99, de 20 de novembro,** que estabelece o regime de acidentes de trabalho e doenças profissionais dos trabalhadores que exercem funções públicas, alterado pelo Dec. – Lei nº 77/2001, de 5 de março, pela Lei nº 59/2008, de 11 de Setembro, pela Lei nº 64-A/2008, de 31 de dezembro, pela Lei nº 11/2014, de 6 de março, pela Lei nº 82-B/2014, de 31 de dezembro (artº 5º, al. *b)* da LTFP), pelo Dec. – Lei nº 33/2018, de 15 de maio, pelo Dec. – Lei nº 84/2019, de 28 de junho, pela Lei nº 2/2020, de 31 de dezembro, e pela Lei nº 46/2020, de 20 de agosto;
- **Dec. – Lei nº 86-A/2016, de 29 de dezembro,** que estabelece o regime jurídico da formação profissional na AP (artº 5º, al. *c)* da LTFP), adaptado à AP local pelo Dec. – Lei nº 173/2019, de 13 de dezembro (o Dec. – Lei nº 50/98, de 11 de março, define o valor hora da formação ministrada pelas entidades formadoras públicas);
- **Lei nº 2/2004, de 15 de janeiro,** que aprova o estatuto do pessoal dirigente, alterada pela Lei nº 51/2005, de 30 de agosto, pela Lei nº 64-A/2008, de 31 de dezembro, pela Lei nº 3-B/2010, de 28 de abril,

pela Lei nº 64/2011, de 22 de dezembro, pela Lei nº 68/2013, de 29 de agosto, e pela Lei nº 128/2015, de 3 de setembro (artº 5º, al. *d)* da LTFP);

- **Decreto – Lei nº 118/83 de 25 de fevereiro**, que fixa o regime de proteção social aos funcionários e agentes da AP – ADSE, alterado pelo Dec. – Lei nº 90/98, de 14 de abril, pelo Dec. – Lei nº 279/99, de 26 de julho, pelo Dec. – Lei nº 234/2005, de 30 de dezembro, pela Lei nº 53-D/2006, de 29 de dezembro, pela Lei nº 64-A/2008, de 31 de dezembro, pela Lei nº 3-B/2010, de 28 de abril, pela Lei nº 55-A/2010, de 31 de dezembro, pela Lei nº 64-B/2011, de 30 de dezembro, pelo Dec. – Lei nº 105/2013, de 30 de julho, pelo Dec. – Lei nº 161/2013, de 22 de novembro, pela Lei nº 30/2014, de 19 de maio, pelo Dec. – Lei nº 33/2018, de 15 de maio, pelo Dec. – Lei nº 124/2018, de 28 de dezembro, e pela Lei nº 2/2020, de 31 de março;
- **Decreto – Lei nº 498/72, de 9 de dezembro,** que aprova o estatuto da aposentação – Caixa Geral de Aposentações – CGA, profusamente alterado;
- **Lei nº 102/2009, de 10 de setembro** – que aprova o regime jurídico da promoção da segurança e saúde no trabalho, aplicável a todos os trabalhadores públicos e privados, alterada pela Lei nº 42/2012, de 28 de agosto, pela Lei nº 3/2014, de 28 de janeiro, pelo Dec. – Lei nº 88/2015, de 28 de maio, pela Lei nº 146/2015, de 9 de setembro, e pela Lei nº 28/2016, de 23 de agosto, e pela Lei nº 79/2019, de 2 de setembro;
- **Dec. – Lei nº 57-B/84, de 20 de fevereiro** – que cria e regula a atribuição do subsídio de refeição aos trabalhadores em funções públicas, alterado pelo Dec. – Lei nº 70-A/2000, de 5 de maio.

  Atenção – Por força do disposto no artº 42º, nº 1, al. c) da LP, mantêm-se ainda em vigor os arts. 88º a 115º da LVCR, aprovada pela Lei nº 12-A/2008, de 27 de julho. Importa ter presente que àqueles diplomas há que juntar ainda toda a série de diplomas respeitantes às carreiras não revistas e a outras matérias correlativas (vd. Decreto – Lei nº 127/2008, de 11 de julho, alterado pelo Dec. – Lei nº 6/2011, de 10 de janeiro).

6. Aplicação subsidiária do Código do Trabalho – o artº 4º, nº 1, manda aplicar ao vínculo de emprego público, sem prejuízo do disposto na LTFP e com as necessárias adaptações, o disposto no CT e respetiva legislação complementar com as exceções legalmente previstas, nomeadamente em matéria de:

a) Relação entre a lei e os instrumentos de regulamentação coletiva e entre aquelas fontes e o contrato de trabalho em funções públicas (arts. 476º a 480º do CT);
b) Direitos de personalidade (arts. 14º a 22º do CT);
c) Igualdade e não discriminação (arts. 23º a 32º do CT e artº 13º da CRP);
d) Parentalidade (artº 33º a 65º do CT e Dec. – Lei nº 91/2009, de 9 de abril, que estabelece o regime de proteção social na parentalidade no âmbito do sistema previdencial da segurança social);
e) Trabalhador com capacidade reduzida e trabalhadores com deficiência ou doença crónica (arts. 84º a 88º do CT);
f) Trabalhador estudante (arts. 89º a 96º-A);
g) Organização e tempo de trabalho (arts. 197º a 202º do CT);
h) Tempos de não trabalho (arts. 232º a 257º do CT);
i) Promoção da segurança e saúde no trabalho, incluindo a prevenção;
j) Comissões de trabalhadores, associações sindicais e representantes dos trabalhadores em matéria de segurança e saúde no trabalho (arts. 415º a 439º e 440º a 468º do CT);
k) Mecanismos de resolução pacífica de conflitos coletivos (arts. 523º a 529º);
l) Greve e *lock-out* (arts. 530º a 545º do CT e artº 57º da CRP).

7. Princípio do tratamento mais favorável – este princípio jus-laborista, que significava originalmente que as normas prevista no CT poderiam ser afastadas por IRCT sempre que este estabelecesse condições mais favoráveis para o trabalhador e daquelas normas não resultasse o contrário (artº 4º do RCTFP), significa hoje, face à nova redação do artº 3º, nº 1 do CT, que todas as normas legais reguladoras do contrato de trabalho podem ser afastadas por IRCT, salvo quando delas resultar o contrário, o que se traduz assim na possibilidade deste afastamento ocorrer mesmo quando dele resultar prejuízo para o trabalhador, ***sendo o princípio do tratamento mais favorável reservado agora e apenas em relação a algumas matérias elencadas no artº 3º, nº 3 do CT, a saber***:

a) Direitos de personalidade, igualdade e não discriminação;
b) Proteção na parentalidade;
c) Trabalho de menores;
d) Trabalhador com capacidade de trabalho reduzida, com deficiência ou doença crónica;
e) Trabalhador-estudante;

f) Dever de informação do EP;
g) Limites à duração dos períodos normais de trabalho diário e semanal;
h) Duração mínima dos períodos de repouso, incluindo a duração mínima do período anual de férias;
i) Duração máxima do trabalho dos trabalhadores noturnos;
j) Forma de cumprimento e garantias da retribuição;
l) Capítulo sobre prevenção e reparação de acidentes de trabalho e doenças profissionais e legislação que o regulamenta;
m) Transmissão de empresa ou estabelecimento;
n) Direitos dos representantes eleitos dos trabalhadores.

Eis a conceção deste princípio que vigora atualmente na LTFP por força da remissão operada pelo seu artº 4º.

8. Situações de não aplicação do Código do Trabalho – são inaplicáveis as normas do CT sempre que:

a) **A LTFP afaste expressamente a sua aplicação (artº 68º, nº 3, por exemplo);**
b) **As suas disposições versem sobre as mesmas matérias reguladas pela LTFP** (artº 4º, nº 1).

9. Jurisdição competente – é da competência dos tribunais administrativos e fiscais a apreciação dos litígios emergentes do vínculo de emprego público (artº 12º); embora este preceito nada diga quanto à competência para apreciação dos litígios emergentes do trabalho em funções públicas prestado mediante contrato de prestação de serviços, os arts. 1º e 4º, als. *e)* e *f)* da Lei nº 13/2002, 19 de fevereiro, que aprova o Estatuto dos Tribunais Administrativos, sucessivamente alterado, cometem expressamente tal competência àqueles mesmos tribunais;

10. Requisitos para a constituição do vínculo de emprego público – a constituição deste vínculo de emprego público depende da reunião, pelo trabalhador, dos seguintes requisitos gerais:

a) Nacionalidade portuguesa, quando não dispensada pela CRP, por convenção internacional ou por lei especial (artº 17º, nº 1, al. *a)*, especificando o seu nº 2 que a nacionalidade portuguesa para o desempenho de funções públicas só é exigível nas situações previstas no artº 15º, nº 2 da CRP);

b) 18 anos de idade completos (artº 17º, nº 1, al. *b)*);

c) Não inibição do exercício de funções públicas ou não interdição para o exercício daquelas que se proponha desempenhar (artº 17º, nº 1, al. *c)*);

d) Robustez física e perfil psíquico indispensáveis ao exercício de funções (artº 17º, nº 1, al. *d)*; de acordo com o disposto no Dec. – Lei nº 242/2009, de 16 de setembro, o cumprimento deste requisito basta-se com a apresentação de uma declaração do próprio candidato em como satisfaz este requisito);

e) Cumpra as leis de vacinação obrigatória (artº 17º, nº 1, al. *c)*).

11. Outros requisitos gerais – no caso de concursos destinados a trabalhadores que já possuam um vínculo de emprego público, exige-se ainda a satisfação dos requisitos enunciados no artº 35º e que se encontram referenciados no ponto 8 do Capítulo VI desta obra.

12. Requisitos especiais – para além daqueles requisitos gerais, outros especiais podem ainda ser exigidos em leis avulsas (artº 17º, nº 1).

13. Exigência de grau académico ou título profissional – a titularidade de certo grau académico ou título profissional para o exercício de funções públicas é outro requisito, especial, que pode também ser exigido por normas reguladoras das carreiras, sendo que a falta deste requisito, quando exigido, determina a ***nulidade*** do respetivo vínculo de emprego público entretanto constituído, havendo lugar à cessação por caducidade do vínculo de emprego público caso se verifique a perda definitiva daquele grau ou título (arts. 18º, nºs 1 e 2, 33º, nºs 3 e 4, 34º, nº 3, 53º, 86º, 88º e Anexo; vd. Dec. – Lei nº 74/2006, de 24 de março, sobre os graus académicos, sucessivamente alterado).

14. Comprovação da posse dos requisitos – quando não for expressamente solicitada pelo aviso de abertura para admissão a concurso, a comprovação é apenas exigida ao candidato vencedor aquando da efetiva constituição do respetivo vínculo de emprego público, sendo certo que, independentemente desta comprovação ou não, só podem ser admitidos a concurso os candidatos que possuam tais requisitos até ao final do prazo para apresentação das candidaturas.

15. Consequência do não cumprimento dos requisitos exigidos – o candidato que não reunir estes requisitos até ao final do prazo para a entrega da respetiva candidatura deve ser pura e simplesmente excluído do procedimento concursal, havendo igualmente lugar à caducidade do vínculo de emprego público constituído com o trabalhador que posteriormente deixar de reunir aqueles requisitos no âmbito da situação prevista no artº 291º, nº 1, al. *b)*.

Capítulo VI
Recrutamento, Seleção e Concurso

1. Recrutamento – é «o conjunto de procedimentos que visa atrair candidatos potencialmente qualificados, capazes de satisfazer as necessidades de pessoal de um EP ou de constituir reservas para satisfação de necessidades futuras» (artº 2º, al. *a)* da Portaria nº 125-A/2019, de 30 de abril; **atualmente, e em cumprimento do disposto no artº 37º, nº 2 da LTFP, a regulamentação da tramitação do procedimento concursal no âmbito da LTFP consta desta Portaria nº 125-A/2019, de 30 de abril, alterada pela Portaria nº 12-A/2021, de 11 de janeiro**). De acordo com o disposto no artº 47º, nº 2 da CRP, «todos os cidadãos têm o direito de acesso à função pública, em condições de igualdade e liberdade, em regra por via de concurso», daí a regulamentação da tramitação do procedimento concursal constante daquela portaria, justamente visando garantir ou assegurar o cumprimento daquelas condições de igualdade e liberdade para todos no acesso à Administração Pública, que se aplica ao recrutamento para posto de trabalho previsto nos mapas de pessoal ou para a constituição de reservas para satisfação de necessidades futuras dos respetivos EPs. Esta Portaria não se aplica, porém, ao recrutamento para cargos dirigentes e para posto de trabalho que deva ser ocupado por trabalhador integrado em carreira especial em que exista regulamentação própria para a tramitação do respetivo procedimento concursal (artº 1º, nºs 2 e 3).

Nota *– Dado o papel e a importância que cabe ao concurso na salvaguarda e garantia dos princípios constitucionais da igualdade e da liberdade no acesso à função pública, a respetiva tramitação deveria vir regulada ao nível de lei ou de decreto-lei, sujeitas ao controlo de legalidade do Presidente da República através do ato da promulgação, e nunca no plano infralegislativo de uma mera portaria, como hoje acontece, que pode a qualquer momento ser alvo de alteração por mera vontade dum Ministro das Finanças, sem qualquer controlo credível.*

2. Procedimento concursal – é «o conjunto de operações que visa a ocupação de postos de trabalho necessários ao desenvolvimento das atividades e à prossecução dos objetivos de órgãos ou serviços» (artº 2º, al. *b)* da Portaria nº 125-A/2019, de 30 de abril).

3. Seleção de pessoal – é «o conjunto de operações, enquadrado no processo de recrutamento, que, mediante a utilização de métodos e técnicas adequadas, permite avaliar e classificar os candidatos de acordo com as competências indispensáveis à execução das atividades inerentes ao posto de trabalho a ocupar» (artº 2º, al. *c)* da Portaria nº 125-A/2019, de 30 de abril).

4. Métodos de seleção – são «as técnicas específicas de avaliação da adequação dos candidatos às exigências de um determinado posto de trabalho, tendo como referência um perfil de competências previamente definido» (artº 2º, al. *d)* da Portaria nº 125-A/2019, de 30 de abril).

5. Perfil de competências – é «o elenco de competências e dos comportamentos que estão diretamente associados ao posto de trabalho, identificados como os mais relevantes para um desempenho de qualidade, com base na análise da função e do contexto profissional em que a mesma se insere» (artº 2º, al. *e)* da Portaria nº 125-A/2019, de 30 de abril).

6. Posição remuneratória de referência – é «a posição remuneratória de determinada carreira e ou categoria que, havendo lugar à negociação do posicionamento remuneratório, o dirigente máximo do órgão ou serviço pondera vir a oferecer aos trabalhadores a recrutar, determinada em função das disponibilidades orçamentais, sem prejuízo da possibilidade de, fundamentadamente, poder vir a oferecer posição diferente, nos termos e com observância dos limites legalmente definidos, em especial no artigo 55º da LVCR» (artº 2º, al. *i)* da Portaria nº 125-A/2019, de 30 de abril).

7. Competência para determinar a abertura do procedimento concursal – cabe ao dirigente máximo do órgão ou serviço (artº 33º, nº 1) desde que, para o efeito, se tenham observado os preceitos prévios contidos nos arts. 28º a 31ºda LTFP.

8. Publicitação do procedimento concursal – o recrutamento deve ser feito por procedimento concursal publicitado, designadamente através do Diário da República, 2ª série, por publicação integral (artº 33º, nº 2), podendo ser utilizado outros meios de publicitação previstos no artº 11º, nºs 1 e ss da Portaria nº 125-A/2019, de 30 de abril (bolsa de emprego público, página eletrónica da entidade, por extrato, em jornal de expansão nacional, por extrato, ou outros meios ainda de divulgação).

9. Elementos que devem constar no aviso de publicitação do procedimento concursal – da publicitação integral do aviso devem constar os seguintes elementos:

a) Identificação do ato que autoriza o procedimento e da entidade que o realiza (artº 11º, nº 4, al *a)* da Portaria nº 125-A/2019, de 30 de abril);
b) Identificação do número de postos de trabalho a ocupar (artº 33º, nº 3 da LTFP) e da respetiva modalidade da relação jurídica de emprego público a constituir (artº 11º, nº 4, al. *b)* da Portaria nº 125-A/2019, de 30 de abril);
c) Identificação do local de trabalho onde as funções vão ser exercidas (artº 11º, nº 4, al. *c)* da Portaria nº 125-A/2019, de 30 de abril);
d) Caracterização dos postos de trabalho, em conformidade com o estabelecido no mapa de pessoal aprovado, tendo em conta a atribuição, competência ou atividade a cumprir ou a executar, a carreira e categoria e a posição remuneratória (artº 11º, nº 4, al. *d)* da Portaria nº 125-A/2019, de 30 de abril);
e) Requisitos de admissão previstos no artigo 17º da LTFP remuneratória (artº 11º, nº 4, al. *e)* da Portaria nº 125-A/2019, de 30 de abril);
f) Indicação sobre se o procedimento concursal é ou não restrito aos trabalhadores detentores de um vínculo de emprego público por tempo indeterminado (artº 11º, nº 4, al. *f)* da Portaria nº 125-A/2019, de 30 de abril);
g) Identificação do parecer dos membros do Governo, quando possam ser recrutados trabalhadores com vínculo de emprego público a termo resolutivo ou sem vínculo de emprego público (artº 11º, nº 4, al. *g)* da Portaria nº 125-A/2019, de 30 de abril);
h) Nível habilitacional exigido e área de formação académica ou profissional, por referência ao curso (artº 11º, nº 4, al. *h)* da Portaria nº 125-A/2019, de 30 de abril, alterado pela Portaria nº 12-A/2021, de 11 de janeiro);
i) Indicação da possibilidade de substituição do nível habilitacional por formação ou experiência profissional, sempre que tal se pretenda e não exista impedimento legal (artº 11º, nº 4, al. *i)* da Portaria nº 125-A/2019, de 30 de abril);

j) Requisitos legais especialmente previstos para a titularidade da categoria (artº 11º, nº 4, al. *j)* da Portaria nº 125-A/2019, de 30 de abril);

k) Indicação de que não podem ser admitidos candidatos que, cumulativamente, se encontrem integrados na carreira, sejam titulares da categoria e, não se encontrando em mobilidade, ocupem postos de trabalho previstos no mapa de pessoal do órgão ou serviço idênticos aos postos de trabalho para cuja ocupação se publicita o procedimento (artº 11º, nº 4, al. *k)* da Portaria nº 125-A/2019, de 30 de abril);

l) Forma e prazo de apresentação da candidatura (artº 11º, nº 4, al. *l)* da Portaria nº 125-A/2019, de 30 de abril);

m) Local e endereço postal ou eletrónico onde deve ser apresentada a candidatura (artº 11º, nº 4, al. *m)* da Portaria nº 125-A/2019, de 30 de abril);

n) Métodos de seleção, incluindo a identificação da eventual utilização da faculdade conferida pelos nºs 5 e 6 do artigo 36º da LTFP, as condições específicas da sua realização e respetiva ponderação, grelha classificativa e sistema de valoração final, bem como as restantes indicações relativas aos métodos exigidas pela presente portaria (artº 11º, nº 4, al. *n)* da Portaria nº 125-A/2019, de 30 de abril);

o) Indicação da possibilidade de opção por métodos de seleção nos termos do nº 3 do artigo 36º da LTFP (artº 11º, nº 4, al. *o)* da Portaria nº 125-A/2019, de 30 de abril);

p) Sendo o caso, fundamentação da opção pela utilização dos métodos de seleção de forma faseada, nos termos do nº 1 do artigo 7º (artº 11º, nº 4, al. *p)* da Portaria nº 125-A/2019, de 30 de abril);

q) Tipo, forma e duração das provas de conhecimentos, bem como as respetivas temáticas e bibliografia específica (artº 11º, nº 4, al. *q)* da Portaria nº 125-A/2019, de 30 de abril);

r) Composição e identificação do júri (artº 11º, nº 4, al. *r)* da Portaria nº 125-A/2019, de 30 de abril);

s) Identificação dos documentos exigidos para efeitos de admissão ou avaliação dos candidatos e indicação sobre a possibilidade da sua apresentação por via eletrónica (artº 11º, nº 4, al. *s)* da Portaria nº 125-A/2019, de 30 de abril);

t) Forma de publicitação da lista unitária de ordenação final dos candidatos (artº 11º, nº 4, al. *t)* da Portaria nº 125-A/2019, de 30 de abril).

10. Exigência e substituição de habilitação – só pode ser candidato ao concurso quem seja titular da habilitação e, quando aplicável, da área da formação, correspondentes ao grau de complexidade funcional da carreira e categoria caracterizadoras do posto de trabalho para cuja ocupação o procedimento é publicitado (artº 34º, nº 1), admitindo-se, porém, a título excecional, que a publicitação do procedimento preveja a possibilidade de candidatura de quem, não sendo titular da habilitação exigida, considere dispor da formação e, ou, experiência profissionais necessárias e suficientes para a substituição daquela habilitação, sendo, contudo, esta substituição impossível quando, para o exercício de determinada profissão ou função, a lei exija título ou o preenchimento de certas condições (artº 34º, nºs 2 e 3).

11. Outros requisitos de recrutamento – podem candidatar-se a procedimento concursal para carreiras unicategoriais ou para categoria inferior de carreiras pluricategoriais trabalhadores:

a) **Integrados na mesma carreira, a cumprir ou a executar diferente atribuição, competência ou atividade, do** ***mesmo órgão ou serviço*** que abre o concurso e que estejam, assim, funcionalmente desajustados (artº 35º, nº 1, al. *a*));
b) **Integrados na mesma carreira, a cumprir ou executar qualquer atribuição, competência ou atividade,** ***de outro órgão ou serviço*** (artº 35º, nº 1, al. *b*));
c) ***Integrados em outras carreiras,*** **pertencentes ao mesmo ou a qualquer outro órgão ou serviço** (artº 35º, nº 1, al. *c*));
d) ***Sendo o caso, trabalhadores que exerçam os respetivos cargos em comissão de serviço ou que sejam sujeitos de outros vínculos de emprego público a termo (contrato a termo resolutivo ou nomeação transitória) e indivíduos, sem vínculo de emprego público previamente constituído*** (artº 35, nº 1, al. *d*)).

Sem prejuízo do disposto em lei especial, podem ainda candidatar-se a concursos para categorias superiores de carreiras pluricategoriais trabalhadores integrados na mesma carreira, em diferente categoria, do órgão ou serviço em causa, desde que se encontrem a cumprir ou a executar idêntica atribuição, competência ou atividade (artº 35º, nº 2).

12. Métodos de seleção obrigatórios – sem prejuízo do excecionado na lei, **são os seguintes, consoante os universos, os métodos de seleção obrigatórios** (artº 36º, nº 1 da LTFP e artº 5º, nº 1 da Portaria nº 125-A/2019, de 30 de abril):

a) **As provas de conhecimento,** *que são aquelas que «visam avaliar os conhecimentos académicos e ou profissionais e a capacidade para aplicar os mesmos a situações concretas no exercício de determinada função, incluindo o adequado conhecimento da língua portuguesa;*

b) ***Avaliação psicológica*** *que visa avaliar aptidões, características de personalidade e ou competências comportamentais dos candidatos, tendo como referência o perfil de competências previamente definido, podendo comportar uma ou mais fases;*

c) ***Avaliação curricular*** *que visa analisar a qualificação dos candidatos, ponderando os elementos de maior relevância para o posto de trabalho a ocupar;*

d) ***Entrevista de avaliação de competências*** *que visa obter informações sobre comportamentos profissionais diretamente relacionados com as competências consideradas essenciais para o exercício da função».*

As provas de conhecimento e a avaliação psicológica são, assim, exigíveis aos candidatos para o exercício das funções nos procedimentos concursais destinados à constituição de um vínculo de emprego público por tempo indeterminado (contrato de trabalho em funções públicas por tempo indeterminado e nomeação definitiva) quando:

- Os candidatos não possuam qualquer vínculo de emprego público indeterminado (artº 36º, nº 2, por exclusão de partes);
- Os candidatos possuam tal vínculo, mas não estejam a cumprir ou a executar a atribuição, competência ou atividade caracterizadoras do posto de trabalho a concurso (artº 36º, nº 2, por exclusão de partes);
- Se trate do recrutamento de candidatos em regime de valorização profissional que, imediatamente antes, não tenham desempenhado aquela atribuição, competência ou atividade (artº 36º, nº 2, por exclusão de partes, na redação que lhe foi dada pelo artº 4º, nº 2 da Lei nº 25/2017, de 30 de maio);
- Se trate do recrutamento de candidatos que, embora se encontrando na situação prevista no artº 36º, nº 2, optem, através de declaração escrita, pela aplicação dos métodos previstos para os restantes candidatos (artº 36º, nº 3).

13. Métodos de seleção facultativos – «Para além dos métodos de seleção previstos no artigo anterior, a entidade responsável pela realização do procedimento pode, de acordo com o conjunto de tarefas e responsabilidades inerentes aos postos de trabalho a ocupar e o perfil de competências previamente definido, determinar a utilização de métodos de seleção facultativos ou complementares, nomeadamente os seguintes:

a) **Entrevista profissional de seleção** que visa avaliar a experiência profissional e aspetos comportamentais, nomeadamente os relacionados com a capacidade de comunicação e de relacionamento interpessoal;
b) **Avaliação de competências por portfólio** que visa confirmar a experiência e ou os conhecimentos do candidato em áreas técnicas específicas, designadamente de natureza artística, através da análise de uma coleção organizada de trabalhos que demonstrem as competências técnicas detidas diretamente relacionadas com as funções a que se candidata;
c) **Provas físicas** que se destinam a avaliar as aptidões físicas dos candidatos necessárias à execução das atividades inerentes aos postos de trabalho a ocupar;
d) Exame médico que visa avaliar as condições de saúde física e psíquica dos candidatos exigidas para o exercício da função;
e) **Curso de formação específica** que visa promover o desenvolvimento de competências do candidato através de processos de aprendizagem direcionados para o exercício da função (artº 6º, nº 1 da Portaria nº 125-A/2019, de 30 de abril, alterado pela Portaria nº 12-A/2021, de 11 de janeiro).

Estes métodos podem ser facultativamente utilizados para avaliar o mérito dos candidatos nos procedimentos concursais destinados à constituição de um vínculo de emprego público por tempo indeterminado quando (artº 36º, nºs 2 e 3 da LTFP):

- Os candidatos possuam já um vínculo de emprego público indeterminado e estejam a cumprir ou a executar a atribuição, competência ou atividade caracterizadoras do posto de trabalho a concurso (artº 36º, nº 2);
- Se trate de recrutamento de candidatos em regime de valorização profissional que, imediatamente antes, tenham desempenhado aquela atribuição, competência ou atividade (artº 36º, nº 2, na redação que lhe foi dada pelo artº 4º, nº 2 da Lei nº 25/2017, de 30 de maio);
- Se trate de recrutamento de candidatos que, encontrando-se nas situações previstas anteriormente (artº 36º, nº 2), não optem pela aplicação dos métodos previstos para os restantes candidatos (artº 36º, nº 3).

14. Provas de conhecimento e avaliação curricular – sem prejuízo do disposto em lei especial, ***são os métodos de seleção que o EP pode utilizar para a constituição de um vínculo de emprego público por tempo indeterminado quando os candidatos sejam exclusivamente trabalhadores com vínculo de emprego público por tempo indeterminado previamente constituído*** (artº 36º, nº 5).

15. Avaliação **curricular e entrevista** – ***são os métodos de seleção que EP pode utilizar para avaliar o mérito dos candidatos nos procedimentos concursais destinados à constituição de vínculos de emprego público a termo*** (contrato de trabalho em funções públicas a termo resolutivo ou nomeação transitória – artº 56º, nº 5, que remete para o artº 36º, nºs 2 a 6)**, sendo aqui suficiente a utilização do método *avaliação curricular* para a constituição deste tipo de vínculo a termo** (artº 36º, nº 6).

16. Outros métodos de seleção – o EP pode adotar, «facultativamente, outros métodos de seleção, designadamente ***estágio profissional*** ou outros métodos legalmente previstos» (artº 36º, nº 4), como sejam ***provas físicas,*** *que se «destinam a avaliar as aptidões físicas dos candidatos necessárias à execução das atividades inerentes aos postos de trabalho a ocupar».*

17. O procedimento concursal na comissão de serviço – não obstante o artº 9º, nº 2 apontar no sentido de a comissão de serviço ser também precedida de concurso, somos do entendimento que este terá lugar apenas quando lei especial assim o exigir.

18. Regras a seguir no preenchimento dos postos de trabalho – os órgãos ou serviços abrangidos pelo âmbito de aplicação do artº 1º, nº 2 da LTFP, no recrutamento devem agir de acordo com as seguintes regras de prioridade (artº 30º, nºs 1 a 4):

a) O concurso deve começar por ser restrito aos trabalhadores detentores de um vínculo de emprego público por tempo indeterminado (artº 30º, nº 3);

b) Não sendo isto possível, porque o concurso ficou deserto, por exemplo, o órgão ou serviço pode abrir concurso a que podem então concorrer trabalhadores com vínculo de emprego público a termo ou sem vínculo de emprego público, desde que obtenha parecer prévio favorável nesse sentido dos membros do Governo responsáveis pelas áreas das finanças e da Administração Pública (artº 30º, nº 4);

c) Excecionalmente, quando o órgão ou serviço público preveja, com razoável probabilidade e justificada fundamentação, a possibilidade dos postos de trabalho colocados a concurso não virem a ser ocupados por trabalhadores que já possuam um vínculo indeterminado, pode o EP avançar desde logo, à sombra do disposto no artº 30º, nº 4, com um procedimento concursal comum aberto a todos os trabalhadores com vínculo de emprego público a termo ou sem vínculo de emprego público, desde que obtenha parecer prévio favorável nesse sentido por parte dos membros do Governo responsáveis pelas áreas das finanças e da Administração Pública e dele faça referência no próprio aviso de abertura (nº 5);

d) A finalizar, admite-se que o recrutamento de trabalhadores com vínculo de emprego público a termo ou sem vínculo de emprego público possa ainda ocorrer noutras situações especialmente previstas na lei, em razão de aptidão científica, técnica ou artística, devidamente fundamentada, precedida de parecer favorável referido no artº 30º, nº 4, pareceres esses que devem ser expressamente mencionados no respetivo aviso de concurso (artº 30º, nºs 6 e 7).

Nota 1 – Em matéria de prioridade de recrutamento há que ter em conta não só o disposto neste artº 30º, mas também ao preceituado no artº 66º, nº 1, que sob a epígrafe «Preferência de admissão», determina que o contratado a termo «que se candidate, nos termos legais, a procedimento concursal de recrutamento publicitado durante a execução do contrato ou até 90 dias após a cessação do mesmo, para ocupação de posto de trabalho com características idênticas às daquele para que foi contratado, na modalidade de contrato por tempo indeterminado, tem preferência, na lista de ordenação final dos candidatos, em caso de igualdade de classificação» – com a publicação da Lei nº 7-A/2016, de 30 de março, que aprovou a Lei do Orçamento de Estado para 2016, deixou-se cair, e bem, a disposição do artº 48º da Lei nº 82-B/2014, de 31 de dezembro, que aprovou a OE para 2015, que foi um fator de profundo mau estar, injustiça e discriminação junto dos candidatos que, apesar da sua classificação mais alta, se viram preteridos nas suas legítimas expetativas de admissão por quem teve avaliações mais baixas só pelo facto de possuírem vínculo prévio à AP (o preceito em causa, recorde-se, determinava que, naqueles concursos relativamente aos quais fossem candidatos trabalhadores sem vínculo de emprego público por tempo indeterminado previamente constituído, e sem prejuízo das preferências legalmente previstas, o recrutamento se fizesse pela ordem de:

1º Candidatos aprovados com vínculo de emprego público por tempo indeterminado previamente estabelecido;

2º Candidatos aprovados sem aquele vínculo relativamente aos quais fosse estabelecido, por diploma legal, o direito de candidatura a concurso exclusivamente destinado a titular dessa modalidade de vínculo, designadamente a título de incentivos à realização de determinada atividade ou relacionado com titularidade de determinado estatuto jurídico;

3º Candidatos aprovados com vínculo de emprego público a termo ou estagiários que tivessem obtido aproveitamento com avaliação não inferior a 14 valores no Programa de Estágios Profissionais na Administração Pública Central e no Programa de Estágios Profissionais na Administração Local;

4º Candidatos sem vínculo de emprego público previamente estabelecido, sendo certo que em caso de igualdade de classificações entre trabalhadores com vínculo de emprego público por tempo determinado ou determinável, tinha preferência o trabalhador que exercesse funções idênticas às do posto de trabalho a que se candidata, devendo a negociação com estes candidatos fazer-se de acordo e no respeito por esta ordenação que devia constar da lista final).

Nota 2 – No que toca às autarquias locais em situação de saneamento ou rutura financeira, o artº 53º, nº 1 da Lei nº 114/2017, de 29 de dezembro, que aprova o OE para 2018, estabelece que os municípios que, a 31 de dezembro de 2017, se encontrem em tal situação, estão impedidas de proceder à abertura de quaisquer procedimentos concursais de pessoal, à exceção dos que decorrem da aplicação do PREVPAP, Programa de Regularização Extraordinária dos Vínculos Precários na Administração Pública (vd. Lei nº 112/2017, de 29 de dezembro, alterado pela Lei nº 2/2020, de 31 de março, que aprovou o OE para 2020). Porém, em casos excecionais e devidamente fundamentados, a assembleia municipal pode autorizar a abertura daqueles concursos, «fixando caso a caso, o número máximo de trabalhadores a recrutar, desde que de forma cumulativa» se verifiquem os requisitos enunciados nas alíneas a) a e) do nº 2 daquele artº 53º.

19. A tramitação do procedimento concursal – é *simplificada e urgente* e obedece aos seguintes princípios (artº 37º, nº 1):

a) A composição do júri integra trabalhadores do EP, de outro órgão ou serviço e, quando a área de formação exigida revele a sua conveniência, de entidades privadas, funcionando e deliberando validamente com a presença de todos os seus membros (al. *a)*);

b) Não há lugar a atos ou listas preparatórias de ordenação final dos candidatos (al. *b)*);

c) A ordenação final dos candidatos é unitária, ainda que lhes tenham sido aplicados métodos de seleção diferentes (al. *c)*; enquanto este preceito e o anterior parecem apontar no sentido da exclusão da audiência prévia dos interessados, prevista no CPA, os arts. 22º e 23º da Portaria nº 125-A/2019, de 30 de abril, na redação da Portaria n,º 12-A/2021, de 11 de janeiro, mantêm a sua exigência quanto a esta lista de ordenação final dos candidatos;

d) O recrutamento efetua-se pela ordem decrescente da ordenação final dos candidatos colocados *em situação de requalificação* e, esgotados estes, dos restantes candidatos (al. *d)*, na redação que lhe foi dada pelas Leis nº 25/2017 e 71/2018, respetivamente de 30 de maio e de 31 de dezembro);

e) A tramitação do procedimento concursal e a aplicação dos métodos de seleção é realizada preferencialmente por meios eletrónicos (alínea introduzida pela Lei nº 71/2018, de 31 de dezembro).

No seguimento do disposto no artº 37º, nº 2 da LTFP (na redação dada pela Lei nº 71/2018, de 31 de dezembro), a tramitação do procedimento concusal VEM regulamentada na Portaria nº 125-A/2019, de 30 de abril, havendo nela a destacar as seguintes fases ou etapas:

I. **Fase prévia de autorização de abertura do concurso da competência do dirigente máximo do órgão ou serviço** (artº 33º, nº 1 da LTFP; artº 12º, nº 1, da Portaria nº 125-A/2019, de 30 de abril);

II. **Fase da publicitação do concurso** (que se concretiza com a sua publicitação por uma das formas previstas no artº 11º da Portaria nº 125-A/2019, de 30 de abril, na redação da Portaria nº 12-A/2021, de 11 de janeiro);

III. **Fase de apresentação de candidaturas,** cujo prazo é fixado desde logo no ato que autoriza a abertura do concurso, entre um mínimo de 10 e um máximo de 20 dias úteis contados da data da sua publicitação (artº 18º da Portaria nº 125-A/2019, de 30 de abril);

IV. **Fase da apreciação das candidaturas,** que se inicia com o términus do prazo da sua apresentação, é aquela em que o júri procede, nos 5 dias úteis seguintes, à verificação dos elementos apresentados pelos candidatos, designadamente o preenchimento dos requisitos exigidos e a apresentação dos documentos essenciais à admissão ou avaliação (artº 21º, nº 1 da Portaria nº 125-A/2019, de 30 de abril, alterado pela Portaria nº 12-A/2021, de 11 de janeiro); este prazo é aumentado para 10 dias úteis caso o júri proceda à análise de mais do que 15 candidaturas (artº 21º, nº 2 da Portaria);

V. **Fase da audiência prévia dos candidatos excluídos**, caso os haja, estes são notificados, nos 2 dias úteis seguintes ao términus do prazo da apresentação das candidaturas, para a realização da audiência prévia nos termos do CPA – arts. 21º, nº 4 e 22º, nº 1 da Portaria nº 125-A/2019, de 30 de abril, na redação da Portaria nº 12-A/2021, de 22 de janeiro (o órgão responsável pela direção do procedimento determina, em cada caso, se a audiência se processa por forma escrita ou oral e manda notificar os interessados para, em prazo não inferior a 10 dias, dizerem o que se lhes oferecer – artº 122º do CPA); concluído a audiência, o júri dispõe de um prazo de 10 dias úteis para apreciar as questões suscitadas, prazo que é fixado em 20 dias úteis quando os interessados ouvidos sejam superiores a 100 (artº 23º, nºs 2 e 3 da Portaria nº 125-A/2019, de 30 de abril); por razões de celeridade procedimental, a nova redação do artº 21º, nºs 5 e 6, introduzida pela Portaria nº 12-A/2021, de 11 de janeiro, deu ao júri do concurso a possibilidade de convocar para a realização dos métodos de seleção os candidatos admitidos, bem como os candidatos excluídos que utilizem esta audiência, sendo que, no caso destes últimos, a avaliação das provas fica condicionada à reversão da decisão de exclusão, não impedindo, contudo, esta convocação de candidatos excluídos para a realização da prova, de o júri de vir a confirmar a exclusão do candidato, devendo os candidatos ser informados disso previamente.

VI. **Fase da aplicação dos métodos de seleção** – inicia-se com a convocação dos candidatos admitidos, no prazo de 5 dias úteis, para a realização dos métodos de seleção, com a indicação do local, data e horário em que os mesmos devam ter lugar (artº 8º, nº 1 da Portaria nº 125-A/2019, de 30 de abril);

VII. **Fase da publicitação dos resultados dos métodos de seleção,** é efetuada através de lista ordenada alfabeticamente, afixada em local visível e disponibilizada na página eletrónica do EP (artº 25º, nº 1 da Portaria nº 125-A/2019, de 30 de abril);

VIII. **Fase da ordenação final dos candidatos,** sob a forma de lista unitária elaborada no prazo de 10 dias úteis após a realização do último método de seleção (artº 26º da Portaria nº 125-A/2019, de 30 de abril);

IX. **Fase da audiência prévia** (artº 28º, nºs 1 e 2 da Portaria nº 125-A/2019, de 30 de abril, na redação da Portaria nº 12-A/2021, de 11 de janeiro);

X. **Fase da homologação** – no prazo de 2 dias úteis após a conclusão da audiência prévia, a lista unitária de ordenação final dos candidatos aprovados, acompanhada das restantes deliberações do júri, incluindo as relativas à admissão e exclusão de candidatos, ou da entidade responsável pela realização do procedimento, é submetida a homologação do dirigente máximo do órgão ou serviço que procedeu à sua publicitação (artº 28º, nº 2 da Portaria nº 125-A/2019, de 30 de abril, na redação da Portaria nº 12-A/2021, de 11 de janeiro).

20. Negociação para a determinação do posicionamento remuneratório (no contrato de trabalho em funções públicas) – quando esteja em causa o posto de trabalho relativamente ao qual a modalidade de vínculo de emprego público seja o contrato, o posicionamento do trabalhador recrutado numa das posições remuneratórias da categoria é objeto de negociação com o EP imediatamente após o termo do procedimento concursal ou no momento da aprovação em curso de formação específico ou da aquisição de certo grau académico ou de certo título profissional, nos termos do artº 84º, nº 4, al. *c)*, que decorram antes da celebração do contrato (artº 38º, nº 1), obedecendo esta negociação às seguintes regras:

a) Se houver candidatos em regime de valorização profissional a negociação destes antecede a que tenha lugar com os restantes candidatos (artº 38º, nº 2, na redação que lhe foi dada pelo artº 4º, nº 2 da Lei nº 25/2017, de 30 de maio);

b) A negociação efetua-se por escrito com cada um dos candidatos, pela ordem em que figurem na ordenação final, devendo os trabalhadores com vínculo de emprego público informar previamente o EP da carreira, categoria e da posição remuneratória que detêm nessa data, não sujeitando a prestação desta informação o EP a qualquer dever de atribuir uma posição remuneratória igual à que o candidato já possua (artº 38º, nº 3);

c) Em casos excecionais, devidamente fundamentados, nomeadamente quando haja elevado número de candidatos que torne a negociação inviável, o EP pode optar por enviar uma proposta de adesão a um determinado posicionamento remuneratório a todos os candidatos (artº 38º, nº 4);

d) O acordo ou a proposta de adesão têm de ser objeto de fundamentação escrita por parte do EP (artº 38º, nº 5);

e) A falta de acordo com um candidato determina a negociação com o que se lhe segue na ordenação final de candidatos, não podendo ser proposto a este posicionamento remuneratório superior ao máximo proposto àquele (artº 38º, nº 6); porém, se aquele aceitar o posicionamento proposto pelo EP ao trabalhador que se lhe seguir na lista pode ser proposta qualquer outra posição inferior ou superior à oferecida àquele trabalhador, sendo necessário fundamentar quando for superior;

f) O EP não pode propor a 1ª posição ao candidato que seja titular de licenciatura ou de grau académico superior quando esteja em causa o recrutamento de trabalhador para posto de trabalho com conteúdo funcional correspondente ao da carreira geral de técnico superior (artº 38º, nº 7);

g) Após o encerramento do procedimento concursal, a documentação desta negociação é pública e de livre acesso (artº 38º, nº 8);

h) Esta negociação pode ser aplicada à nomeação mediante lei especial, sendo, até lá, o posicionamento remuneratório do trabalhador nomeado feito na ou numa das posições remuneratórias da categoria que tenham sido publicitadas (nºs 9 e 10).

No caso de o trabalhador possuir já um vínculo de emprego público que o integra numa determinada categoria ou posição remuneratória e se apresentar como candidato a um concurso para a mesma categoria aberta por órgão ou serviço diferente, não lhe assiste por esse facto qualquer direito à manutenção da posição remuneratória que detém. Porém, se na sequência do concurso, o trabalhador vier a ser colocado numa posição remuneratória inferior à que detinha no órgão ou serviço de origem, entendemos que o tempo de serviço anteriormente prestado, mesmo em posicionamentos superiores, deve ser contabilizado para progressão no órgão ou serviço para o qual concorreu (vd. artº 156º, nºs 1 e 7).

Nota 1 *– Paulo Veiga e Moura e Cátia Arrimar entendem que há lugar a esta negociação da posição remuneratória apenas quando se esteja perante a constituição de uma relação jurídica de emprego pública por contrato de trabalho em funções públicas por tempo indeterminado («Comentários à Lei Geral de Trabalho em Funções Públicas», Coimbra editora, 2014, págs. 105 e 212). Se tivermos presente o disposto anteriormente na Lei nº 12-A/2008, de 27 de julho, sobre esta matéria, que objetivo último desta negociação é o de aliciar o candidato para o posto de trabalho ofertado a concurso, e que o artº 38º, nº 1, associado ao adágio latino de ubi lex non distinguit nec nos distinguere debemus, se refere à figura do contrato, sem mais, não constituindo o mesmo de per se um* *preceito caracterizador ou definidor de carreira, entendemos que nada obsta o recurso a esta negociação com vista à constituição de uma relação jurídica de emprego público por contrato de trabalho em funções públicas a termo resolutivo.*

***Nota 2** – Este regime legal de negociação da posição remuneratória continua condicionado, pela previsão contida no artº 42º da Lei nº 82-B/2014, de 31 de dezembro, que aprovou o OE para 2015, por força da norma de prorrogação dos seus efeitos contida no artº 20º da Lei nº 114/2017, de 29 de dezembro, que aprovou o OE de 2018. Assim, ainda durante o ano de 2018, o EP não pode propor:*

a) Uma posição remuneratória superior à auferida relativamente aos trabalhadores detentores de uma prévia relação jurídica de emprego público por tempo indeterminado, incluindo a possibilidade de posicionamento em posição e nível remuneratórios virtuais na nova carreira, quando a posição auferida não tenha coincidência com as posições previstas nesta carreira;

b) Uma posição remuneratória superior à segunda, no recrutamento de trabalhadores titulares de licenciatura ou de grau académico superior para a carreira geral de técnico superior que:
   i) Não se encontrem abrangidos pela alínea anterior; ou
   ii) Se encontrem abrangidos pela alínea anterior auferindo de acordo com a posição remuneratória inferior à segunda da referida carreira;

c) Uma posição remuneratória superior à terceira, no recrutamento de trabalhadores titulares de licenciatura ou de grau académico superior para a carreira especial de inspeção que:
   i) Não se encontrem abrangidos pela alínea *a)*,ou;
   ii) Se encontrem abrangidos pela alínea *a)* auferindo de acordo com posição remuneratória inferior à terceira da referida carreira;

d) Uma posição remuneratória superior à primeira, nos restantes casos.

Neste contexto, e na esteira de Cláudia Sofia Nunes, «O Contrato de Trabalho em Funções públicas face à lei geral», Coimbra editora, 2014, pág. 46), temos assim que na negociação do posicionamento remuneratório, na carreira ou categoria para que foi aberto concurso, poderá ser proposta uma posição remuneratória igual ou inferior à que o candidato possui na origem, quer se trate de trabalhador detentor da mesma carreira/categoria ou de carreira/categoria diferente, ou então poderá ser proposta a 1ª ou 2ª posição no caso do concurso ser aberto a titulares de licenciatura ou grau académico superior para a carreira técnica superiora, quando os trabalhadores concorram para diferente carreira/categoria e sejam remunerados no lugar de origem por uma posição remuneratória inferior à correspondente àquelas posições remuneratórias.

21. Programa de capacitação avançada para trabalhadores em funções públicas – o artº 330º da Lei nº 71/2018, de 31 de dezembro, que revogou o artº 39º da LTFP e o seu Curso de Estudos Avançados em Gestão Pública, aditou o artº 39º-A à LTFP, instituindo assim o Programa de Capacitação Avançada para Trabalhadores em Funções Públicas. De acordo com este novo preceito "o recrutamento centralizado para a carreira geral de técnico superior é seguido de um programa de capacitação avançada, abreviadamente designado de CAT" (nº 1), cuja frequência é obrigatória para os "técnicos superiores que venham a ser colocados na sequência de recrutamento centralizado, constituindo a formação inicial prevista no artº 7º do Dec.- Lei nº 86º-A/2016, de 29 de dezembro (adaptado à Administração Local pelo Dec. – Lei nº 173/2019, de 13 de dezembro), que integra o período experimental nos termos previstos nesta lei" (nº 2). O nº 3 do novo artº 39º-A da LTFP prevê que o CAT possa ser também frequentado por trabalhadores a integrar na carreira geral de técnicos superiores recrutados através de outra modalidade de procedimento concursal assim como por outros trabalhadores e dirigentes, em termos a regulamentar por portaria do membro do Governo responsável pela Administração Pública, cabendo à Direção Geral da Qualificação dos Trabalhadores em Funções Públicas (INA) assegurar a sua execução (nºs 3 e 4).

22. Cessação do procedimento concursal – o procedimento concursal cessa com a ocupação dos postos de trabalho constantes da publicitação, que se verifica logo com a aceitação ou início efetivo de funções, mesmo que na fase do período experimental, ou, ainda, quando os postos não possam ser totalmente ocupados, por:

a) Inexistência ou insuficiência de candidatos à prossecução do procedimento;
b) Falta de acordo na negociação do posicionamento remuneratório entre o EP e os candidatos constantes da lista unitária de ordenação final (artº 30º, nº 1 da Portaria nº 83-A/2009, de 22 de janeiro).

Excecionalmente, o procedimento concursal pode, ainda, cessar por ato devidamente fundamentado da entidade responsável pela sua realização, homologado pelo respetivo membro do Governo, desde que não se tenha ainda procedido à ordenação final dos candidatos (artº 30º, nº 2 da Portaria nº 83-A/2009, de 22 de janeiro).

23. Mapas de pessoal e postos de trabalho – respeitada a regra da precedência de procedimento de recrutamento e seleção do trabalhador com quem contratar, o EP tem a sua liberdade de contratar ainda condicionada por um conjunto de regras e formalidades legais como sejam o de só poder recrutar trabalhadores para os postos de trabalho previstos nos respetivos **mapas de pessoal,** que são documentos gestionários de caráter anual que contém a indicação do número de postos de trabalho, definitivos ou a termo, caracterizados em função:

a) Da atribuição, competência ou atividade que o seu ocupante se destina a cumprir ou executar;
b) Do cargo ou da carreira e categoria que lhes correspondam;
c) Dentro de cada carreira e, ou, categoria, quando imprescindível, da área de formação académica ou profissional de que o seu ocupante deva ser titular;
d) Do perfil de competências transversais da respetiva carreira ou categoria, regulamentado por portaria do membro do Governo responsável pela área da AP e complementado com as competências associadas à especificidade do posto de trabalho (artº 29º, nºs 1 e 2).

Os mapas de pessoal têm de ser afixados no órgão ou serviço e inseridos em página eletrónica (artº 29º, nº 4).

Dos mapas de pessoal estão assim excluídas as pessoas contratadas em regime de prestação de serviços, bem como as pessoas que, à data da sua elaboração, se encontrem provisoriamente a exercer funções em regime de mobilidade geral, na situação de comissão de serviço ou a exercer funções em gabinetes ministeriais e noutros órgãos e serviços que não o de origem.

Consequentemente, qualquer decisão que admita um trabalhador sem qualquer correspondência a um posto de trabalho previsto no respetivo mapa de pessoal é ilegal e nula.

No caso de regresso de um trabalhador ao seu serviço de origem, este ocupará o posto de trabalho adequado que se encontrar vago. Se, porém, não houver posto de trabalho vago o serviço deverá pedir um reforço orçamental a fim de garantir de facto o posto de trabalho devido ao trabalhador regressado, ficando este aí numa espécie de situação de supranumerário até que o seu posto conste no mapa de pessoal do ano seguinte.

Em suma, dos mapas de pessoal dos órgãos e serviços devem constar assim os postos de trabalho de todos os trabalhadores que possuam um vínculo de emprego público constituído por contrato de trabalho em funções públicas, por tempo indeterminado ou a termo resolutivo, certo e incerto, por nomeação e por comissão de serviço, com exceção das prestações de serviço, por não darem lugar à constituição de um vínculo de trabalho subordinado.

24. Aumento dos postos nos mapas de pessoal – carece de autorização prévia do membro do Governo de que dependa o órgão ou serviço, de cabimento orçamental e do reconhecimento da sua sustentabilidade futura pelo membro do Governo responsável pela área das finanças (artº 29º, nº 5), regra esta que não se aplica quando tal alteração decorra do direito de ocupação de posto de trabalho no órgão ou serviço pelo trabalhador que, nos termos legais, a este deva regressar (artº 29º, nº 6).

25. Redução de postos nos mapas de pessoal – em caso de redução esta deve fundamentar-se em reorganização do órgão ou serviço nos termos legalmente previstos, devendo cessar, em primeiro lugar, os vínculos de emprego público a termo (artº 29º, nº 7).

26. Posto de trabalho – é o emprego com dotação orçamental que um trabalhador assume com o EP para poder desempenhar, através da ocupação de um determinado cargo, carreira ou categoria profissional, um conjunto de tarefas a realizar em certo local de trabalho, a que corresponde uma remuneração definida na lei, sendo o órgão ou serviço obrigado à afixação de informação relativa à existência de postos de trabalho permanentes que aí se encontrem disponíveis, incluindo os cargos exercidos em comissão de serviço (artº 64º, nº 3).

27. Conteúdo funcional – «a cada carreira, ou a cada categoria em que se desdobre uma carreira, corresponde um conteúdo funcional legalmente descrito» de forma abrangente no Anexo da LTFP (artº 80º, nºs 1 e 2; vd. arts. 29º, nº 2, al. *c)* e 33º, nº 3), encontrando-se também aqui limitado o poder de constituição e conformação do vínculo de emprego público por parte do EP (vd. arts. 79º a 82º)

28. Dotação orçamental – o orçamento surge-nos como outra limitação à capacidade de recrutamento de pessoal por parte do EP, na medida em que este só pode admitir um trabalhador a partir do momento em que possua a prévia e necessária autorização e dotação orçamental para lhe pagar as remunerações devidas pelo posto de trabalho ou cargo que ocupa (arts. 28º a 31º).

Capítulo VII
Constituição do Vínculo de Emprego Público por Comissão de Serviço

1. Forma da constituição da comissão de serviço – varia consoante as situações concretas que se enunciam de imediato (artº 9º, nº 2):

a) Caso exista um vínculo de emprego público constituído por nomeação, a comissão de serviço é titulada por **despacho** (artº 41º, nº 1);
b) Se houver um vínculo de emprego público constituído por contrato de trabalho em funções públicas ou não existir qualquer vínculo de emprego público de origem, a comissão constituir-se-á por **contrato** (artº 40º, nº 1).

Nota – *Atendendo à natureza jurídica da comissão de serviço, que se assume como um ato administrativo unilateral de duração determinada ou determinável no tempo, que se funde e confunde com o da nomeação (continua a ser comum falar-se ainda hoje em nomeação em comissão de serviço), nem todas as normas dos regimes jurídicos de nomeação e de contrato mandadas aplicar pelo artº 9º, nº 2 se adequam à natureza e características próprias da comissão de serviço, devendo assim aplicar-se apenas aquelas que se mostrarem conformes com essa sua natureza própria. Exemplo disto são as normas respeitantes ao período experimental que se mostram desadequadas àquela sua natureza e características próprias (artº 45º, nº 1 da LTFP).*

2. Publicitação – as comissões de serviço, bem como os atos de cessação das mesmas, têm de ser publicadas no DR, 2ª série, por extrato (artº 4º, nº 1, als. *c)* e *d)* da LP).

3. Duração – ao contrário do artº 23º, nº 1 da LVCR, que estipulava que a comissão de serviço tinha a duração de 3 anos, no artº 9º nada se diz a este respeito, sendo, pois, o Estatuto do Pessoal Dirigente, aprovado pela Lei nº 2/2004, de 15 de janeiro, que fixa e determina a duração da comissão de serviço dos cargos dirigentes (vd. arts. 19º, nº 8 e 21º, nº 9), enquanto que, nos casos a que se refere a al. *b)* do artº 9º, a duração desta comissão corresponde ao período de tempo das funções exercidas com vista à aquisição da formação específica, habilitação académica ou título profissional exigida por trabalhador com vínculo de emprego público por tempo indeterminado.

4. Opção pela remuneração-base – caso o «vínculo de emprego público se constitua por comissão de serviço (...), o trabalhador tem o direito de optar, ***a todo o tempo***, pela remuneração base devida na situação jurídico-funcional de origem que esteja constituída por tempo indeterminado» (artº 154º, nº 1). Contudo, esta remuneração base não pode exceder, em caso algum, o vencimento base do Primeiro-Ministro (artº 31º, nº 3 da Lei nº 2/2004, de 15 de janeiro, na redação da Lei nº 64/2011, de 22 de dezembro).

5. Extinção da comissão de serviço – pode ocorrer por uma de duas formas:

a) Por ***denúncia*** do trabalhador ou do EP, com a antecedência mínima de 30 dias, na falta de disposição legal em contrário (artº 289º, nºs 3 e 4); ou,

b) Por ***caducidade***, que ocorre com:
I. O seu termo,
II. Por impossibilidade superveniente, absoluta e definitiva de o trabalhador prestar o seu trabalho;
III. Com a reforma ou aposentação do trabalhador, por velhice ou invalidez, ou, em qualquer caso;
IV. Quando o trabalhador completar 70 anos.
(artº 291º).

6. Regimes legais de aplicação complementar – às comissões de serviço do pessoal dirigente aplica-se o disposto no respetivo Estatuto do Pessoal Dirigente, aprovado pela Lei nº 2/2004, de 15 de janeiro, sucessivamente alterado (artº 251º, nº 7) e às que se referem aos casos previstos no artº 9º, nº 1, al. *b)* aplica-se a legislação própria sobre o exercício de funções destinadas «à aquisição de formação específico, habilitação académica ou título profissional por trabalhador com vínculo de emprego público por tempo indeterminado».

7. Contagem do tempo de serviço – não obstante inexistir na LTFP uma norma expressa semelhante à que constava no artº 23º nº 3 da LVCR, deve entender-se aqui que o tempo de serviço decorrido em comissão de serviço releva para efeitos de carreira, categoria e posição remuneratória às quais o trabalhador regresse na função pública por força da legislação específica aplicada às situações previstas naquele artº 9º, nº 1, als. *a)* e *b)* – nesse sentido parece apontar também o artº 11º da LTFP.

8. Continuidade do exercício de funções públicas – o exercício de funções públicas ao abrigo de qualquer modalidade de vínculo de emprego público, em qualquer dos órgãos ou serviços a que a presente lei é aplicável, releva como exercício de funções públicas na *carreira, na categoria ou na posição remuneratória*, conforme os casos, quando os trabalhadores, mantendo aquele exercício de funções, mudem definitivamente de órgão ou serviço (artº 11º; essencial é que haja aqui *uma continuidade do exercício de funções públicas*, isto é, não haja interrupção entre os vínculos, e que haja uma *identidade ou similitude entre as funções exercidas e as novas funções*). Caso, inexista vínculo de emprego público anterior e a comissão de serviço vise a aquisição de formação específica, habilitação académica ou título profissional a que se refere o artº 9º, nº 1, al. *b)*, o tempo de serviço prestado conta para efeitos antiguidade, mas não de carreira, salvo disposição legal específica em contrário.

9. Afastamento da aplicação do Código do Trabalho – não se aplica a esta comissão de serviço o regime da comissão de serviço previsto no CT (artº 68º nº 3) – sobre a comissão de serviço veja-se ainda o artº 301º, nº 3.

Capítulo VIII
Constituição do Vínculo de Emprego Público por Nomeação

1. A forma da constituição da nomeação – constitui-se por ***despacho,*** podendo este consistir em mera declaração de concordância com a proposta ou informação anterior que, neste caso, faz parte integrante do ato (artº 41º, nº 1), devendo nele constar a referência às normas legais habilitantes e à existência do adequado cabimento orçamental (nº 2), sendo as funções de autoridade e soberania previstas no artº 8º, nº 1 as únicas que legitimam o recurso à nomeação e são exercidas no âmbito de *carreiras especiais* (artº 8º, nº 2).

2. Publicitação (a publicidade constitui um requisito de eficácia do ato administrativo) – são publicadas na *2ª série do DR*, por extrato:

a) Os atos de nomeação definitiva;
b) Os atos que determinam, relativamente aos trabalhadores nomeados, mudanças definitivas de órgão ou serviço ou de categoria;
c) As cessações das nomeações (artº 4º, nº 1 da LP).

Dos extratos dos atos deve constar a indicação da carreira, categoria e posição remuneratória do nomeado (artº 4º, nº 2 da LP), sendo os atos de nomeação, respetivas renovações e cessações, também *afixados no órgão ou serviço* e *inseridos em página eletrónica*, por extrato, devendo igualmente constar deste extrato «a indicação da carreira, categoria e posição remuneratória do nomeado, ou sendo o caso, da função a desempenhar e respetiva retribuição, bem como do respetivo prazo» (artº 5º, nºs 1, als. *a)* e *d)* e 2 da LP).

3. Publicitação da nomeação transitória – é feita apenas através de afixação no órgão ou serviço e em página eletrónica, por extrato, por força da remissão efetuada pelo artº 8º, nº 3 da LTFP para o artº 5º, nº 1, al. *b)* da LP.

4. Duração – quanto à duração a nomeação pode ser ***definitiva***, que é a regra no âmbito do exercício genérico das funções de autoridade e soberania, ou ***transitória***, no caso de assim se pretender exercer as funções referidas nas als. *b)* a *f)* do nº 1, aplicando-se aqui o regime previsto para o contrato de trabalho em funções públicas a termo resolutivo da LTFP e o regime de contrato de trabalho a termo resolutivo do CT (arts. 6º, nº 1 e 8º, nºs 1 e 3).

5. Quanto à nomeação transitória – não se aplicam as normas constantes dos arts. 84º a 100º, 156º a 158º e 241º a 244º referentes às carreiras e à mobilidade.

6. Aceitação – é o ato público e pessoal através do qual o nomeado declara aceitar a nomeação, sendo titulada pelo respetivo termo (de modelo aprovado pela Portaria nº 62/2009, de 22 de janeiro), que é assinado pelo órgão competente para a nomeação, determinando o mesmo o início de funções para todos os efeitos legais, designadamente os de perceção de remuneração e de contagem do tempo de serviço (artº 44º, nº 1).

7. Ajuramentação – com a assinatura do termo de aceitação o nomeado presta o seguinte compromisso de honra:

> ***«Afirmo solenemente que cumprirei as funções que me são confiadas com respeito pelos deveres que decorrem da Constituição e da lei»*** (arts. 42º, nºs 1 a 4 e 44º, nº 1).

8. Situações de ausência por maternidade, paternidade ou adoção e de faltas por acidente de trabalho ou doença profissional – a *perceção de remuneração* decorrente da nomeação definitiva retroage à data da publicitação do ato da aceitação (artº 44º, nº 2), enquanto que a *contagem do tempo de serviço* decorrente da nomeação definitiva retroage à data da publicitação do respetivo ato de nomeação (artº 44º, nºs 2 e 3).

9. Prazo para aceitação – é de 20 dias, sem prejuízo do disposto em lei especial, a contar, de forma contínua, da data da publicitação do ato da nomeação, podendo este prazo, em casos devidamente justificados, v.g., doença e férias, ser prorrogado por períodos determinados, pela entidade competente para a assinatura do respetivo termo (artº 43º, nºs 1 e 2), sendo certo, porém, que nas situações de parentalidade e de faltas por acidente de trabalho ou doença profissional este prazo é automaticamente prorrogado para o termo destas situações (nº 3).

10. Falta de aceitação do nomeado – sem prejuízo do disposto em lei especial, a falta de aceitação do nomeado determina a caducidade automática do ato de nomeação, o qual não pode ser repetido no procedimento em que foi praticado (artº 42º, nº 7).

11. Recusa da entidade competente para a assinatura do termo de aceitação – a lei não permite tal recusa ao representante da EP, sob pena de responsabilidade civil, financeira e disciplinar (artº 42º, nº 6).

12. Continuidade do exercício de funções públicas – o exercício de funções ao abrigo de qualquer modalidade de vínculo de emprego público, em qualquer dos órgãos ou serviços a que a presente lei é aplicável, releva como exercício de funções públicas na *carreira, na categoria ou na posição remuneratória*, conforme os casos, quando os trabalhadores, mantendo aquele exercício de funções, mudem definitivamente de órgão ou serviço (artº 11º; essencial é que haja aqui *uma continuidade do exercício de funções públicas*, isto é, não haja interrupção entre os vínculos, e que haja uma *identidade ou similitude entre as funções exercidas e as novas funções*).

Capítulo IX
Constituição do Vínculo de Emprego Público por Contrato de Trabalho em Funções Públicas

1. Forma da constituição do contrato de trabalho em funções públicas (indeterminado ou a termo resolutivo) – esta é a modalidade regra de constituição de um vínculo de emprego público e está sujeito à ***forma escrita*** (ao contrário da livre forma que carateriza o contrato individual de trabalho), deve ser assinado por ambas as partes e conter as seguintes indicações:

a) Nome ou denominação e domicílio ou sede dos contraentes;
b) Modalidade de contrato e respetivo termo quando aplicável;
c) Atividade contratada, carreira, categoria e remuneração do trabalhador;
d) Local e período normal de trabalho;
e) Data do início da atividade;
f) Data de celebração do contrato;
g) Identificação da entidade que autorizou a contratação.
(artº 40º, nºs 1 e 2)

Sempre que se verifique qualquer alteração destes elementos, como sejam os da remuneração ou do local de trabalho, deve ser feita uma adenda ou aditamento ao contrato, que dele passa a fazer parte integrante, seguido da assinatura de ambas as partes.

2. Publicitação – os contratos por tempo indeterminado, bem como os atos que determinam, relativamente aos trabalhadores contratados, mudanças definitivas de órgão ou serviço ou de categoria, bem como os atos de cessação dos contratos por tempo indeterminado, são publicados no DR, 2ª série, por extrato.

3. Consequências da inobservância da forma escrita do contrato de trabalho em funções públicas – por razões de certeza, segurança e publicidade jurídicas, este contrato está sujeito à forma escrita, pelo que a sua falta constituir-se-á numa causa comum de invalidade do vínculo de emprego público por força do disposto nos arts. 52º da LTFP e 220º do CC, suscetível de ser como tal invocável – dando-se assim a cessação imediata dos efeitos do contrato, com a salvaguarda dos que se produziram até à data dessa mesma invocação (artº 53º, nº 1), ou de ser feita cessar pelas partes por convalidação resultante da redução do respetivo contrato a escrito que, entretanto, se operar (artº 55º).

4. Falta de assinatura ou de alguma daquelas indicações no contrato trabalho em funções públicas – quando o contrato não contenha a assinatura das partes ou qualquer daquelas indicações supramencionadas, o EP deve proceder à sua correção, no prazo de 30 dias, a contar da data de requerimento do trabalhador para o efeito (artº 40º, nº 4).

5. Modelos oficiais de contrato de trabalho em funções públicas – os membros do Governo responsáveis pelas áreas das finanças e da AP podem aprovar, por portaria, modelos oficiais de contratos (artº 40º, nº 5).

6. Início de funções – o contrato tem início na data da sua celebração no caso de nada se indicar expressamente nesse sentido no corpo do próprio contrato (artº 40º, nºs 2, al. *e)* e 3).

7. Continuidade do exercício de funções públicas – o exercício de funções ao abrigo de qualquer modalidade de vínculo de emprego público, em qualquer dos órgãos ou serviços a que a presente lei é aplicável, releva como exercício de funções públicas na *carreira, na categoria ou na posição remuneratória*, conforme os casos, quando os trabalhadores, mantendo aquele exercício de funções, mudem definitivamente de órgão ou serviço (artº 11º; deste modo, para que se possa proceder à contagem de todo o tempo para efeitos de carreira ou categoria é essencial que haja aqui *uma continuidade do exercício de funções públicas*, isto é, não haja interrupção entre os vínculos, e que haja uma *identidade ou similitude entre as funções exercidas e as novas funções*).

8. Serviço público descontinuado – é aquele que resulta da soma de períodos de prestação de serviço público por parte do trabalhador em que, entre eles, se verificaram situações de interrupção ou cessação do vínculo de emprego público, que releva para efeitos de antiguidade na função pública, reforma e aposentação, mas não para efeitos de carreira ou categoria.

Capítulo X
Constituição do Vínculo de Emprego Público por Contrato a Termo Resolutivo

1. Modalidades de contratos a termo resolutivo – o contrato de trabalho em funções públicas a termo resolutivo pode ser ***certo*** ou ***incerto,*** de acordo com os fundamentos previstos no artº 57, não podendo os IRCTs afastar o seu regime legal constante dos arts. 56º a 67º da LTFP (artº 56º, nºs 1 e 3), sendo as disposições correspondentes do CT (arts. 139º e ss), que não sejam incompatíveis com aquelas, subsidiariamente aplicáveis. O regime do contrato de trabalho a termo resolutivo aplica-se, com as necessárias adaptações, à figura da nomeação transitória (artº 56º, nº 4).

2. Publicitação – os contratos a termo resolutivo e as respetivas renovações e cessações são afixadas no órgão ou serviço e inseridos em página eletrónica, por extrato (artº 5º, nº 1, als. *c)* e *d)* da LP).

3. Indicações específicas que devem constar do contrato a termo resolutivo – para além dos requisitos gerais de forma deste contrato constantes do artº 40º (ser reduzido a escrito e assinado pelas partes), dele devem constar ainda as seguintes indicações:

a) A indicação do motivo justificativo do termo estipulado, que deve ser feita através da menção expressa dos factos que o integram, devendo estabelecer-se a relação entre a justificação invocada e o termo estipulado;

b) A data da respetiva cessação, sendo o contrato a termo certo.
(artº 58º, nºs 1 e 2)

4. Consequências da inobservância das indicações que devem constar do contrato a termo resolutivo – a falta delas determina a nulidade do contrato, a não ser que se verifique a convalidação do respetivo vínculo de emprego público nos termos do disposto no artº 55º.

5. Inaplicabilidade das regras sobre carreiras, mobilidade e colocação em *regime de valorização profissional* aos trabalhadores com contrato a termo resolutivo – porque exercem as suas funções por referência a uma categoria integrada numa carreira (artº 79º, nº 2), não se lhes aplica as «normas relativas a carreiras, mobilidade e colocação em regime de valorização profissional» (artº 56º, nº 6, na redação que lhe foi dada pelo artº 4º, nº 2 da Lei nº 25/2017, de 30 de maio), beneficiando, contudo, quanto às demais regras, dos mesmos direitos e estando adstritos aos mesmos deveres do trabalhador permanente numa situação comparável, salvo se razões objetivas justificarem um tratamento diferenciado (artº 67º, nº 1). Os métodos de seleção obrigatórios previstos no artº 36º, nº 1, a saber, prova de conhecimentos e avaliação psicológica não são aplicáveis no recrutamento dos contratados a termo resolutivo, sendo apenas de utilização obrigatória os métodos de seleção de avaliação curricular e entrevista, admitindo-se que o EP use apenas aquele (artº 36º, nº 6).

6. Duração do contrato a termo certo – dura pelo período acordado, não podendo exceder ***3 anos,*** incluindo renovações, nem ser renovado mais de ***2 vezes***, ainda que não tenha atingido 3 anos de duração (artº 60º, nº 1), sendo que este contrato a termo não pode ter duração superior a 1 ano, incluindo renovações, no caso do mesmo se destinar a assegurar necessidades urgentes de funcionamento das EPs (artº 60º, nº 3). Basta assim atingir um destes limites, a saber 3 anos ou 2 renovações, para se verificar a caducidade deste contrato (artº 63º, nº 2).

7. Duração do contrato a termo resolutivo incerto – dura por todo o tempo necessário para a substituição do trabalhador ausente ou para a conclusão da tarefa ou serviço cuja execução justifica a celebração (artº 60º, nº 2).

8. Duração do contrato a termo certo para a execução de projetos de investigação e de desenvolvimento – dura enquanto durar o projeto, ***não podendo exceder 6 anos***, admitindo-se contudo que este contrato possa ser objeto de ***uma única renovação***, por período igual ou inferior ao inicialmente fixado, desde que a duração máxima do contrato, incluindo renovação, não exceda 6 anos, carecendo sempre de autorização dos membros do Governo responsáveis pelas finanças e pela AP e da tutela quando o contrato tiver uma duração superior a 3 anos (artº 7º da Lei nº 35/2014, de 20 de junho).

9. Quando os contratos sejam celebrados por prazo inferior a 6 meses – o termo estipulado deve corresponder à duração previsível da tarefa ou serviço a realizar (artº 62º, nº 1), podendo estes contratos ser renovados uma única vez, por período igual ou inferior ao inicialmente contratado (artº 62º, nº 2).

10. Fundamentos para a celebração de contrato de trabalho em funções públicas a termo resolutivo – só pode ser aposto termo resolutivo ao contrato de trabalho em funções públicas nas seguintes situações, taxativas, fundamentadamente justificadas:

a) Substituição direta ou indireta de trabalhador ausente (nomeadamente, resultante de situação de mobilidade, de comissão de serviço ou por se encontrar a exercer funções noutra carreira, categoria ou órgão ou serviço no decurso do período experimental, artº 57º, nº 2) ou que, por qualquer razão, se encontre temporariamente impedido de prestar serviço (v.g. doença, acidente em serviço, licença sem remuneração, licença parental ou cedência de interesse público, isto é, situações que impliquem a suspensão do contrato de trabalho);

b) Substituição direta ou indireta de trabalhador em relação ao qual esteja pendente em juízo ação de apreciação da licitude do despedimento;

c) Substituição direta ou indireta de trabalhador em situação de licença sem remuneração;

d) Substituição de trabalhador a tempo completo que passe a prestar trabalho a tempo parcial por período determinado;

e) Para assegurar necessidades urgentes de funcionamento das entidades empregadoras públicas;

f) Execução de tarefa ocasional ou serviço determinado precisamente definido e não duradouro;

g) Para o exercício de funções em estruturas temporárias das entidades empregadoras públicas;

h) Para fazer face ao aumento excecional e temporária da atividade do órgão ou serviço;

i) Para o desenvolvimento de projetos não inseridos nas atividades normais dos órgãos ou serviços;

j) Quando a formação, ou a obtenção de grau académico ou título profissional, dos trabalhadores no âmbito das entidades empregadoras públicas envolva a prestação de trabalho subordinado;

k) Quando se trate de órgãos ou serviços em regime de instalação (os contratos para o exercício de funções nestes órgãos ou serviços são obrigatoriamente celebrados a termo resolutivo nos termos previstos em lei especial).

(artº 57º, nºs 1, 2 e 5)

11. Fundamentos para a constituição de contrato de trabalho em funções públicas a termo resolutivo incerto – o contrato de trabalho em funções públicas só pode ser celebrado a termo resolutivo incerto nas situações previstas nas alíneas *a)* a *d)* e *f)* a *k)* do artº 57º, nº 1 (artº 57º, nº 3), encontrando-se assim vedada a possibilidade de celebração deste contrato na situação prevista na al. *e)*, isto é, quando se trate de assegurar necessidades urgentes de funcionamento das EPs, situação em que apenas se admite o recurso ao contrato de trabalho em funções públicas a termo resolutivo certo. Consequentemente, tirando esta situação, é possível celebrar contrato a termo resolutivo, certo ou incerto, em todas as outras situações.

12. Proibição de celebração de contrato a termo resolutivo – é vedada a possibilidade de celebração de contrato de trabalho a termo resolutivo para substituição de trabalhador colocado em regime de valorização profissional (artº 57º, nº 4, na redação que lhe foi dada pelo artº 4º, nº 2 da Lei nº 25/2017, de 30 de maio) ou que se encontre em greve (artº 535º, nº 1 do CT).

13. Proibição de contratos sucessivos – a cessação, por motivo não imputável ao trabalhador, de contrato a termo ***impede nova admissão a termo para o mesmo posto de trabalho*** (admitindo-se assim que o EP possa contratar a termo o mesmo trabalhador desde que para posto de trabalho diferente ou até para o mesmo posto do trabalho desde que recorra a um contrato por tempo indeterminado) antes de decorrido um período de tempo equivalente a um terço da duração do contrato, incluindo as suas renovações (artº 59º, nº 1), não sendo o disposto atrás aplicável nos seguintes casos:

a) Nova ausência do trabalhador substituído, quando o contrato a termo tenha sido celebrado para a sua substituição;

b) Acréscimos excecionais da atividade do órgão ou serviço após a cessação do contrato (artº 59º, nº 2).

Esta proibição da contratação sucessiva reporta-se quer à situação da contratação sucessiva do mesmo trabalhador, quer à de diferente trabalhador.

Quando a causa da cessação for da responsabilidade do trabalhador, nomeadamente por despedimento com justa causa, por rescisão unilateral ou aposentação voluntária, já o EP pode recorrer a sucessivos contratos a termo.

14. Renovação do contrato a termo certo – ao contrário do que acontece no direito do trabalho privado, em que o contrato a termo certo se renova automaticamente, no silêncio das partes, por igual período, na LTFP o contrato a termo não está sujeita a renovação automática, dependendo a sua renovação da verificação das exigências que levaram à sua celebração, a saber, que o EP e o trabalhador comuniquem, por escrito, com 30 dias de antecedência, a vontade de o fazer renovar, presumindo-se o acordo do trabalhador se este não manifestar, por escrito, vontade contrária, no prazo de 7 dias úteis a contar daquela comunicação feita pelo EP, considerando-se como único contrato aquele que seja objeto de renovação (artº 61º, nºs 1 a 3; vd. arts. 291º, al. *a)* e 293º, 1 e 2).

15. Nulidade e responsabilidade nos contratos a termo irregulares – a celebração ou a renovação de contratos a termo resolutivo em violação das normas específicas da LTFP, a saber:

- ***a)*** Quando não se verifique nenhuma das situações previstas no artº 57º, nº 1;
- ***b)*** Quando não se encontre fundamentadamente justificada a aposição do termo resolutivo (artº 57º, nº 1);
- ***c)*** Quando não se observe a forma escrita prevista ou as formalidades legais exigidas, nomeadamente nos arts. 40º, nº 1 e 58º, nº 1;
- ***d)*** Quando não seja precedido do devido procedimento concursal (artº 56º, nº 5);
- ***e)*** Quando houver uma sucessão indevida de contratações a termo (artº 59º);
- ***f)*** Quando a duração dos contratos ultrapassar os prazos máximos legais (arts. 60º e 62º);

Porque o vínculo de emprego público abrange um conjunto de obrigações dificilmente restituíveis pelas partes, como seja a prestação de trabalho subordinado por parte do trabalhador e o pagamento da remuneração pelo EP, o legislador, no seguimento das posições doutrinais assumidas nesta matéria, adotou aqui a posição deste vínculo gerar nulidade mas apenas ***ex nunc***, isto é, o **vínculo deixa de produzir efeitos apenas a partir da data da declaração da sua nulidade ou anulação,** mantendo-se assim os efeitos entretanto produzidos desde a data da constituição do respetivo vínculo (artº 53º, nº 1), sem prejuízo dessa declaração poder dar lugar à responsabilidade civil, disciplinar e financeira dos dirigentes máximos dos órgãos ou serviços que os tenham celebrado ou renovado (artº 63º, nº 1), não se convertendo, em caso algum, o contrato a termo resolutivo em contrato por tempo indeterminado, caducando no termo do prazo máximo de duração previsto, incluindo renovações, ou, tratando-se de contrato a termo incerto, quando cesse a situação que justificou a sua celebração (nº 2).

16. Dever de comunicação do empregador público – o EP é obrigado a comunicar, no prazo máximo de 5 dias úteis, à comissão de trabalhadores e aos sindicatos representativos, designadamente àquele em que o trabalhador esteja filiado, a celebração e a cessação do contrato a termo, e sempre que estiver em causa uma trabalhadora grávida, puérpera ou lactante, o EP deve comunicar, também naquele prazo máximo, à entidade com competência na área da igualdade de oportunidades entre homens e mulheres o motivo da não renovação do contrato a termo (artº 64º, nº 1).

17. Direito de preferência na admissão – o trabalhador contratado a termo que se candidate, nos termos legais, a concurso de recrutamento publicitado durante a execução do contrato ou até 90 dias após a cessação do mesmo, para *ocupação de posto de trabalho com características idênticas* às daquele para que foi contratado, *na modalidade de contrato por tempo indeterminado*, tem preferência, na lista de ordenação final dos candidatos, em caso de igualdade de classificação (artº 66º, nº 1), determinando-se de seguida que a violação deste direito de preferência obriga o EP a indemnizar o trabalhador no valor correspondente a 3 meses de remuneração base (nº 2), cabendo ao trabalhador alegar a violação da preferência enquanto que ao EP compete provar o contrário, ou seja, que cumpriu a lei (nº 3).

18. Direito à formação profissional – o EP é obrigado a proporcionar ao trabalhador contratado a termo formação profissional por força do disposto no artº 67º, nº 2 (vd. arts. 71º, nº 2, 72º, nº 2, 73º, nº 12, e 81º, nº 2).

19. Continuidade do exercício de funções públicas – o exercício de funções ao abrigo de qualquer modalidade de vínculo de emprego público, em qualquer dos órgãos ou serviços a que a presente lei é aplicável, releva como exercício de funções públicas na *carreira, na categoria ou na posição remuneratória*, conforme os casos, quando os trabalhadores, mantendo aquele exercício de funções, mudem definitivamente de órgão ou serviço (artº 11º; essencial é que haja aqui *uma continuidade do exercício de funções públicas*, isto é, não haja interrupção entre os vínculos, e que haja uma *identidade ou similitude entre as funções exercidas e as novas funções*).

20. Igualdade de tratamento – o trabalhador contratado a termo tem os mesmos direitos e está adstrito aos mesmos deveres do trabalhador permanente numa situação comparável, salvo se razões objetivas justificarem um tratamento diferenciado (artº 67º, nº 1; vd. artº 56º, nº 6).

21. Caducidade do contrato a termo resolutivo e respetiva compensação – vd. Capítulo XXV – Extinção do Vínculo de Emprego Público.

Capítulo XI
Período Experimental

1. Período experimental: obrigatoriedade – este período corresponde ao tempo inicial de execução de funções do trabalhador, nas situações de contrato de trabalho em funções públicas e de nomeação, por tempo indeterminado ou a termo, e tem como objetivo comprovar se o trabalhador tem as competências exigidas pelo posto de trabalho que vai ocupar (arts. 45º, nº 1 e 46º, nº 2), admitindo-se a existência de tal período experimental nos vínculos de emprego público a termo, mas excluindo-se o mesmo da comissão de serviço (arts. 46º, nº 2 e 49º, nº 2). Sempre que a lei prever um período experimental este é obrigatório, não podendo a AP dispensar a sua realização, seja por regulamento interno, seja por IRCT ou seja, ainda, pela inserção no contrato ou no despacho de nomeação de uma qualquer cláusula nesse sentido (artº 51º).

2. Formação em sala – sempre que se esteja perante a constituição de um *vínculo por tempo indeterminado*, o início de funções do trabalhador tem lugar com um período de formação em sala e em exercício, com duração e conteúdo dependentes da prévia situação jurídico-funcional do trabalhador, salvo tratando-se de trabalhador integrado em *carreira especial* cujo ingresso exige a aprovação em curso de formação específico (artº 82º, nº 3).

3. Modalidades de período experimental – são duas, a saber:

a) **Período experimental do vínculo** – corresponde ao tempo inicial de execução do vínculo de emprego público, prestado à partida por quem não possui qualquer vínculo de emprego público por tempo indeterminado, cessando o vínculo os seus efeitos automaticamente, sem direito a qualquer indemnização ou compensação, caso este período se conclua sem sucesso (artº 45º, nºs 2, al. *a)* e 3);

b) **Período experimental da função** – corresponde ao tempo inicial de desempenho de nova função em diferente posto de trabalho, por trabalhador que já seja titular de um vínculo de emprego público por tempo indeterminado, regressando o trabalhador à situação jurídico-funcional anteriormente detida, caso este período termine sem sucesso (artº 45º, nºs 2, al. *b)* e 4).

4. Cessação do período experimental antes do respetivo termo – o período experimental pode cessar antes do respetivo termo por:

a) Decisão fundamentada do dirigente máximo do serviço, na sequência de proposta do júri nesse sentido (em regra, só pode denunciar o contrato no final do período probatório), quando o trabalhador manifestamente revele não possuir as competências exigidas pelo posto de trabalho que ocupa (artº 45º, nº 5);

b) Denúncia do contrato por parte do trabalhador *sem qualquer aviso prévio nem necessidade de invocação de justa causa, não havendo direito a indemnização* (artº 47º; *esta figura da denúncia não se aplica aos nomeados*);

c) Determinação legal.

5. Avaliação do trabalhador durante o período experimental – o trabalhador é acompanhado durante este período experimental por um júri, especialmente constituído, composto à priori por trabalhadores do órgão ou serviço, que procede, no final, à sua avaliação, sendo este júri substituído, nos vínculos de emprego público a termo, pelo superior hierárquico imediato do trabalhador (artº 46º, nºs 1 e 2), aplicando-se a este júri, com as devidas adaptações, as disposições constantes dos arts. 20º a 24º da Portaria nº 83-A/2009, de 22 de janeiro, diploma que, recorde-se, regula a tramitação do procedimento concursal de pessoal na AP (artº 46º, nº 6). Por força dos princípios da isenção, imparcialidade e transparência, o júri deve estar identificado e publicitado pelo dirigente máximo do serviço antes do início do período experimental, bem como os elementos sujeitos a avaliação e os critérios de ponderação que vai utilizar, funcionando aquele colegialmente com a presença obrigatória de todos os seus membros e de fundamentar sempre as respetivas decisões.

6. Designação do júri – cabe ao dirigente máximo de serviço do órgão ou serviço, antes do início deste período experimental, designar o júri, composto por um número ímpar de membros, devendo o presidente e outro elemento possuir, por força do princípio da especialidade, formação ou experiência na atividade inerente ao posto de trabalho a ocupar.

7. Período experimental concluído com sucesso – dá-se quando na avaliação final, que se traduz numa escala de 0 a 20, o trabalhador tenha obtido uma avaliação não inferior a 14 ou a 12 valores, consoante se trate ou não, respetivamente, de carreira ou categoria de grau 3 de complexidade funcional (artº 46º, nº 4).

8. Elementos a ter em consideração na avaliação do período experimental – no respeito e em cumprimento do princípio da legalidade, o júri deve ter em conta nesta avaliação final apenas os seguintes elementos:

a) Os elementos que o júri obtiver;
b) O relatório que o trabalhador deve apresentar; e,
c) Os resultados das ações de formação frequentadas (o trabalhador não pode ser prejudicado aqui se o EP não lhe proporcionar o acesso efetivo à formação profissional a que tem direito – artº 71º, nº 2).

Entende-sc assim quc cstá vedada ao júri a possibilidade de criar ou utilizar novos elementos avaliativos para além daqueles (artº 46º, nº 3).

9. Termo do período experimental – a lei não fixa qualquer prazo para o júri dar o resultado da sua avaliação final e a mesma ser homologada pelo dirigente máximo do serviço ou, no caso deste ser membro do júri, pelo membro do governo, apenas referindo que o termo do período experimental deve ser assinalado por ato escrito, que deve indicar o resultado da avaliação final, cuja ausência impossibilitará a consolidação do seu vínculo de emprego público de nomeação ou de contrato (artº 46º, nº 5). Não obstante esta omissão da lei, somos do entendimento que concluído o período experimental impende sobre a AP a obrigação de proceder de imediato à avaliação final do trabalhador e à sua consequente homologação, legitimando, caso não o faça, o trabalhador ao recurso contencioso contra a AP por omissão de um comportamento legalmente devido.

10. Conclusão sem sucesso do período experimental – este período termina sem sucesso quando a avaliação final não atinge as classificações legais exigidas, facto que determina a cessação automática do respetivo contrato ou nomeação, regressando o trabalhador ao seu lugar de origem, caso possua vínculo anterior na função pública, ou, no caso de não possuir tal vínculo, deixando pura e simplesmente de exercer quaisquer funções, em qualquer das situações sem direito a indemnização.

11. Tempo de serviço durante o período experimental – o período experimental é tido em conta, para todos os efeitos legais, como tempo de serviço efetivo (artº 48º, nº 1), sendo que o tempo de serviço decorrido no período experimental por trabalhador titular de um vínculo de emprego público por tempo indeterminado é contado, para todos os efeitos legais, da seguinte forma:

a) No caso de período experimental concluído com sucesso, é contado na carreira e categoria onde tenha decorrido (artº 48º, nº 2, al. *a)*);
b) No caso de período experimental concluído sem sucesso, é contado na carreira e categoria à qual o trabalhador regresse, quando seja o caso (artº 48º, nº 2, al. *b)*).

No caso da AP considerar concluído sem sucesso o período experimental em data muito para lá do prazo legalmente previsto para a sua conclusão, a cessação do período experimental só produzirá obviamente efeitos a partir desta data. Caso conclua com sucesso, todo o tempo decorrido após o términus do prazo previsto para o período experimental deve ser considerado como prestado na respetiva carreira do trabalhador.

12. Duração do período experimental no contrato de trabalho em funções públicas por tempo indeterminado – o período experimental tem a duração:

a) ***90 dias***, para os trabalhadores integrados na ***carreira de assistente operacional*** e noutras carreiras ou categorias com idêntico grau de complexidade funcional;
b) ***180 dias***, para os trabalhadores integrados na ***carreira de assistente técnico*** e noutras carreiras ou categorias com idêntico grau de complexidade funcional;
c) ***240 dias***, para os trabalhadores integrados na ***carreira de técnico superior*** e noutras carreiras ou categorias com idêntico grau de complexidade funcional (artº 49º, nº 1).

O Acordo Coletivo de Trabalho nº 1/2009, também conhecido pelo Acordo Coletivo de Carreiras Gerais, publicado no DR, 2ª Série, de 28 de setembro de 2009, reduziu para 120 dias e 180 dias o período experimental dos trabalhadores integrados na carreira de assistente técnico e na carreira técnica superior, respetivamente.

13. Duração do período experimental no contrato de trabalho em funções públicas a termo – o período experimental tem a duração:

a) ***30 dias***, no ***contrato a termo certo de duração igual ou superior a 6 meses*** e no ***contrato a termo incerto*** cuja duração se preveja vir a ser superior àquele limite;

b) ***15 dias***, no ***contrato a termo certo de duração inferior a 6 meses*** e no ***contrato a termo incerto*** cuja duração se preveja não vir a ser superior àquele limite (artº 49º, nº 2).

14. Duração do período experimental na nomeação – na falta de lei especial em contrário, o período experimental na nomeação definitiva tem a duração de 1 ano (artº 49º, nº 3).

15. Duração do período experimental em carreiras espcciais – os diplomas que disponham sobre carreiras especiais podem estabelecer outra duração para o respetivo período experimental (artº 49º, nº 4).

16. Contagem do período experimental – o período experimental é contínuo, contando-se em ***dias seguidos*** (não obstante os arts. 50º, nº 2 da LTFP e 3º da Lei Preambular apontarem para uma contagem em dias úteis sempre que estejamos perante prazos iguais ou inferiores a 6 meses), ***a partir do início da execução efetiva da prestação pelo trabalhador,*** compreendendo as ações de formação ministradas pelo EP ou frequentadas por determinação deste, desde que não excedam metade do período experimental, não sendo tidos em conta aqui os dias de faltas (artº 133º), ainda que justificadas, de licença (arts. 280º a 283º) e de dispensa (tolerâncias de ponto ou greve), bem como de suspensão do vínculo (arts. 276º e ss) – artº 50º, nºs 1 e 2. Este período concluído com sucesso é contado na carreira ou categoria em que tenha decorrido. Neste ponto, partilhamos aqui do mesmo entendimento de Cláudia Henrique Nunes, que defende que o período experimental abrange não só «os dias de descanso semanal complementares e obrigatórias, os dias feriados», como até «os dias de férias gozado neste período («*O Contrato de Trabalho em Funções*

Públicas face à Lei Geral do Trabalho», Coimbra editora, 2014, pág. 59), umas vez que o artº 50º, nº 2 não exclui expressamente estas situações de contagem do período experimental.

17. Redução e exclusão do período experimental – a duração do período experimental pode ser reduzida por IRCT mas não excluído por ele, sendo nulas as disposições do contrato ou de IRCT que estabeleçam qualquer indemnização em caso de denúncia do vínculo durante o período experimental (artº 51º, nºs 1 a 3). **Face ao disposto no artº 50º não há lugar à suspensão ou protelamento do período experimental.** O EP apenas pode, em regra, denunciar o contrato no final do período experimental, caso o trabalhador não o tenha concluído com sucesso, admitindo-se, porém, que, a título excecional e devidamente fundamentado, o EP possa fazer cessar o vínculo antes de concluído o período experimental em virtude de o mesmo demonstrar manifesta incapacidade para o exercício das funções do posto de trabalho que ocupa (artº 45º, n. º5).

18. Situações legais em que não há lugar a período experimental – são as que ocorrem na sequência de consolidação da *mobilidade na categoria*, seja ela feita no mesmo ou em diferente órgão ou serviço, ou de *cedência de interesse público*, sempre que se trate de trabalhador com vínculo de emprego público por tempo indeterminado e esta consolidação se dê para a mesma carreira e categoria e a entidade cessionária seja um EP (artº 99º, nºs 4 e 9).

Capítulo XII
Invalidade do Vínculo de Emprego Público

1. Causas específicas de invalidade total ou parcial do vínculo de emprego público – para além das causas comuns de invalidade do vínculo, sobre as quais a LTFP é omissa, devendo entender-se como tais as situações previstas nos arts. 161º e 163º do novo CPA, aprovado pelo Dec. – Lei nº 4/2015, de 7 de janeiro, bem como a da falta do grau académico ou título profissional quando legalmente exigível para o exercício de funções públicas (artº 18º, nºs 1 e 2 da LTFP) – nesta matéria, importa ter presente as causas de invalidade dos negócios jurídicos enunciadas nos arts. 220º a 281º do CC, **são as seguintes as causas específicas de invalidade total ou parcial do vínculo de emprego público:**

a) **Declaração de nulidade ou anulação da decisão final do procedimento concursal que deu origem à constituição do *primeiro* vínculo de emprego público** *(a falta de procedimento concursal, quando constitucional e legalmente prevista, é também causa determinante da nulidade deste vínculo de emprego público);*

b) **Declaração de nulidade ou anulação da decisão final do procedimento concursal que deu origem à ocupação de novo posto de trabalho pelo trabalhador,** *que já possuía assim um vínculo anterior.* (artº 52º)

2. Efeitos da invalidade – temos aqui a distinguir aqui 2 situações, a saber:

a) ***A do vínculo de emprego público declarado nulo ou anulado*** – que produz efeitos como se fosse válido em relação ao tempo em que seja executado até ao momento em que seja declarada a invalidade daquele vínculo (artº 53º, nº 1);

b) ***A do ato modificativo de vínculo que seja inválido*** – o ato modificativo, que produz também efeitos como válido em relação ao tempo em que seja executado, desde que não afete as garantias do trabalhador em funções públicas, não retira nem sana a invalidade do vínculo original (artº 53º, nº 2), devendo-se distinguir aqui três situações:

I. ***A da prática de um ato modificativo válido sobre um vínculo inválido*** – neste caso este ato modificativo, que pode ser, por exemplo, uma promoção ou progressão, produzirá os seus efeitos até à data em que for declarada a invalidade do vínculo original, cessando a partir deste momento os efeitos de ambos os atos;

II. ***A da prática de um ato modificativo inválido sobre um vínculo inválido que afete as garantias do trabalhador em funções públicas*** – neste caso, por exemplo, de redução ilegal do vencimento do trabalhador, de mobilidade feita para categoria inferior sem a anuência do trabalhador ou ainda de promoção de alguém sem realização de concurso prévio ou sem possuir os requisitos necessários para isso, porque o ato modificativo declarado inválido afeta tais garantias, produzirá os seus efeitos ex tunc, isto é, retroativamente desde a prática do ato modificativo inválido, havendo assim lugar à restituição daquele vencimento ou o regresso do trabalhador à categoria que detinha;

III. ***A da prática de um ato modificativo inválido sobre um vínculo inválido que não afete as garantias do trabalhador em funções públicas*** – caso de uma promoção feita sem concurso ou em que o trabalhador não tenha os requisitos legalmente exigíveis para o efeito, o ato modificativo declarado inválido produzirá os seus efeitos como sendo válido até ao momento em que haja lugar a tal declaração de invalidade, deixando apenas de produzir os seus efeitos a partir desta declaração, assistindo assim ao trabalhador o direito a perceber a correspondente remuneração até ao momento em que se declare a ilegalidade do referido ato modificativo, cessando esta remuneração a partir daí.

(Cfra. a este propósito Paulo Veiga e Moura e Cátia Arrimar in «Comentários à Lei Geral de Trabalho em Funções Públicas», Coimbra Editora, 2014, págs. 248/9, anotação 2 ao artº 53º da LTFP)

3. A nulidade ou a anulação parcial do vínculo – não determina a invalidade de todo o vínculo, salvo quando se mostre que este não teria sido constituído sem a parte viciada (artº 53º, nº 3), ressalvando-se ainda que parte do conteúdo do vínculo de emprego público que viole normas imperativas considera-se substituída por estas (artº 53º, nº 4; assim, e a título de exemplo, a cláusula do contrato de trabalho em funções públicas que reduzir o período experimental previsto na lei ou em IRCT, considerar-se-á como inválida, não escrita e substituída pela lei ou IRCT) – vd. arts. 161º a 174º do CPA.

4. Invalidade e cessação do vínculo de natureza permanente – se o vínculo de emprego público se extinguiu antes da declaração de nulidade ou anulação do mesmo aplicam-se as normas sobre cessação previstas nos arts. 288º e ss (artº 54º, nº 1 da LTFP e ainda o artº 340º do CT), o que significa que no caso de, mais tarde, vir a ser anulada ou declarada nula a sanção de despedimento disciplinar ou de demissão o EP encontra-se sujeito ao cumprimento das obrigações previstas no artº 300º, ou seja, terá de pagar ao trabalhador as remunerações que este deixou de receber a partir da data daquele despedimento/demissão, de indemnizá-lo por todos os danos, patrimoniais e não patrimoniais, entretanto causados, e de reconstituir a sua situação jurídico-funcional atual hipotética (nº 1). Contudo, admite-se que o EP possa vir já a invocar a nulidade ou anulabilidade do vínculo de emprego público para evitar o cumprimento desta obrigação de reconstituição da situação atual hipotética, impedindo desta forma a reintegração deste trabalhador.

5. Invalidade e cessação do vínculo a termo – o que o artº 54º, nº 2, vem dizer é que se a cessação/extinção do vínculo de emprego público a termo, nas modalidades de contrato a termo resolutivo ou de nomeação transitória, anteriormente ocorrida com base nalguns dos fundamentos previstos nos arts. 289º e ss, for declarada nula ou anulada, a indemnização a fixar neste caso tem por limite o valor estabelecido nos arts. 302º e 306º (e não nos arts. 301º e 305º erradamente referidos naquele artº 54º, nº 2, uma vez que são aqueles, e não estes, os preceitos que dizem efetivamente respeito ao despedimento ilícito e à denúncia sem aviso prévio, respetivamente, e que têm correspondência aos arts. 123º, nº 2 e 393º e 401º do CT).

6. Invocação de invalidade pela parte de má-fé – no artº 54º, nº 3 estamos já perante uma situação de invocação de invalidade feita pela parte de má-fé (que consiste na constituição ou na manutenção do vínculo com o conhecimento da causa de invalidade – artº 54º, nº 4), estando a outra de boa-fé, seguida de imediata cessação da prestação de trabalho, em que se determina a aplicação do regime da indemnização prevista nos artigos 301º e 306º, e não nos arts. 300º e 305º indicados erradamente no preceito em apreço, por serem efetivamente aqueles artigos que se reportam ao despedimento ilícito e à denúncia sem aviso prévio, respetivamente (nºs 3 e 4).

7. **Convalidação** – se a causa da invalidade cessar durante a execução do vínculo de emprego público, este considera-se convalidado desde o início da execução (artº 55º).

Capítulo XIII
Garantias de Imparcialidade
Incompatibilidades e Impedimentos

1. Trabalhadores ao serviço do interesse público – os trabalhadores em funções públicas, no exercício destas suas funções, estão exclusivamente ao serviço do interesse público tal como é definido, nos termos da lei, pelos órgãos competentes da AP (artº 19º, nº 1).

2. Regra da exclusividade no exercício das funções públicas – por causa disso, os trabalhadores estão vinculados à regra da exclusividade no exercício daquelas suas funções (artº 20º), o que faz com que eles fiquem assim sujeitos a um particular conjunto de incompatibilidades e impedimentos destinado a garantir a imparcialidade da sua atuação, bem como à proibição de acumular o exercício daquelas funções com outras funções públicas ou com funções ou atividades privadas, exercidas em regime de trabalho autónomo ou subordinado, com ou sem remuneração, concorrentes, similares ou conflituantes com as funções públicas, só excecionalmente se admitindo a acumulação do exercício destas funções com outras funções públicas e privadas (arts. 19º, nº 2, 21º, 22º e 24º; vd. artº 269º, nºs 1, 4 e 5 da CRP).

3. Conceito de funções concorrentes, similares ou conflituantes – é-nos dado pelo artº 22º, nº 2 que nos diz considerarem-se como tais *«as atividades privadas que, tendo conteúdo idêntico ao das funções públicas desempenhadas, sejam desenvolvidas de forma permanente ou habitual e se dirijam ao mesmo círculo de destinatários»*. Consequentemente, para que as funções possam ser qualificadas como concorrentes, similares ou conflituantes é necessário que preencham cumulativamente os seguintes requisitos:

a) *Se reportem a atividades privadas;*
b) *Que tenham conteúdo idêntico ao das funções públicas desempenhadas;*

c) *Sejam exercidas de forma permanente ou habitual; e,*
d) *Se dirijam ao mesmo grupo de destinatários.*

4. Incompatibilidades e impedimentos com outras funções – os trabalhadores em funções públicas estão sujeitos a um conjunto apreciável de incompatibilidades e impedimentos previsto nos arts. 19º a 24º (sobre as garantias de imparcialidade vejam-se ainda os arts. 69º a 76º do CPA).

5. Acumulação de funções públicas com outras funções públicas – a título de exceção àquela regra da exclusividade, a lei admite esta acumulação de funções (artº 269º, nº 4 da CRP):

I. **No caso de estas não serem remuneradas** – e desde que a acumulação revista manifesto interesse público (artº 21º, nº 1);
II. **No caso de serem remuneradas** – desde que a acumulação revista manifesto interesse público e apenas nas seguintes situações:
   a) Participação em comissões ou grupos de trabalho;
   b) Participação em conselhos consultivos e em comissões de fiscalização ou outros órgãos colegiais de fiscalização ou controlo de dinheiros públicos;
   c) Atividades docentes ou de investigação de duração não superior à fixada em despacho dos membros do Governo responsáveis pelas áreas das finanças, da AP e da educação e que, sem prejuízo do cumprimento da duração semanal do trabalho, não se sobreponha em mais de um quarto ao horário inerente à função principal;
   d) Realização de conferências, palestras, ações de formação de curta duração e outras atividades de idêntica natureza (artº 21º, nº 2).

6. Acumulação de funções públicas com funções ou atividades privadas – o exercício de funções públicas pode ser acumulado com funções ou atividades privadas, desde que estas (vd. artº 269º, nº 5 da CRP):

a) Não sejam legalmente consideradas incompatíveis com as funções públicas;
b) Não sejam desenvolvidas em horário sobreposto, ainda que parcialmente, ao das funções públicas;
c) Não comprometam a isenção e a imparcialidade exigidas pelo desempenho das funções públicas;
d) Não provoquem prejuízo para o interesse público ou para os direitos e interesses legalmente protegidos dos cidadãos (artº 22º, nº 3).

7. Autorização para acumulação de funções – a acumulação carece de prévia autorização da entidade competente (que deve ser proferida no prazo específico previsto na lei, ou, na sua falta, no prazo geral de 90 dias, ***equivalendo a falta de resposta a indeferimento tácito***) com base em requerimento do trabalhador do qual devem constar as seguintes indicações:

a) Local do exercício da função ou atividade a acumular;
b) Horário em que ela se deve exercer, quando aplicável;
c) Remuneração a auferir, quando aplicável;
d) Natureza autónoma ou subordinada do trabalho a desenvolver e respetivo conteúdo;
e) Justificação do manifesto interesse público na acumulação, quando aplicável;
f) Justificação da inexistência de conflito com as funções públicas, quando aplicável;
g) Compromisso de cessação imediata da função ou atividade acumulada, no caso de ocorrência superveniente de conflito (artº 23º, nºs 1 e 2).

A acumulação de funções sem prévia autorização constitui infração disciplinar (artº 186º, al. *c*)).

8. Revogação da autorização para acumulação de funções ou atividades privadas – no exercício das funções ou atividades privadas autorizadas, os trabalhadores da AP não podem praticar quaisquer atos contrários aos interesses do serviço a que pertencem ou com eles conflituantes, implicando a violação deste preceito a revogação da autorização para acumulação de funções, para além de constituir infração grave (artº 22º, nºs 4 e 5).

9. A verificação da existência de situações de acumulação de funções não autorizadas e a fiscalização do cumprimento das garantias de imparcialidade no desempenho de funções públicas – compete aos dirigentes, sob pena de cessação da respetiva comissão e serviço (artº 23º, nº 3).

10. Proibições específicas – para além dos impedimentos enunciados no CPA, os trabalhadores em funções públicas não podem:

a) Prestar a terceiros, por si ou por interposta pessoa, em regime de trabalho autónomo ou subordinado, serviços no âmbito do estudo, preparação ou financiamento de projetos, candidaturas ou requerimentos que devam ser submetidos à sua apreciação ou decisão ou à de órgãos ou serviços colocados sob sua direta influência (artº 24º, nº 1);

b) Beneficiar, pessoal e indevidamente, de atos ou tomar parte em contratos em cujo processo de formação intervenham órgãos ou unidades orgânicas colocadas sob sua direta influência (nº 2).

11. Órgãos ou serviços colocados sob a direta influência do trabalhador – consideram-se órgãos ou serviços colocados sob a sua direta influência os que:

a) Estejam sujeitos ao seu poder de direção, superintendência ou tutela;
b) Exerçam poderes por ele delegados ou subdelegados;
c) Tenham sido por ele instituídos, ou relativamente a cujo titular tenha intervindo como representante do EP, para o fim específico de intervir nos procedimentos em causa;
d) Sejam integrados, no todo ou em parte, por trabalhadores por ele designados;
e) Cujo titular ou trabalhadores neles integrados tenham, há menos de um ano, sido beneficiados por qualquer vantagem remuneratória, ou obtido menção relativa à avaliação do seu desempenho, em cujo procedimento ele tenha tido intervenção;
f) Com ele colaborem, em situação de paridade hierárquica, no âmbito do mesmo órgão ou serviço (artº 24º, nº 3).

12. Equiparação a trabalhador – para efeitos das proibições constantes dos nºs 1 e 2 do artº 24º, é equiparado ao trabalhador:

a) O seu cônjuge, não separado de pessoas e bens, ascendentes e descendentes em qualquer grau, colaterais até ao segundo grau e pessoa que com ele viva em união de facto;
b) A sociedade em cujo capital o trabalhador detenha, direta ou indiretamente, por si mesmo ou conjuntamente com as pessoas referidas na alínea anterior, uma participação não inferior a 10 % (artº 24º, nº 4).

13. Constitui infração disciplinar grave – a violação dos deveres referidos nos nºs 1 e 2 do artº 24º por parte dos trabalhadores que exercem funções públicas (artº 24º, nº 5), estando estes obrigados a comunicar ao respetivo superior hierárquico, antes de tomadas as decisões, praticados os atos ou celebrados os contratos referidos nos nºs 1 e 2, a existência das situações referidas no nº 4 (nº 6) – vd. artº 76º do novo CPA.

Capítulo XIV
Trabalho a Tempo Parcial e Teletrabalho como Outras Modalidades Especiais de Vínculo de Emprego Público

1. Outras modalidades especiais de vínculo de emprego público – o artº 68º autonomiza o trabalho a tempo parcial e o teletrabalho como modalidades especiais de vínculo de emprego público, a nosso ver, erradamente uma vez que não constam do elenco taxativo das modalidades de constituição do vínculo de emprego público do artº 6º, nº 3, assumindo-se assim mais como variantes do contrato de trabalho em funções públicas e da nomeação do que propriamente como modalidades autónomas de constituição daquele vínculo.

2. Trabalho a tempo parcial – sem prejuízo do disposto na LTFP, aplica-se aos trabalhadores titulares de um vínculo de emprego público o regime previsto nos arts. 150º a 156º do CT sobre trabalho a tempo parcial (artº 68º, nº 1).

3. Noção de trabalho a tempo parcial – corresponde, nos termos do artº 150º, nº 1 do CT, ao período normal de trabalho semanal inferior ao praticado a tempo completo em situação comparável.

4. Aplicação do regime de adaptabilidade ao trabalho a tempo parcial – porque se admite legalmente que o período normal de trabalho semanal do trabalhador a tempo parcial possa não ser igual em cada semana, há que ter em conta a respetiva média no período de referência aplicável o que faz com que este trabalhador possa estar sujeito ao regime de adaptabilidade, em que a duração semanal de trabalho seja apurada em termos médios (arts. 150º, nº 2 e 204º do CT).

5. Período de prestação de trabalho a tempo parcial – este trabalho pode ser prestado em alguns dias por semana, por mês ou por ano, devendo o número de dias de trabalho ser fixado por acordo (artº 150º, nº 3 do CT).

6. Liberdade de celebração de contrato de trabalho a tempo parcial – o EP não pode excluir através de regulamento o recurso ao trabalho a tempo parcial (artº 68º, nº 2 da LTFP), estando igualmente vedado fazer tal exclusão por IRCT (artº 151º do CT; vd. ainda arts. 154º e 155º do CT), sob pena de nulidade do IRCT.

7. Forma do contrato de trabalho a tempo parcial – está sujeito a escrito, devendo conter a identificação, assinaturas e domicílio ou sede das partes e a indicação do PNT diário e semanal, com referência comparativa a trabalho a tempo completo (artº 153º do CT).

8. Direitos do trabalhador a tempo parcial – o trabalhador a tempo parcial tem direito à remuneração base e a outras prestações previstas na lei proporcional ao respetivo PNT, bem como ao subsídio de refeição no seu valor integral, desde que, para tanto, cumpra, pelo menos, metade da duração diária normal de trabalho de acordo com o disposto no artº 2º, nº 1, al. *b)* do Dec. – Lei nº 57-B/84, de 20 de fevereiro, alterado pelo Dec. – Lei nº 70-A/2000, de 5 de maio, que regula a atribuição do subsídio diário de refeição aos trabalhadores da AP, que afasta assim a aplicação da regra específica das 5 horas prevista no artº 154º, nº 3, al. *b)* do CT, por força do disposto no artº 68º, nº 1 da LTFP (artº 154º, nº 3 do CT), mantendo também o direito a férias e aos acréscimos remuneratórios pela prestação de trabalho suplementar e noturno na sua integralidade, isto é, não sujeito à regra da proporcionalidade.

9. Alteração da duração do trabalho a tempo parcial – o trabalhador a tempo parcial pode passar a trabalhar a tempo completo, ou o inverso, a título definitivo ou por período determinado, mediante acordo escrito com o EP, sendo que a passagem de trabalho a tempo completo para a tempo parcial, se verifique por período determinado, decorrido este, o trabalhador tem direito a retomar a prestação de trabalho a tempo completo (artº 155º, nºs 1 e 4 do CT).

10. Teletrabalho – do mesmo modo se aplica a este o regime previsto nos arts. 165º a 171º do CT sobre o teletrabalho (artº 68º, nº 1).

11. Noção de teletrabalho – considera-se a prestação laboral realizada com subordinação jurídica, habitualmente fora do órgão ou serviço do EP, e através do recurso a tecnologias de informação e de comunicação (artº 165º do CT).

12. Forma do contrato de teletrabalho – está sujeito à forma escrita e deve conter os elementos enunciados no artº 166º, nº 4 do CT.

13. Duração máxima do contrato de teletrabalho – no caso de o trabalhador já possuir um vínculo de emprego público com o EP, a duração inicial do acordo não pode exceder 3 anos, ou o prazo estabelecido em IRCT, podendo este acordo cessar nos primeiros 30 dias da sua execução por decisão de qualquer uma das partes (artº 167º, nºs 1 e 2 do CT).

14. Instrumentos de trabalho em regime de teletrabalho – na falta de estipulação no contrato, entende-se que os instrumentos de trabalho referentes a tecnologias de informação e comunicação utilizadas pelo trabalhador são propriedade do EP, a quem compete assim assegurar as respetivas instalação e manutenção e o pagamento das inerentes despesas (artº 168º, nº 1 do CT).

15. Igualdade de tratamento do trabalhador em regime de teletrabalho – este trabalhador tem os mesmos direitos e deveres dos demais trabalhadores, nomeadamente em matéria de «formação e promoção ou carreiras profissionais, limites do período normal de trabalho e outras condições de trabalho, segurança e saúde no trabalho e reparação de danos emergentes de acidente de trabalho ou doença profissional» (artº 169º, nº 1 do CT).

16. Privacidade de trabalhador em regime de teletrabalho – o EP deve respeitar a privacidade do trabalhador e os tempos de descanso e de repouso da família deste, bem como proporcionar-lhe boas condições físicas e psíquicas de trabalho, sendo que a visita ao local de trabalho, quando coincidente com o seu domicílio, só pode efetuar-se entre as 9 e as 19 horas e ter por objetivo o controlo da atividade laboral e dos instrumentos de trabalho, sempre com a assistência do próprio trabalhador ou de pessoa por ele designada (artº 170º, nº 1 do CT).

17. Aplicação dos regimes a tempo parcial e de teletrabalho aos trabalhadores nomeados – pode ser determinada pelo EP mediante requerimento do trabalhador, prevendo-se ainda a possibilidade daquele EP, por regulamento, estabelecer para admissão em regime de tempo parcial preferências em favor dos trabalhadores:

a) Com responsabilidades familiares;
b) Com capacidade de trabalho reduzida;
c) Com deficiência ou doença crónica;
d) Que frequentem estabelecimentos de ensino médio ou superior (artº 69º).

18. Inaplicabilidade do Código do Trabalho – não se aplica ao vínculo de emprego público o regime da comissão de serviço e do trabalho intermitente previstos nos arts. 157º a 164º do CT (artº 68º).

Capítulo XV
Direitos, Deveres e Garantias do Trabalhador e do Empregador Público

1. Direito à igualdade e não discriminação no acesso ao emprego e no trabalho – vem previsto no artº 59º, nº 1 da CRP e no artº 24º, nº 1 do CT, estendendo-o à formação e promoção ou carreiras profissionais e às condições de trabalho, não podendo o trabalhador ser privilegiado, beneficiado, prejudicado, privado de qualquer direito ou isento de qualquer dever em razão de ascendência, idade, sexo, orientação sexual, estado civil, situação familiar, património genético, capacidade de trabalho reduzida, deficiência, doença crónica, nacionalidade, origem étnica ou raça, território de origem, língua, religião, convicções políticas ou ideológicas e filiação sindical, devendo o Estado promover a igualdade de acesso a tais direitos (vd. ainda arts. 23º, nº 1, 25º, 26º, 30º e 31º do CT).

2. Proibição do assédio: conceito – sendo o assédio considerado como o comportamento indesejado, no sentido de discriminatório, quer no momento de candidatura ao emprego quer durante a relação de emprego propriamente dita ou formação profissional, com vista a intimidar e a chantagear o trabalhador (variante assédio sexual ou moral).

3. Deveres gerais do EP e do trabalhador – são fundamentalmente dois, a saber:

a) **Dever de boa-fé** – no cumprimento das suas obrigações e no exercício dos correspondentes direitos, EP e trabalhador devem agir de boa-fé (artº 70º, nº 1);

b) **Dever de boa colaboração** – na obtenção da qualidade do serviço e da produtividade, bem como na promoção humana, profissional e social do trabalhador (artº 70º, nº 2).

4. Deveres do EP – sem prejuízo da existência de outros deveres, o EP está sujeito ao seguinte conjunto de deveres:

a) ***Dever de respeito, urbanidade e probidade para com o trabalhador***;
b) ***Dever de pagar pontualmente a remuneração***, de forma justa e adequada ao trabalho;
c) ***Dever de proporcionar boas condições de trabalho***, tanto do ponto de vista físico como moral;
d) **Dever de contribuir para a elevação do nível de produtividade do trabalhador,** nomeadamente proporcionando-lhe ***formação profissional***, incluindo a que seja obrigatória à manutenção ou renovação dos títulos profissionais exigidos por lei para o desempenho da respetiva atividade profissional (na redação da Lei nº 82/2019, de 2 de setembro);
e) ***Dever de respeitar a autonomia técnica do trabalhador*** que exerça atividades cuja regulamentação ou deontologia profissional a exija;
f) ***Dever de possibilitar o exercício de cargos em organizações representativas de trabalhadores***;
g) ***Dever de prevenir riscos e doenças profissionais*** tendo em conta a proteção da segurança e saúde do trabalhador, devendo indemnizá-lo dos prejuízos resultantes de acidentes de trabalho (vd. Dec. – Lei nº 503/99, de 20 de novembro, sucessivamente alterado);
h) **Dever de adotar, no que se refere à segurança e saúde no trabalho, as medidas que decorram, para o órgão ou serviço ou para a atividade, da aplicação das prescrições legais e convencionais vigentes** (vd. artº 82º, nº 2; vd. artº 59º da CRP, o Código do Trabalho e o Dec. – Lei nº 102/2009, de 10 de setembro, que aprovou o regime jurídico da promoção da segurança e saúde no trabalho, aplicado aos empregadores públicos através da Lei nº 79/2009, de 2 de setembro, através do aditamento dos arts. 16º- A a 16º- G à LTFP);
i) **Dever de fornecer ao trabalhador a informação e a formação adequadas à prevenção de riscos de acidente e doença**;
j) **Dever de manter permanentemente atualizado o registo do pessoal em cada um dos seus órgãos ou serviços**, com indicação dos nomes, datas de nascimento e de admissão, modalidades de vínculo, categorias, promoções, remunerações, datas de início e termo de férias e faltas que impliquem perda da remuneração ou diminuição dos dias de férias;
k) ***Dever de proporcionar ao trabalhador ações de formação profissional*** **adequadas à sua qualificação,** nos termos de legislação especial (vd.

Dec. – Lei nº 86-A/2016, de 29 de dezembro, diploma sobre a formação profissional na AP, adaptado à Administração Local pelo Dec. – Lei nº 173/2019, de 13 de dezembro; arts. 67º, nº 2 (formação profissional do contratado a termo), 71º, nºs 1, al. *d)* e 2, 72º, nº 2, 73º, nº 12, e 81º, nº 2; Despacho nº 3363/2017, de 21 de abril, define o valor hora da formação ministrada pelas entidades formadoras públicas).
(artº 71º, nºs 1 e 2)

5. Garantias do trabalhador – sob esta epígrafe, o artº 72º acaba por atribuir aos trabalhadores uma série de direitos através da proibição do EP de:

a) Opor-se, por qualquer forma, a que o trabalhador exerça os seus direitos, bem como aplicar-lhe sanções disciplinares ou tratá-lo desfavoravelmente por causa desse exercício;
b) Obstar, injustificadamente, à prestação efetiva do trabalho;
c) Exercer pressão sobre o trabalhador para que influencie desfavoravelmente nas condições de trabalho próprias ou dos colegas;
d) Diminuir a remuneração, salvo nos casos previstos na lei;
e) Baixar a categoria do trabalhador, salvo nos casos previstos na lei;
f) Sujeitar o trabalhador a mobilidade, salvo nos casos previstos na lei;
g) Ceder trabalhadores do mapa de pessoal próprio para utilização de terceiros que sobre esses trabalhadores exerçam os poderes de autoridade e direção próprios do EP ou por pessoa por ela indicada, salvo nos casos especialmente previstos;
h) Obrigar o trabalhador a adquirir bens ou a utilizar serviços fornecidos pelo EP ou por pessoa por ele indicada;
i) Explorar, com fins lucrativos, quaisquer cantinas, refeitórios, economatos ou outros estabelecimentos diretamente relacionados com o trabalho, para fornecimento de bens ou prestação de serviços aos trabalhadores;
j) Fazer cessar o vínculo e readmitir o trabalhador, mesmo com o seu acordo, havendo o propósito de o prejudicar em direitos ou garantias decorrentes da antiguidade.

6. Direito à formação profissional – a formação profissional é enunciada, reforçada e autonomizada como direito nos arts. 67º, nº 2, 71º, nºs 1, al. *d)* e 2, 72º, nº 2, respetivamente, e aflorada também como um dever do trabalhador nos arts. 73º, nº 12, 81º, nº 2, e 232º, nº 4, o que dá nota da sua importância.

7. Deveres funcionais – são as ações ou comportamentos que o trabalhador está obrigado a adotar perante o EP por força da lei, regulamento ou IRCT e vêm enunciados no artº 73º, a título exemplificativo, como deveres gerais.

8. Deveres gerais do trabalhador – vêm enunciados no artº 73º, nº 2, sendo eles, a saber:

a) ***Dever de prossecução do interesse público*** – consiste na sua defesa, no respeito pela CRP (vd. o seu artº 12º), pelas leis e pelos direitos e interesses legalmente protegidos dos cidadãos (nº 3);

b) ***Dever de isenção*** – consiste em não retirar vantagens, diretas ou indiretas, pecuniárias ou outras, para si ou para terceiro, das funções que exerce (nº 4);

c) ***Dever de imparcialidade*** – consiste em desempenhar as funções com equidistância relativamente aos interesses com que seja confrontado, sem discriminar positiva ou negativamente qualquer deles, na perspetiva do respeito pela igualdade dos cidadãos (nº 5) – *este dever e o anterior redundam-se e confundem-se num só;*

d) ***Dever de informação*** – consiste em prestar ao cidadão, nos termos legais, a informação que seja solicitada, com ressalva daquela que, naqueles termos, *não deva ser divulgada* – dever de sigilo encontra-se aqui subjacente (nº 6; vd. ainda o artº 268º, nºs 1 e 2 da CRP e o CPA sobre esta matéria);

e) ***Dever de zelo*** – consiste em conhecer e aplicar as normas legais e regulamentares e as ordens e instruções dos superiores hierárquicos, bem como exercer as funções de acordo com os objetivos que tenham sido fixados e utilizando as competências que tenham sido consideradas adequadas (nº 7);

f) ***Dever de obediência*** – consiste em acatar e cumprir as ordens dos legítimos superiores hierárquicos, dadas em objeto de serviço e com a forma legal (nº 8);

g) ***Dever de lealdade*** – consiste em desempenhar as funções com subordinação aos objetivos do órgão ou serviço (nº 9);

h) ***Dever de correção*** – consiste em tratar com respeito os utentes dos órgãos ou serviços e os restantes trabalhadores e superiores hierárquicos (nº 10);

i) ***Dever de assiduidade*** – consiste em comparecer ao serviço regular e continuadamente, só sendo punível a violação deste dever desde que se demonstre o desinteresse culposo do trabalhador pelo exercício das suas funções, não bastando assim a verificação da existência de faltas injustificadas para se concluir pela violação deste dever (nº 11);

j) ***Dever de pontualidade*** – consiste em comparecer ao serviço nas horas que estejam designadas (nº 11).

9. **Dever de sigilo** – que consiste em guardar segredo profissional relativamente aos factos de que tenha conhecimento em virtude do exercício das suas funções e que não se destinem a ser do domínio público, deixou de constar expressamente daquele elenco de deveres por se entender que se tratava mais de um dever inerente aos serviços do que propriamente relacionado com a conduta pessoal do trabalhador, não deixando, porém, de estar subliminarmente presente nos arts. 73º, nº 6, 186º, al. *f)* e 297º, nº 3, al. *i)*.

10. **Deveres especiais dos trabalhadores** – para além daqueles deveres gerais, o trabalhador está sujeito ainda a um conjunto de deveres especiais que podem estar previstos na LTFP, em outros diplomas legais e regulamentos e em IRCT que lhe seja aplicável (artº 73º, nº 1) – um dos deveres especiais prevista na LTFP, que é simultaneamente um ***direito, é o dever de frequentar ações de formação e aperfeiçoamento profissional*** na atividade em que exerce funções, das quais apenas pode ser dispensado por motivo atendível (artº 73º, nº 12).

Nota – *Porque não reconhecem aos regulamentos e IRCT autoridade para criarem novos deveres, Paulo Veiga e Moura e Cátia Arrimar defendem que, em atenção ao disposto no artº 3º, al. e) (bases do regime e âmbito) e ao princípio da reserva de lei constante do artº 165º, nº1, al. t) da CRP, é apenas a violação dos deveres gerais ou especiais constantes da lei que constitui infração disciplinar, considerando assim inconstitucional o disposto no artº 73º, nº 1 que reconhece e atribui aos regulamentos e IRCTs competência para criarem novos deveres.*

11. **Poderes do EP** – o EP dispõe de 3 poderes, a saber:

a) **Poder de direção** – cabe ao EP, dentro dos limites decorrentes do vínculo de emprego público e das normas que o regem, fixar os termos em que deve ser prestado o trabalho (artº 74º);

b) **Poder regulamentar** – o EP dispõe de poder para elaborar regulamentos internos do órgão ou serviço contendo normas de organização e disciplina do trabalho (horários de trabalho, condições da sua prestação, obrigações informativas), devendo nesta elaboração ouvir a comissão de trabalhadores, ou na sua falta, a comissão sindical ou intersindical ou, ainda, os delegados sindicais e, por fim, **dar publi-**

cidade ao conteúdo do regulamento interno do órgão e serviço (condição de eficácia), designadamente afixando-o na sede do órgão ou serviço e nos locais de trabalho, bem como nas páginas eletrónicas do organismo ou serviço, de modo a possibilitar o seu pleno conhecimento, a todo o tempo, pelos trabalhadores (artº 75º, nº 1 e 3);

c) **Poder disciplinar** – enquanto vigorar o vínculo de emprego público, o EP detém o poder disciplinar sobre os respetivos trabalhadores, decorrente daquele seu poder de direção (artº 76º, na redação que lhe foi dada pela Lei nº 6/2019, de 14 de janeiro).

12. Direito à carreira – os trabalhadores com vínculo de emprego público constituído por tempo indeterminado, seja ele por contrato ou nomeação, exercem as suas funções integradas em carreiras, assistindo-lhes assim o direito a acederem na respetiva carreira, seja por promoção seja por progressão (artº 79º, nº 1).

13. Os direitos de personalidade – são os «direitos subjetivos que visam garantir a defesa nuclear das pessoas e cujo âmbito de tutela decorre das regras gerais previstas na Lei Fundamental e no Código Civil» (Acórdão do STJ de 22 de maio de 2007), a saber os direitos constitucionais à vida (artº 24º da CRP), à integridade pessoal (artº 25º da CRP), à identidade pessoal, ao desenvolvimento da personalidade, à capacidade civil, à cidadania, ao bom nome e reputação, à imagem, à palavra, à reserva da intimidade da vida privada e familiar e à proteção legal contra qualquer forma de discriminação (artº 26º da CRP), à liberdade e à segurança (artº 27º da CRP), à inviolabilidade do domicílio e da correspondência (artº 34º da CRP), de acesso aos dados pessoais informatizados (artº 35º da CRP), à liberdade de expressão e de opinião (artº 37º da CRP), direitos estes densificados e concretizados na lei ordinária através dos direitos ao nome (artº 72º do CC), à confidencialidade das cartas-missivas (artº 75º do CC), à imagem (artº 79º do CC), à reserva da intimidade da vida privada (artº 80º do CC), à liberdade de expressão e de opinião (artº 14º do CT), à integridade física e moral (artº 15º do CT), à reserva da intimidade da vida privada (artº 16º do CT), à proteção de dados pessoais (artº 17º do CT), à confidencialidade das mensagens e de acesso à informação de caráter pessoal (artº 22º do CT), tutelando por fim a realização e apresentação de testes e exames médicos (artº 19º do CT) e utilização de meios de vigilância à distância (artº 20º do CT). Tratam-se de direitos que, apesar da sua importância, não são, contudo, absolutos, no sentido que admitem algumas restrições impostas pelos princípios da necessidade, da adequação e da proporcionalidade.

Capítulo XVI
Atividade, Local de Trabalho e Carreiras

1. Funções desempenhadas/conteúdo funcional – a cada carreira, ou a cada categoria em que se desdobre uma carreira, corresponde um conteúdo legalmente descrito, de forma abrangente, que define e carateriza cada carreira ou categoria com referência e respeito para com as aptidões, qualificações e competências académicas e profissionais exigidas para determinado posto de trabalho (arts. 79º e 80º, nºs 1 a 2; vd. arts. 29º, nº 2, al. *c)* e 33º, nº 3), cabendo, a este propósito, ao EP a obrigação de colocar o trabalhador no posto de trabalho caraterizado no aviso de abertura (se a caraterização constante do aviso for a de um posto de trabalho de eletricista, não é lícito exigir-se-lhe funções de calceteiro, muito embora ambas as profissões se situem no âmbito da carreira de assistente operacional) que se revelar mais adequado às suas aptidões e qualificação profissional, dentro da carreira e categoria a que pertence ou que serve de referencial para o exercício de funções (artº 82º, nº 1).

2. Atribuição de funções afins ou funcionalmente ligadas – o conteúdo funcional legalmente descrito não prejudica a atribuição ao trabalhador de funções que lhe sejam afins ou funcionalmente ligadas, para as quais:

a) O trabalhador detenha a qualificação profissional adequada; e,
b) Isso não implique desvalorização profissional.
(artº 81º, nº 1)

3. Atribuição de funções afins ou funcionalmente ligadas à atividade principal que exijam especiais qualificações – sempre que as funções afins ou funcionalmente ligadas à atividade principal exijam especiais qualificações, o exercício de tais funções dá ao trabalhador o direito a formação profissional não inferior a 10 horas anuais (artº 81º, nº 2).

4. Flexibilidade de funções do trabalhador público – face ao disposto na lei, esta flexibilidade deve oscilar assim entre o âmbito das funções que integram o conteúdo funcional da respetiva carreira ou categoria, as atividades que se encontram caraterizadas no aviso de abertura de concurso e as que lhe são afins ou funcionalmente ligadas, sendo consequentemente de considerar como ilegal a exigência de execução de outras tarefas que extravasem aquele âmbito de funções, ou os arrastem para situações de mobilidade previstas nos arts. 92º e ss.

5. Local de trabalho – o trabalhador deve, em princípio, realizar a sua prestação no local de trabalho a que corresponde o posto de trabalho que lhe foi atribuído, isto sem prejuízo das situações de mobilidade previstas na lei, encontrando-se, contudo, adstrito às deslocações inerentes às suas funções ou indispensáveis à sua formação profissional (artº 83º, nºs 1 e 2; recorde-se que o local de trabalho é um dos elementos que, por força do disposto no artº 40º, nº 2, al. *d)*, deve constar do contrato de trabalho em funções públicas); não obstante a falta de referência expressa nesse sentido, o trabalhador nomeado também possui o seu local de trabalho, que é determinado unilateralmente pelo EP.

6. Conceito de local de trabalho – a lei não nos dá tal conceito, devendo-se entender que este deverá corresponder ao espaço geográfico do domicílio profissional, que constitui o centro da sua atividade funcional dado pela localidade onde tem de prestar diariamente o seu trabalho, prevendo a lei as situações de mudança de localidade de trabalho, sob a forma de mobilidade geográfica, em que não é preciso o acordo do trabalhador (arts. 94º, 95º e 98º). Consequentemente, e por força deste conceito, a delimitação do espaço físico do local de trabalho deve ter em conta as regras sobre mobilidade geográfica que exigem a concordância do trabalhador (artº 95º, nº 1).

7. Carreiras – são os conjuntos hierarquizados de categorias, no caso das carreiras pluricategoriais, e ou de posições remuneratórias, caso das carreiras unicategoriais, às quais correspondem funções profissionais da mesma natureza a que os trabalhadores terão acesso de acordo com a antiguidade e o mérito evidenciados no desempenho profissional (artº 29º, nº 2, als. *b)* e *c)* e arts. 84º a 88º e 156º a 158º).

8. Modalidades de carreiras – as carreiras dos trabalhadores em funções públicas podem ser classificadas em:

I. **Carreiras gerais** – são as carreiras cujos conteúdos funcionais caraterizam postos de trabalho de que a generalidade dos órgãos e serviços carece para o desenvolvimento das respetivas atividades (artº 84º, nºs 1 e 2);

II. **Carreiras especiais** – são as carreiras cujos conteúdos funcionais caraterizam postos de trabalho de que apenas um ou alguns órgãos ou serviços carecem para o desenvolvimento das respetivas atividades (o respetivo vínculo pode ser constituído por contrato ou nomeação; artº 8º, nº 2), só podendo ser criadas quando satisfaçam cumulativamente os requisitos exigidos pelo artº 84º, nºs 3 e 4, a saber:
   a) Os respetivos conteúdos funcionais não possam ser absorvidos pelos conteúdos funcionais das carreiras gerais;
   b) Os respetivos trabalhadores se devam sujeitar a deveres funcionais mais exigentes que os previstos para os das carreiras gerais; e, ainda,
   c) Os respetivos trabalhadores tenham que ter aprovação em curso de formação específico de duração não inferior a 6 meses ou deter certo grau académico ou título profissional para integrar a carreira (este requisito pode ser preenchido durante o período experimental – artº 84º, nº 5).

III. **Carreiras unicategoriais** – as carreiras gerais ou especiais podem ser unicategoriais se tiverem apenas uma categoria, exigindo-se, porém, neste caso, que a categoria única tenha um número mínimo de 8 posições remuneratórias, admitindo-se assim que, por lei, possa ter mais posições (artº 85º, nº 1 e artº 87º, nº 2);

IV. **Carreiras pluricategoriais** – as carreiras gerais ou especiais podem, por sua vez, ser pluricategoriais quando lhes correspondam mais de uma categoria, cabendo à categoria inferior um número mínimo de 8 posições remuneratórias e a cada uma das categorias sucessivamente superiores um número proporcionalmente decrescente (artº 85º, nº 1 e artº 87º, nºs 1 a 3), só podendo haver lugar à criação destas carreiras quando a cada uma das categorias corresponder um conteúdo funcional distinto do das restantes, integrando o conteúdo funcional das categorias superiores o das inferiores (artº 85º, nºs 2 e 3).

V. **Carreiras por graus de complexidade funcional** – em função do nível habilitacional exigido para cada carreira, as carreiras podem ainda classificar-se nos seguintes graus de complexidade funcional (o diploma que criar a carreira faz referência ao respetivo grau de complexidade funcional):

a) **Grau 1** – quando se exija a titularidade de escolaridade obrigatória, ainda que acrescida de formação profissional adequada;
b) **Grau 2** – quando se exija a titularidade do 12º ano de escolaridade ou de curso que lhe seja equiparado;
c) **Grau 3** – quando se exija a titularidade de licenciatura ou de grau académico superior a esta (arts. 86º, nº 1 e 29º, nº 2, al. *c)*).

9. Carreiras pluricategoriais com vários graus de complexidade funcional – as carreiras pluricategoriais podem apresentar mais do que um grau de complexidade funcional, cada um deles referenciado a categorias, quando a integração nestas dependa da titularidade de níveis habilitacionais diferentes (artº 86º, nº 3).

10. Enumeração das carreiras gerais – as carreiras existentes, ou a criar, podem mesclar algumas daquelas caraterísticas, sendo 3 as carreiras gerais atualmente existentes na função pública, previstas no artº 88º, nº 1, a saber:

a) **Técnico superior** (é uma carreira geral, unicategorial, de grau 3);
b) **Assistente técnico** (carreira geral, pluricategorial, de grau 2);
c) **Assistente operacional** (carreira geral, pluricategorial, de grau 1).

11. Caracterização das carreiras gerais – a caracterização das carreiras gerais em função do número e designação das categorias em que se desdobram, dos conteúdos funcionais, dos graus de complexidade funcional e do número de posições remuneratórias de cada categoria, consta do anexo à LTFP (artº 88, nº 2).

12. Previsão de postos de trabalho de Coordenadores Técnicos – os mapas de pessoal dos diferentes órgãos e serviços públicos só podem prever postos de trabalho de Coordenadores Técnicos, enquanto pessoal de chefia da carreira de assistente técnico, desde que:

a) Existam unidades orgânicas flexíveis com o nível de seção; ou,
b) Haja necessidade de coordenar, pelo menos, 10 assistentes técnicos do respetivo setor de atividade (artº 88, nº 3).

13. Previsão de postos de trabalho de Encarregados Gerais Operacionais – a previsão nos mapas de pessoal dos diferentes órgãos e serviços públicos de postos de trabalho de encarregados gerais operacionais da carreira de assistente operacional depende da necessidade de coordenar, pelo menos, três encarregados operacionais do respetivo setor de atividade» (artº 88º, nº 4).

14. Previsão de postos de trabalho de Encarregados Operacionais – por seu turno, a previsão, nos mapas de pessoal, de postos de trabalho que devam ser ocupados por encarregados operacionais da carreira de assistente operacional depende da necessidade de coordenar, pelo menos, 10 assistentes operacionais do respetivo setor de atividade (artº 88º, nº 5).

15. O direito à carreira – é um direito exclusivo dos trabalhadores nomeados definitivamente e contratados por tempo indeterminado, na medida em que a respetiva nomeação e contrato os investe numa relação jurídica de emprego público estável e permanente que os integra numa carreira e lhes confere assim o direito ao pleno desenvolvimento na sua carreira profissional, que pode ser feito por alteração de posicionamento remuneratório (i.e., progressão) ou por promoção (arts. 79º, nº 1 e 82º, nº 4; vd. a propósito os arts. 48º, nº 2, 84º a 88º, e 156º a 158º e Anexo). Ficam assim de fora deste direito à carreira os trabalhadores contratados a termo resolutivo ou nomeados transitoriamente, o que significa que por esta via se lhes encontra vedada qualquer alteração da sua posição remuneratória.

16. Desenvolvimento ou acesso na carreira – de acordo com o artº 82º, nº 4, o desenvolvimento ou acesso na carreira pode ser feito por uma de duas formas, a saber:

A. **Por alteração do posicionamento remuneratório ou progressão** – é a forma de acesso normal utilizada no seio da categoria duma carreira unicategorial ou duma das categorias de uma carreira pluricategorial, consistindo ela na possibilidade dos trabalhadores com vínculo de emprego público indeterminado verem «alterado o seu posicionamento remuneratório na categoria para a posição remuneratória imediatamente seguinte àquela em que se encontram» (artº 156º, nº 1), desde que «tenham obtido, nas últimas avaliações do seu desempenho referido às funções exercidas durante o posicionamento remuneratório em que se encontram:
   a) **Uma menção máxima** (equivale ao *Excelente* por força do disposto no artº 51º, nº 4 da Lei nº 66-B/2007 de 28 de dezembro);
   b) **Duas menções consecutivas imediatamente inferiores às máximas** (ie, *Relevante*, artº 50º, nº 4, al. *a)* da Lei nº 66-B/2007 de 28 de dezembro); ou

c) **Três menções consecutivas imediatamente inferiores às referidas na alínea anterior, desde que consubstanciem desempenho positivo»** (equivale ao *Adequado*, artº nº 4, al. *b)* da Lei nº 66-B/2007 de 28 de dezembro).
(artº 156º, nº 2)

Para efeitos desta alteração do posicionamento remuneratório, são também consideradas as menções obtidas que sejam superiores às referidas nas als. *b)* e *c)* do nº 2 do artº 156º (artº 156º, nº 6).

Esta alteração do posicionamento remuneratória, na falta de lei especial em contrário, reporta-se ao dia 1 de janeiro do ano em que tiver lugar (artº 156º, nº 8).

Nota *– Por força das alterações introduzidas pela Lei nº 66-B/2012, de 31 de dezembro, à Lei nº 66-B/2007 de 28 de dezembro (que aprovou o SIADAP), a periocidade da avaliação passou, a partir de 1 de janeiro de 2013, a ser bienal, pelo que as menções qualitativas se reportam, a partir daquela data, ao desempenho nos 2 anos civis anteriores.*

Os trabalhadores assim avaliados são, depois, ordenados, dentro de cada universo, por ordem decrescente da classificação quantitativa obtida na última avaliação do seu desempenho (artº 156º, nº 3).

Face a esta ordenação, e até ao limite do montante máximo dos encargos fixado para cada universo, e sempre no respeito pela dotação orçamental prevista para o efeito, assim se altera o posicionamento remuneratório do trabalhador, podendo, contudo, essa alteração não se dar caso se esgote, entretanto, no quadro orçamental em curso, aquele montante máximo com o trabalhador ordenado superiormente (artº 156º, nºs 4, 5 e 6).

I. **Alteração do posicionamento remuneratório por opção gestionária** – esta alteração do posicionamento remuneratório fica dependente da decisão do dirigente máximo de fixar, de acordo com a disponibilidade orçamental existente, as verbas concretas destinadas a suportar os encargos resultantes das alterações remuneratórias, dos universos de carreiras e categorias onde elas podem ter lugar, não se traduzindo, por isso mesmo, esta alteração num verdadeiro e próprio direito invocável e exigível pelo trabalhador que venha a reunir e a satisfazer estas condições, sendo que aquela decisão tem de ser tornada pública por afixação no órgão ou serviço e divulgação em página eletrónica (artº 158º, nºs 1, 2 e 5).

II. **Alteração obrigatória para a posição remuneratória imediatamente seguinte** – há lugar a esta alteração para a posição remuneratória imediatamente seguinte àquela em que o trabalhador se encontra, independentemente dos universos definidos nos termos do artº 158º, quando este acumule 10 pontos nas avaliações do desempenho referido às funções exercidas durante o posicionamento remuneratório em que se encontra, contados da seguinte forma:
a) 6 pontos por cada menção máxima (*Excelente*);
b) 4 pontos por cada menção imediatamente inferior à máxima (*Relevante*);
c) 2 pontos por cada menção imediatamente inferior à referida na alínea anterior, desde que consubstancie desempenho positivo (*Adequado*);
d) Dois pontos negativos por cada menção correspondente ao mais baixo nível de avaliação (artº 156º, nº 7).

III. **Alteração excecional do posicionamento remuneratório do trabalhador para a posição remuneratória imediatamente a seguir: regras especiais** – ***mesmo que não se encontrem reunidos os requisitos previstos no artº 156º, nº 2,*** o dirigente máximo do órgão ou serviço pode, ouvido o Conselho Coordenador da Avaliação ou o órgão com competência equiparada, alterar o posicionamento remuneratório de trabalhador para a posição remuneratória imediatamente seguinte àquela em que se ele se encontra desde que o trabalhador tenha obtido uma menção máxima de *Excelente* ou a imediatamente inferior de *Relevante* e se incluía nos universos definidos para a alteração de posicionamento remuneratório nos termos e limites do artº 156º (artº 157º, nº 1). Esta alteração do posicionamento remuneratório tem de ser fundamentada e tornada pública, com o teor integral da respetiva fundamentação e do parecer do Conselho Coordenador de Avaliação ou do órgão com competência equiparada, por publicação no DR, 2ª série, por afixação no ou serviço e por divulgação em página eletrónica (artº 157º, nº 4).

IV. **Alteração excecional do posicionamento remuneratório do trabalhador para qualquer outra posição remuneratória seguinte àquela em que se encontra: regras especiais** – o dirigente máximo do órgão ou serviço pode, ouvido o Conselho Coordenador da Avaliação ou o órgão com competência equiparada, determinar que **o trabalhador que reúna os requisitos gerais para mudar de posição remuneratória previstos no artº 156º, nº 2, possa mudar, não**

para a posição remuneratória imediatamente seguinte, mas para outra qualquer superior, com o único limite de não poder ultrapassar a posição remuneratório em que foi posicionado qualquer um dos trabalhadores que se encontravam graduados à sua frente no mesmo universo (artº 157º, nºs 2 e 3).

Esta alteração do posicionamento remuneratório tem de ser fundamentada e tornada pública, com o teor integral da respetiva fundamentação e do parecer do Conselho Coordenador de Avaliação ou do órgão com competência equiparada, por publicação no DR, 2ª séria, por afixação no ou serviço e por divulgação em página eletrónica (artº 157º, nº 4).

B. **Promoção** – não obstante a inexistência de uma definição legal, entende-se ser a promoção a forma de acesso usada apenas para as carreiras pluricategoriais, consistindo ela na possibilidade dos trabalhadores com vínculo de emprego público indeterminado passarem, a dado momento, da categoria que ocupam em determinada carreira para a categoria imediatamente seguinte da mesma carreira desde que satisfaçam os requisitos legais de tempo e de classificação exigidos para esse efeito e se sujeitem a um processo de recrutamento e seleção concursal específico de acesso nessa carreira (artº 82º, nº 4).

Nota – *Por força do disposto nas sucessivas leis orçamentais, desde 1 de janeiro de 2011 foram proibidas todas estas valorizações remuneratórias, sejam elas gestionárias, obrigatórias ou excecionais, por via de posicionamento remuneratório ou promoção, proibição que cessou a partir de 2018 na sequência do descongelamento operado pelo artº 18º da Lei nº 114/2017, de 19 de dezembro, que aprovou o OE para 2018. Este descongelamento, contudo, abrangeu apenas as alterações obrigatórias de posicionamento remuneratório, progressões e mudanças de nível ou escalão previstas e fixadas no artº 18º desta última lei.* ***A partir da aprovação do Orçamento de Estado para 2019, Lei nº 71/2018, de 31 de dezembro, artº 16º, nº 3, foram de novo «permitidas as alterações gestionárias de posicionamento remuneratório, nos termos do artigo 158º da Lei Geral de Trabalho em Funções Públicas (LTFP)...».***

17. **Exclusão do direito à carreira** – de fora deste direito estão os trabalhadores com contrato de trabalho em funções públicas a termo resolutivo e nomeados transitoriamente, que exercem as suas funções por referência a uma categoria integrada numa carreira, não tendo assim direito à carreira, logo, ao acesso na mesma (artº 79º, nº 2), bem como os trabalhadores com vínculo de emprego público na modalidade de comissão de serviço, que exercem as suas funções nos termos legalmente definidos para o cargo (artº 79º, nº 3) – vd. artº 56º, nº 6.

18. Categorias – são os distintos e hierarquizados conteúdos funcionais legalmente descritos que caracterizam e integram uma mesma profissão de uma determinada carreira previstas na lei (arts. 85º e 86º).

19. Cargos – são os conjuntos abstratos de funções não integradas em carreiras e categorias, caso dos dirigentes (artº 29º, nº 2, al. *b)* e art. 9º, nº 1, al. *a)*).

20. Publicitação das alterações de posicionamento remuneratório – por força do disposto nos arts. 156º a 158º e 166º, nº 2 da LTFP e no artº 44º, nº 1, da Lei nº 66-B/2007, de 28 de dezembro, devem ser elaborados e publicitados no próprio serviço as listas com os nomes dos trabalhadores e as respetivas menções qualitativas e quantitativas que obtiveram alteração de posicionamento remuneratório.

21. Alteração do posicionamento remuneratório para as posições remuneratórias complementares – esta alteração só pode ocorrer relativamente aos trabalhadores nomeados e contratados por tempo indeterminado que tenham entrado ao serviço da AP até 31 de dezembro de 2008 por força do disposto no Decreto regulamentar nº 14/2008, de 31 de julho, mantido em vigor pelo artº 42º, nº 2 da LTFP.

22. Carreiras não revistas – estas carreiras regem-se pelo regime jurídico que lhes era aplicável a 31 de dezembro de 2008, nomeadamente pelo Dec. – Lei nº 204/98, de 11 de julho, no que toca a recrutamento e seleção, sendo porém já abrangidas pelo disposto no artº 37º, nº 1, al. *d)* da LTFP, sobre requalificação, pelas normas vigentes em matéria de alteração do posicionamento remuneratório, prémios de desempenho e, ainda, pelas normas transitórias do artº 113º da LVCR, mantido em vigor pelo artº 42º, nº 1, al. *c)* da LTFP, excluindo-se contudo desta aplicação os preceitos referentes à negociação do posicionamento remuneratório.

23. Carreiras e categorias subsistentes – são as carreiras e categorias que a lei, por força do disposto no artº 8º e do mapa VII do Dec. – Lei nº 121/2008, de 11 de julho, determinou a sua subsistência limitada no tempo até que se verifique a sua extinção por força do desaparecimento, aposentação, reforma ou cessação do respetivo vínculo de emprego público dos trabalhadores atualmente seus titulares.

Capítulo XVII
Avaliação do Desempenho

1. Avaliação do desempenho – todos os trabalhadores que exercem funções públicas (artº 2º, nº 4, al. *c)* do SIADAP) estão sujeitos ao regime de avaliação do desempenho constante da Lei nº 66-B/2007 de 28 de dezembro, alterado pela Lei nº 64-A/2008, de 31 de dezembro, pela Lei nº 55-A/2010, de 31 de dezembro e pela Lei nº 66-B/2012, de 31 de dezembro, designado por SIADAP – Sistema Integrado de Gestão e Avaliação do Desempenho na Administração Pública (arts. 89º e 5º, al. *a)*) – as Regiões Autónomas dos Açores e da Madeira possuem sistemas próprios de avaliação do desempenho aprovados pelo DLR nº 41/2008/A, de 7 de agosto (alterado pelo DLR nº 17/2009/A, de 14 de outubro, pelo DLR nº 33/2010/A, de 18 de novembro, pelo DLR nº 26/2015/A, de 23 de dezembro, e pelo DLR nº 3/2017/A, de 13 de abril) e pelo DLR nº 27/2009/M, de 21 de agosto (alterado pelo DLR nº 12/2015/M, de 21 de dezembro), respetivamente.

2. Princípios da avaliação do desempenho – vêm previstos no artº 90º.

3. Efeitos da avaliação do desempenho – para além dos efeitos previstos no seu diploma próprio, a avaliação do desempenho tem os efeitos previstos na LTFP em matéria de:

a) Alteração de posicionamento remuneratório na carreira;
b) Atribuição de prémios de desempenho; e,
c) Disciplinar (artº 91º).

Capítulo XVIII
Mobilidade

1. Mobilidade enquanto vicissitude modificativa do vínculo jurídico de emprego público – porque a mobilidade se assume como uma verdadeira causa de modificação do vínculo jurídico de emprego público inicialmente constituído ela deveria integrar o capítulo legal dedicado às vicissitudes modificativas deste vínculo constantes dos arts. 241º a 313º; contudo a LTFP dedicou-lhe um capítulo autónomo nos arts. 92º a 100º.

2. Âmbito de aplicação subjetiva da mobilidade – aplica-se apenas aos trabalhadores que constituam, por nomeação ou contrato de trabalho em funções públicas, um vínculo de emprego público indeterminado com o respetivo EP, dela se excluindo assim os trabalhadores nomeados transitoriamente ou contratados a termo resolutivo (artº 56º, nº 6).

3. Situações de mobilidade – sempre que *haja conveniência para o interesse público* os trabalhadores podem ser sujeitos a mobilidade, que deve ser *devidamente fundamentada*, abrangendo 4 regimes, a saber:

a) ***Mobilidade dentro da mesma modalidade de vínculo de emprego público por tempo indeterminado ou entre ambas as modalidades;***
b) ***Mobilidade dentro do mesmo órgão ou serviço ou entre dois órgãos ou serviços;***
c) ***Mobilidade relativa a trabalhadores em efetividade de funções ou relativa a trabalhadores em regime de valorização profissional*** (na redação introduzida pelo artº 4º, nº 2 da Lei nº 25/2017, de 30 de maio)*;*
d) ***Mobilidade a tempo inteiro ou a tempo parcial.***
(artº 92º, nºs 1 e 2).

4. Outros regimes de mobilidade – para além destes regimes de mobilidade, podem existir outros regimes de mobilidade, nomeadamente no âmbito de carreiras especiais (artº 92º, nº 3).

5. Modalidades de mobilidade – de acordo com o artº 93º, a mobilidade pode revestir as seguintes modalidades:

a) **Mobilidade na categoria** – dá-se quando o trabalhador continua a exercer funções próprias da sua categoria, mas as passa a exercer em diferente local de trabalho do mesmo ou doutro órgão ou serviço, ou então as exerce em atividade diferente daquela que desempenhara até aí para que detenha habilitação adequada (artº 93º, nº 2; vd. artº 82º, nº 1); no caso de mobilidade na categoria em órgão ou serviço diferente daquele a que o trabalhador pertence, o trabalhador pode ser (mas não é obrigatório) remunerado na posição remuneratória imediatamente acima e, se não existir remuneração superior à sua na categoria respetiva, pode mesmo ser abonado pelo nível remuneratório que existir a seguir à sua posição remuneratória na tabela remuneratória única (artº 153º, nº 1 – esta norma de valorização remuneratória, que esteve *congelada* desde 2011, foi finalmente descongelada a partir de 1 de janeiro de 2018 por força da Lei nº 114/2017, de 29 de dezembro, que aprovou o OE para 2018); porém, na situação de mobilidade na categoria no mesmo órgão ou serviço, não há lugar a revalorização remuneratória, mantendo o trabalhador a mesma posição remuneratória (artº 153º, nº 1) – ;

b) **Mobilidade intercarreiras** – dependendo sempre da titularidade de habilitação adequada e não podendo modificar substancialmente a sua posição, esta mobilidade dá-se quando o trabalhador passa a exercer funções diferentes numa nova carreira de grau de complexidade funcional igual, superior ou inferior ao da carreira em que se encontra integrado ou ao da categoria de que é titular (artº 93º, nºs 3, al. *b)* e 4);

c) **Mobilidade intercategorias** – dependendo também sempre da titularidade de habilitação adequada e não podendo modificar substancialmente a sua posição, esta mobilidade dá-se quando o trabalhador, embora continuando a exercer funções próprias da mesma carreira, pluricategorial, passa a exercer funções específicas de categoria diferente da que ocupa, podendo esta ser de categoria superior ou inferior (artº 93º, nºs 3, al. *a)* e 4).

Nota – Neste caso, e no anterior, o trabalhador nunca pode auferir remuneração inferior à que corresponda à categoria que é titular (artº 153º, nº 2).

6. Forma de operar a mobilidade – a mobilidade, em qualquer uma das modalidades, pode operar:

a) Por acordo entre os órgãos ou serviços de origem e de destino, mediante a aceitação do trabalhador;
b) Por acordo entre os órgãos ou serviços de origem e de destino, com dispensa de aceitação do trabalhador;
c) Por decisão do órgão ou serviço de destino, com dispensa do acordo do órgão ou serviço de origem, mediante despacho do membro do Governo, em situações de mobilidade entre serviços do ministério que tutela, e com aceitação ou dispensa de aceitação do trabalhador, nos termos do artº 95º;
d) Por decisão do órgão ou serviço, em caso de mobilidade entre unidades orgânicas, e com aceitação ou dispensa de aceitação do trabalhador, nos termos do artº 95º.
(artº 94º, nº 1)

7. Casos de mobilidade em que é obrigatório o acordo do trabalhador – é obrigatória a obtenção do acordo do trabalhador quando a mobilidade opere para:

a) Categoria inferior da mesma carreira (artº 94º, nº 2);
b) Carreira de grau de complexidade funcional inferior ao da carreira em que se encontra integrado ou ao da categoria de que é titular (artº 94º, nº 2);
c) Órgão ou serviço, designadamente temporário, que não possa constituir vínculos de emprego público por tempo indeterminado e se preveja que possa ter duração superior a um ano (aqui especifica-se que não pode ser dispensado o acordo do trabalhador que não se encontre colocado em regime de valorização profissional – arts. 94º, nº 3, na redação que lhe foi dada pelo artº 4º, nº 2 da Lei nº 25/2017, de 30 de maio);
d) As situações de mobilidade que envolvam representantes eleitos dos trabalhadores previstas no artº 318º;
e) Local de trabalho situado no concelho onde o trabalhador resida ou em concelho confinante, mas que diste mais de 60 Km, caso o trabalhador pertença à categoria de grau de complexidade 3, ou mais de 30 Km, quando o trabalhador pertença a categoria de grau de complexidade 1 e 2, do seu local de residência (artº 95º, nºs 1, al. *a)* e 3);

f) Local de trabalho situado em concelho pertencente às áreas metropolitanas do Porto ou de Lisboa ou em concelho confinante, mas que diste mais de 60 Km, caso o trabalhador pertença à categoria de grau de complexidade 3, ou mais de 30 Km, quando o trabalhador pertença a categoria de grau de complexidade 1 e 2, do seu local de residência situado numa daquelas áreas metropolitanas (artº 95º, nºs 1, al. *b)* e 3).

8. Dispensa do acordo do trabalhador para a mobilidade – quando o novo local de trabalho se situe até 60 km, caso o trabalhador pertença à categoria de grau de complexidade 3, ou até 30 Km, quando o trabalhador pertença a categoria de grau de complexidade 1 e 2, do local de residência e desde que se verifique uma das seguintes situações:

a) O novo posto de trabalho se situe no concelho da residência do trabalhador ou em concelho confinante;
b) O novo posto de trabalho se situe em concelho integrado na área metropolitana de Lisboa ou na área metropolitana do Porto ou em concelho confinante, quando a residência do trabalhador se situe numa daquelas áreas (artº 95º, nº 1 e 3; vd. ainda artº 98º, nº 1).

9. Pedido de dispensa da mobilidade por parte do trabalhador – os trabalhadores abrangidos pela previsão do artº 95º, nº 1 (quando o local de trabalho se situe até 60 km do local de residência), podem, contudo, no prazo de 10 dias, a contar da comunicação da decisão de mobilidade, requerer a dispensa da mesma, com fundamento em ***prejuízo sério*** para a sua vida pessoal, nomeadamente através da comprovação da inexistência de rede de serviços de transporte público coletivo entre a residência e o local de trabalho, ou da duração excessiva da deslocação (artº 95º, nº 2).

10. Compensação dos encargos adicionais com deslocações no âmbito da mobilidade – o membro do Governo responsável pelas áreas das finanças e da Administração Pública define, por despacho, as condições e os termos em que podem ser compensados os encargos adicionais com deslocações em que o trabalhador incorra pela utilização de transportes públicos coletivos nas situações de mobilidade previstas no artº 95º (nº 4).

11. Dispensa do acordo do órgão ou serviço de origem para a mobilidade – no ***âmbito da administração direta e indireta do Estado***, é dispensado o acordo do órgão ou serviço de origem do trabalhador, para efeitos de mobilidade, quando:

a) A mobilidade opere para serviço ou unidade orgânica situados fora das áreas metropolitanas de Lisboa e do Porto;
b) Tiverem decorrido 6 meses sobre recusa de acordo do órgão ou serviço de origem, numa situação de mobilidade relativa ao mesmo trabalhador, ainda que para outro serviço de destino (artº 96º, nº 1).

Operada a mobilidade nos termos previstos na alínea *b)* do nº 1 do artº 96º, não pode o trabalhador voltar a beneficiar da dispensa de acordo do órgão ou serviço de origem nos 3 anos subsequentes (nº 2).

12. Duração máxima da mobilidade – é de 18 meses, o que significa que pode ter uma duração inferior, prorrogável por um período máximo de 6 meses quando esteja a decorrer procedimento concursal que vise o recrutamento de trabalhador para o posto de trabalho preenchido com a mobilidade (os diplomas orçamentais anuais têm prorrogado a vigência destas mobilidades), com exceção dos seguintes casos:

a) Quando haja acordo de cedência de interesse público para os órgãos e serviços da Assembleia da República, bem como para os serviços de apoio aos grupos parlamentares;
b) Quando esteja em causa órgão ou serviço, designadamente temporário, que não possa constituir vínculos de emprego público por tempo indeterminado (artº 97º, nºs 1 e 2).

13. Proibição de nova mobilidade – não pode haver lugar, durante o prazo de um ano, a mobilidade para o mesmo órgão, serviço ou unidade orgânica de trabalhador que se tenha encontrado em mobilidade e tenha regressado à situação jurídico-funcional de origem (artº 97º, nº 3).

14. Publicitação da mobilidade – «a mobilidade é publicitada pelo órgão ou serviço de destino, da seguinte forma:

a) Na Bolsa de Emprego Público (www.bep.gov.pt), através do preenchimento de formulário próprio para o efeito disponibilizado;
b) Na página eletrónica do órgão ou serviço de destino, através da identificação da situação e modalidade da mobilidade pretendida e com ligação à correspondente publicitação na Bolsa de Emprego Público». (artº 97º-A da LTFP, *aditado* pela Lei nº 25/2017, de 30 de maio)

15. Situação excecional de mobilidade que dispensa o acordo do trabalhador – a título excecional, o trabalhador pode ser sujeito a mobilidade ***(geográfica)***, com dispensa do seu acordo, para posto de trabalho ***(da mesma categoria)*** situado a mais de 60 km de distância da sua residência, desde que reunidas cumulativamente as seguintes condições:

a) A mobilidade ocorra entre unidades orgânicas desconcentradas de *um mesmo órgão ou serviço*;
b) O trabalhador desempenhe funções correspondentes à *categoria* de que é titular e ocupe posto de trabalho idêntico na unidade orgânica de destino;
c) A mobilidade tenha uma *duração máxima de um ano*;
d) Sejam atribuídas ajudas de custo durante o período de mobilidade (artº 98º, nº 1).

Esta mobilidade depende de prévio apuramento dos trabalhadores disponíveis na unidade ou unidades de origem e de necessidades na unidade ou unidades orgânicas de destino, por carreira, categoria e área de atuação, as quais são divulgadas na Intranet do respetivo órgão ou serviço (artº 98º, nº 2), podendo os trabalhadores da unidade ou unidades de origem detentores dos requisitos exigidos manifestar o seu interesse em aderir às ofertas de mobilidade divulgadas, no prazo e nas condições estipuladas para o efeito pelo dirigente máximo do órgão ou serviço (artº 98º, nº 3).

Quando não existam, nas condições previstas no artº 98º, nº 3, trabalhadores interessados em número suficiente para a satisfação das necessidades na unidade ou unidades orgânicas de destino, são aplicados, em cada órgão ou serviço, critérios objetivos de seleção definidos pelo respetivo dirigente máximo e sujeitos a aprovação do membro do Governo que exerça poderes de direção, superintendência ou tutela sobre o órgão ou serviço, sendo publicitados nos termos previstos no nº 2 (artº 98º, nº 4).

O trabalhador selecionado nos termos do artº 98º, nº 4, pode solicitar a dispensa da mobilidade, invocando e demonstrando prejuízo sério para a sua vida pessoal, no prazo de 10 dias, a contar da comunicação da decisão de mobilidade (artº 98º, nº 5).

O trabalhador não pode ser novamente sujeito à mobilidade regulada no artº 98º antes de decorridos 2 anos, exceto com o seu acordo, mantendo neste caso o direito a ajudas de custo (artº 98º, nº 6).

A consolidação desta mobilidade excecional só se pode verificar mediante acordo entre o EP e o trabalhador, cessando com a consolidação o direito à perceção de ajudas de custo.

16. Mobilidade na administração autárquica – de acordo com o disposto no artº 12º do Dec. – Lei nº 209/2009, de 3 de setembro, alterado pela Lei nº 3-B/2010, de 28 de abril, pela Lei nº 66/2012, de 31 de dezembro, e pela Lei nº 80/2013, de 28 de novembro, e tendo em conta o preceituado no artº 42º da LP, é dispensado o acordo do trabalhador para efeitos de mobilidade, em qualquer das suas modalidades, nas seguintes situações:

a) Quando a mobilidade se faça para unidade orgânica da área metropolitana ou comunidade intermunicipal em que se integra a entidade autárquica de origem;
b) Quando a mobilidade ocorra para unidade orgânica de entidade autárquica integrante da área metropolitana ou comunidade intermunicipal da entidade autárquica de origem;
c) Por último, quando a mobilidade opere para unidade orgânica de entidade autárquica integrante da área metropolitana ou comunidade intermunicipal de origem.

17. Casos de consolidação da mobilidade – a mobilidade pode consolidar-se nos seguintes casos:

a) **Na categoria e na mesma atividade, dentro do mesmo órgão ou serviço** (esta consolidação da mobilidade envolve geralmente uma situação de mudança de local de trabalho), consolida-se definitivamente por decisão do respetivo dirigente máximo, com ou sem o acordo do trabalhador, consoante a constituição da situação de mobilidade tenha ou não carecido da aceitação do trabalhador (artº 99º, nº 1);
b) **Na categoria e em diferente atividade, dentro do mesmo órgão ou serviço,** consolida-se definitivamente por acordo entre o dirigente máximo do serviço e o trabalhador (artº 99º, nº 2);
c) **Na categoria, que se opere entre dois órgãos ou serviços,** pode consolidar-se definitivamente, por decisão do dirigente máximo do órgão ou serviço de destino, desde que reunidas, cumulativamente, as seguintes condições:
   I. Com o acordo do órgão ou serviço de origem do trabalhador, quando exigido para a constituição da situação de mobilidade;
   II. Quando a mobilidade tenha tido, pelo menos, a duração de 6 meses ou a duração do período experimental exigido para a categoria, caso este seja superior;

III. Com o acordo do trabalhador, quando este tenha sido exigido para a constituição da situação de mobilidade ou quando esta envolva alteração da atividade de origem;

IV. Quando seja ocupado posto de trabalho previsto previamente no mapa de pessoal (artº 99º, nº 3).

d) **Intercarreiras do mesmo grau de complexidade funcional** (a diferente grau de complexidade funcional é, assim, excluída aqui de qualquer consolidação), desde que se verifiquem os requisitos cumulativos previstos no artº 99º, nº 3, e observe os termos e condições fixados em regulamento próprio a aprovar (artº 99º, nº 11).

A consolidação da mobilidade não é precedida nem sucedida de qualquer período experimental (artº 99º, nº 4).

Na consolidação da mobilidade na categoria é mantido o posicionamento remuneratório detido na situação jurídico-funcional de origem (artº 99º, nº 5).

Quando se trate de trabalhador em regime de valorização profissional, o disposto nas alíneas *a)* e *c)* do nº 3 do artº 99º não é aplicável, podendo ainda o posto de trabalho referido na alínea *d)* do mesmo número ser automaticamente previsto quando necessário para a consolidação (artº 99º, nº 6, na redação que lhe foi dada pelo artº 4º, nº 2 da Lei nº 25/2017, de 30 de maio).

Nas situações excecionais de mobilidade, a consolidação só pode fazer-se mediante acordo entre o EP e o trabalhador (artº 99º, nº 7).

Verificada a situação prevista no artº 99º, nº 7, cessa o direito à atribuição de ajudas de custo (artº 99º, nº 8).

18. Consolidação da mobilidade intercarreiras ou intercategorias de diferente grau de complexidade funcional – esta nova modalidade de consolidação da mobilidade foi instituída pela Lei nº 42/2016, de 28 de Dezembro, com entrada em vigor em 1 de Janeiro de 2017, através do aditamento de um novo preceito à LTFP, e admite, como o próprio nome indica, a possibilidade legal de consolidação definitiva da mobilidade intercarreiras ou intercategorias, de diferente grau de complexidade funcional, dentro do mesmo órgão ou serviço ou entre dois órgãos ou serviços, «mediante parecer prévio do membro do Governo responsável pela área da Administração Pública desde que reunidas, cumulativamente, as seguintes condições:

a) Exista acordo do órgão ou do serviço de origem, quando exigido para a constituição da situação de mobilidade;

b) Exista acordo do trabalhador;

c) Exista posto de trabalho disponível;
d) Quando a mobilidade tenha tido a duração do período experimental estabelecido para a carreira de destino».
(artº 99º-A, nº 1, da LTFP, aditado pela Lei nº 42/2016, de 28 de Dezembro, com entrada em vigor em 1 de janeiro de 2017)

De acordo como o disposto no nº 2 deste mesmo artigo, «devem ainda ser observados todos os requisitos especiais, designadamente formação específica, conhecimentos ou experiência, legalmente exigidos para o recrutamento». No caso de estar «em causa a mobilidade intercarreiras ou intercategorias no mesmo órgão ou serviço, a consolidação depende de proposta do respetivo dirigente máximo e de parecer favorável do membro do Governo competente na respetiva área» (artº 99º – A, nº 3). Contudo a lei faz depender a consolidação da mobilidade entre dois órgãos ou serviços de proposta do dirigente máximo do órgão ou serviço de destino e de parecer favorável do membro do Governo competente na respetiva área (nº 4).

Com base no enunciado no artº 99º-A, nº 5, da LTFP, o «disposto no presente artigo aplica-se, com as necessárias adaptações, aos trabalhadores das autarquias locais em situação de mobilidade, a qual se pode consolidar definitivamente mediante proposta do dirigente máximo do serviço e decisão do responsável pelo órgão executivo».

***Nota** – Com a publicação da Lei nº 114/2017, de 29 de dezembro, que aprovou o OE para 2018, a partir de 1 de janeiro de 2018, para efeitos de aplicação do artº 99º – A, passaram a ser aplicáveis as regras mínimas de reposicionamento remuneratório resultante de procedimento concursal às situações de mobilidade intercarreiras na carreira técnica superiora e na carreira especial de inspeção (artº 27º da LOE para 2018).*

19. Consolidação da cedência de interesse público – o disposto no artº 99º é aplicável, com as necessárias adaptações, às situações de cedência de interesse público, sempre que esteja em causa um trabalhador detentor de um vínculo de emprego público por tempo indeterminado previamente estabelecido e desde que a consolidação se opere na mesma carreira e categoria e que a entidade cessionária corresponda um EP (artº 99º, nº 9).

Para além dos requisitos do nº 3, a consolidação da cedência de interesse público, carece de despacho de concordância do membro do Governo competente na respetiva área, bem como de parecer prévio favorável dos membros do Governo responsáveis pelas áreas das finanças e da Administração Pública (artº 99º, nº 10).

20. Publicitação da consolidação da mobilidade na categoria em diferente serviço – está sujeita a publicação no DR (artº 4º da Lei Preambular).

21. Avaliação do desempenho e tempo de serviço em situação de mobilidade – a classificação obtida na avaliação do desempenho e o tempo de exercício de funções em regime de mobilidade são tidos em conta na antiguidade do trabalhador, por referência ou à sua situação jurídico-funcional de origem, ou à do vínculo de emprego público por tempo indeterminado, que na sequência da situação de mobilidade, venha a constituir (artº 100º).

Capítulo XIX
Tempo de Trabalho

1. Regime jurídico sobre a organização e tempo de trabalho – aplica-se o disposto nos arts. 101º a 121º da LTFP (com as alterações parciais introduzidas pela Lei nº 18/2016, de 20 de junho, que repôs o horário de trabalho das 35 horas semanais na Administração Pública) e, com as necessárias adaptações e sem prejuízo do disposto naqueles preceitos, o previsto nos arts. 197º a 203º do CT, mais concretamente os seus arts. 197º a 199º (arts. 4º, nº 1, al. *g)* e 101º da LTFP).

2. Tempo de trabalho – é o período durante o qual o trabalhador está a desempenhar a atividade ou permanece adstrito à realização da prestação, incluindo-se aqui, em casos excecionais e devidamente fundamentados, as interrupções na prestação de trabalho durante o período de presença obrigatória autorizadas pelo EP (artº 102º, nºs 1 e 2) e, ainda, as situações previstas no CT, a saber:

- ***a)*** A interrupção de trabalho como tal considerada em IRCT, em regulamento interno ou resultante de uso vigente no EP;
- ***b)*** A interrupção ocasional do período de trabalho diário inerente à satisfação de necessidades pessoais inadiáveis do trabalhador ou resultante de consentimento do EP;
- ***c)*** A interrupção de trabalho por motivos técnicos, nomeadamente limpeza, manutenção ou afinação de equipamento, mudança de programa de produção, carga ou descarga de mercadorias, falta de matéria-prima ou energia, ou por fator climatérico que afete a atividade do EP, ou por motivos económicos, designadamente quebra de encomendas;

d) O intervalo para refeição em que o trabalhador tenha de permanecer no espaço habitual de trabalho ou próximo dele, para poder ser chamado a prestar trabalho normal em caso de necessidade;

e) A interrupção ou pausa no período de trabalho imposta por normas de segurança e saúde no trabalho.
(artº 197º, nºs 1 e 2 do CT)

3. Período normal de trabalho – é o tempo de trabalho que o trabalhador se obriga a prestar, medido em número de horas por dia e por semana (artº 198º do CT).

4. Período de descanso – é o tempo de não trabalho (artº 199º do CT; vd. artº 59º, nº 1, al. *d)* da CRP) – sobre o período de descanso diário vd. Capítulo XXI, ponto 3 desta obra.

5. Período de funcionamento – é o período diário durante o qual os órgãos e serviços exercem a sua atividade, sendo que, sem prejuízo do regime aplicável aos serviços com período de funcionamento especial, o período normal de funcionamento não pode iniciar-se antes das 8 horas, nem terminar depois das 20 horas, sendo obrigatoriamente afixado de modo visível aos trabalhadores (artº 103º, nºs 1 e 2).

6. Período de atendimento – é o intervalo de tempo diário durante o qual os órgãos ou serviços estão abertos para atender o público, podendo este período ser igual ou inferior ao período de funcionamento e devendo, tendencialmente, ter a duração mínima de 7 horas diárias e abranger os períodos da manhã e da tarde, sendo obrigatoriamente afixadas, de forma visível ao público, nos locais de atendimento, as horas do seu início e do seu termo (artº 103º, nºs 3 e 4, na redação que lhe foi dada pela Lei nº 18/2016, de 20 de junho).

7. Período excecional de atendimento – os serviços podem fixar um período excecional de atendimento sempre que o interesse público fundamentadamente o justifique e se proceda à audição prévia das organizações representativas dos trabalhadores (artº 103º, nº 6).

8. Competência para fixar os períodos de funcionamento e de atendimento – cabe ao dirigente máximo dos serviços (artº 103º, nº 8).

9. Registo dos tempos de trabalho – o EP deve manter um registo que permita apurar o número de horas de trabalho prestadas pelo trabalhador, por dia e por semana, com a indicação da hora de início e de termo do trabalho, bem como dos intervalos efetuados (atº 104, nº 1), sendo tal registo efetuado por sistemas automáticos ou mecânicos nos órgãos ou serviços com mais de 50 trabalhadores, prevendo-se, contudo, em casos excecionais e devidamente fundamentados, a possibilidade do dirigente máximo dispensar o recurso a tais sistemas (artº 104º, nºs 2 e 3).

10. Limite máximo do período normal de trabalho diário – é de 7 horas, com exceção das situações de horários flexíveis e de regimes especiais de duração de trabalho (artº 105º, nº 1, al. *a)*, na redação que lhe foi dada pela Lei nº 18/2016, de 20 de junho).

11. Limite máximo do período normal de trabalho semanal – é de 35 horas, sem prejuízo da existência de regimes de duração semanal inferior previstos em diploma especial e no caso de regimes especiais de duração de trabalho (artº 105º, nº 1, al. *b)*, na redação que lhe foi dada pela Lei nº 18/2016, de 20 de junho).

12. Trabalho a tempo completo – corresponde ao período normal de trabalho semanal e constitui o regime regra de trabalho dos trabalhadores integrados nas carreiras gerais, correspondendo-lhes as remunerações base mensais legalmente previstas (artº 105º, nº 2).

13. Redução dos limites máximos dos períodos normais de trabalho – por IRCT pode o período normal de trabalho, diário e semanal, ser reduzido, não podendo daí resultar diminuição da retribuição dos trabalhadores (artº 105º, nº 3, na redação que lhe foi dada pela Lei nº 18/2016, de 20 de junho).

14. Tolerância de tempo – há tolerância de 15 minutos para transações, operações ou outras tarefas começadas e não acabadas na hora estabelecida para o termo do período normal de trabalho diário, tendo tal tolerância caráter excecional, não sendo assim considerada trabalho suplementar, pelo que o acréscimo de trabalho deve ser pago ao perfazer 4 horas ou no termo do ano civil, tendo por base o valor da retribuição horária (arts. 203º, nº 3, 210º e 226º, nº 3, al. *c)* do CT).

15. Regimes de duração do trabalho – são dois os regimes de duração do trabalho previstos na lei aplicáveis aos ***trabalhadores com contrato de trabalho em funções públicas*** (artº 106º, nº 1), a saber, o da:

a) **Adaptabilidade** – é uma forma de organização do tempo de trabalho através da qual os limites máximos dos períodos normais de trabalho diário e semanal podem ser definidos em termos médios, ***podendo assim o limite diário ser aumentado até 4 horas e a duração do trabalho semanal atingir as 60 horas***, não se contando nestas o trabalho suplementar prestado por motivo de força maior, não podendo, contudo, este período normal de trabalho exceder 50 horas em média num período de 2 meses, **e devendo essa duração média do trabalho ser apurada, e compensada em horas**, no período de referência estabelecido em IRCT que não seja superior a 12 meses ou, na sua falta, a um período de 4 meses, o qual pode ser aumentado para 6 meses nas situações enunciadas no nº 2 do artº 207º do CT, sendo o **período de referência** em regime de adaptabilidade considerado o intervalo de tempo durante o qual se faz o apuramento da duração média do trabalho (artº 204º, nºs 1 e 2 e artº 207º, nº 1 do CT).

b) **Banco de horas** – é outra forma de organização do tempo de trabalho através da qual os limites máximos dos períodos normais de trabalho diário e semanal podem também ser definidos em termos médios, ***podendo assim estes limites serem aumentados até 4 horas diárias e 60 horas semanais*, tendo o acréscimo por limite as 200 horas por ano,** limite que pode ser afastado por IRCT caso a utilização deste regime tenha por objetivo evitar a redução do número de trabalhadores, **prevendo-se a possibilidade deste acréscimo de horas ser compensado por:**

I. **Redução equivalente do tempo de trabalho;**
II. **Aumento do período de férias; ou,**
III. **Através do pagamento em dinheiro** (artº 208º, nºs 1, 2 e 3 do CT).

16. Distinção entre adaptabilidade e banco de horas – estas duas formas de organização de trabalho distinguem-se entre si no seguinte:

a) Enquanto na adaptabilidade a compensação do acréscimo de horas se faz apenas através da redução equivalente daquelas horas de trabalho, no banco de horas a compensação pode fazer-se por via desta redução equivalente, pelo aumento do período de férias ou pelo pagamento em dinheiro (arts. 205º, nº 3 e 208º, nº 4 do CT);

b) Enquanto na adaptabilidade o acréscimo e a redução do tempo de trabalho estão sujeitos às normas de alteração do horário de trabalho e tem de vir previamente definido em mapa de horário de trabalho, tal não é preciso no banco de horas (arts. 208º e 217º do CT);

c) Por fim, enquanto na adaptabilidade os períodos de acréscimo e de redução do tempo de trabalho são fixados pelo EP, no caso do banco de horas que preveja a compensação por redução equivalente esta redução pode fazer-se por iniciativa do EP ou mediante pedido do trabalhador (artº 208º, nº 4, al. *c)* do CT).

17. Modalidades de adaptabilidade – por força do disposto no artº 106º, nº 1 da LTFP e nos arts. 204º a 206º do CT as modalidades de adaptabilidade aplicáveis aos trabalhadores com contrato de trabalho em funções públicas são as seguintes:

a) **Adaptabilidade por regulamentação coletiva** – é uma forma de organização do tempo de trabalho através da qual os limites máximos dos períodos normais de trabalho diário e semanal podem ser, por IRCT, definidos em termos médios, da seguinte forma:
- O limite diário pode ser aumentado até 4 horas;
- A duração de trabalho semanal pode atingir as 60 horas (não se contando nestas o trabalho suplementar prestado por motivo de força maior);
- O período normal de trabalho semanal não pode exceder 50 horas, em média, num período de 2 meses; e,
- Deve essa duração média do trabalho ser apurada por referência a período estabelecido em IRCT que não seja superior a 12 meses ou, na sua falta, a um período de 4 meses (artº 204º, nºs 1 e 2 e artº 207º, nº 1 do CT).

b) **Adaptabilidade individual** – é a forma de organização do tempo de trabalho em que o período normal de trabalho pode ser, por acordo entre o EP e o trabalhador, definido em termos médios, da seguinte forma:
- O limite diário pode ser aumentado até 2 horas;
- A duração do trabalho semanal pode atingir as 50 horas (só não se contando nestas o trabalho suplementar prestado por motivo de força maior);
- Na semana cuja duração do trabalho seja inferior a 40 horas, a redução pode ser até 2 horas diárias ou, sendo acordado nesse sentido,

em dias ou meios-dias, sem prejuízo do subsídio de refeição (artº 205º, nºs 1 a 3 do CT).

A efetivação desta modalidade de adaptabilidade depende da apresentação de proposta escrita por parte do EP nesse sentido, presumindo-se a aceitação do trabalhador desde que este não se oponha, por escrito, nos 14 dias seguintes ao conhecimento da mesma (artº 205º, nº 4 do CT).

c) **Adaptabilidade grupal resultante de IRCT** – é a forma de organização do tempo de trabalho que pode ser definida por IRCT no qual se preveja:
   - A possibilidade do EP aplicar o regime de adaptabilidade ao conjunto dos trabalhadores de uma equipa, seção ou unidade económica se, pelo menos, 60% dos trabalhadores dessa estrutura forem por ele abrangidos, mediante filiação em sindicato celebrante da convenção e por escolha dessa convenção como aplicável;
   - Que este regime de adaptabilidade grupal se aplique enquanto os trabalhadores da equipa, seção ou unidade económica em causa abrangidos por aquela convenção forem em número igual ou superior à percentagem indicada (artº 206º, nº 1 do CT).

d) **Adaptabilidade grupal resultante de acordo** – caso a proposta de adaptabilidade individual a que se refere o artº 205º, nº 4 do CT seja aceite por, pelo menos, 75% dos trabalhadores da equipa, seção ou unidade económica a quem for dirigida, o EP pode aplicar o mesmo regime ao conjunto dos trabalhadores dessa estrutura, sendo este regime de adaptabilidade aplicável enquanto da alteração do número dos trabalhadores da equipa, seção ou unidade económica, resultante da entrada ou saída de trabalhadores, não resultar percentagem inferior a 75% (artº 206º, nº 2 do CT).

Nota *– Nenhum destes regimes de adaptabilidade instituídos nos termos dos nºs 1 ou 2 pode ser aplicado a trabalhador abrangido por IRCT que disponha de modo contrário (artº 206º, nº 4 do CT).*

18. Modalidades de banco de horas – por força do disposto no artº 106º, nº 1 da LTFP e nos arts. 208º a 208º-B do CT as modalidades de banco de horas aplicáveis aos trabalhadores com contrato de trabalho em funções públicas são as seguintes:

a) **Banco de horas por regulamentação coletiva** – é uma forma de organização do tempo de trabalho instituída por IRCT através da qual os limites máximos dos períodos normais de trabalho diário e semanal podem ser definidos em termos médios, da seguinte forma:

- O limite diário pode ser aumentado até 4 horas;
- A duração de trabalho semanal pode atingir as 60 horas;
- O acréscimo tem por limite as 200 horas por ano, podendo, contudo, este limite ser afastado por IRCT, se se concluir que a utilização deste regime tenha por objetivo evitar a redução do número de trabalhadores (artº 208º, nºs 1 a 3 do CT).

***Nota** – O IRCT que institua este banco de horas deve regular a forma de compensação do trabalho prestado em acréscimo, a antecedência com que o EP deve comunicar ao trabalhador a necessidade de prestação de trabalho e, no caso da compensação do trabalho prestado em acréscimo ser feita através de redução do tempo de trabalho, o período em que a redução de tempo de trabalho deve ter lugar e a antecedência com que cada parte deve informar a outra de que pretende utilizar essa redução (artº 208º, nº 4 do CT).*

b) **Banco de horas individual** – é a forma de organização do tempo de trabalho que resulta de acordo entre o EP e o trabalhador, em que o período normal de trabalho é definido em termos médios, da seguinte forma:

- O limite diário pode ser aumentado até 2 horas;
- A duração do trabalho semanal pode atingir as 50 horas;
- O acréscimo tem por limite 150 horas por ano (artº 208º-A, nºs 1 a 3 do CT).

O acordo que estabelecer este regime de banco de horas deve prever a forma de compensação do trabalho prestado em acréscimo, a antecedência com que o EP deve comunicar ao trabalhador a necessidade de prestação e trabalho e, no caso de a compensação do trabalho prestado em acréscimo ser feita através de redução de trabalho, o período em que esta deve ter lugar e a antecedência com que cada parte deve informar a outra de que pretende utilizar essa redução (arts. 208º-A, nº 1 e 207º, nº 4 do CT).

***Nota** – O acordo pode ser celebrado mediante proposta escrita do EP, presumindo-se a aceitação por parte do trabalhador que a ela não se oponha, por escrito, nos 14 dias seguintes ao conhecimento da mesma (arts. 208º-A, nº 2 e 205º, nº 4 do CT).*

c) **Banco de horas grupal resultante de IRCT** – é a forma de organização do tempo de trabalho que pode ser definida por IRCT no qual se preveja:

- A possibilidade do EP aplicar o regime de banco de horas ao conjunto dos trabalhadores de uma equipa, seção ou unidade económica se, pelo menos, 60% dos trabalhadores dessa estrutura forem por ele abrangidos, mediante filiação em sindicato celebrante da convenção e por escolha dessa convenção como aplicável;
- Que este regime se aplique enquanto os trabalhadores da equipa, seção ou unidade económica em causa abrangidos por aquela convenção forem em número igual ou superior à percentagem indicada (arts. 208º-B, nº 1 e 206º, nº 1 do CT).

d) **Banco de horas grupal resultante de acordo** – caso a proposta de banco de horas individual seja aceite por, pelo menos, 75% dos trabalhadores da equipa, seção ou unidade económica, o EP pode impor o mesmo regime ao conjunto dos trabalhadores dessa estrutura, inclusive aos trabalhadores que a rejeitaram, sendo este regime de banco de horas aplicável enquanto da alteração do número dos trabalhadores da equipa, seção ou unidade económica, resultante da entrada ou saída de trabalhadores, não resultar percentagem inferior a 75% (arts. 208º-B, nº 2 e 206º, nºs 2 e 3 do CT).

Nota *– O regime de banco de horas enunciado nos nºs 2 e 3 do artº 208º-B, não se aplica a trabalhador abrangido por IRCT que disponha de modo contrário ou a trabalhador representado por sindicato que tenha deduzido oposição àquele IRCT (artº 208º-B, nº 3 do CT).*

19. Regimes de duração de trabalho aplicáveis aos trabalhadores nomeados – aplicam-se aos trabalhadores nomeados os regimes de adaptabilidade individual e de banco de horas individual previstos nos arts. 205º e 208º-A do CT, com as necessárias adaptações (artº 106º, nº 2), sendo a aplicação daqueles regimes feita através de proposta do EP e mediante aceitação do trabalhador, seguindo os termos previstos no CT (artº 107º da LTFP).

20. Trabalhadores dispensados de trabalhar em regime de adaptabilidade e de banco de horas – as trabalhadoras grávidas, puérperas ou lactantes (artº 58º, nº 1 do CT), o trabalhador menor (artº 74º, nº 1 do CT), o trabalhador com deficiência crónica (artº 87º, nº 1) e o trabalhador-estudante (artº 90º, nº 6) estão dispensados de prestar trabalho em regime de adaptabilidade e de banco de horas.

21. Horário de trabalho – é a determinação das horas do início e do termo do período normal de trabalho diário ou dos respetivos limites, bem como dos intervalos de descanso (artº 108º, nº 1; vd. arts. 200º, 212º, nºs 1 a 3, 215º, nºs 1 e 4, 216º do CT).

22. Mapas de horário de trabalho – de acordo com o disposto no artº 251º do CT o EP deve elaborar um mapa de horário de trabalho e afixá-lo em lugar bem visível do respetivo órgão ou serviço (artº 216º, nº 1 do CT, aplicável por força do artº 101º da LTFP).

23. Alteração de horário de trabalho – na alteração o EP deve ter em conta o disposto em matéria da elaboração de horário de trabalho (artº 108º da LTFP e artº 212º do CT) e proceder a uma consulta prévia aos trabalhadores envolvidos e à comissão de trabalhadores ou, na sua falta, à comissão sindical ou intersindical ou aos delegados sindicais, bem como, ainda que vigore o regime de adaptabilidade, ser afixada alteração no órgão ou serviço com antecedência de 7 dias relativamente ao início da sua aplicação, ou 3 dias em caso de órgão ou serviço com menos de 10 trabalhadores (artº 217º, nºs 1 e 2, 100º, nº 1 do CT), excetuando-se ao disposto atrás a alteração de horário de trabalho cuja duração não seja superior a uma semana, desde que seja registada em livro próprio, com a menção de que foi consultada a estrutura de representação coletiva dos trabalhadores e o EP não recorra a este regime mais de três vezes por ano (artº 217º, nº 3 do CT), proibindo-se ainda expressamente a alteração unilateral do horário individualmente acordado (artº 217º, nº 4 do CT) e determinando-se, por fim, que a alteração que implique acréscimo de despesas para o trabalhador confere-lhe o direito uma compensação económica (artº 217º, nº 5 do CT).

24. Intervalo de descanso – o período de trabalho diário deve ser interrompido por um intervalo de descanso que não pode ter duração inferior a 1 hora nem superior a 2 horas, de modo a que o trabalhador não preste mais de 5 horas de trabalho consecutivo, exceto quando se trate de jornada contínua ou regime previsto em norma especial (artº 109º, nº 1), admitindo-se, porém, a possibilidade de ser fixado para os trabalhadores com deficiência, pelo dirigente máximo do serviço e a pedido do interessado, mais do que um intervalo de descanso e com duração diferente da prevista no regime geral, mas sem exceder no total os limites legais das 2 horas (nº 2), não sendo, por último, permitida a alteração aos intervalos de descanso sempre que implique a prestação de mais de 6 horas consecutivas de trabalho, exceto quanto a atividades de vigilância, transporte e tratamento de sistemas eletrónicos de segurança e a atividades que não possam ser interrompidas por motivos técnicos e, bem assim, quanto a trabalhadores que ocupem cargos de administração e de direção e outras pessoas com poder de decisão autónomo que estejam isentos de horário de trabalho (nº 3).

25. Modalidades de horário – os órgãos e serviços podem adotar, em função da natureza das suas atividades, uma das seguintes 6 modalidades de horário de trabalho:

a) **Horário flexível;**
b) **Horário rígido;**
c) **Horário desfasado;**
d) **Jornada contínua;**
e) **Meia jornada;**
f) **Trabalho por turnos;**
g) **Horários específicos.**

(artº 110º, nºs 1 e 2, na redação dada pela Lei nº 84/2015, de 7 de agosto)

Nota *– A estas modalidades há a acrescentar ainda as figuras de isenção de horário e ausência de horário previstas nos arts. 117º e 119º.*

26. Horário flexível – é o que permite ao trabalhador de um serviço gerir os seus tempos de trabalho, escolhendo as horas de entrada e de saída, estando a adoção, oficiosa ou a requerimento do trabalhador, deste horário sujeita às seguintes regras:

a) A flexibilidade não pode afetar o regular e eficaz funcionamento dos órgãos ou serviços, especialmente no que respeita às relações com o público;
b) É obrigatória a previsão de plataformas fixas da parte da manhã e da parte da tarde, as quais não podem ter, no seu conjunto, duração inferior a 4 horas;
c) Não podem ser prestadas, por dia, mais de 10 horas de trabalho;
d) O cumprimento da duração do trabalho deve ser aferido à semana, à quinzena ou ao mês (artº 111º, nº s 1 e 2).

O débito de horas, apurado no final de cada período de aferição, dá lugar à marcação de uma falta, que deve ser justificada nos termos da legislação aplicável, por cada período igual ou inferior à duração média diária do trabalho, sendo esta duração de 7 horas (nºs 3 e 5, na redação da Lei nº 18/2016, de 20 de junho), porém, já quanto aos trabalhadores com deficiência, o excesso ou débito de horas apurado no final de cada um dos períodos de aferição pode ser transportado para o período imediatamente seguinte e nele ser compensado, desde que não ultrapasse o limite de 5 e 10 horas, respetivamente, para a quinzena e para o mês (nº 4).

27. Categorias de trabalhadores a que a lei atribui o direito a trabalharem em horário flexível – atendendo a certas circunstâncias relacionadas com os próprios trabalhadores, a lei reconhece aos trabalhadores com responsabilidades familiares (artº 56º do CT), com deficiência ou doença crónica (artº 87º do CT) ou estudantes (artº 90º do CT) o direito a trabalharem em regime de flexibilidade de horário desde que do mesmo não resulte uma inconveniência comprovada e fundamentada para o serviço.

28. Horário rígido – é aquele que, exigindo o cumprimento da duração semanal de trabalho, se reparte por dois períodos diários, com horas de entrada e de saída fixas idênticas, separados por um intervalo de descanso, sendo esse horário, caso não haja determinação em contrário do dirigente máximo do serviço, o seguinte:

I. Serviços de regime de funcionamento comum que encerram ao sábado:
Período da manhã – das 9 horas às 12 horas e 30 minutos;
Período da tarde – das 14 horas às 17 horas e 30 minutos.

II. Serviços de regime de funcionamento especial que funcionam ao sábado de manhã:
Período da manhã – das 9 horas e 30 minutos às 12 horas e 30 minutos, de segunda-feira a sexta-feira, e até às 12 horas, aos sábados;
Período da tarde – das 14 horas às 17 horas e 30 minutos, de segunda-feira a sexta-feira.
A adoção do horário rígido não prejudica a possibilidade de fixação, para os trabalhadores com deficiência, pelo respetivo dirigente máximo e a pedido do interessado, de mais do que um intervalo de descanso e com duração diferente da prevista no regime geral, mas sem exceder no total os limites neste estabelecidos.
(artº 112º, nºs 1 a 3, na redação dada pela Lei nº 18/2016, de 20 de junho)

29. Horário desfasado – é aquele que, embora mantendo inalterado o período normal de trabalho diário, permite estabelecer, serviço a serviço ou para *determinado grupo ou grupos de pessoal*, e sem possibilidade de opção, horas fixas diferentes de entrada e de saída (artº 113º).

30. Jornada contínua – consiste na prestação ininterrupta de trabalho, salvo um período de descanso nunca superior a 30 minutos, que, para todos os efeitos, se considera tempo de trabalho (artº 114º, nº 1), devendo ocupar, predominantemente, um dos períodos do dia e determinar uma redução do período normal de trabalho diário nunca superior a 1 hora (nº 2), podendo ser adotada nos casos de horários específicos previstos na LTFP e em casos excecionais, devidamente fundamentados, a saber:

a) De trabalhador progenitor com filhos até à idade de 12 anos ou, independentemente da idade, com deficiência ou doença crónica;
b) Trabalhador adotante, nas mesmas condições dos trabalhadores progenitores;
c) Trabalhador que, substituindo-se aos progenitores, tenha a seu cargo neto com idade inferior a 12 anos;
d) Trabalhador adotante, tutor ou pessoa a quem foi deferida a confiança judicial ou administrativa do menor, bem como o cônjuge ou a pessoa em união de facto com qualquer daqueles ou com progenitor, desde que viva em comunhão de mesa e habitação com o menor;
e) Trabalhador estudante;
f) No interesse do trabalhador, sempre que outras circunstâncias relevantes, devidamente fundamentadas, o justifiquem;
g) No interesse do serviço, quando devidamente fundamentado (nº 3).

***Nota** – O tempo máximo de trabalho seguido, em jornada contínua, não pode ter uma duração superior a cinco horas (nº 4).*

31. Meia jornada – é a modalidade de horário de trabalho que «consiste na prestação de trabalho num período reduzido em metade do período normal de trabalho a tempo completo a que se refere o artº 105º» (artº 114º-A, nº 1, introduzido pela Lei nº 84/2015, de 7 de agosto), e se caracteriza por:

a) A sua contagem do tempo de serviço ser integral para efeito de antiguidade (artº 114º-A, nº 1);
b) Não poder ter uma duração inferior a 1 ano (nº 2);
c) Ter de ser requerida pelo trabalhador (nº 2);
d) Implicar a fixação do pagamento da remuneração correspondente a 60% do montante total auferido em regime de horário completo (nº 3);

e) Só poder beneficiar os trabalhadores que reúnam um dos seguintes requisitos:
   I. Tenham 55 ou mais anos de idade à data em que for requerida e possuam netos com idade inferior a 12 anos;
   II. Tenham filhos menores de 12 anos ou, independentemente da idade, com deficiência ou doença crónica (nº 4).

f) Caber ao superior hierárquico a autorização ou indeferimento desta modalidade de horário de trabalho, carecendo o indeferimento de ver as suas razões claramente fundamentadas e por escrito (nº 5).

32. Trabalho por turnos – é qualquer *organização do trabalho em equipa* em que os trabalhadores ocupam sucessivamente os mesmos postos de trabalho, a um determinado ritmo, incluindo o rotativo, contínuo ou descontínuo, podendo executar o trabalho a horas diferentes num dado período de dias ou semanas (artº 115º, nº 1), devendo ser organizados turnos de pessoal diferente sempre que o período de funcionamento do órgão ou serviço ultrapasse os limites máximos do período normal de trabalho (nº 2), não podendo a duração de trabalho de cada turno ultrapassar os limites máximos dos períodos normais de trabalho (nº 3).

Os turnos devem, se possível, ser organizados de acordo com os interesses e as preferências manifestadas pelos trabalhadores (artº 221º, nº 2 do CT) e obedecer às seguintes regras:

a) Os turnos são rotativos, estando o respetivo pessoal sujeito à sua variação regular;

b) Nos serviços de funcionamento permanente não podem ser prestados mais de seis dias consecutivos de trabalho;

c) As interrupções a observar em cada turno devem obedecer ao princípio de que não podem ser prestadas mais de cinco horas de trabalho consecutivo;

d) As interrupções destinadas a repouso ou refeição, quando não superiores a 30 minutos, consideram-se incluídas no período de trabalho;

e) O dia de descanso semanal deve coincidir com o domingo, pelo menos uma vez em cada período de quatro semanas;

f) A mudança de turno só pode ocorrer após o dia de descanso *(aqui, ao contrário do disposto no artº 221º, nº 4 do CT, não se faz referência a dia de descanso semanal)*.
(artº 115º, nº 3)

33. Regime de turnos – o regime de trabalho por turnos pode ser:

a) ***Permanente***, quando o trabalho for prestado em todos os dias da semana;
b) ***Semanal prolongado***, quando for prestado em todos os cinco dias úteis e ainda mais o sábado ou o domingo;
c) ***Semanal***, quando for prestado apenas de segunda-feira a sexta-feira.
O regime de turnos é ***total*** quando for prestado em, pelo menos, três períodos de trabalho diário e ***parcial*** quando prestado em apenas dois períodos.
(artº 116º, nºs 1 e 2)

34. Isenção de horário de trabalho: condições – os trabalhadores titulares de cargos dirigentes e que chefiem equipas multidisciplinares gozam de isenção de horário de trabalho, isto é, da isenção de cumprir com o dever de pontualidade (artº 117º, nº 1), bem como outros trabalhadores, mediante celebração de acordo escrito com o respetivo EP, desde que tal isenção seja admitida por lei ou por IRCT (nº 2), não dispensando, contudo, esta isenção da observância do dever geral de assiduidade (que não significa o dever do trabalhador ter de comparecer obrigatoriamente todos os dias ao serviço mas sim de respeitar o período normal de trabalho semanal a que se encontra adstrito), nem do cumprimento da duração semanal de trabalho legalmente estabelecida (nº 3), estando, em contrapartida, o EP dispensado, em princípio, do dever de pagar trabalho suplementar, sem prejuízo da situação poder dar lugar ao pagamento de eventual suplemento remuneratório previsto no artº 164º.

35. Modalidades da isenção de horário de trabalho – a isenção de horário de trabalho assume as seguintes modalidades:

a) Não sujeição aos limites máximos dos períodos normais de trabalho (esta modalidade é a regra que abrange os trabalhadores isentos por determinação legal, vinculando-os a prestar horas de trabalho que ultrapassem os respetivos períodos normais de trabalho);
b) Possibilidade de alargamento da prestação a um determinado número de horas, por dia ou por semana (esta modalidade aplica-se aos trabalhadores que, por lei ou por IRCT, possam acordá-la, consistindo, assim, no acordo através do qual o trabalhador se compromete a prestar um certo número de horas por dia ou por semana a mais relativamente ao período normal de trabalho por conta do regime da isenção,

passando-se então ao regime de trabalho suplementar a partir do momento em que se ultrapassar aquele número de horas);

c) Observância dos períodos normais de trabalho acordados (esta modalidade aplica-se também aos trabalhadores que, por lei ou por IRCT, possam acordá-la, consistindo aqui no acordo através do qual o trabalhador se compromete a cumprir diariamente as horas que integram os períodos normais de trabalho acordados, que podem ser até superiores aos normais existentes para a generalidade dos trabalhadores, sem que isso implique a vinculação ao cumprimento das horas de entrada ou de saída).
(artº 118º)

36. Não sujeição a horário de trabalho – é a prestação de trabalho não sujeita ao cumprimento de qualquer das modalidades de horário previstas na LTFP, nem à observância do dever geral de assiduidade e de cumprimento da duração semanal de trabalho (artº 119º, nº 1), tendo a adoção de um regime de prestação de trabalho não sujeita a horário que obedecer às seguintes regras:

a) Concordância expressa do trabalhador relativamente às tarefas e aos prazos da sua realização;
b) Destinar-se à realização de tarefas constantes do plano de atividades do serviço, desde que calendarizadas, e cuja execução esteja atribuída ao trabalhador não sujeito a horário;
c) Fixação de um prazo certo para a realização da tarefa a executar, que não deve exceder o limite máximo de 10 dias úteis;
d) Não autorização ao mesmo trabalhador mais do que uma vez por trimestre (nº 2).

O não cumprimento da tarefa no prazo acordado, sem motivos justificados, impede o trabalhador de utilizar este regime durante o prazo de um ano, a contar da data do incumprimento (artº 119º, nº 3), não dispensando esta não sujeição a horário de trabalho do contacto regular do trabalhador com o serviço, nem a sua presença no local do trabalho, sempre que tal se mostre necessário (nº 4).

37. Noção de trabalho noturno – é o que é prestado num período que tenha a duração mínima de 7 horas e máxima de 11 horas, compreendendo o intervalo entre as 0 e as 5 horas (artº 223º, nº 1 do CT), podendo este período ser determinado por IRCT (artº 223º, nº 2 do CT), o que acontece no âmbito da função pública em que a Cláusula 10ª do Acordo Coletivo de Carreiras Gerais (ACCG) nº 1/2009, publicado no DR, 2ª série, nº 18, de 28 de setembro, determina que aquele período de trabalho noturno compreende o trabalho prestado entre as 20 horas de um dia e as 7 horas do dia seguinte para os trabalhadores inseridos nas seguintes carreiras e afetos às seguintes atividades:

a) Carreira de assistente operacional, nas atividades de distribuição e abastecimento de água;
b) Carreira de assistente operacional e assistente técnico, no serviço de ambulâncias e proteção civil;
c) Carreira de assistente operacional, nas atividades de recolha de lixo e incineração.

Quanto aos demais trabalhadores o período de trabalho noturno é o compreendido entre as 22 horas de um dia e as 7 horas do dia seguinte de acordo com o estipulado no artº 223º, nº 2 do CT.

38. Noção de trabalhador noturno – é o que presta, pelo menos, 3 horas de trabalho noturno em cada dia ou que efetue durante o período noturno parte do seu tempo de trabalho anual correspondente a 3 horas por dia, ou outra definida por IRCT (artº 224º, nº 1 do CT) – o ACCG exige apenas o mínimo de 2 horas.

39. Período normal de trabalho diário de trabalhador noturno em regime de adaptabilidade – não deve ser superior a 7 horas diárias, em média semanal, sem prejuízo do disposto em IRCT, não se devendo contar para apuramento desta média os dias de descanso semanal obrigatório ou complementar e os dias feriados (artº 224º, nºs 2 e 3 do CT, conjugado com o disposto nos arts. 1º e 2º da Lei nº18/2016, de 20 de junho, que repôs as 35 horas e as 7 horas como limites máximos semanal e diário, respetivamente, dos períodos normais de trabalho, alterando a redação do artº 105º da LTFP, com efeitos a partir de 1 de julho de 2016).

40. Proibição do trabalhador noturno prestar mais de 7 horas de trabalho por dia – o trabalhador noturno não deve prestar mais de 7 horas de trabalho num período de 24 horas em que efetua trabalho noturno, nas seguintes atividades que implicam riscos especiais ou tensão física ou mental significativa:

a) Monótonas, repetitivas, cadenciadas ou isoladas;

b) Em obra de construção, demolição, escavação, movimentação de terras, ou intervenção em túnel, ferrovia ou rodovia sem interrupção de tráfego, ou com risco de queda de altura ou de soterramento;

c) Da indústria extrativa;

d) De fabrico, transporte ou utilização de explosivos e pirotecnia;

e) Que envolvam contacto com corrente elétrica de média ou alta tensão;

f) De produção ou transporte de gases comprimidos, liquefeitos ou dissolvidos ou com utilização significativa dos mesmos;

g) Que, em função da avaliação dos riscos a ser efetuada pelo empregador, assumam particular penosidade, perigosidade, insalubridade ou toxicidade (artº 224º, nº 4 do CT, conjugado com o disposto nos arts. 1º e 2º da Lei nº 18/2016, de 20 de junho, que repôs as 35 horas e as 7 horas como limites máximos semanal e diário, respetivamente, dos períodos normais de trabalho, alterando a redação do artº 105º da LTFP, com efeitos a partir de 1 de julho de 2016).

41. Exceções à proibição anterior em matéria de trabalho noturno – a proibição anteriormente referida não se aplica nos seguintes casos:

a) Ao trabalhador noturno que ocupe cargo de administração ou de direção ou com poder de decisão autónomo que esteja isento de horário de trabalho (artº 224º, nº 5);

b) Quando a prestação de trabalho suplementar seja necessária por motivo de força maior ou para prevenir ou reparar prejuízo grave para o órgão ou serviço ou para a sua viabilidade devido a acidente ou a risco de acidente iminente;

c) A atividade caracterizada pela necessidade de assegurar a continuidade do serviço ou da produção, nomeadamente a referida em qualquer das alíneas *d)* a *f)* do nº 2 do artº 207º do CT, desde que por convenção coletiva seja concedido ao trabalhador período equivalente de descanso compensatório (artº 224º, nº 6 do CT).

42. Proteção do trabalhador noturno – o EP, neste âmbito, está obrigado ao seguinte:

a) Ao dever de assegurar exames de saúde gratuitos e sigilosos ao trabalhador noturno destinados a avaliar o seu estado de saúde, antes da sua colocação e posteriormente a intervalos regulares e no mínimo anualmente (artº 225º, nº 1 do CT);

b) Ao dever de avaliar os riscos inerentes à atividade do trabalhador, tendo presente, nomeadamente, a sua condição física e psíquica, antes do início da atividade e posteriormente, de 6 em 6 meses, bem como antes de alteração das condições de trabalho (artº 225º, nº 2 do CT);

c) Ao dever de conservar o registo daquela avaliação efetuada (artº 225º, nº 3 do CT);

d) Aos deveres enunciados no artº 222º do CT sobre proteção em matéria de segurança e saúde no trabalho (artº 225º, nº 4 do CT);

e) Ao dever de assegurar ao trabalhador que sofra de problema de saúde relacionado com a prestação de trabalho noturno a afetação a trabalho diurno que esteja apto a desempenhar (artº 225º, nº 5 do CT);

f) Ao dever de consultar os representantes dos trabalhadores para a segurança e saúde no trabalho ou, na falta destes, o próprio trabalhador, sobre a afetação a trabalho noturno, a organização deste que melhor se adapte ao trabalhador, bem como sobre as medidas de segurança e saúde a adotar (artº 225º, nº 6 do CT).

43. Trabalho suplementar (ou extraordinário) – considera-se trabalho suplementar o prestado fora do horário de trabalho e, no caso em que o acordo sobre isenção de horário de trabalho tenha limitado a prestação deste a um determinado período de trabalho, diário ou semanal, o que exceda esse período (artº 226º, nºs 1 e 2 do CT, aplicável por força do disposto nos arts. 4º, nº 1, al. *g)* e 120º, nº 1 da LTFP), só podendo ser prestado quando o órgão ou serviço tenha de fazer face a acréscimo eventual e transitório de trabalho e não se justifique para tal a admissão de trabalhador, em caso de força maior ou quando seja indispensável para prevenir ou reparar prejuízo grave para o órgão ou serviço (artº 227º, nºs 1 e 2 do CT).

44. Não se compreende na noção de trabalho suplementar:

a) O prestado pelo trabalhador isento de horário de trabalho em dia normal de trabalho, sem prejuízo da situação descrita no artº 226º, nº 2 do CT;

b) O prestado para compensar suspensão de atividade, independentemente da sua causa, de duração não superior a 48 horas, seguidas ou interpoladas por um dia de descanso ou feriado, mediante acordo entre o EP e o trabalhador;

c) A tolerância de 15 minutos prevista no artº 203º, nº 3 do CT;

d) A formação profissional realizada fora do horário de trabalho, que não exceda 2 horas diárias;

e) O trabalho prestado nas condições previstas no artº 257º, nº 1, al. *b)* do CT;

f) O trabalho prestado para compensação de períodos de ausência ao trabalho, efetuado por iniciativa do trabalhador, desde que uma e outra tenham o acordo do EP (este trabalho prestado para compensação não pode, contudo, exceder os limites diários fixados no artº 120º, nº 2 da LTFP, que corresponde no âmbito da função pública ao artº 228º, nº 1 do CT);

g) O trabalho prestado para compensar encerramento para férias previsto no artº 242º, nº 2, al. *b)* do CT, por decisão do EP. (artº 226º, nºs 3 e 4 do CT)

45. Obrigatoriedade versus dispensa de prestação de trabalho suplementar – o trabalhador é obrigado a prestar este trabalho, salvo nos casos de trabalhadora grávida, trabalhadora com filho de idade inferior a 12 meses ou trabalhadora lactante, durante todo o tempo em que durar a amamentação, se for necessário para a sua saúde ou para a da criança, e quando houver motivos atendíveis, o trabalhador expressamente solicite a sua dispensa (arts. 35º, nº 1, al. *r)*, 59º, nºs 1 e 2 e 227º, nº 3 do CT).

46. Limites da duração do trabalho suplementar – este trabalho está sujeito, por trabalhador, aos seguintes limites:

a) 150 horas por ano;

b) 2 horas por dia normal de trabalho;

c) Um número de horas igual ao período normal de trabalho diário, nos dias de descanso semanal, obrigatório, ou complementar, e nos feriados;

d) Um número de horas igual a meio período normal de trabalho diário em meio dia de descanso complementar (artº 120º, nº 2).

Nota *– Estes limites podem, porém, ser ultrapassados, desde que não impliquem uma remuneração por trabalho suplementar superior a 60% da remuneração base do trabalhador:*

a) Quando se trate de trabalhadores que ocupem postos de trabalho de motoristas ou telefonistas e de outros trabalhadores integrados nas carreiras de assistente operacional e de assistente técnico, cuja manutenção ao serviço para além do horário de trabalho seja fundamentadamente reconhecida como indispensável;

b) Em circunstâncias excecionais e delimitadas no tempo, mediante autorização do membro do Governo competente ou, quando esta não for possível, mediante confirmação da mesma entidade, a proferir nos 15 dias posteriores à ocorrência (artº 120º, nº 3).

O limite de 150 horas a que se refere o artº 120º, nº 2, al. *a)* pode ser aumentado até 200 horas por ano, por IRCT de acordo com o disposto no artº 228º, nº 2 do CT (artº 120º, nº 4).

47. Descanso compensatório de trabalho suplementar impeditivo do gozo do descanso diário – o trabalhador que presta trabalho suplementar impeditivo do gozo do descanso diário, que é o período mínimo de descanso de 11 horas entre dois períodos de trabalho consecutivo (artº 123º, nº 1), tem direito a descanso compensatório remunerado equivalente às horas de descanso em falta, a gozar num dos 3 dias úteis seguintes, sendo este descanso compensatório marcado por acordo entre trabalhador e EP ou, na sua falta, por este (artº 229º, nºs 3 e 5 do CT).

48. Descanso compensatório de trabalho suplementar prestado em dia de descanso semanal obrigatório, v.g., domingo – este trabalho dá ao trabalhador o direito a um dia de descanso compensatório remunerado, a gozar num dos 3 dias úteis seguintes, sendo este descanso compensatório marcado por acordo entre trabalhador e EP ou, na sua falta, por este (artº 229º, nºs 4 e 5 do CT).

49. Regime especial de trabalho suplementar em dia de descanso semanal obrigatório, que não exceda 2 horas por motivo de falta imprevista de trabalhador que devia ocupar o posto de trabalho no turno seguinte – dá apenas o direito a descanso compensatório remunerado equivalente às horas de descanso em falta, a gozar num dos 3 dias úteis seguintes, sendo este descanso compensatório marcado por acordo entre trabalhador e EP ou, na sua falta, por este (artº 230º, nº 1 e 229º, nº 5 do CT).

50. Registo do trabalho suplementar – o EP deve possuir e manter durante 5 anos a relação nominal dos trabalhadores que efetuaram trabalho suplementar, com discriminação do número de horas prestadas e indicação do dia em que gozaram o respetivo descanso compensatório, para efeitos de fiscalização pela IGF ou por outro serviço de inspeção legalmente competente, devendo este registo de trabalho suplementar conter os elementos e ser efetuado de acordo com o modelo aprovado por portaria do membro do Governo responsável pela área da AP (artº 121º, nºs 1 e 2 e artº 231º, nºs 2 a 5 do CT).

Capítulo XX
Proteção Social dos Trabalhadores que Exercem Funções Públicas

1. Direito à proteção social – a proteção social constitui um direito de todos os cidadãos consagrado no artigo 63º da CRP, efetivado pelo Sistema de Segurança Social, cujas bases gerais, princípios, objetivos e estrutura se encontram previstos e regulados na Lei nº 4/2007, de 16 de janeiro, alterada pela Lei nº 83-A/2013, de 30 de dezembro, que visa proteger os cidadãos, em geral, e os trabalhadores, em particular, das eventuais situações de risco social, as chamadas eventualidades, na invalidez, velhice, morte, doença, parentalidade, desemprego, acidentes de trabalho e doenças profissionais, através da atribuição de um conjunto de prestações sociais destinados a assegurar o seu bem estar e dignidade sociais.

2. Regime de proteção social da função pública – tradicionalmente os trabalhadores da AP tiveram um regime próprio, autónomo, de proteção social, designado por «regime de proteção social específico da função pública», que vigorou até 31 de dezembro de 2005, em que a AP assumia a dupla qualidade de sujeito empregador de uma relação de trabalho, responsável pelo pagamento das remunerações devidas como contrapartida do trabalho prestado, e de entidade da segurança social, a quem competia já a responsabilidade pelo pagamento das prestações sociais substitutivas do rendimento de trabalho, quando este deixe de ser prestado, ao contrário daquilo que se passa no regime geral da segurança social em que essas relações e responsabilidades são distintas e se encontram separadas.

3. Convergência de regimes de proteção social – não obstante este regime autónomo da proteção social dos trabalhadores que exercem funções públicas, as sucessivas leis de bases de segurança social, com destaque para a atual Lei nº 4/2007, de 16 de janeiro (artº 104º), apontaram sempre para a necessidade de se proceder a uma convergência daquele regime com o regime geral de segurança social dos trabalhadores por conta de outrem, tendo-se dado início efetivo a esta convergência com a publicação da Lei nº 60/2005, de 29 de dezembro (alterada pela Lei nº 52/2007, de 31 de agosto, pela Lei nº 11/2008, de 20 de fevereiro, pela Lei nº 66-B/2012, de 31 de dezembro, pela Lei nº 11/2014, de 6 de março, e pelo Dec. – Lei nº 108/2019, de 13 de agosto), que determinou que todo «o pessoal que, iniciasse «funções (na AP) a partir de 1 de janeiro de 2006 fosse «obrigatoriamente inscrito no regime geral da segurança social», vedando-se assim, a partir daquela data, a entrada de novos subscritores e beneficiários da CGA (saliente-se, porém, que a Lei nº 12-A/2008, de 27 de fevereiro, que aprovou a LVCR, substituída hoje pela LTFP, manteve a aplicação do regime da proteção social convergente a todos os trabalhadores referidos no seu artº 88º e seguintes, e que dele vinham já sendo beneficiários, manutenção esta reafirmada pelo artº 19º, nº 2 da Lei nº 59/2008, de 11 de setembro, que aprovou o RCTFP).

4. O atual regime dual de proteção social dos trabalhadores em funções públicas – com a publicação da Lei nº 4/2009, de 29 de janeiro (alterada pela Lei nº 10/2009, de 10 de março), definiu-se e clarificou-se, pela primeira vez, com efeitos a 1 de janeiro de 2009, a proteção social de todos trabalhadores que exercem funções públicas, prescrevendo-se no seu artº 6º que tal proteção social se concretiza através da integração dos trabalhadores em apreço num de 2 regimes, a saber:

a) **No Regime de Proteção Social Convergente (RPSC)** – o qual abrange os trabalhadores titulares de uma relação jurídica de emprego público constituída até 31 de dezembro de 2005 inscritos no «regime de proteção social da função pública», i.e., na CGA, com exceção daqueles trabalhadores que, por causa da natureza privada da sua relação de emprego, constituída igualmente até 31 de Dezembro de 2005, já se encontravam enquadrados no regime geral de segurança social, sendo o RPSC caracterizado pelo facto de serem os próprios EPs que constituem a nossa AP que assumem diretamente as responsabilidades, competências e encargos com a concretização do direito da proteção social dos seus trabalhadores nas eventualidades de doença, parentalidade, desemprego e acidentes de trabalho e doenças profissionais, cabendo à CGA a gestão das pensões de invalidez, velhice e morte, sendo o seu financiamento assegurado através das contribuições específicas que os trabalhadores fazem para a CGA (refira-se, a propósito, que a parentalidade se encontra já regulamentada neste RPSC em convergência com o RGSS, nos termos do artº 29º da Lei nº 4/2009, de 29 de janeiro).

b) **No Regime Geral de Segurança Social (RGSS)** – que integrou progressivamente todos os trabalhadores em funções públicas que iniciaram a sua atividade profissional na AP depois de 1 de janeiro de 2006, bem como os que, anteriormente àquela data, já se encontravam inscritos como seus beneficiários para todas as eventualidades, efetivando-se este regime através do Sistema de Segurança Social, financiado diretamente pelas contribuições dos sujeitos da relação de trabalho, trabalhadores e empregadores, a quem compete a responsabilidade pela gestão e pagamento das pensões de invalidez, velhice e morte, bem como das demais eventualidades de doença, parentalidade, desemprego e acidentes de trabalho e doenças profissionais.

5. Prestações sociais no âmbito do RPSC – os trabalhadores integrados no RPSC têm direito à atribuição das seguintes prestações sociais:

a) **Pensões de invalidez, velhice e morte** – que são responsabilidade da CGA;

b) **Por doença** – de acordo com o disposto no artº 14º da LP nº 35/2014, de 20 de junho, que aprovou a LTFP, aos trabalhadores integrados no RPSC aplica-se o disposto nos seus arts. 15º a 41º em matéria de faltas por motivo de doença, sujeitando-os assim a normas similares às que lhes eram aplicáveis à data da entrada em vigor da pressente lei, designadamente as relativas à manutenção do direito à remuneração, justificação, verificação e efeitos das respetivas faltas por doença;

c) **Por parentalidade** – esta eventualidade foi já alvo de regulamentação no âmbito do RPSC, e consta do Dec. – Lei nº 89/2009, de 9 de Abril (alterado pela Declaração de Retificação nº 40/2009, de 5 de junho, pelo Dec. – Lei nº 133/2012, de 27 de junho, pelo Dec. – Lei nº 120/2015, de 1 de setembro, pela Lei nº 90/2019, de 4 de setembro, e pela Lei nº 14-D/2020, de 13 de março), sendo da responsabilidade direta do EP a atribuição e pagamento das prestações sociais devidas aos respetivos trabalhadores delas beneficiários;

d) **Por motivo de desemprego** – até à regulamentação desta eventualidade, os «trabalhadores da AP vinculados por contrato administrativo de provimento e por contrato individual de trabalho que estejam abrangidos pelo regime de proteção social da função pública e que, à data da produção de efeitos da Lei nº 11/2008, de 20 de fevereiro *(alterada pelas Leis nºs 64-A/2008 e 4/2009, respetivamente de 31 de dezembro e 29 de janeiro)*, exerçam funções nas administrações direta e indireta do Estado, regional autónoma e autárquica, bem como em qualquer outra entidade, são enquadrados no regime geral de segurança social dos trabalhadores por conta de outrem, exclusivamente para proteção na eventualidade de desemprego»;

e) **Por acidentes de trabalho e doenças profissionais** – quanto a esta eventualidade, continua-se a aplicar a estes trabalhadores, sejam eles nomeados ou contratados, o regime constante do Dec. – Lei nº 503/99, de 20 de novembro, competindo a atribuição destas prestações sociais diretamente ao EP, com exceção das prestações por incapacidades permanentes e morte resultantes de acidentes de trabalho e doenças profissionais que cabem à CGA.

Nota *– As prestações sociais que integram o RPSC não constituem remuneração do trabalho, mas sim prestações pecuniárias substitutivas de rendimentos de trabalho perdidos, não estando por isso sujeitas a quaisquer impostos ou descontos, com a exceção das pensões, que estão sujeitas a IRS. Note-se, porém, que o facto de não haver aqui lugar ao pagamento de remuneração não prejudica os direitos e benefícios que emergem diretamente do seu vínculo de emprego público, como sejam os resultantes da ADSE. No âmbito do RPSC as prestações sociais relativas à doença, parentalidade, acidentes de trabalho e doenças profissionais constituem encargo exclusivo do EP, não havendo lugar ao pagamento de qualquer contribuição por parte dos trabalhadores. Os períodos em que não há prestação de trabalho efetivo, por ocorrência de qualquer das eventualidades suprarreferidas, equivalem a entrada de quotizações e de contribuições para a CGA (artº 19º da Lei nº 4/2009).*

6. Prestações sociais no âmbito do RGSS – os trabalhadores abrangidos pelo RGSS têm direito às seguintes prestações sociais:

a) **Invalidez, Velhice e Morte** – sob a forma de pensões de invalidez, velhice e morte, que são da responsabilidade das instituições da Segurança Social, mais concretamente do CNP;

b) **Por doença** – os rendimentos do trabalho perdidos por estes trabalhadores por motivo de doença, são parcialmente compensados através da atribuição de prestações substitutivas pela Segurança Social (sob o montante do subsídio de doença vd. artº 15º do Dec. – Lei nº 28/2004, de 4 de fevereiro, que estabelece o regime jurídico de proteção social na eventualidade da doença, no âmbito do subsistema previdencial da segurança social, alterado pelo Dec. – Lei nº 146/2005, de 26 de agosto, pelo Dec. – Lei nº 302/2009, de 22 de outubro, pela Lei nº 28/2011, de 16 de junho, pelo Dec. – Lei nº 133/2012, de 27 de junho, e pelo Dec. – Lei nº 53/2018, de 2 de julho);

c) **Por parentalidade** – os trabalhadores têm aqui direito a perceber os subsídios previstos no Dec. – Lei nº 91/2009, de 9 de Abril *(alterado pelo Dec. – Lei nº 70/2010, de 16 de junho, pelo Dec. – Lei nº 133/2012, de 27 de junho, pela Lei nº 120/2015, de 1 de setembro, pelo Dec. – Lei nº 53/2018, de 2 de julho, pelo Dec. – Lei nº 84/2012, de 28 de junho, e pela Lei nº 90/2019, de 4 de setembro)*, cuja gestão e atribuição são da competência direta da Segurança Social;

d) **Por motivo de desemprego** – a proteção destes trabalhadores nesta eventualidade é efetuada nos termos do RGSS, cabendo, contudo, o pagamento das prestações sociais substitutivas dos rendimentos do trabalho perdidos ao respetivo EP – artº 10º, nºs 1 e 2 da Lei nº 4/2009, de 29 de janeiro;

e) **Por acidentes de trabalho e doenças profissionais** – quanto a esta eventualidade continua-se a aplicar o regime constante do Dec. – Lei nº 503/99, de 20 de novembro, a todos os trabalhadores que exercem funções públicas, independentemente da sua modalidade de vinculação, competindo ao EP a responsabilidade pela reparação dos danos emergentes de um acidente de trabalho, enquanto no que se refere à reparação dos danos emergentes de uma doença profissional, há que distinguir entre:

  I. **O trabalhador abrangido pelo RPSC** – neste caso, a responsabilidade pela reparação daqueles danos, logo pelos consequentes encargos orçamentais e financeiros, cabe ao respetivo EP, enquanto a reparação dos danos de que resultem incapacidade permanente ou morte compete já à CGA;

  II. **O trabalhador abrangido pelo RGSS** – aqui aplica-se-lhe o Dec. – Lei nº 503/99, de 20 de novembro, no que diz respeito aos aspetos laborais, a saber, justificação das faltas, reintegração e reabilitação profissional e atribuição de trabalho compatível, cabendo porém, ao Centro Nacional de Proteção contra os Riscos Profissionais (CNPRP) a responsabilidade pelo ressarcimento das despesas resultantes de doença profissional, nomeadamente as que se prendem com o pagamento das pensões resultantes de doença profissional que dê lugar a incapacidade permanente ou morte.

Capítulo XXI
Tempos de Não Trabalho
Feriados, Férias, Faltas e Licenças

1. Aplicação subsidiária do CT – aplica-se aos trabalhadores em funções públicas o regime do CT em matéria de tempos de não trabalho, com as necessárias adaptações e sem prejuízo das especificidades constantes dos arts. 123º a 143º e 280º a 283º da LTFP e dos arts. 14º a 41º da LP (artº 122º).

2. Feriados – em matéria de feriados aplica-se o disposto nos arts. 234º a 236º do CT, sendo observados como feriados obrigatórios:

- 1 de janeiro;
- Sexta-Feira Santa;
- Domingo de Páscoa;
- 25 de abril;
- 1 de maio;
- Corpo de Deus *(resposto)*;
- 10 de junho;
- 15 de agosto;
- 5 de outubro *(reposto)*;
- 1 de novembro *(reposto)*;
- 1 de dezembro *(resposto)*;
- 8 de dezembro;
- 25 de dezembro; e,
- Feriado municipal das localidades.

A observância da Terça-Feira de Carnaval, como dia feriado, depende da decisão do Conselho de Ministros ou dos órgãos do governo próprio das Regiões Autónomas, sendo nulas as disposições de contrato ou de IRCT que disponha em contrário (artº 122º, nºs 1 a 4).

Não é possível estabelecer feriados diferentes dos feriados legalmente previstos por convenção ou contrato (artº 236º, nº 2 do CT).

***Nota** – A partir de 2 de abril de 2016, por via da nova redação ao artº 234., nº 1 do CT, introduzida pela Lei nº 8/2016, de 1 de abril, repôs-se os 2 feriados laicos, do 5 de outubro e do 1 de dezembro, bem como os 2 feriados religiosos do Corpo de Deus, feriado móvel, e de 1 de novembro, dia de Todos os Santos.*

3. Descanso diário – de acordo com o artº 123º, nº 1, ao trabalhador é garantido um período mínimo de descanso de 11 horas entre dois períodos diários de trabalho consecutivos, incluindo-se aqui a prestação de trabalho suplementar, salvo nas seguintes situações:

a) Trabalhadores de cargos dirigentes e que chefiam equipas multidisciplinares que gozam de isenção de horário de trabalho;
b) Quando seja necessária a prestação de trabalho suplementar por motivo de força maior; ou,
c) Quando seja indispensável para prevenir ou reparar prejuízos graves para o órgão ou serviço devidos a acidente ou a risco de acidente iminente;
d) Nos casos em que o exercício de funções é caracterizado pela sua natureza permanente e obrigatória, no âmbito dos respetivos estatutos profissionais;
e) Quando os períodos normais de trabalho sejam fracionados ao longo do dia com fundamento nas características da atividade, nomeadamente no caso dos serviços de limpeza;
f) Nas atividades caracterizadas pela necessidade de assegurar a continuidade do serviço, nomeadamente as atividades a seguir indicadas, desde que através de IRCT sejam garantidos ao trabalhador os correspondentes descansos compensatórios, a saber:
   I. Vigilância, transporte e tratamento de sistemas eletrónicos de segurança;
   II. Receção, tratamento e cuidados dispensados em estabelecimentos e serviços prestadores de cuidados de saúde, instituições residenciais, estabelecimentos prisionais e centros educativos;
   III. Distribuição e abastecimento de água;
   IV. Ambulâncias, bombeiros e proteção civil;
   V. Recolha de lixo e incineração;
   VI. Atividades em que o processo de trabalho não possa ser interrompido por motivos técnicos;

VII. Investigação e desenvolvimento;
VIII. Casos de acréscimo previsível de atividade no turismo (artº 123º, nºs 2, 3 e 4).

4. Semana de trabalho – a semana de trabalho é, em regra, de 5 dias (artº 124º, nº 1).

5. Descanso semanal – os trabalhadores têm direito a um dia de ***descanso semanal obrigatório***, acrescido de um dia de ***descanso semanal complementar***, que devem coincidir com o domingo e o sábado, respetivamente (artº 124º, nº 2), só podendo aqueles dias de descanso deixar de coincidir com o domingo e o sábado quando o trabalhador exerça funções em órgão ou serviço que encerre a sua atividade noutros dias da semana (nº 3) ou quando os dias de descanso semanal deixem de coincidir com o domingo e o sábado nos casos (nº 4):

a) De trabalhador necessário para assegurar a continuidade de serviços que não possam ser interrompidos ou que devam ser desempenhados em dia de descanso de outros trabalhadores;
b) Do pessoal dos serviços de limpeza ou encarregado de outros trabalhos preparatórios e complementares que devam necessariamente ser efetuados no dia de descanso dos restantes trabalhadores;
c) De trabalhador diretamente afeto a atividades de vigilância, transporte e tratamento de sistemas eletrónicos de segurança;
d) De trabalhador que exerça atividade em exposições e feiras;
e) De pessoal dos serviços de inspeção de atividades que não encerrem ao sábado e, ou, ao domingo;
f) Nos demais casos previstos em legislação especial (artº 124º, nº 4).

6. Gozo do dia de descanso complementar – quando a natureza do órgão ou serviço ou razões interesse público o exijam, pode o dia de descanso complementar ser gozado, segundo opção do trabalhador, do seguinte modo:

a) Dividido em dois períodos imediatamente anteriores ou posteriores ao dia de descanso semanal obrigatório;
b) Meio dia imediatamente anterior ou posterior ao dia de descanso semanal obrigatório, sendo o tempo restante deduzido na duração do período normal de trabalho dos restantes dias úteis, sem prejuízo da duração do período normal de trabalho semanal (artº 124º, nº 5).

***Nota** – Sempre que seja possível, o EP deve proporcionar aos trabalhadores que pertençam ao mesmo agregado familiar o descanso semanal nos mesmos dias (nº 6).*

7. Duração do descanso semanal obrigatório – quando o dia de descanso complementar não seja contíguo ao dia de descanso semanal obrigatório, adiciona-se a este um período de 11 horas, correspondente ao período mínimo de descanso diário estabelecido no nº 1 do artigo 123º (artº 125º, nº 1).

8. Não aplicação da duração do descanso semanal obrigatório – o disposto no artº 125º, nº 1 não é aplicável a trabalhadores titulares de cargos dirigentes e a chefes de equipas multidisciplinares (nº 2), bem como nas seguintes situações:

a) Quando seja necessária a prestação de trabalho suplementar por motivo de força maior ou por ser indispensável para prevenir ou reparar prejuízos graves para o órgão ou serviço devidos a acidente ou a risco de acidente iminente;

b) Quando os períodos normais de trabalho são fracionados ao longo do dia, com fundamento nas características da atividade, nomeadamente serviços de limpeza;

c) Às atividades caracterizadas pela necessidade de assegurar a continuidade do serviço, nomeadamente as atividades de vigilância, transporte e tratamento de sistemas eletrónicos de segurança, receção, tratamento e cuidados dispensados em estabelecimentos e serviços prestadores de cuidados de saúde, instituições residenciais, estabelecimentos prisionais e centros educativos, ambulâncias, bombeiros e proteção civil, recolha de lixo e incineração, atividades em que o processo de trabalho não possa ser interrompido por motivos técnicos e investigação e desenvolvimento, bem como aos casos de acréscimo previsível de atividade no turismo, desde que através de IRCT ou de acordo individual sejam garantidos ao trabalhador os correspondentes descansos compensatórios (nºs 3, 4 e 5).

9. Aquisição e período do direito a férias – o direito a férias reporta-se ao trabalho prestado no ano civil anterior, e vence-se, em regra, no dia 1 de janeiro de cada ano civil (artº 237º, nº 2 do CT), tendo o trabalhador direito a um período de 22 dias úteis de férias remuneradas em cada ano civil, nos termos previstos nos arts. 237º a 247º do CT (artº 238º, nº 1 do CT), com as especificidades constantes da LTFP (arts. 126º a 132º), a que acresce um dia útil de férias por cada 10 anos de serviço efetivamente prestado, admitindo-se a possibilidade deste período de férias ser ainda aumentado no quadro de sistemas de recompensa do desempenho, nos termos previstos na lei ou em IRCT, não podendo as férias ter início em dia de descanso semanal do trabalhador (artº 126º, nºs 2 a 6; vd. ainda artº 59º, nº 1, al. *d)* da CRP). Caso os dias de descanso semanal do trabalhador coincidam com dias úteis, como resultado por exemplo de praticar uma **modalidade de trabalho por turnos, os sábados e domingos que não sejam feriados devem ser considerados para efeitos do cálculo dos dias de férias, em substituição.**

10. Irrenunciabilidade parcial do direito a férias – o direito a férias é parcialmente irrenunciável e o seu gozo não pode ser substituído, ainda que com acordo do trabalhador, por qualquer compensação económica ou outra, sem prejuízo do disposto no artº 238º, nº 5 do CT, aplicável aos trabalhadores com vínculo de emprego público por força do disposto nos arts. 4º, nº 1 e 126º, nº 1 da LTFP, através do qual se admite a possibilidade do trabalhador poder renunciar ao gozo de dias de férias que excedam 20 dias úteis, ou a correspondente proporção no caso de férias no ano de admissão, sem redução da retribuição e do subsídio relativos ao período de férias vencido, que cumulam com a retribuição do trabalho prestado nesses dias (arts. 237º, nº 3 e 240º do CT) – isto, sem prejuízo dc possibilidade de recurso a faltas por conta do período de férias previsto no artº 135º da LTFP.

11. Duração do período de férias no ano da admissão – no ano de admissão o trabalhador tem direito a 2 dias úteis de férias por cada mês de duração do contrato, até 20 dias, cujo gozo só pode ter lugar após 6 meses completos de execução do contrato, e, no caso de o ano civil terminar antes de decorrido este prazo, as férias são gozadas até 30 de junho do ano subsequente, não podendo daqui resultar o gozo, no mesmo ano civil, de mais de 30 dias úteis de férias, sem prejuízo do disposto em IRCT (artº 239º, nºs 1 a 3 do CT).

12. Aquisição das férias em vínculos de duração inferior a 6 meses – o trabalhador cuja duração total do vínculo, seja ele constituído por tempo determinado inferior a 6 meses (por contrato de trabalho em funções públicas a termo ou por nomeação transitória) ou seja por tempo indeterminado mas que não atinja 6 meses tem direito a gozar 2 dias úteis de férias por cada mês completo de duração do contrato, contando-se para este efeito todos os dias, seguidos ou interpolados, em que foi prestado trabalho, devendo-se, contudo, nos vínculos cuja duração total não atinja 6 meses, permitir o gozo das férias no momento imediatamente anterior ao da cessação, salvo acordo das partes (artº 127º; vd. ainda artº 245º do CT).

13. Doença no período de férias – no caso de o trabalhador adoecer durante o período de férias, são as mesmas suspensas desde que o EP seja do facto informado, prosseguindo, logo após a alta, o gozo dos dias de férias ainda compreendidos naquele período (artº 128º, nº 1), competindo ao EP, na falta de acordo, a marcação dos dias de férias não gozados, que podem decorrer em qualquer período (nº 2, inexistindo assim aqui a obrigatoriedade do EP as marcar entre 1 de maio e 31 de outubro), devendo a comprovação da doença ser feita, por analogia e na falta aqui de previsão expressa nesse sentido, no prazo de 5 dias úteis previsto no artº 17º, nº 1 da Lei Preambular, por estabelecimento hospitalar, por declaração do centro de saúde ou por atestado médico (nº 3), podendo o EP, para efeitos de verificação da situação de doença, requerer a designação de médico dos serviços da segurança social da área da residência habitual do trabalhador, do facto lhe dando conhecimento na mesma data, podendo também, para aquele efeito, designar um médico que não tenha qualquer vínculo contratual anterior ao EP (nº 4); em caso de desacordo entre os pareceres médicos anteriormente referidos, pode ser requerida por qualquer das partes a intervenção de junta médica (nº 5); em caso de não cumprimento do dever de informação da situação de doença ou de oposição, sem motivo atendível, à fiscalização da doença, por parte do trabalhador, os dias de alegada doença são considerados dias de férias (nº 6; vd. ainda artº 244º do CT).

14. Efeitos da suspensão do contrato por impedimento prolongado – no ano da suspensão do contrato por impedimento prolongado, respeitante ao trabalhador, verificando-se a impossibilidade total ou parcial do gozo do direito a férias já vencido, o trabalhador tem direito à remuneração correspondente ao período de férias não gozado e respetivo subsídio, retomando o direito a férias no ano em que cessar aquele impedimento prolongado nos termos previstos no artigo 127º (artº 129º, nºs 1 e 2); se no ano ou anos seguintes se mantiver a situação de impedimento prolongado o trabalhador não vence qualquer direito a férias uma vez que não se encontra ao serviço no dia 1 de janeiro, não pondo esta suspensão das férias em causa o direito à perceção do respetivo subsídio de férias (artº 152º, nº 3); **Cláudia Sofia Henriques, no seu livro «O Contrato de Trabalho em Funções Públicas face à Lei Geral do Trabalho», Coimbra Editora, 2014, págs. 208 e 209, defende que não há lugar a esta perda do direito a férias no caso dos trabalhadores se encon-**

trarem integrados no regime da proteção social convergente, havendo apenas tal perda quanto aos trabalhadores beneficiários do regime geral da segurança social, isto porque aqueles primeiros trabalhadores estão sujeitos a regras próprias constantes da Lei preambular nº 35/2014, de 20 de junho, cujo artº 15º estipula que a «falta por motivo de doença devidamente comprovada não afeta qualquer direito do trabalhador, salvo o disposto nos números seguintes», os quais não contemplam qualquer estatuição semelhante à da LTFP relativamente aos efeitos das faltas por doença sobre as férias (***foi precisamente neste sentido que o Supremo Tribunal Administrativo, 1ª Seção, se acabou por pronunciar no seu Acórdão nº 109/17, de 28-09-2017,*** *na esteira do Acórdão 13317/16 do Tribunal Central Administrativo, CA – 2º Juízo, de 20 de outubro de 2016,* ***ao determinar que «a ausência de norma especial que se refira aos efeitos das faltas por motivo de doença dos trabalhadores integrados no regime da proteção social convergente relativamente ao direito a férias, em conjugação com o disposto no artigo 15º da Lei nº 35/2014, de 20 de junho, especificamente dedicado às faltas por doença, impõe, de acordo com os ditames da interpretação jurídica, a conclusão de que as faltas por doença daqueles trabalhadores ainda que superiores a 30 dias não determinam quaisquer efeitos sobre as férias***; refira-se que o artº 129º da LTFP reporta-se apenas ao impedimento temporário não imputável ao trabalhador como determinante de uma suspensão do vínculo que põe em causa o direito ao vencimento anual das férias quando o mesmo se inicie num determinado ano e cesse no ano ou anos seguintes; no caso de sobrevir o termo do ano civil antes de decorrido o prazo referido no artº 127º ou antes de gozado o direito a férias, pode o trabalhador usufruí-lo até 30 de abril do ano civil subsequente (nº 3); ou seja, o trabalhador tem direito a 2 dias úteis de férias por cada mês completo de serviço até ao limite de 20 dias úteis de férias, necessitando de trabalhar 6 meses seguidos para que possa gozar este direito ex-novo; cessando o contrato após impedimento prolongado respeitante ao trabalhador, este tem direito à remuneração e ao subsídio de férias correspondentes ao tempo de serviço prestado no ano de início da suspensão (nº 4).

15. Violação do direito a férias – caso o EP obste culposamente ao gozo das férias, o trabalhador recebe, a título de compensação, o triplo da remuneração correspondente ao período em falta, o qual deve obrigatoriamente ser gozado até 30 de abril do ano civil subsequente (artº 130º).

16. Exercício de outra atividade durante as férias – o trabalhador não pode exercer qualquer outra atividade remunerada durante as férias, salvo se já a viesse exercendo cumulativamente, com autorização, ou o EP a isso o autorizar (artº 131º, nº 1), sendo que a violação deste preceito, sem prejuízo da eventual responsabilidade disciplinar do trabalhador, dá ao EP o direito de reaver a remuneração correspondente às férias e respetivo subsídio (nº 2), podendo o EP, para este efeito, proceder a descontos na remuneração do trabalhador, até ao limite de um sexto, em relação a cada um dos períodos de vencimento posteriores (nº 3).

17. Contacto em período de férias – antes do início das férias, o trabalhador deve indicar, se possível, ao respetivo EP, a forma como pode ser eventualmente contactado (artº 132º).

18. Acumulação de férias – embora as férias devam ser gozadas no ano civil em que se vencem, podem as mesmas ser gozadas até 30 de Abril do ano civil seguinte, em cumulação ou não com férias vencidas no início deste, por acordo entre EP e trabalhador ou sempre que este as pretenda gozar com familiar residente no estrangeiro, caso em que não é exigível o acordo do EP – uma nova modalidade de acumulação de férias é admitida por lei quando aí se aceita a possibilidade de ser cumulado o gozo de metade do período de férias vencido no ano anterior com o vencido no ano em causa, mediante acordo entre EP e trabalhador (artº 240º do CT). A acumulação de férias tem de ser requerida pelo próprio trabalhador, não existindo qualquer prazo legal fixado para o fazer, competindo a sua autorização aos titulares de cargos intermédios de 1º ou 2º grau (artº 8º, nº 1, al. *e)* e nº 2 al. *h)* da Lei nº 2/2004).

19. Marcação do período de férias – o período de férias é marcado por acordo entre EP e trabalhador (artº 241º, nº 1 do CT), competindo porém, na falta de acordo, ao EP marcar as férias entre 1 de Maio e 31 de Outubro (a menos que o IRCT ou o parecer dos representantes dos trabalhadores admita época diferente), que não podem ter início em dia de descanso semanal do trabalhador, ouvindo para o efeito a comissão de trabalhadores ou, na sua falta, a comissão intersindical ou a comissão sindical representativa do trabalhador interessado (artº 241º, nºs 2 e 3 do CT).

20. Gozo das férias em caso de cessação do contrato de trabalho – em caso de cessação do contrato de trabalho sujeita a aviso prévio, o EP pode determinar que o gozo das férias tenha lugar imediatamente antes da cessação, não podendo, neste caso, o trabalhador opor-se a esta decisão (artº 241º, nº 5 do CT).

21. Encerramento do órgão ou serviço para férias dos trabalhadores – de acordo com o artº 242º do CT, sempre que seja compatível, com a natureza da atividade, o EP pode determinar o encerramento do órgão ou serviço, total ou parcialmente, para férias dos trabalhadores, nos seguintes períodos:

a) Até 15 dias consecutivos entre 1 de maio e 31 de outubro,
b) Por período superior a 15 dias consecutivos ou fora do período referido atrás, quando assim estiver fixado em IRCT ou mediante parecer favorável da comissão de trabalhadores;
c) Por período superior a 15 dias consecutivos, entre 1 de maio e 31 de outubro, quando a natureza da atividade assim o exigir.

22. Rateio dos períodos de férias – na marcação das férias, os períodos mais pretendidos devem ser rateados, sempre que possível, beneficiando alternadamente os trabalhadores em função dos períodos gozados nos dois anos anteriores (artº 241º, nº 6 do CT).

23. Gozo conjunto de férias por ambos os cônjuges – os cônjuges, bem como as pessoas que vivam em união de facto ou economia comum, que trabalham na mesmo órgão ou serviço têm direito a gozar férias em idêntico período, salvo se houver prejuízo grave para o órgão ou serviço (artº 241º, nº 7 do CT).

24. Gozo interpolado de férias – o gozo do período de férias pode ser interpolado, por acordo entre o EP e trabalhador, desde que sejam gozados, no mínimo, 10 dias úteis consecutivos (artº 241º, nº 8 do CT).

25. Mapa de férias – o EP elabora o mapa de férias, com indicação do início e do termo dos períodos de férias de cada trabalhador, até 15 de abril de cada ano e mantém-no afixado nos locais de trabalho entre esta data e 31 de outubro (artº 241º, nº 9 do CT), aplicável por força do artº 122º da LTFP.

26. Alteração/interrupção do período de férias por motivo relativo ao serviço e por motivo respeitante ao trabalhador – no primeiro caso – ***interrupção por motivo relativo ao serviço,*** o EP pode alterar o período de férias já marcado ou interromper as já iniciadas por exigências imperiosas do funcionamento do serviço, tendo o trabalhador direito a indemnização pelos prejuízos sofridos por deixar de gozar as férias no período marcado, devendo contudo essa interrupção das férias permitir o gozo seguido de metade do período a que o trabalhador tem direito (artº 243º, nºs 1 e 2 do CT); porém, no caso de cessação do contrato de trabalho sujeito a aviso prévio, o EP pode alterar a marcação das férias ao abrigo do disposto no artº 241º, nº 5 do CT (artº 243º nº 3 do CT); no segundo caso, ***interrupção por motivo respeitante ao trabalhador,*** as férias poderão não se iniciar ou suspendem-se por interesse do trabalhador quando este esteja temporariamente impedido de as gozar, ***por doença*** ou ***qualquer outra razão que não lhe seja imputável*** (v.g., faltas para assistência a familiares), desde que comunique ao EP tal impedimento, sendo certo que se o impedimento cessar antes de decorrido o período de férias marcado, o trabalhador deve gozar os dias de férias autorizados a gozar e ainda não gozados daquele período; quanto aos demais dias compete ao EP, na falta de acordo, marcar o seu gozo que poderá agora ocorrer fora do período compreendido entre 1 de maio e 31 de outubro (artº 244º, nº 2 do CT e artº 128º, nº 2 da LTFP); em caso de impossibilidade total ou parcial do gozo das férias por motivo de impedimento do trabalhador, este tem direito à remuneração correspondente ao período de férias não gozado ou ao gozo do mesmo até 30 de abril do ano seguinte e, em qualquer caso, ao respetivo subsídio.

27. Efeitos da cessação do contrato de trabalho no direito a férias – cessando o contrato de trabalho, o trabalhador tem direito a receber a retribuição de férias e respetivo subsídio:

a) Correspondentes a férias vencidas e não gozadas, que é considerado para efeitos de antiguidade;
b) Proporcionais ao tempo de serviço prestado no ano da cessação (artº 245º, nºs 1 e 2 do CT).

Em caso de cessação de contrato no ano civil subsequente ao da admissão ou cuja duração não seja superior a 12 meses, o cômputo total das férias ou da correspondente retribuição a que o trabalhador tenha direito não pode exceder o proporcional ao período anual de férias tendo em conta a duração do contrato (artº 245º, nº 3 do CT).

Cessando o contrato após impedimento prolongado do trabalhador, este tem direito à retribuição e ao subsídio de férias correspondentes ao tempo de serviço prestado no ano de início da suspensão (artº 245º, nº 4 do CT).

28. Noção de falta – considera-se falta a ausência do trabalhador do local em que devia desempenhar a atividade durante o período normal de trabalho diário, devendo os períodos de tempo de ausência inferiores ao período normal de trabalho diário serem adicionados para determinação da falta (artº 133º, nº 1 e 2).

29. Tipos de faltas – as faltas podem ser justificadas ou injustificadas, sendo consideradas faltas justificadas:

a) As dadas, durante 15 dias seguidos, por altura do ***casamento***;
b) As motivadas por ***falecimento do cônjuge, parentes ou afins***;
c) As motivadas pela ***prestação de provas em estabelecimento de ensino*** (v.g., as do artº 91º do CT, trabalhador-estudante);
d) As motivadas por ***impossibilidade de prestar trabalho devido a facto que não seja imputável ao trabalhador, nomeadamente observância de prescrição médica no seguimento de recurso a técnica de procriação medicamente assistida, doença, acidente ou cumprimento de obrigação legal***;
e) A motivada pela ***prestação de assistência inadiável e imprescindível a filho, a neto ou a membro do agregado familiar do trabalhador***;
f) As motivadas por ***deslocação a estabelecimento de ensino de responsável pela educação de menor por motivo da situação educativa deste***, pelo tempo estritamente necessário, até 4 horas por trimestre, por cada menor;
g) As de ***trabalhador eleito para estrutura de representação coletiva dos trabalhadores***, nos termos do artigo 316º;
h) As dadas por ***candidatos a eleições para cargos públicos, durante o período legal da respetiva campanha eleitoral***, nos termos da correspondente lei eleitoral;
i) As motivadas pela necessidade de ***tratamento ambulatório, realização de consultas médicas e exames complementares de diagnóstico***, que não possam efetuar-se fora do período normal de trabalho e só pelo tempo estritamente necessário, sendo este tipo de faltas extensivo à assistência ao cônjuge ou equiparado, ascendentes, descendentes, adotando, adotados e enteados, menores ou deficientes, quando comprovadamente o trabalhador seja a pessoa mais adequada para o fazer;
j) As motivadas por ***isolamento profilático***;
k) As dadas para ***doação de sangue e socorrismo***;
l) As motivadas pela necessidade de ***submissão a métodos de seleção em procedimento concursal***;
m) As dadas ***por conta do período de férias***;
n) As que ***por lei sejam como tal consideradas*** (artº 134º, nºs 1, 2 e 3).

30. Efeitos das faltas justificadas – vêm enunciados no artº 134º, nº 4 e são:

a) As dadas ao abrigo das alíneas *a)* a *h)* e *n)* têm os efeitos previstos no CT;
b) Sem prejuízo do disposto na alínea anterior, as faltas dadas ao abrigo das alíneas *i)* a *l)* não determinam perda de remuneração;
c) As dadas por conta do período de férias têm os efeitos previstos no artº 135º.

Nota *– As disposições relativas aos tipos de faltas e à sua duração não podem ser objeto de IRCT, salvo quanto às faltas dadas por trabalhador eleito para a estrutura de representação coletiva dos trabalhadores (artº 134º, nº 5).*

31. Faltas injustificadas – são todas as demais faltas não previstas no artº 134º, nº 2, podendo ser assim definidas como as ausências não justificadas legalmente do trabalhador do local em que devia desempenhar a atividade durante o período normal de trabalho diário, determinando assim a perda da respetiva remuneração e a sua não contagem para todos os efeitos legais na antiguidade. De acordo com o disposto no artº 256º, nº 3 do CT, aplicável à função pública por força do disposto no artº 122º, nº 1 da LTFP, quando a falta injustificada a um ou meio período normal de trabalho diário imediatamente anterior ou posterior a dia ou meio-dia de descanso ou feriado, o período de ausência a considerar para efeitos de perda de vencimento prevista no artº 256º, nº1, abrange «os dias ou meios-dias de descanso ou feriados imediatamente anteriores ou posteriores ao dia da falta». Tendo em conta o disposto no artº 297º, nº 3, al. *g)*, as faltas injustificadas constituem infração disciplinar quando o trabalhador deixe de comparecer ao serviço durante 5 dias seguidos ou 10 interpolados, sendo que no cômputo daqueles 5 dias se devem contabilizar os dias de descanso ou feriados quando intercalados entre faltas injustificadas.

32. Faltas por conta do período de férias – o trabalhador pode faltar 2 dias por mês por conta do período de férias, até ao máximo de 13 dias por ano, os quais podem ser utilizados em períodos de meios dias, que relevam, segundo opção do interessado, no período de férias do próprio ano ou do ano seguinte, devendo ser comunicadas com a antecedência mínima de 24 horas ou, se não for possível, no próprio dia, e estão sujeitas a autorização, que pode ser recusada se forem suscetíveis de causar prejuízo para o normal funcionamento do órgão ou serviço (artº 135º, nºs 1, 2 e 3) – não esquecer que a EP não pode autorizar o recurso a estas faltas quando daqui resulte a impossibilidade do trabalhador poder gozar em cada ano um mínimo de 10 dias úteis consecutivos de férias (artº 241º, nº 8 do CT).

33. Substituição das faltas que determinam perda de remuneração por dias de férias – nos casos em que as faltas determinem perda de remuneração, as ausências podem ser substituídas, se o trabalhador assim o preferir, por dias de férias, na proporção de um dia de férias por cada dia de falta, desde que seja salvaguardado o gozo efetivo de 20 dias de férias ou da correspondente proporção, se se tratar do ano de admissão, mediante comunicação expressa do trabalhador ao EP (artº 135º, nº 4) – vd. artº 257º, nº 1, al. *a)*, que remete para o artº 238º, nº 5, ambos do CT.

34. Regime das faltas por doença e justificação da doença dos trabalhadores abrangidos pelo regime geral da segurança social:

I. **Regime geral da segurança social** – abrange os trabalhadores que exercem funções públicas que descontam para o sistema previdencial da Segurança Social, sendo o seu regime de faltas por doença e justificação da doença aquele que vem previsto e regulado nos arts. 136º a 143º.

II. **Efeitos das faltas por doença** – não afetam, em princípio, qualquer direito do trabalhador, implicando, porém, o seguinte:

a) A perda da totalidade da remuneração diária nos primeiros 3 dias de incapacidade temporária, nas situações de faltas seguidas ou interpoladas;

b) A atribuição de um subsídio de doença pela Segurança Social correspondente a 55% da remuneração diária, no caso da incapacidade temporária ser inferior ou igual a 30 dias, 60%, quando o período de duração da incapacidade for superior a 30 dias e inferior ou igual a 90 dias, 70%, se for superior a 90 dias e inferior ou igual a 365 dias e 75%, quando superior a 365 dias, saltando estas percentagens para 80% ou 100% no caso de incapacidade para o trabalho decorrente de tuberculose, consoante o agregado familiar do beneficiário integre até 2 ou mais familiares a seu cargo, havendo ainda lugar a majorações de 5% sobre as percentagens de 55% e 60% quando a remuneração de referência for igual ou inferior a 500 €, quando o agregado integre 3 ou mais descendentes a cargo, com idades até 16 anos, ou até aos 24 anos desde que sejam titulares do abono de família para crianças e jovens, ou quando o agregado integrar descendentes com direito a bonificação por beneficência (arts. 16º e 17º do Dec. - Lei nº 28/2004, de 4 de fevereiro).

Nota *– Contudo, estas faltas, quando superiores a 30 dias, não descontam na antiguidade para efeitos de carreira, ao contrário do que acontece com os trabalhadores integrados no regime da proteção social convergente (vd. artº 15º, nº 6 da LP).*

III. Verificação da situação de doença por médico designado pela segurança social – para efeitos de verificação da situação de doença do trabalhador, o EP deve requerer a designação de médico aos serviços de segurança social da área da residência habitual do trabalhador, informando o trabalhador do requerimento nessa mesma data, devendo aqueles serviços, no prazo de 24 horas, a contar da receção do requerimento:

a) Designar o médico, de entre os que integram comissões de verificação de incapacidade temporária;

b) Comunicar a designação do médico ao EP;

c) Convocar o trabalhador para o exame médico, indicando o local, dia e hora da sua realização, que deve ocorrer nas 72 horas seguintes;

d) Comunicar ao trabalhador que a sua não comparência ao exame médico, sem motivo atendível, tem como consequência que os dias de alegada doença são considerados dias de férias, bem como que deve apresentar, aquando da sua observação, informação clínica e os elementos auxiliares de diagnóstico de que disponha, comprovativos da sua incapacidade (artº 136º, nº 1 e 2).

Os serviços de segurança social, caso não possam proceder à verificação da doença, devem, dentro do mesmo prazo, comunicar essa impossibilidade ao EP (nº 3).

IV. Verificação da situação de doença por médico designado pelo EP – o EP pode designar um médico para efetuar a verificação da situação de doença do trabalhado, nos seguintes casos:

a) Não se tendo realizado o exame no prazo previsto na al. *c)* do nº 2 do artº 136º por motivo não imputável ao trabalhador ou, sendo caso disso, no prazo previsto no nº 2 do artº 140º;

b) Tendo recebido a comunicação prevista no nº 3 do artº 136º ou, na falta desta, se não tiver obtido indicação do médico por parte dos serviços da segurança social nas 24 horas após a apresentação do seu requerimento.

Na data em que designar o médico, o EP dá cumprimento ao disposto nas alíneas *c)* e *d)* do nº 2 do artº 136º (artº 137º, nºs 1 e 2).

V. **Reavaliação da situação de doença** – para efeitos do disposto no nº 5 do artigo 128º, a reavaliação da situação de doença do trabalhador é feita por intervenção da comissão de reavaliação dos serviços da segurança social da sua área da residência habitual, que é constituída por 3 médicos, um designado pelos serviços da segurança social, que preside e tem voto de qualidade, devendo ser, quando se tenha procedido à verificação da situação de doença ao abrigo do nº 2 do artigo 136º, o médico que a realizou, um indicado pelo trabalhador e outro pelo EP, podendo ser constituída por apenas 2 médicos no caso de:
a) O trabalhador ou o EP não ter procedido à respetiva designação;
b) O trabalhador e o EP não terem procedido à respetiva designação, competindo aos serviços de segurança social a designação de outro médico (artº 138º, nºs 1 a 3).

VI. **Procedimento de reavaliação da doença** – qualquer das partes pode requerer a reavaliação da situação de doença nas 24 horas subsequentes ao conhecimento do resultado da verificação da mesma, devendo, na mesma data, comunicar esse pedido à contraparte, cabendo ao requerente o dever de indicar o médico referido no nº 2 do artº 138º ou declarar que prescinde dessa faculdade e à contraparte a possibilidade de indicar o médico nas 24 horas seguintes ao conhecimento do pedido (artº 139º, nºs 1 e 3); no prazo de 8 dias, a contar da apresentação do requerimento, a comissão deve proceder à reavaliação da situação de doença do trabalhador e comunicar o resultado da mesma a este e ao EP (artº 139º, nº 5).

VII. **Impossibilidade de comparência ao exame médico** – o trabalhador convocado para exame médico fora do seu domicílio que, justificadamente, não possa deslocar-se deve, em qualquer caso, informar dessa impossibilidade a entidade que o tiver convocado, até à data prevista para o exame ou, se não tiver sido possível, nas 24 horas seguintes, sendo, consoante a natureza do impedimento do trabalhador, determinada nova data para o exame e, se necessário, a sua realização no domicílio do trabalhador, dentro das 48 horas seguintes (artº 140º, nºs 1 e 2).

VIII. **Comunicação do resultado da verificação** – o médico que proceda à verificação da situação de doença apenas pode comunicar ao EP se o trabalhador está ou não apto para desempenhar a atividade, devendo proceder a esta comunicação nas 24 horas subsequentes (artº 141º, nºs 1 e 2).

IX. **Eficácia do resultado da verificação da situação de doença** – o EP não pode fundamentar qualquer decisão desfavorável para o trabalhador no resultado da verificação da situação de doença do mesmo, efetuada nos termos do artigo 136º, enquanto decorrer o prazo para requerer a intervenção da comissão de reavaliação, nem até à decisão final, se esta for requerida (artº 142º).

X. **Comunicações e taxas** – as comunicações previstas anteriormente devem ser efetuadas por escrito e por meio célere, designadamente telegrama, correio eletrónico ou qualquer outro meio escrito, desde que possa fazer prova do seu envio, sendo devido o pagamento de uma taxa, nos termos a fixar em portaria dos membros do Governo responsáveis pelas áreas das finanças e laboral, pelo pedido de nomeação de médico pelos serviços da segurança social ou da intervenção da comissão de reavaliação (artº 143º,nºs 1 e 2).

35. Regime das faltas por doença e justificação da doença dos trabalhadores abrangidos pelo regime da proteção social convergente (que descontam para a Caixa Geral de Aposentações):

I. **Regime da proteção social convergente** – os trabalhadores integrados neste regime, que descontam para a Caixa geral de Aposentações, mantêm ainda um regime próprio de faltas por doença e justificação da doença previsto nos arts. 14º a 41º da Lei Preambular nº 35/2014, de 20 de junho, que aprovou a LTFP.

II. **Efeitos das faltas por doença** – não afetam, em princípio, qualquer direito do trabalhador, implicando, porém, o seguinte:

a) A perda da totalidade da remuneração diária nos primeiros 3 dias de incapacidade temporária, nas situações de faltas seguidas ou interpoladas;

b) A perda de 10% da remuneração diária, a partir do 4º dia e até ao 30º dia de incapacidade temporária (sendo que a contagem daqueles períodos de 3 e 27 dias é interrompida sempre que houver retoma da prestação de trabalho, só havendo lugar à contagem destes 27 dias quando se verifique a ocorrência prévia dos 3 primeiros dias de forma sucessiva e não interpolada – artº 15º, nºs 1 a 4 da LP);

c) A perda do subsídio de refeição (artº 15º, nº 8 da LP).

III. **Efeitos das faltas por doença no caso de internamento hospitalar,** (faltas por motivo de cirurgia ambulatória, doença por tuberculose e doença com início no decurso do período de atribuição de subsídio parental que ultrapasse o termo deste período) – estas faltas não determinam a perda de qualquer remuneração base diária nos 1º, 2º e 3º dias de incapacidade temporária, mantendo-se porém a perda de 10% da remuneração prevista na al. *b)* do nº 2 do artº 15º a partir do 4º dia até ao 30º dia (artº 15º, nº 5 da LP).

IV. **Efeitos das faltas por doença na antiguidade** – estas faltas descontam na antiguidade para efeitos de carreira apenas quando ultrapassarem 30 dias seguidos ou interpolados em cada ano civil (artº 15º, nº 6 da LP).

V. **Efeitos das faltas por doença dadas por trabalhadores com deficiência** – quando estas faltas decorram da própria deficiência, não determinam a perda de quaisquer direitos para estes trabalhadores, nomeadamente os efeitos negativos em termos de desconto na antiguidade previstos nos nºs 2 a 6 do artº 15º da LP (artº 15º, nº 7 da LP).

VI. **Justificação da doença** – o trabalhador impedido de comparecer ao serviço deve indicar o local onde se encontra doente e apresentar documento comprovativo da doença no prazo de 5 dias úteis, mediante:

a) Declaração passada por estabelecimento hospitalar, centro de saúde, incluindo as modalidades de atendimento complementar e permanente, ou instituições destinadas à prevenção ou reabilitação de toxicodependência ou alcoolismo, integrados no Serviço Nacional de Saúde, de modelo aprovado por portaria dos membros do Governo responsáveis pelas áreas de saúde e AP (mantem-se em vigor o modelo aprovado pela Portaria nº 666-A/2007, de 1 de junho, porque adaptado ao disposto nos arts. 17º e 18º da LP);

b) Documento de modelo preenchido por médico privativo dos serviços, por médico de outros estabelecimentos públicos, bem como por médicos ao abrigo de acordos com qualquer dos subsistemas de saúde da AP no âmbito da especialidade médica objeto do respetivo acordo;

c) Documento comprovativo passado por estabelecimento particular com autorização legal de funcionamento concedida pelo Ministério da Saúde.

(artº 17º, nºs 1 a 4 da LP)

***Nota** – Os dias de justificação da doença são sempre dias seguidos.*

VII. **Falta de entrega de documento comprovativo da doença** – nos termos exigidos pelo nº 1 do artº 15º da LP, determina, se não for devidamente fundamentada, a injustificação das faltas dadas até à entrada daquele documento (artº 17º, nº 5 da LP).

VIII. **Entrega do documento comprovativo da doença** – pode ser entregue diretamente nos serviços ou enviado através do correio, registado, relevando, neste último caso, a data da respetiva expedição para efeitos de cumprimento dos prazos, se a data da sua entrada nos serviços for posterior ao limite dos referidos prazos, ou ainda por via eletrónica (artº 17º, nºs 6 e 7 da LT).

IX. **Doença ocorrida no estrangeiro** – no caso de o trabalhador adoecer no estrangeiro deve este, por si ou por interposta pessoa, comunicar o facto ao serviço no prazo de 7 dias úteis e, salvo a ocorrência de motivos que o impossibilitem ou dificultem em termos que afastem a sua exigibilidade, enviar o documento comprovativo de doença visado pelo serviço competente da embaixada ou consulado no prazo de 20 dias úteis, contando a data da expedição do correio registado para efeito de cumprimento dos prazos, determinando a falta daquela comunicação ou da entrega do documento comprovativo, se não for devidamente fundamentada, a injustificação das faltas dadas até à data da receção da comunicação ou da entrada do documento (artº 19º, nºs 1 a 4 da LP).

X. **Verificação domiciliária da doença** – tirando os casos de internamento, de atestado médico passado nos termos do nº 2 do artº 17º da LP e de doença ocorrida no estrangeiro, pode o dirigente competente, se assim o entender, solicitar a verificação domiciliária da doença, devendo o documento comprovativo da doença conter referência que a doença do trabalhador não implica a permanência no domicílio, se for esse o caso, e ser acompanhado «da indicação dos dias e das horas a que pode ser efetuada a verificação domiciliária, num mínimo de 3 dias por semana e de 2 períodos de verificação diária, de duas horas e meia cada um, compreendidos entre as 9 horas e as 19 horas» (artº 20º, nºs 1 a 3 da LP).

XI. **Injustificação da doença na sequência da verificação domiciliária da doença** – as faltas dadas pelo trabalhador desde o início da doença serão consideradas injustificadas quando:

a) Por despacho do dirigente máximo do serviço, o trabalhador não for encontrado no seu domicílio ou no local onde tiver indicado estar doente, e não justificar a sua ausência, mediante a apresentação de meios de prova adequados, no prazo de 2 dias úteis a contar do conhecimento do facto, que lhe será transmitido por carta registada, com aviso de receção (artº 20º, nº 4 da LP);

b) O parecer do médico competente para a inspeção domiciliária for negativo, caso em que as faltas serão consideradas injustificadas desde o dia seguinte ao da comunicação do resultado da inspeção feita através de carta registada, com aviso de receção, e considerada a dilação de 3 dias úteis, e até ao momento em que efetivamente retome funções» (artº 20. °, nº 5 da LP).

XII. Verificação domiciliária da doença pela ADSE – nas zonas definidas por portaria dos membros do Governo responsáveis pelas áreas das finanças e da AP, a verificação domiciliária da doença do trabalhador cabe aos médicos do quadro da ADSE ou por ela convencionados ou credenciados, sendo o médico requisitado diretamente à ADSE pelo dirigente máximo do serviço, por escrito ou pelo telefone (artº 21. °, nºs 1 e 2 da LP).

XIII. Verificação domiciliária da doença pelas autoridades de saúde – fora das zonas definidas naquela portaria, a verificação cabe às autoridades de saúde da área de residência habitual do trabalhador ou daquela em que ele se encontre doente (artº 22º, nº 1 da LP).

XIV. Intervenção da junta médica – com exceção dos casos de internamento, bem como daqueles em que o trabalhador se encontre doente no estrangeiro, há lugar à intervenção da junta médica quando:

a) O trabalhador tenha atingido o limite de 60 dias consecutivos de faltas por doença e não se encontre apto a regressar ao serviço;

b) A atuação do trabalhador indicie, em matéria de faltas por doença, um comportamento fraudulento (artº 23º, nº 1 da LP).

XV. Pedido de submissão à junta médica – no prazo de 5 dias imediatamente anteriores à data em que se completarem 60 dias seguidos de faltas por doença, deve o serviço de que dependa o trabalhador notificá-lo para se apresentar à junta médica, indicando o dia, hora e local onde a mesma se efetuará podendo esta sujeição à junta médica também ser requerida pelo dirigente máximo do serviço, por despacho fundamentado, no caso do comportamento do trabalhador revelar perturbação psíquica que ponha em causa o normal desempenho das suas tarefas, ainda que o mesmo se encontre ao serviço efetivo, sendo esta sujeição à junta médica considerada de manifesta urgência (arts. 24º, n. ° 1 e 26º, nºs 1 e 2 da LP).

XVI. Contagem das faltas por doença – o período de 60 dias consecutivos de faltas por doença conta-se seguidamente mesmo nos casos em que haja transição de um ano civil para o outro, o mesmo acontecendo na contagem das faltas por doença para efeitos do limite máximo de

18 meses, sendo entendimento pacífico que para efeitos do cômputo daqueles 18 meses se deve ter em conta todas as faltas seguidas ou interpoladas dadas, incluindo aqueles primeiros 60 dias, desde que entre elas não medeie um intervalo superior a 30 dias, nos quais não se incluem as férias, e isto, independentemente de se tratar da mesma doença ou de outra ou outras diferentes (arts. 24º, nº 3 e 31º da LP – *a al. b) deste artº 31º deve, contudo, ser objeto de interpretação corretiva de modo a que a referência aí feita a 30 dias seja tida como feita a 60 dias*). Na contagem das faltas por doença, os arts. 15º a 39º da LP não se reportam a dias úteis, pelo que esta contagem é continuada. Porém, os dias intercalares, como os dias de descanso semanal, complementar e feriados, entre faltas por doença do próprio trabalhador e as faltas motivadas pela necessidade de prestação de assistência inadiável a familiares, porque se tratam de uma sucessão de faltas de natureza diferente, não releva para aquela contagem.

XVII. Obrigatoriedade da submissão a junta médica – o trabalhador que deva ser submetido a junta médica no final do período de 60 dias, pode apresentar-se ao serviço antes que tal aconteça, salvo nos casos previstos nos arts. 23º, nº 1, al. *b)* (comportamento fraudulento) e 26º (perturbações psíquicas), implicando, porém, a sua não comparência à junta médica para que tenha sido convocado, salvo impedimento justificado, a injustificação das faltas dadas desde o termo do período de faltas anteriormente concedido, o mesmo acontecendo com o trabalhador que revelar perturbação psíquica que afete o normal desempenho das suas funções e não compareça à junta médica ordenada, sendo considerado também na situação de faltas injustificadas a partir da data em que a mesma deveria realizar-se, salvo se a não comparência for devidamente justificada, perante o serviço de que depende, no prazo de 2 dias úteis a contar da data da não comparência (artº 28º, nºs 1 a 3 da LP).

XVIII. Interrupção das faltas por doença – o trabalhador que se encontre na situação de faltas por doença concedidas pela junta ou a aguardar a primeira apresentação à junta só pode regressar ao serviço antes do termo do período previsto mediante atestado médico que o considere apto a retomar a atividade, sem prejuízo de posterior apresentação à junta médica» (artº 30º, nº 1 da LP).

XIX. Decisão preliminar da Junta Médica – se a junta médica não tiver elementos suficientes que a permitam decidir sobre o estado de saúde do trabalhador, deve-lhe conceder um prazo para obtenção de tais elementos, findo o qual esse mesmo trabalhador deve ser submetido novamente à junta médica; a não sujeição do trabalhador aos exames clínicos solicitados pela junta ou a sua não comparência àquela mesma junta com os elementos por ela pedidos, acarretam a injustificação das faltas dadas desde o termo do período das faltas anteriormente concedido, a menos que a obtenção dos exames fora do prazo não seja imputável ao próprio trabalhador (artº 27º, nºs 1 a 3 da LP).

XX. Decisão final da junta médica – a decisão final da junta deve ser comunicado ao trabalhador no próprio dia e enviado de imediato ao respetivo serviço, sendo as faltas dadas no período de tempo que decorre desde a data do pedido da submissão à junta e o parecer da junta consideradas como serviço efetivo, no caso do trabalhador ser considerado apto ao serviço; caso a junta considere o trabalhador não apto, deve então indicar a duração previsível da doença, que não poderá ultrapassar 30 dias, marcando de imediato a data de sujeição a nova junta (artº 29º da LP).

XXI. Situação no final do prazo de 18 meses de faltas por doença (antes de mais convém salientar que o artº 31º, al. *b)* da LP deve ser alvo de interpretação corretiva de forma a considerar-se a referência que aí se faz a 30 dias como sendo reportada a 60 dias, uma vez que as faltas quc rclcvam para este artigo são as que ocorrem após os primeiros 60 dias a que se refere o artº 23º, nº 1, al. *a)* da LP, que não podem deixar de ser tidas em conta para efeitos do limite dos 18 meses previsto no artº 25º, nº 1 da LP) – findo este prazo, e sem prejuízo do disposto no artº 37º da LP, ao trabalhador contratado a termo resolutivo que não se encontre em condições de regressar ao serviço é aplicável, desde que reúna os requisitos para a aposentação, o disposto na al. *a)* do nº 1 do artº 34º da LP, salvo se optar por rescisão do contrato, sendo de imediato rescindido o contrato ao pessoal que não reúna aqueles requisitos (artº 32º da LP); findo o prazo de 18 meses na situação de faltas por doença, os trabalhadores podem, sem prejuízo do disposto no artº 38º da LP (faltas por reabilitação profissional), optar por uma de 2 vias:

1º Requerer, no prazo de 30 dias após o términus dos 18 meses, e através do respetivo serviço, a sua apresentação à junta médica da CGA, desde que o trabalhador tenha o tempo mínimo para a aposentação, a saber, 5 anos;

2º Requerer a passagem à situação de licença sem remuneração (artº 34º, nº 1 da LP).

No caso previsto na al. *a)* do nº 1 do artº 34º da LP, o período de tempo que decorre entre a apresentação do requerimento para a submissão à junta e a decisão desta, o trabalhador é considerado na situação de faltas por doença (artº 34º, nº 2 da LP); se o trabalhador não reunir as condições para se sujeitar à junta da CGA, deve o respetivo serviço avisá-lo para, no dia imediatamente ao da notificação, retomar o exercício de funções, sob pena de passagem automática à situação de licença sem remuneração (artº 34º, nº 4 da LP). Nesta situação de licença sem remuneração é igualmente colocado o trabalhador que:

a) Não requerer a sua aposentação à junta no prazo de 30 dias após o términus do período de 18 meses (artº 34º, nº 3 da LP);

b) Sendo considerado apto pela Junta da CGA, volte a adoecer sem que tenha prestado mais de 30 dias de serviço consecutivos, nos quais não se incluem as férias (artº 34º, nº 5 da LP).

XXII. Faltas por doença prolongada – as faltas por doença incapacitante, prevista na listagem das doenças incapacitantes constante do Despacho Conjunto nº A-179/89-XI, de 22 de setembro, que exija tratamento oneroso e ou prolongado, conferem ao trabalhador o direito à prorrogação, por mais 18 meses, do prazo máximo de ausência previsto no artº 25º da LP, sendo que estas faltas não descontam para efeitos de antiguidade, promoção e progressão (artº 37º da LP) – consideram-se aqui integradas as faltas ao abrigo da AFCT (Assistência a Funcionários Civis Tuberculosos) previstas no Dec. – Lei nº 48.359, de 27 de abril de 1968. Estas faltas devem, por analogia, ser justificadas da mesma maneira que vem prevista nos arts. 17º a 19º da LP para a justificação das demais faltas por doença, nada impedindo o médico de atestar a data em que presume iniciada a situação das faltas por doença prolongada caso o seu diagnóstico da doença seja posterior à data do início presumido destas faltas.

XXIII. Faltas para reabilitação profissional – o trabalhador que for considerado, pela junta médica a que se refere o artº 33º da LP, incapaz para o exercício das suas funções, mas apto para o desempenho de outras às quais não possa ser afeto através de mobilidade interna, tem o dever de se candidatar a todos os concursos para a ocupação de postos de trabalho previstos nos mapas de pessoal dos órgãos ou serviços, bem como o direito de frequentar ações de formação para o efeito, encontrando-se o trabalhador em causa em regime de faltas por reabilitação enquanto não se verificar aquele reinício de funções, produzindo estas faltas os mesmos efeitos das faltas por doença (artº 38º, nºs 1 a 3 da LP).

36. Subsídio por assistência a familiares – aos trabalhadores em regime de contrato de trabalho em funções públicas integrados no regime de proteção social convergente aplica-se o disposto no artº 36º do Dec. – Lei nº 89/2009, de 9 de abril, tendo assim direito a um subsídio por assistência a familiares destinado a compensar a perda da remuneração nesta situação (artº 40º da LP).

37. Licenças sem remuneração: concessão e recusa da licença – o EP pode conceder ao trabalhador, a pedido deste, licença sem remuneração (artº 280º, nº 1).

38. Licença sem remuneração de longa duração – sem prejuízo do disposto em legislação especial ou em IRCT, o trabalhador tem direito a recorrer a esta licença sem remuneração de longa duração, considerando-se como tal a licença superior a 60 dias, para frequência de cursos de formação ministrados sob responsabilidade de uma instituição de ensino ou de formação profissional ou no âmbito de programa específico aprovado por autoridade competente e executado sob o seu controlo pedagógico ou frequência de cursos ministrados em estabelecimento de ensino (artº 280º, nº 2), podendo o EP recusar a sua concessão nas seguintes situações:

a) Quando ao trabalhador tenha sido proporcionada formação profissional adequada ou licença para o mesmo fim, nos últimos 24 meses;
b) Quando a antiguidade do trabalhador no órgão ou serviço seja inferior a três anos;
c) Quando o trabalhador não tenha requerido a licença com uma antecedência mínima de 90 dias em relação à data do seu início;
d) Para além das situações referidas anteriormente, tratando-se de trabalhadores titulares de cargos dirigentes que chefiem equipas multidisciplinares ou integrados em carreiras ou categorias de grau 3 de complexidade funcional, quando não seja possível a substituição dos mesmos durante o período da licença, sem prejuízo sério para o funcionamento do órgão ou serviço (artº 280º, nºs 3 e 4).

39. Licença sem remuneração para acompanhamento do cônjuge colocado no estrangeiro – o trabalhador tem direito a licença sem remuneração para acompanhamento do respetivo cônjuge, quando este, tenha ou não a qualidade de trabalhador em funções públicas, for colocado no estrangeiro por período de tempo superior a 90 dias ou indeterminado, em missões de defesa ou representação de interesses do País ou em organizações internacionais de que Portugal seja membro, sendo esta licença concedida pelo dirigente competente, a requerimento do interessado, devidamente fundamentado e possuindo a mesma duração que a da colocação do cônjuge no estrangeiro, podendo iniciar-se em data posterior à do início das funções do cônjuge no estrangeiro, desde que o interessado alegue conveniência nesse sentido ou antecipar-se o regresso a pedido do trabalhador; finda a colocação do cônjuge no estrangeiro, o trabalhador pode requerer ao dirigente máximo do respetivo serviço o regresso à atividade, no prazo de 90 dias, a contar da data do termo da situação de colocação daquele no estrangeiro, presumindo-se a sua vontade de extinguir o vínculo de emprego público por denúncia ou exoneração a pedido do trabalhador, caso este não requeira o regresso à atividade (artº 282º, nºs 1, 2, 4, 5 e 6); a esta licença aplica-se o disposto nos nºs 3 e 4 do artº 281º, se tiver sido concedida por período inferior a dois anos, e o disposto no nº 5 do mesmo artigo, se tiver sido concedida por período igual ou superior àquele. (artº 282º, nº 3).

40. Licença sem remuneração para exercício de funções em organismos internacionais – esta licença pode ser concedida por despacho dos membros do Governo responsáveis pela área dos negócios estrangeiros e pelo serviço a que pertence o trabalhador revestindo, conforme os casos, uma das seguintes modalidades:

a) Licença para o exercício de funções com caráter precário ou experimental, com vista a uma integração futura no respetivo organismo, que tem a duração do exercício de funções com caráter precário ou experimental para que foi concedida;
b) Licença para o exercício de funções em quadro de organismo internacional que é concedida pelo período de exercício de funções.

O exercício destas funções implica que o interessado faça prova, no requerimento a apresentar para concessão da licença ou para o regresso, da sua situação face à organização internacional, mediante documento comprovativo a emitir pela mesma (artº 283º, nºs 1, 2, 3 e 4).

41. Efeitos das licenças – variam consoante o tipo de licença pelo que temos assim que:

a) A licença sem remuneração de longa duração determina a suspensão do vínculo, com os efeitos previstos nos nºs 1 e 3 do artº 277º, não contando o período de tempo da licença para efeitos de antiguidade, sem prejuízo do disposto de seguida;

b) Nas licenças para acompanhamento do cônjuge colocado no estrangeiro, bem como para o exercício de funções em organismos internacionais e noutras licenças fundadas em circunstâncias de interesse público, o trabalhador tem direito à contagem do tempo para efeitos de antiguidade e pode continuar a efetuar descontos para a ADSE ou outro subsistema de saúde de que beneficie, com base na remuneração auferida à data do início da licença;

c) Nas licenças de duração inferior a um ano, nas previstas para acompanhamento do cônjuge colocado no estrangeiro, bem como para o exercício de funções em organismos internacionais e noutras licenças fundadas em circunstâncias de interesse público, o trabalhador tem direito à ocupação de um posto de trabalho no órgão ou serviço quando terminar a licença;

d) Nas restantes licenças, o trabalhador que pretenda regressar ao serviço e cujo posto de trabalho se encontre ocupado, deve aguardar a previsão, no mapa de pessoal, de um posto de trabalho não ocupado, podendo candidatar-se a procedimento concursal para outro órgão ou serviço para o qual reúna os requisitos exigidos.

Ao regresso antecipado do trabalhador em gozo de licença sem remuneração é aplicável o disposto anteriormente.

(artº 281º, nºs 1 a 6)

Capítulo XXII
Remuneração

1. Princípios gerais – as normas legais em matéria de remunerações não podem ser afastadas ou derrogadas por IRCT, salvo quando previsto expressamente na presente lei, devendo a determinação do valor da remuneração ser feita tendo em conta a quantidade, natureza e qualidade do trabalho, observando-se o princípio de que para trabalho igual salário igual (artº 144º, nºs 1 e 2; artº 59º, nº 1 da CRP).

2. Direito à remuneração – a remuneração é devida com o início do exercício de funções, sem prejuízo do regime especial de produção de efeitos da aceitação (artº 44º), e quando seja periódica, é paga mensalmente (vd. arts. 150º, 173º, nºs 1 e 3 e 307º, nº 2, al. *a)*), cessando o direito à sua perceção com a extinção do vínculo de emprego público e só podendo haver lugar à sua suspensão total ou parcial nas condições previstas na lei (artº 145º; vd. artº 18º da CRP).

3. Componentes da remuneração – a remuneração dos trabalhadores com vínculo de emprego público é composta por:

a) Remuneração base;
b) Suplementos remuneratórios;
c) Prémios de desempenho.
(artº 146º)

4. Remuneração base – é o montante pecuniário correspondente ao nível remuneratório da posição remuneratória onde o trabalhador se encontra na categoria de que é titular ou do cargo exercido em comissão de serviço, sendo paga em 14 mensalidades, correspondendo uma delas ao subsídio de Natal e outra ao subsídio de férias, nos termos da lei (artº 150º, nºs 1 e 2).

5. Tabela remuneratória única (TRU) – contém a totalidade dos níveis remuneratórios suscetíveis de serem utilizados na fixação da remuneração de base dos trabalhadores que exercem funções ao abrigo de vínculo de emprego, sendo o número destes níveis remuneratórios e o montante pecuniário correspondente a cada um fixado na Portaria nº 1553-C/2008, de 31 de dezembro, não podendo esta tabela prever níveis remuneratórios de montante inferior ao da retribuição mínima mensal garantida (arts. 147º, nº 1 e 148º).

Nota *– A Portaria nº 1553-C/2008, de 31 de dezembro, aprovou, em anexo, a Tabela Remuneratória Única (TRU) da função pública. Para efeitos de melhor perceção do que vamos dizer a propósito do esmagamento dos primeiros níveis remuneratórios resultante das atualizações anuais da RMMG (que coincidem com as 5 primeiras posições remuneratórias da carreira de regime geral de assistente operacional), convém termos presentes os 5 primeiros níveis da TRU original, publicada em 2008, que entrou em vigor a 1 de janeiro de 2009, e que eram os seguintes:*

1 .... 450,00 (valor do RMMG em 2009)
2 532,08
3 583,58
4 635,07
5 683,13

Se confrontarmos estes valores com a evolução das atualizações do RMMG desde 2009, a saber:

2009 .... RMMG 450,00
2010 .... RMMG 475,00
2011 a 2014 .... RMMG 485,00
2015 .... RMMG 505,00
2016 .... RMMG 530,00
2017 .... RMMG 557,00
2018 .... RMMG 580,00
2019 .... RMMG 600,00
2020 .... RMMG 635,00

E tendo em linha de conta o preceito legal imperativo que determina que a TRU não pode prever níveis remuneratórios inferiores ao RMMG, verificamos que em 2017, por força da fixação do RMMG nos 557,00 €, este valor acabou finalmente por ultrapassar e absorver, pela primeira vez, o valor de 532,08 € do 2º Nível Remuneratório, passando assim aquele valor a constituir a partir de então a base da TRU, e a ser, deste modo, a 2ª posição remuneratória efetiva da carreira de assistente operacional. Com a atualização do RMMG em 2018 nos 580,00 €, aquela 2ª posição (nível) fixou-se então neste valor.

Aconteceu, porém, que em 2018 a Lei nº 114/2017, de 29 de dezembro, que aprovou o Orçamento de Estado para 2018, permitiu, descongelando, «as valorizações e acréscimos remuneratórios resultantes(...) das alterações obrigatórias de posicionamento remuneratório, progressões e mudanças de nível ou escalão» (10 ou mais pontos) – vd. artº 18º, nºs 1, 2, 3, 6, 7 e 8. Assim, a partir de 1 de janeiro de 2018, todos os trabalhadores integrados na carreira de assistente operacional que auferiam pela RMMG (580,00 €), que perfizessem o número de pontos necessários para alteração obrigatória de posicionamento remuneratório, adquiriram o direito a progredirem para a 3ª posição remuneratória da respetiva carreira, a saber, 583,58 €.

Ora, uma vez que desta progressão resultava um aumento de apenas 3,58 €, estes mesmos trabalhadores acabaram por beneficiar do direito a serem posicionados na 4ª posição remuneratória (635,07 €), por força duma aplicação interpretativa extensiva do preceito corretivo destas situações de pequenos aumentos das progressões, contido precisamente no artº 104º, nº 5 da Lei nº 12-A/2008, de27 de fevereiro (que aprovou os regimes de vinculação, de carreiras e de remunerações dos trabalhadores em funções públicas), que manda aplicar a posição remuneratória imediatamente acima sempre que daquela «alteração para a posição seguinte resultasse um acréscimo remuneratório inferior» a 28 Euros, fixado na Portaria nº 1553-C/2008, de 31 de dezembro (nº 11).

Em 2019, aquando da atualização do RMMG para os 600,00 €, o Governo fixou, através do Dec. – Lei nº 29/2019, de 20 de fevereiro, a base da TRU nos 635,07 €, isto é, 55,07 € acima do valor do RMMG, coincidente com o valor previsto para 4º nível da TRU e 4ª posição remuneratória da carreira de assistente operacional, retirando ou apagando concomitantemente aos trabalhadores na base daquela carreira todos pontos entretanto obtidos para efeitos de progressão na carreira, por causa daquele aumento ter sido, precisamente, superior a 28 euros (artº 3º, nº 3). Este diploma veio, deste modo, não só frustrar as legítimas expetativas e direitos à carreira por parte daqueles trabalhadores funcionários com

10 ou mais pontos para progredir, como também provocar-lhes reações de insurgência e de protesto pelo facto do mesmo os colocar em pé de igualdade com os recéns ingressados na mesma carreira.

Através do Dec. – Lei nº 10-B/2020, de 23 de março, procedeu-se em 2020 à atualização de toda a TRU em 0,3%, com exceção do seu Nível Remuneratório 5, que foi aumentado em 1%, e da sua base que foi fixada nos 645,07 – 10 euros mais do que o RMMG deste ano, acabando-se, por omissão, por ratificar esta situação iníqua e profundamente injusta de termos trabalhadores da carreira de assistente operacional com 10, 20 e até 30 anos de serviço a ganharem, lado a lado, exatamente a mesma coisa do aqueles que agora entram de novo nesta mesma carreira.

Trata-se, pois, de uma situação de nivelamento salarial por baixo que urge corrigir urgentemente, correção esta que não dispensa, e até reforça, a necessidade imperiosa de se proceder a uma revisão e atualização sistemática e integral de toda a TRU de forma a repor-lhe o equilíbrio e proporcionalidade que estiveram na base da sua conceção.

Nota *– A TRU não se aplica, ainda, à grande maioria das carreiras especiais, às carreiras/categorias subsistentes de regime geral, de regime especial e de corpos especiais, às carreiras/categorias não revistas de regime geral, de regime especial e de corpos especiais, por se encontrarem sujeitas a sistemas remuneratórios próprios.*

6. Fixação da remuneração base – os níveis remuneratórios correspondentes às posições remuneratórias das categorias, bem como aos cargos exercidos em comissão de serviço, são fixados no Decreto Regulamentar nº 14/2008, de 31 de julho (artº 149º, nº 1).

7. Subsídio de Natal – o trabalhador tem direito a um subsídio de Natal de valor igual a um mês de remuneração base mensal, que deve ser pago no mês de novembro de cada ano, sendo, porém, esse valor proporcional ao tempo de serviço prestado no ano civil, nas seguintes situações:

a) No ano de admissão do trabalhador;
b) No ano da cessação do contrato;
c) Em caso de suspensão do contrato, salvo se por doença do trabalhador. (artº 151º, nºs 1 e 2)

Nota *– Com a publicação da Lei nº 114/2017, de 31 de dezembro, que aprovou o OE para 2018, terminou a vigência da norma de caráter excecional prevista no artº 24º, nº 1 da Lei nº 42/2016, de 28 de dezembro (aprovou o OE de 2017), que determinava que o* *subsídio de Natal fosse pago 50% no mês de novembro e os outros 50% em duodécimos, retomando-se desta forma a regra normal prevista na LTFP, que manda pagar aquele subsídio integralmente no mês de novembro.*

8. Remuneração e subsídio de férias – durante o período de férias o trabalhador tem direito à remuneração que receberia se estivesse em serviço efetivo (o que implica não só o direito à perceção da remuneração base como também de qualquer suplemento que aufira de natureza permanente), com exceção do subsídio de refeição (artº 152º, nº 1), bem como a um subsídio de férias de valor igual a um mês de remuneração base mensal (que aqui abrangerá apenas a remuneração base com a exclusão de qualquer suplemento), que deve ser pago por inteiro no mês de junho de cada ano ou em conjunto com a remuneração mensal do mês anterior ao do gozo das férias, quando a aquisição do respetivo direito ocorrer em momento posterior (nº 2), havendo a referir que a suspensão do contrato por doença do trabalhador não prejudica o direito a este subsídio de férias (nº 3) e que o aumento do período de férias previsto nos nºs 4 e 5 do artigo 126º ou a sua redução nos termos do CT, respetivamente, não implicam o aumento ou a redução correspondentes na remuneração ou no subsídio de férias (nº 4).

9. Remuneração em caso de mobilidade – o trabalhador em mobilidade na categoria, em órgão ou serviço diferente ou cuja situação jurídico-funcional de origem seja a de colocado em regime de valorização profissional, pode ser remunerado pela posição remuneratória imediatamente seguinte àquela em que se encontre posicionado na categoria ou, em caso de inexistência desta, pelo nível remuneratório que suceda ao correspondente à sua posição na tabela remuneratória única (artº 153º, nº 1, na redação dada pelo artº 4º, nº 2 da Lei nº 25/2017, de 30 de maio; não havendo, assim, à contrario sensu, lugar a qualquer alteração da remuneração base quando a mobilidade na categoria se faça para a mesma categoria do mesmo órgão ou serviço), enquanto que o trabalhador em mobilidade intercarreiras ou categorias nunca pode auferir uma remuneração inferior à que corresponde à categoria de que é titular (nº 2); neste caso, quando a primeira posição remuneratória da categoria correspondente à função que o trabalhador vai exercer for superior ao nível remuneratório da primeira posição daquela de que é titular, a remuneração do trabalhador é acrescida para o nível remuneratório superior mais próximo daquele que corresponde ao seu posicionamento na categoria de que é titular (nº 3); não se verificando a hipótese prevista anteriormente, pode o trabalhador ser remunerado nos termos do nº 1 do artº 153º (nº 4); exceto em caso de acordo em sentido diferente entre os órgãos ou serviços, o trabalhador em mobilidade interna é remunerado pelo órgão ou serviço de destino (nº 5).

10. Opção pela remuneração base – quando o vínculo de emprego público se constitua por comissão de serviço, ou haja lugar a cedência de interesse público, o trabalhador tem o direito de optar, a todo o tempo, pela remuneração base devida na situação jurídico-funcional de origem que esteja constituída por tempo indeterminado (artº 154º, nº 1), mas no caso de cedência de interesse público para o exercício de funções em órgão ou serviço a que a presente lei é aplicável, com a opção pela remuneração de origem, a remuneração a pagar não pode exceder, em caso algum, a remuneração base do Primeiro-Ministro (nº 2).

11. Cálculo do valor da remuneração horária e diária – o valor da hora normal de trabalho é calculado através da fórmula (Rb × 12) / (52 × N), em que Rb é a remuneração base mensal e N o número de horas da normal duração semanal do trabalho, fórmula que serve de base de cálculo da remuneração correspondente a qualquer outra fração de tempo de trabalho inferior ao período de trabalho diário, correspondendo a remuneração diária a 1/30 da remuneração mensal (artº 154º, nº 1 a 3).

12. Suplementos remuneratórios – são os acréscimos remuneratórios devidos pelo exercício de funções em postos de trabalho que apresentam condições mais exigentes relativamente a outros postos de trabalho caracterizados por idêntico cargo ou por idênticas carreira e categoria (artº 159º, nº 1) – Vd. Dec. – Lei nº 25/2015, de 6 de fevereiro, diploma que explicita as obrigações ou condições específicas que fundamentam a atribuição dos suplementos remuneratórios aos trabalhadores que exercem funções públicas, bem como a forma da sua satisfação na Tabela Única de Suplementos (artº 1º).

13. Condições de atribuição dos suplementos remuneratórios – estes suplementos são devidos quando os trabalhadores preencham cumulativamente duas condições, a saber, quando:

a) Ocupem postos de trabalho que apresentem condições mais exigentes de trabalho em relação a outros postos de trabalho e enquanto elas perdurarem; aí,

b) Sofram, no exercício efetivo das suas funções ou como tal considerado em lei, condições de trabalho mais exigentes:

I. De forma anormal e transitória, designadamente as decorrentes de prestação de trabalho suplementar, noturno, em dias de descanso semanal, complementar e feriados e fora do local normal de trabalho; ou
II. De forma permanente, designadamente as decorrentes de prestação de trabalho arriscado, penoso ou insalubre, por turnos, em zonas periféricas, com isenção de horário e de secretariado de direção (artº 159º, nºs 2 a 4).

14. Fixação dos suplementos remuneratórios – devem ser fixados em montantes pecuniários e só excecionalmente podem ser fixados em percentagem da remuneração base mensal (artº 159º, nº 5).

15. Modos de criação dos suplementos remuneratórios – só podem ser criados por lei, caso contrário são ilegais, podendo, contudo, ser regulamentados por IRCT (artº 159º, nº 6).

Nota *– As **ajudas de custo** constituem um suplemento remuneratório destinado a compensar o trabalhador pelo excesso de despesas resultante da sua deslocação do seu domicílio necessário por motivo de serviço público e vem regulado em diploma próprio a saber, no Dec. – Lei nº 106/98, de 24 de abril, que fixa o regime jurídico do abono de ajudas de custo e transporte aos trabalhadores em funções públicas, alterado pelo Decreto – Lei nº 137/2010, de 28 de Dezembro, pela Lei nº 64-B/2011, de 30 de Dezembro, pela Lei nº 66-B/2012, de 31 de Dezembro, e pela Lei nº 82-B/2014, de 31 de Dezembro.*

16. Remuneração do trabalho noturno – o trabalho noturno é remunerado com um acréscimo de 25 % relativamente à remuneração do trabalho equivalente prestado durante o dia, podendo este acréscimo ser fixado em IRCT, através de uma redução equivalente dos limites máximos do período normal de trabalho (artº 160º, nºs 1 e 2).

17. Não há lugar à remuneração do trabalho noturno – salvo se previsto em IRCT:

a) Ao serviço de atividades que sejam exercidas exclusiva ou predominantemente durante esse período, designadamente as de espetáculos e diversões públicas;
b) Ao serviço de atividades que, pela sua natureza ou por força da lei, devam necessariamente funcionar à disposição do público durante o mesmo período;

c) Quando o acréscimo remuneratório pela prestação de trabalho noturno se encontre integrado na remuneração base (artº 160º, nº 3).

18. Suplemento remuneratório de turno – desde que um dos turnos seja total ou parcialmente coincidente com o período de trabalho noturno, os trabalhadores por turnos têm direito a um acréscimo remuneratório cujo montante varia em função do número de turnos adotado, bem como da natureza permanente ou não do funcionamento dos serviços, variando este acréscimo, relativamente à remuneração base, entre:

a) 25 % a 22 %, quando o regime de turnos for permanente, total ou parcial;
b) 22 % a 20 %, quando o regime de turnos for semanal prolongado, total ou parcial;
c) 20 % a 15 %, quando o regime de turnos for semanal total ou parcial. (artº 161º, nºs 1 e 2; vd. artº 116º sobre os regimes de turnos)

A fixação destas percentagens tem lugar em regulamento interno ou em IRCT, sendo que este acréscimo inclui o que fosse devido por trabalho noturno, sem que isso afaste a remuneração devida por trabalho suplementar (artº 161º, nºs 3 e 4).

19. Prestação de trabalho suplementar em dia normal de trabalho – confere ao trabalhador o direito aos seguintes acréscimos:

a) 25 % da remuneração, na primeira hora ou fração desta;
b) 37,5 % da remuneração, nas horas ou frações subsequentes (artº 162º, nº 1).

***Nota** – Por força do disposto no artº 22º da Lei nº 114/2017, de 29 de dezembro, que aprovou o OE para 2018, este regime do trabalho suplementar foi reposto na sua totalidade a partir de 1 de janeiro de 2018, pondo-se assim fim às reduções impostas a estes acréscimos previstas nas anteriores leis orçamentais.*

Para além deste ***acréscimo remuneratório***, o trabalhador que prestasse trabalho suplementar nos ***dias normais de trabalho***, em ***dia de descanso semanal complementar***, v.g. sábado, e em ***dias feriados***, tinha direito ainda a um ***descanso compensatório*** remunerado equivalente às horas trabalhadas a mais, a gozar num dos 3 dias úteis seguintes (artº 229º, nº 1 do CT).

20. Trabalho suplementar impeditivo do gozo do descanso diário – o trabalhador que preste trabalho suplementar que impeça o gozo do descanso diário de 11 horas a que se refere o artº 214º, nº 1 do CT tem direito a descanso compensatório remunerado equivalente às horas de descanso em falta a gozar num dos 3 dias úteis seguintes (artº 229º, nº 3 do CT).

21. Prestação de trabalho suplementar em dia de descanso semanal, obrigatório ou complementar, e em dia feriado – confere ao trabalhador o direito a um acréscimo de 50 % da remuneração por cada hora de trabalho efetuado, sendo a compensação horária que serve de base ao cálculo do trabalho suplementar apurada segundo a fórmula prevista no artº 155º, considerando-se, nas situações de determinação do período normal de trabalho semanal em termos médios, que N significa o número médio de horas do período normal de trabalho semanal efetivamente praticado no órgão ou serviço, admitindo-se que estes montantes remuneratórios possam ser fixados em IRCT (artº 162º, nºs 2, 3 e 4) – *este acréscimo retomou a sua plenitude a partir de 1 de janeiro de 2018 por força do disposto no artº 22º da Lei nº 114/2017, de 29 de dezembro, que aprovou o OE para 2018.*

Para além deste ***acréscimo remuneratório***, o trabalhador que presta trabalho suplementar em ***dia de descanso semanal obrigatório***, v.g. domingo, tem direito a ***1 dia inteiro de descanso compensatório remunerado***, a gozar num dos 3 dias úteis seguintes (artº 229º, nº 4 do CT).

22. Exigibilidade do pagamento de trabalho suplementar – o trabalhador pode exigir o seu pagamento desde que a respetiva prestação tenha sido prévia e expressamente determinada, exceto se essa prestação seja motivada por força maior ou sempre que ela se torne indispensável para prevenir ou reparar prejuízo grave para os órgãos e serviços, desde que as mesmas sejam posteriormente justificadas pelo dirigente máximo do serviço (artº 162º, nºs 5 e 6).

23. Substituição da remuneração por trabalho suplementar por descanso compensatório – por acordo entre o EP e o trabalhador, a remuneração por trabalho suplementar pode ser substituída por descanso compensatório (artº 162º, nº 7; vd. ainda artº 229º, nºs 3 e 4).

24. Limites remuneratórios impostos ao trabalho suplementar dos trabalhadores nomeados – os *trabalhadores nomeados*, que não os contratados, não podem, em cada mês, receber por trabalho suplementar mais do que 1/3 da remuneração base respetiva, pelo que não pode ser exigida a sua realização quando exceda aquele limite, mantendo-se nos termos da legislação em vigor os limites fixados para os trabalhadores das carreiras de assistente técnico e operacional afetos às residências oficiais do Presidente da República e do Primeiro-Ministro (artº 163º, nºs 1 e 2) – entende-se que este limite de 1/3 só se aplica aos trabalhadores nomeados que prestem trabalho suplementar até aos limites de horas fixados no artº 120º, nº 1, na medida em que a lei admite que os trabalhadores nomeados possam prestar trabalho suplementar para além daqueles limites sujeitando-os, neste caso, à condição da respetiva remuneração por trabalho suplementar não ser superior a 60 % da remuneração base do trabalho (artº 120º, nºs 2 e 3).

25. Isenção de horário de trabalho – o trabalhador isento de horário de trabalho nas modalidades previstas nas alíneas *a)* e *b)* do nº 1 do artº 118º tem direito a um suplemento remuneratório, nos termos fixados por lei ou por IRCT, direito que pode não se aplicar a carreiras especiais e a cargos em que o regime de isenção de horário de trabalho constitua o regime normal de prestação do trabalho (artº 164º, nºs 1 e 2).

26. Remuneração nos feriados – o trabalhador tem direito à remuneração correspondente aos feriados, sem que o EP os possa compensar com trabalho suplementar (artº 165º, nº 1).

27. Prestação de trabalho em órgão ou serviço legalmente dispensado de suspender o trabalho em dia feriado obrigatório – o trabalhador tem direito a um descanso compensatório com duração de metade do número de horas prestadas ou ao acréscimo de 50 % da remuneração pelo trabalho prestado nesse dia, cabendo a escolha ao EP, na ausência de acordo entre as partes (artº 165º, nº 2).

28. Prémios de desempenho: preparação da sua atribuição – o dirigente máximo do órgão ou serviço fixa, fundamentadamente, no prazo de 15 dias após o início da execução do orçamento, o universo dos cargos e o das carreiras e categorias onde a atribuição de prémios de desempenho pode ter lugar, com as desagregações necessárias do montante disponível em função de tais universos, tendo em conta as verbas orçamentais destinadas a suportar este tipo de encargos, aplicando-se à decisão de atribuição destes prémios, com as necessárias adaptações, o disposto nos nºs 3 a 5 do artº 158º, nomeadamente no que toca à publicitação desta decisão por afixação no órgão ou serviço e divulgação em página eletrónica (artº 166º, nºs 1 e 2).

29. Condições da atribuição dos prémios de desempenho – são elegíveis para a atribuição de prémios de desempenho os trabalhadores que, cumulativamente, exerçam funções no órgão ou serviço e, na falta de lei especial em contrário, tenham obtido, na última avaliação do seu desempenho, a menção máxima ou a imediatamente inferior a ela, sendo os trabalhadores que preenchem cada um dos universos definidos, ordenados, dentro de cada universo, por ordem decrescente da classificação quantitativa obtida naquela avaliação (artº 167º, nºs 1 e 2); face a esta ordenação, e após exclusão dos trabalhadores que, nesse ano, tenham alterado o seu posicionamento remuneratório na categoria por cujo nível remuneratório se encontrem a auferir a remuneração base, o montante máximo dos encargos fixado por cada universo é distribuído, pela ordem mencionada, de modo a que cada trabalhador receba o equivalente à sua remuneração base mensal (nº 3), não havendo, porém, lugar à atribuição de prémio quando, não obstante reunidos os requisitos previstos, o montante máximo dos encargos fixado para o universo em causa se tenha esgotado com a atribuição de prémio a trabalhador ordenado superiormente (nº 4). O trabalhador pode, contudo, ter prémio de desempenho no ano em que mude de carreira ou de categoria uma vez que as alterações de posicionamento remuneratório que daqui decorrem não se encontram abrangidas pela proibição do artº 167º, nº 3 na medida em que estas alterações se referem apenas às alterações que se operam no seio da mesma categoria e não intercarreiras e intercategorias. Não podem ser atribuídos prémios de desempenho aos trabalhadores que tenham optado pela última avaliação atribuída ou tenham sido alvo de ponderação curricular ao abrigo do disposto no artº 42º, nºs 6 e 7 da Lei nº 66-B/2007, de 28 de dezembro. Os prémios de desempenho devem ser publicitados (arts. 156º a 158º e 166º, nº 2 da LTFP e artº 44º, nº 1 da Lei nº 66-B/2007, de 28 de dezembro). Podem ser atribuídos prémios de desempenho aos trabalhadores com vínculo de emprego público a termo resolutivo, desde que o respetivo vínculo seja superior a 6 meses (arts. 1º, nº 1, 6º, nº 4, 8º, nº 3 e 166º a 167º).

Nota – *O artº 20º, nº 1 da Lei nº 114/2017, de 29 de dezembro, que aprovou o OE para 2018, prorroga os efeitos do artº 39º, nºs 1 e 2 da Lei nº 82-B/2014, de 31 de dezembro, que por sua vez aprovou o OE de 2015, mantendo assim em vigor ainda durante o ano de 2018 o limite para a atribuição destes prémios, com caráter excecional, a «2% dos trabalhadores do serviço», excecionalmente a 5%, «tendo como referência a última avaliação de desempenho efetuada, desde que não haja aumento global da despesa com pessoal na entidade em que aquela atribuição tenha lugar».*

30. Descontos – sobre as remunerações base (eventualmente sobre os suplementos e prémios de desempenho) incidem:

a) Descontos obrigatórios, que são os que resultam de imposição legal;
b) Descontos facultativos, são os que, permitidos por lei, carecem de autorização expressa do titular do direito à remuneração (artº 169º, nºs 1 a 3).

Na falta de lei especial em contrário, os descontos são efetuados diretamente através de retenção na fonte (nº 4).

31. Descontos obrigatórios – constituído o vínculo de emprego público, são descontos obrigatórios os seguintes:

a) Imposto sobre o rendimento das pessoas singulares;
b) Quotizações para o regime de proteção social aplicável (artº 170º).

32. Descontos facultativos – são os seguintes:

a) Prémios de seguros de doença ou de acidentes pessoais, de seguros de vida e complementos de reforma e planos de poupança-reforma;
b) Quota sindical, sendo esta descontada obrigatoriamente na fonte, desde que solicitado pelo trabalhador (artº 171º).

33. Forma de cumprimento da remuneração – o montante da remuneração deve estar à disposição do trabalhador na data do vencimento ou no dia útil imediatamente anterior, devendo o EP, no ato do pagamento da remuneração, entregar ao trabalhador documento do qual constem a identificação daquela e o nome completo deste, o número de inscrição na instituição de proteção social respetiva, a categoria profissional, o período a que respeita a remuneração, discriminando a remuneração base e as demais prestações, os descontos e deduções efetuados e o montante líquido a receber (artº 172º, nºs 1 e 2).

34. Tempo de cumprimento da remuneração – a remuneração, quando esta seja periódica, vence-se mensalmente, devendo o seu cumprimento efetuar-se nos dias úteis, havendo lugar a mora do EP quando este, por facto que lhe seja imputável, não puder dispor do montante da remuneração na data do vencimento (artº 173º, nºs 1 a 3).

35. Garantias dos créditos remuneratórios: compensações e descontos – o EP não pode compensar eventuais dívidas que o trabalhador tenha consigo com créditos que tenha sobre o trabalhador, nem fazer quaisquer descontos ou deduções sobre a mesma, salvo quanto:

a) Aos descontos a favor do Estado, da segurança social ou de outras entidades, ordenados por lei, por decisão judicial transitada em julgado ou por auto de conciliação, quando da decisão ou do auto tenha sido notificado o EP;
b) Às indemnizações devidas pelo trabalhador ao EP, quando se acharem liquidadas por decisão judicial transitada em julgado ou por auto de conciliação;
c) Às multas ou a reposição de qualquer quantia em que o trabalhador tenha sido condenado no âmbito de procedimento disciplinar e não tenha procedido ao respetivo pagamento voluntário;
d) Aos preços de refeições no local de trabalho, de utilização de telefones, de fornecimento de géneros, de combustíveis ou de materiais, quando solicitados pelo trabalhador, bem como a outras despesas efetuadas pelo EP por conta do trabalhador e consentidas por este;
e) A outros descontos ou deduções previstas na lei.

Com exceção da alínea *a)*, os descontos referidos anteriormente não podem exceder, no seu conjunto, 1/6 da remuneração (artº 174º, nºs 1 a 3).

36. Insuscetibilidade de cessão dos créditos laborais – o trabalhador não pode ceder, a título gratuito ou oneroso, os seus créditos a remunerações na medida em que estes sejam impenhoráveis (artº 175º).

Capítulo XXIII
Exercício do Poder Disciplinar

1. Direito disciplinar dos trabalhadores em funções públicas – é o conjunto de normas que integram o Capítulo VII (Exercício do poder disciplinar) do Título IV (Conteúdo do vínculo de emprego público) da Parte II (Vínculo de emprego público) da LTFP (arts. 176º a 240º) destinadas a regular as relações de emprego público dos trabalhadores que exercem funções públicas, independentemente da sua modalidade de constituição, quer nas suas relações de trabalho entre si, quer com os seus superiores hierárquicos e com o público, visando nomeadamente assegurar o cumprimento por parte daqueles dos seus deveres funcionais, excetuando os trabalhadores que possuam estatuto disciplinar especial.

2. Direito subsidiário – o estatuto disciplinar regula aspetos fundamentais do direito substantivo e procedimental da infração disciplinar que tem como direito supletivo normas do Código Penal, do Código do Processo Penal e do CPA, aplicando-se àquele princípios básicos de direito penal como sejam o da *não retroatividade das leis*, da *não existência de infração sem que a mesma esteja prevista em lei (nullum crimen sine lege), da não aplicação de pena sem existência prévia de infração objetivamente praticada (nulla poena sine crimine) e aplicação da lei objetivamente mais favorável, sendo proibida a interpretação extensiva e a analogia na interpretação e integração das normas disciplinares.*

3. Responsabilidade disciplinar – todos os trabalhadores, porque integrados numa organização hierárquica que envolve o exercício de poderes de direção, de inspeção, de superintendência e de natureza disciplinar, são passíveis de responsabilidade disciplinar perante os seus superiores hierárquicos e estão sujeitos ao seu poder disciplinar por atos e omissões cometidas no exercício de funções públicas que se constituam como infrações disciplinares, não impedindo a alteração da situação jurídico-funcional do trabalhador a punição por infrações cometidas no exercício daquelas funções (artº 176º, na redação do Dec. – Lei nº 6/2019, de 14 de janeiro; vd. artº 271º da CRP) – esta responsabilidade decorre da principal garantia assegurada pelo Estado de Direito aos seus cidadãos que é a possibilidade destes responsabilizarem o Estado e os seus agentes pelos danos causados pela sua atuação administrativa (vd. arts. 22º e 271º da CRP e Lei nº 67/2007, de 31 de dezembro, que aprova o regime da responsabilidade civil extracontratual do Estado e das demais entidades públicas, alterada pela Lei nº 31/2008, de 17 de julho).

4. Poder disciplinar – é a possibilidade do superior hierárquico do trabalhador em funções públicas instaurar ou mandar instaurar procedimentos disciplinares e aplicar, caso se confirme a existência de infração disciplinar, as consequentes sanções disciplinares – a constituição da relação jurídica de emprego público marca o início da sujeição do trabalhador à disciplina do serviço (dia da aceitação para os nomeados, dia que consta no contrato como início de funções ou, na sua falta, dia da assinatura do contrato para os contratados e dia da posse para os providos em comissão e serviço), pelo que os comportamentos havidos antes do início daquele exercício são disciplinarmente irrelevantes.

5. Infração disciplinar – considera-se infração disciplinar o comportamento do trabalhador, por ação ou omissão, ainda que meramente culposo, que viole deveres gerais ou especiais inerentes à função que exerce, sendo elementos constitutivos essenciais da infração disciplinar os sujeitos, o facto praticado ou omitido pelo trabalhador, a ilicitude (para o ser tem de haver violação dos deveres inerentes às funções que o trabalhador exerce e não outras para cujo exercício o trabalhador não tenha capacidade nem habilitações adequadas) e a culpa (entendida esta como um juízo de censura para quem tinha a obrigação de ter agido em conformidade como os seus deveres e não o fez); a ausência de qualquer destes elementos acarreta a inexistência de infração disciplinar (artº 183º); a infração disciplinar assume-se assim como uma infração atípica na medida em que resulta da violação de deveres e não do preenchimento de infrações legalmente tipificadas (há deveres formulados nos arts. 266º, 268º a 271º da CRP, na LTFP e nas próprias leis orgânicas das pessoas coletivas que constituem a AP).

Nota *– Paulo Veiga e Moura e Cátia Arrimar, por defenderem que só existirá verdadeira infração disciplinar se dela comprovadamente resultar prejuízos para terceiros ou para a AP, isto é, um prejuízo efetivo ao interesse público, entendem autonomizar o prejuízo como elemento constitutivo da infração disciplinar (Comentários à LGTF, Coimbra Editora, 2014, anotações ao artº 183º a páginas 540, 541 e 544). Neste contexto, admitem, assim, que o trabalhador possa ser sancionado por atos praticados na sua vida privada desde que se verifique ou constate que os mesmos causem prejuízo ao prestígio e funcionamento do serviço público, tendo que existir, contudo, uma relação ou nexo de causalidade evidente entre estes e o serviço do trabalhador (Vd. a propósito teses de Marcello Caetano e João Alfaia).*

6. Culpa – existe culpa quando um determinado facto ocorra por vontade própria do sujeito, resultante da sua autonomia da vontade e não de circunstâncias externas que lhe sejam impostas, podendo ela resultar de:

a) **Dolo** – ou seja, quando o sujeito tenha a intenção de praticar o facto ilícito e adivinhe ou deseje as suas consequências (sobre a graduação do dolo veja-se o art. 14º, nºs 1 a 3 do CP – dolo direto, dolo necessário e dolo indireto ou eventual);

b) **Negligência** – isto é, quando o trabalhador aja com falta de diligência e zelo legalmente exigíveis.

7. Inexistência do dever de participação disciplinar – de há muito que inexiste um dever de participação disciplinar, pelo que o trabalhador não pode ser penalizado pelo facto de ter conhecimento de uma eventual infração disciplinar e dela não apresentar a consequente queixa ou participação, continuando, porém, a ser obrigatória tal participação disciplinar sempre que a infração disciplinar indicie a prática de um crime (artº 242º do CPP); importa salientar que o procedimento disciplinar é independente do processo penal, sendo que a absolvição aqui em nada impede a continuação da marcha daquele processo disciplinar, não importando a condenação em sede de ambos os processos a violação do princípio non bis in idem, isto é, de que ninguém deve ser punido duas vezes pelo mesmo facto, uma vez que se tratam de infrações de natureza distinta, por violarem normas e valorações independentes e serem alvo de sanções diferentes, sendo diferentes os fundamentos e fins das respetivas jurisdições (sobre os crimes praticados no exercício de funções públicas vejam-se os arts. 372º a 386º do CP e ainda os seus arts. 359º a 371º).

8. Dever geral de obediência perante ordens e instruções superiores – porque a AP tem a sua organização e funcionamento enquadrados e conformados pelo princípio da legalidade, tem como fim último a satisfação do interesse público e se estrutura e age de acordo com um modelo hierárquico, resulta daqui que todas as ordens e instruções emanadas dos legítimos superiores hierárquicos dos trabalhadores em matéria de serviço se presumem legais, até prova em contrário, estando assim estes trabalhadores sujeitos ao dever geral de obediência perante todas aquelas ordens e instruções (arts. 176º, na redação do Dec. – Lei nº 6/2019, de 14 de janeiro, e 73º, nºs 2, al. *f)* e 8).

Nota *– Este dever de obediência significa assim que o trabalhador em funções públicas se encontra sujeito à obrigação de dar cumprimento a todas as ordens e instruções emanadas dos seus legítimos superiores hierárquicos em matéria de serviço, mesmo daquelas que à partida lhe pareçam e venham depois a ser declarados ilegais. Porém, perante ordens e instruções que o trabalhador ache ilegais assiste-lhe o direito, e o dever, enquanto funcionário zeloso, conhecedor do direito e da lei, de alertar o seu superior hierárquico para esse facto de forma respeitosa e correta, caso contrário partilha e é corresponsável disciplinarmente com o respetivo dirigente pela ilegalidade que a ordem ou instrução dada enferma e, principalmente, pelos eventuais danos e prejuízos que ela vier a causar a terceiros e à própria AP.*

9. Exclusão da responsabilidade disciplinar – a responsabilidade disciplinar do trabalhador só é excluída, no caso de cumprimento de ordem ou instrução ilegal, quando o trabalhador atue no cumprimento de ordens ou instruções:

a) Emanadas de legítimo superior hierárquico;
b) Dadas em matéria de serviço; e,
c) Quando delas tenha previamente reclamado (quando dada por escrito) ou exigido a sua transmissão ou confirmação por escrito (quando dada oralmente) – artº 177º; vd. ainda artº 271º, nº 2 da CRP.

À contrário sensu, só há responsabilização disciplinar do trabalhador quando este cumpra ordem ilegal sem que dela tenha reclamado ou pedido a redução a escrito (devendo nesse pedido referir-se expressamente que se considera ilegal a ordem recebida e fundamentar as razões de tal ilegalidade) ou quando essa ordem implique a prática de um crime e seja executada, mesmo que precedida de reclamação ou confirmação por escrito.

«Age sem culpa» o trabalhador em funções que «cumpre uma ordem sem conhecer que ela conduz à prática de um crime, não sendo isso evidente no quadro das circunstâncias por ele representadas», havendo assim lugar à exclusão da sua responsabilidade disciplinar – trata-se da figura da *obediência indevida desculpante* (artº 37º do CP).

10. Como deve reagir o trabalhador perante ordens ou instruções recebidas consideradas ilegais – deve reclamar dessa eventual ilegalidade perante o respetivo superior hierárquico ou pedir-lhe, por essa mesma razão de ilegalidade, a transmissão ou confirmação da ordem dada por escrito (artº 177º, nº 1) – se a ordem for dada com a indicação de que é para ser cumprida de imediato, o trabalhador cumpre-a primeiro, só depois efetuando a reclamação ou o pedido de redução a escrito da mesma.

11. Como proceder se o dirigente não atender à reclamação do trabalhador ou não confirmar a ordem por escrito – se o dirigente não decidir sobre a reclamação deduzida pelo trabalhador ou não transmitir ou confirmar a ordem ou instrução por escrito dentro do tempo em que, sem prejuízo, o cumprimento destas possa ser demorado, deve o trabalhador comunicar, também por escrito, ao seu imediato superior hierárquico, os termos exatos da ordem ou instrução recebidas e da reclamação ou do pedido formulados, bem como a não satisfação destes, executando seguidamente a ordem ou instrução (artº 177º, nº 3); caso aquela ordem ou instrução sejam dadas com menção de cumprimento imediato e sem prejuízo do disposto nos nºs 1 e 2 do artº 177º, esta comunicação é efetuada após a execução da ordem ou instrução (nº 4).

12. Inexistência do dever de obediência – cessa este dever sempre que o cumprimento das ordens ou instruções implique a prática de qualquer crime (artº 177º, nº 5).

13. Prescrição – é uma forma de extinção de direitos, resultante do seu não exercício durante um certo prazo fixado na lei, consagrando-se em matéria disciplinar 4 formas de prescrição, a saber:

a) **Prescrição da infração disciplinar** – a infração disciplinar prescreve no prazo de um ano sobre a data em que tiver sido efetivamente cometida, salvo quando consubstancie também infração penal (vd. arts. 118.º e ss do CP), caso em que se sujeita aos prazos de prescrição estabelecidos na lei penal à data da prática dos factos (artº 178º, nº 1) – porque a prescrição tem uma natureza substantiva e não adjetiva, é de aplicação imediata a lei que estabelecer um prazo mais curto de prescrição do procedimento disciplinar.

Nota – *Caso se pretenda perseguir disciplinarmente uma infração cometida há mais de 1 ano com o argumento de que a mesma possui também natureza criminal, Paulo Veiga e Moura e Cátia Arrimar, defendem que a instauração do procedimento disciplinar deverá ser acompanhada não só da participação feita ao MP, como terá a mesma ainda de aguardar pelo transito em julgado da condenação efetiva do arguido para evitar a insegurança e incerteza jurídicas que se criariam neste âmbito caso se deixasse apenas à AP o poder discricionário de considerar como criminais factos que igualmente se constituam como uma infração disciplinar.*

b) **Prescrição do direito de instaurar o procedimento disciplinar** – o direito de instaurar o procedimento disciplinar prescreve no prazo de 60 dias sobre o conhecimento da infração por qualquer superior hierárquico, seja ele dirigente máximo ou não (artº 178º, nº 2; vd. ainda arts. 118º, 119º, 120º e 121º do CP); no caso da infração prevista no artº 206º, nº 3 (a não comparência injustificada do trabalhador ao serviço durante 5 dias seguidos ou 10 interpolados) esta prescrição começa a contar-se apenas a partir do momento em que a infração for do conhecimento do dirigente máximo do órgão ou serviço (note-se que esta prescrição de 60 dias se dá independentemente da infração disciplinar ter ou não natureza criminal).

c) **Prescrição do procedimento disciplinar decorridos 18 meses** – o procedimento disciplinar prescreve decorridos 18 meses, a contar da data em que foi instaurado quando, nesse prazo, o trabalhador não tenha sido notificado da decisão final (artº 178º, nº 5), suspendendo-se, porém, esta prescrição durante o tempo em que, por força de decisão ou de apreciação judicial de qualquer questão, a marcha do correspondente processo não possa começar ou continuar a ter lugar (nº 6), voltando a correr a partir do dia em que cesse a causa desta suspensão (nº 7).

d) **Prescrição das penas disciplinares** – as sanções disciplinares prescrevem nos prazos seguintes, contados da data em que a decisão se tornou inimpugnável (definitiva):

a) Um mês, nos casos de sanção disciplinar de repreensão escrita;
b) Três meses, nos casos de sanção disciplinar de multa;
c) Seis meses, nos casos de sanção disciplinar de suspensão;
d) Um ano, nos casos de sanções disciplinares de despedimento disciplinar ou de demissão e de cessação da comissão de serviço (artº 193º).

14. Contagem dos prazos – os prazos prescricionais, por se tratarem de prazos substantivos, relativos à medida e exercício de direitos, tais como os de duração da pena de suspensão (artº 181º) ou de duração da suspensão preventiva (artº 211º), de caducidade (artº 220º, nº 6), os das obrigações de não concorrência ou de permanência (arts. 77º e 78º) ou os de duração máxima da mobilidade (artº 97º), contam-se de forma contínua, em dias seguidos, por força do disposto no artº 279º do CC e no artº 11 da Lei Preambular nº 35/2014, de 20 de junho, que remete para o artº 337º do CT. Quanto aos prazos procedimentais, relativos à prática de atos e formalidades, contam-se, salvo expressa indicação em contrário, por dias úteis nos termos CPA, i.e., com exclusão dos sábados, domingos e feriados, caso do prazo para a conclusão da instrução a que se refere o artº 205º. No que diz respeito à natureza dos prazos procedimentais, há a distinguir entre os prazos procedimentais impostos à AP, que são meramente indicativos ou ordenadores, significando isto que não devem mas podem ser ultrapassados, caso dos prazos de instrução, os da realização de diligências, os de notificação do arguido ou de remessa do processo à entidade com competência para decidir, e os prazos procedimentais fixados ao trabalhador, que são perentórios, no sentido que não podem nem devem ser ultrapassados, sob pena de caducidade do direito a que se referem, como são os prazos para a apresentação de defesa ou de recurso, de prescrição do procedimento ou do prazo de 18 meses para a sua conclusão.

15. Causas de suspensão dos prazos prescricionais – suspendem os prazos prescricionais previstos nos nºs 1 e 2 do artº 178º, por um período até 6 meses:

a) A instauração de processo de sindicância aos órgãos ou serviços; ou,

b) A instauração de processo de inquérito ou disciplinar, mesmo que não dirigidos contra o trabalhador a quem a prescrição aproveite, quando em qualquer deles venham a apurar-se infrações por que seja responsável (artº 178º, nº 3).

16. Suspensão do prazo prescricional da infração disciplinar – tem lugar quando estejam cumulativamente preenchidas as seguintes condições:

a) Que os processos de sindicância, inquérito ou disciplinar tenham sido instaurados nos 30 dias seguintes à suspeita da prática de factos disciplinarmente puníveis;

b) Que o procedimento disciplinar subsequente tenha sido instaurado nos 30 dias seguintes à receção daqueles processos, para decisão, pela entidade competente;

c) E que, à data da instauração dos processos e procedimento referidos anteriormente, não se encontre já prescrito o direito de instaurar procedimento disciplinar (artº 178º, nº 4).

17. Caducidade do direito de aplicar a pena disciplinar – mesmo que não estejam ainda decorridos os 18 meses referenciados no artº 178º, nº 5, caduca o direito de aplicar a pena por parte da entidade competente para decidir quando esta, não determine, nos 30 dias seguintes a contar da data da receção do processo, a realização de novas diligências ou não profira a decisão final do procedimento disciplinar (artº 220º, nºs 3, 4 e 6).

18. Efeitos da pronúncia e da condenação em processo penal – quando o agente de um crime cujo julgamento seja da competência do tribunal de júri ou do tribunal coletivo seja um trabalhador em funções públicas, a secretaria do tribunal por onde corra o processo, no prazo de 24 horas sobre o trânsito em julgado do despacho de pronúncia ou equivalente, ou de condenação pela prática de crime, entrega, por termo nos autos, cópia de tal despacho ao Ministério Público, a fim de que este a remeta ao órgão ou serviço em que o trabalhador desempenha funções. (artº 179º, nºs 1 e 2), sendo que a condenação em processo penal não prejudica o exercício da ação disciplinar quando a infração penal constitua também infração disciplinar (nº 3). Da forma como se encontram redigidos os nºs 1 e 2 do artº 179º conclui-se que:

a) Apenas devem ser comunicadas ao serviço a pronúncia ou o recebimento da acusação em juízo quando esteja em causa a prática de factos cujo julgamento seja da competência do tribunal de júri ou tribunal coletivo (nº 1);

b) As condenações pela prática de qualquer crime cometido após o início do vínculo de emprego público devem ser sempre comunicadas ao serviço (nº 2).

O objetivo desta comunicação é o de poder funcionar como participação ou queixa suscetível de dar lugar à instauração de eventual procedimento disciplinar destinado a apurar da existência ou não de uma infração disciplinar (artº 207º).

19. Factos disciplinares passíveis de serem considerados infração penal – quando os factos praticados pelo trabalhador sejam passíveis de ser considerados infração penal, dá-se obrigatoriamente notícia deles ao Ministério Público competente para promover o procedimento criminal (artº 179º, nº 4) – sobre os crimes praticados no exercício de funções públicas vejam-se os arts. 372º a 386º do CP e ainda os seus arts. 359º a 371º.

20. Sanções disciplinares e sua caracterização – as infrações disciplinares cometidas pelos trabalhadores em funções públicas só podem ser alvo de uma das seguintes sanções (as penas disciplinares constituem matéria que integra as bases gerais do regime e âmbito da função pública – artº 3º, al. *i)* –, só sendo aplicáveis as que se encontram previstas na lei, sua única fonte normativa, adotando-se aqui uma enumeração taxativa das penas):

a) ***Repreensão escrita***, consiste em mero reparo pela irregularidade praticada (artº 181º, nº 1);
b) ***Multa***, é a sanção fixada em quantia certa e não pode exceder o valor correspondente a 6 remunerações base diárias por cada infração e um valor total correspondente à remuneração base de 90 dias por ano (nº 2);
c) ***Suspensão,*** consiste no afastamento completo do trabalhador do órgão ou serviço durante o período da sanção, variando esta entre 20 e 90 dias por cada infração, num máximo de 240 dias por ano (nºs 3 e 4);
d) ***Despedimento disciplinar,*** que consiste no afastamento definitivo do órgão ou serviço do trabalhador com contrato de trabalho em funções públicas, cessando o vínculo de emprego público, ***ou demissão***, que consiste no afastamento definitivo do órgão ou serviço do trabalhador nomeado, cessando também aqui o vínculo de emprego público – note-se que o despedimento aplica-se apenas aos trabalhadores contratados após 31 de dezembro de 2008, continuando-se contudo a aplicar a pena demissão aos atuais trabalhadores contratados que ingressaram na função pública antes daquela data através do vínculo da nomeação, isto por força do disposto no artº 88º, nº 4 da Lei nº 12-A/2008, de 27 de fevereiro, e artº 3º, nº 2 da Lei nº 58/2008, de 9 de setembro (nºs 5 e 6);
e) ***Cessação da comissão de serviço,*** sanção aplicável, a título principal ou acessório, apenas aos titulares de cargos dirigentes e equiparados, consistindo na cessação compulsiva do exercício de cargo dirigente ou equiparado (nº 7 e artº 180º, nº 2).

Os comportamentos não tipificados podem constituir infração disciplinar e serem punidos com alguma das sanções tipificadas na lei consoante o grau de culpa que revelem em concreto, se leve, se grave ou muito grave (não obstante o artº 297º prever a aplicação da pena de demissão ao trabalhador que dê num ano 5 dias de faltas seguidas ou 10 interpoladas sem justificação, tal pena não será de aplicação obrigatória, havendo que apurar à sombra dos critérios enunciados no artº 189º se estamos perante uma conduta muito grave que inviabilize a manutenção do seu vínculo laboral) – o direito de acesso à justiça e à tutela judicial efetiva significam que os tribunais administrativos possam apreciar os pressupostos de facto e de direito das decisões administrativas.

21. Não pode ser aplicada mais de uma sanção disciplinar *(non bis in idem)* – por cada infração, pelas infrações acumuladas que sejam apreciadas num único processo ou pelas infrações apreciadas em processos apensados, sendo as sanções registadas no processo individual do trabalhador (artº 180º, nºs 3 e 4).

22. Efeitos das sanções disciplinares – as sanções disciplinares produzem unicamente os efeitos previstos na presente lei (artº 182º, nº 1), determinando a sanção de suspensão, por tantos dias quantos os da sua duração, o não exercício de funções e a perda das remunerações correspondentes e da contagem do tempo de serviço para antiguidade, sem prejuízo do direito dos trabalhadores à manutenção, nos termos legais, das prestações do respetivo regime de proteção social (nºs 2 e 3) – esta pena não tem quaisquer consequências sobre o direito a férias, enquanto que as sanções de despedimento disciplinar ou de demissão importam a perda de todos os direitos do trabalhador, salvo quanto à reforma por velhice ou à aposentação, nos termos e condições previstos na lei, mas não o impossibilitam de voltar a exercer funções em órgão ou serviço que não exijam as particulares condições de dignidade e confiança que aquelas de que foi despedido ou demitido exigiam (nº 4); a sanção de cessação da comissão de serviço implica o termo do exercício do cargo dirigente ou equiparado e a impossibilidade de exercício de qualquer cargo dirigente ou equiparado durante o período de 3 anos, a contar da data da notificação da decisão (nº 5).

23. Infrações a que é aplicável a repreensão escrita – aplica-se a infrações leves de serviço, caracterizados por um mero comportamento negligente do trabalhador (artº 184º).

24. Infrações a que é aplicável a sanção de multa – aplica-se a casos de negligência ou má compreensão dos deveres funcionais, nomeadamente aos trabalhadores que:

a) Não observem os procedimentos estabelecidos ou cometam erros por negligência, de que não resulte prejuízo relevante para o serviço;
b) Desobedeçam às ordens dos superiores hierárquicos, sem consequências importantes;
c) Não usem de correção para com os superiores hierárquicos, subordinados ou colegas ou para com o público;
d) Pelo defeituoso cumprimento ou desconhecimento das disposições legais e regulamentares ou das ordens superiores, demonstrem falta de zelo pelo serviço;
e) Não façam as comunicações de impedimentos e suspeições previstas no CPA (artº 185º).

25. Infrações a que é aplicável a sanção de suspensão – aplica-se aos trabalhadores que atuem com *grave negligência* ou com *grave desinteresse pelo cumprimento dos deveres funcionais* e àqueles cujos *comportamentos atentem gravemente contra a dignidade e o prestígio da função*, nomeadamente quando:

a) Deem informação errada a superior hierárquico;
b) Compareçam ao serviço em estado de embriaguez ou sob o efeito de estupefacientes ou drogas equiparadas;
c) Exerçam funções em acumulação, sem autorização ou apesar de não autorizados ou, ainda, quando a autorização tenha sido concedida com base em informações ou elementos, por eles fornecidos, que se revelem falsos ou incompletos;
d) Demonstrem desconhecimento de normas essenciais reguladoras do serviço, do qual haja resultado prejuízos para o órgão ou serviço ou para terceiros;
e) Dispensem tratamento de favor a determinada entidade, singular ou coletiva;
f) Omitam informação que possa ou deva ser prestada ao cidadão ou, com violação da lei em vigor sobre acesso à informação, revelem factos ou documentos relacionados com os procedimentos administrativos, em curso ou concluídos;
g) Desobedeçam escandalosamente, ou perante o público e em lugar aberto ao mesmo, às ordens superiores;

h) Prestem falsas declarações sobre justificação de faltas;
i) Violem os procedimentos da avaliação do desempenho, incluindo a aposição de datas sem correspondência com o momento da prática do ato;
j) Agridam, injuriem ou desrespeitem gravemente superior hierárquico, colega, subordinado ou terceiro, fora dos locais de serviço, por motivos relacionados com o exercício das funções;
k) Recebam fundos, cobrem receitas ou recolham verbas de que não prestem contas nos prazos legais;
l) Violem, com culpa grave ou dolo, o dever de imparcialidade no exercício das funções;
m) Usem ou permitam que outrem use ou se sirva de quaisquer bens pertencentes aos órgãos ou serviços, cuja posse ou utilização lhes esteja confiada, para fim diferente daquele a que se destinam;
n) Violem os deveres previstos nos nºs 1 e 2 do artigo 24º (artº 186º).

26. Infrações a que é aplicável as sanções de despedimento disciplinar ou demissão – são aplicáveis em caso de infração que inviabilize a manutenção do vínculo de emprego público nos termos previstos na presente lei (arts. 187º e 297º, enunciando-se, neste último, em concreto as situações que dão lugar à cessação do vínculo de emprego público), a saber quando o trabalhador:

a) Agrida, injurie ou desrespeite gravemente superior hierárquico, colega, subordinado ou terceiro, em serviço nos locais de serviço;
b) Pratique atos de grave insubordinação ou indisciplina ou incite à sua prática;
c) No exercício das suas funções, pratique atos manifestamente ofensivos das instituições e princípios consagrados na Constituição;
d) Pratique ou tente praticar qualquer ato que lese ou contrarie os superiores interesses do Estado em matéria de relações internacionais;
e) Volte a praticar os factos referidos nas alíneas *c*), *h*) e *i*) do artigo 186º;
f) Dolosamente participe infração disciplinar supostamente cometida por outro trabalhador;
g) Dentro do mesmo ano civil, dê cinco faltas seguidas ou 10 interpoladas sem justificação;
h) Cometa reiterada violação do dever de zelo, indiciada em processo de averiguações instaurado após a obtenção de duas avaliações de desempenho negativas consecutivas;

i) Divulgue informação que, nos termos legais, não deva ser divulgada;
j) Em resultado da função que exerce, solicite ou aceite, direta ou indiretamente, dádivas, gratificações, participação em lucro ou outras vantagens patrimoniais, ainda que sem o fim de acelerar ou retardar qualquer serviço ou procedimento;
k) Comparticipe em oferta ou negociação de emprego público;
l) Seja encontrado em alcance ou desvio de dinheiros públicos;
m) Tome parte ou tenha interesse, diretamente ou por interposta pessoa, em qualquer contrato celebrado ou a celebrar por qualquer órgão ou serviço;
n) Com intenção de obter, para si ou para terceiro, benefício económico ilícito, falte aos deveres funcionais, não promovendo atempadamente os procedimentos adequados, ou lese, em negócio jurídico ou por mero ato material, designadamente por destruição, adulteração ou extravio de documentos ou por viciação de dados para tratamento informático, os interesses patrimoniais que, no todo ou em parte, lhe cumpre, em razão das suas funções, administrar, fiscalizar, defender ou realizar;
o) Autorize o exercício de qualquer atividade remunerada nas modalidades que estão vedadas aos trabalhadores que, colocados em situação de requalificação, se encontrem no gozo de licença extraordinária.

27. Infrações a que é aplicável a cessação da comissão de serviço como sanção principal – é aplicável, a título principal, apenas aos titulares de cargos dirigentes e equiparados que:

a) Não procedam disciplinarmente contra os trabalhadores seus subordinados pelas infrações de que tenham conhecimento;
b) Não participem criminalmente infração disciplinar de que tenham conhecimento no exercício das suas funções, que revista caráter penal;
c) Autorizem, informem favoravelmente ou omitam informação, relativamente à situação jurídico-funcional de trabalhadores, em violação das normas que regulam o vínculo de emprego público;
d) Violem as normas relativas à celebração de contratos de prestação de serviço (artº 188º, nº 1).

Resulta daqui e do disposto no artº 188º, nº 2, que a aplicação desta pena ocorre apenas nas situações em que se verifique o incumprimento dos deveres próprios dos cargos dirigentes ou quando, no período anterior ao seu provimento enquanto dirigente, o trabalhador cometa alguma infração disciplinar sancionável com pena igual ou superior a multa – neste caso a pena de cessação da comissão é aplicável como pena acessória.

28. Infrações a que é aplicável a cessação da comissão de serviço como sanção acessória – a cessação da comissão de serviço é sempre aplicada acessoriamente aos titulares de cargos dirigentes e equiparados por qualquer infração disciplinar punida com sanção disciplinar igual ou superior à de multa (artº 188º, nº 2).

29. Medida das sanções disciplinares – na aplicação das sanções disciplinares, quer o instrutor quer o dirigente com competência para punir, devem observar os princípios constitucionais da prossecução do interesse público e da proporcionalidade, e atender:

a) Aos critérios gerais enunciados nos artigos 184º a 188º;
b) À natureza, à missão e às atribuições do órgão ou serviço;
c) Ao cargo ou categoria do trabalhador;
d) Às particulares responsabilidades inerentes à modalidade do seu vínculo de emprego público;
e) Ao grau de culpa;
f) À sua personalidade; e,
g) A todas as circunstâncias em que a infração tenha sido cometida que militem contra ou a favor dele (artº 189º).

30. Circunstâncias dirimentes da responsabilidade disciplinar – são as que afastam pura e simplesmente a responsabilidade disciplinar do trabalhador, a saber (esta enumeração parece não ter caráter taxativo):

a) A coação física;
b) A privação acidental e involuntária do exercício das faculdades intelectuais no momento da prática da infração;
c) A legítima defesa, própria ou alheia;
d) A não exigibilidade de conduta diversa;
e) O exercício de um direito ou o cumprimento de um dever.
(artº 190º, nº 1)

31. Circunstâncias atenuantes especiais da responsabilidade disciplinar – são as que atenuam, mas não fazem desaparecer, a responsabilidade disciplinar, a saber (a redação adotada aqui parece apontar já para uma enumeração taxativa):

a) A prestação de mais de 10 anos de serviço com exemplar comportamento e zelo;
b) A confissão espontânea da infração;
c) A prestação de serviços relevantes ao povo português e a atuação com mérito na defesa da liberdade e da democracia;
d) A provocação;
e) O acatamento bem-intencionado de ordem ou instrução de superior hierárquico, nos casos em que não fosse devida obediência.
(artº 190º, nº 2)

32. Circunstâncias atenuantes extraordinárias – não enumerando nenhuma em particular, a lei exige, contudo, que elas sejam de tal forma relevantes que determinem uma substancial diminuição da culpa do trabalhador, pelo que, verificada a existência de tal circunstância extraordinária, a AP fica como que vinculada a aplicar uma sanção de grau inferior (artº 190º, nº 3).

33. Circunstâncias agravantes especiais da responsabilidade disciplinar – são as que agravam a infração disciplinar (isto é, entende-se que apurada a pena a aplicar, estas circunstâncias podem levar à alteração da moldura desta pena, mas nunca à aplicação de uma pena superior), a saber (a enunciação parece ter caráter taxativo):

a) A intenção de, pela conduta seguida, produzir resultados prejudiciais ao órgão ou serviço ou ao interesse geral, independentemente de estes se terem verificado;
b) A produção efetiva de resultados prejudiciais ao órgão ou serviço ou ao interesse geral, nos casos em que o trabalhador pudesse prever essa consequência como efeito necessário da sua conduta;
c) A premeditação, que consiste na intenção de cometimento da infração, formulada, pelo menos, 24 horas antes da sua prática;
d) A comparticipação com outros indivíduos para a sua prática;
e) O facto de ter sido cometida durante o cumprimento de sanção disciplinar ou enquanto decorria o período de suspensão da sanção disciplinar;
f) A reincidência, que ocorre quando a infração é cometida antes de decorrido um ano sobre o dia em que tenha findado o cumprimento de sanção disciplinar aplicada por virtude de infração anterior;
g) A acumulação de infrações, que ocorre quando duas ou mais infrações são cometidas na mesma ocasião ou quando uma é cometida antes de ter sido punida a anterior.
(artº 191º, nºs 1 a 4)

34. Suspensão da sanção disciplinar – as sanções disciplinares de repreensão, multa e suspensão previstas na lei podem ser suspensas quando, atendendo:

a) À personalidade do trabalhador;
b) Às condições da sua vida;
c) À sua conduta anterior e posterior;
d) À infração e;
e) Às circunstâncias desta,
Se conclua que a simples censura do comportamento e a ameaça da sanção disciplinar realizam de forma adequada e suficiente as finalidades da punição, não podendo o tempo de suspensão da sanção disciplinar ser inferior a 6 meses para as sanções disciplinares de repreensão escrita e de multa e a 1 ano para a sanção disciplinar de suspensão, nem superior a 1 e 2 anos, respetivamente, contando-se estes tempos desde a data da notificação ao trabalhador da respetiva decisão e caducando a suspensão quando o trabalhador venha a ser, no seu decurso, condenado novamente em processo disciplinar. Passado o período de suspensão, sem que tenha sido punido por novo ilícito disciplinar, aquela pena deverá considerar-se extinta, sendo a mesma retirada do registo biográfico do trabalhador.
(artº 192º, nº 1 a 4)

35. Prescrição das sanções disciplinares – estes prazos só se começam a contar a partir da data em que a decisão punitiva se tornar inimpugnável, o que significa que nunca começarão a correr antes de decorrido 1 ano sobre a aplicação e notificação ao arguido, uma vez que esse é o prazo máximo legalmente previsto no CPTA para impugnação de uma decisão disciplinar (artº 193º).

36. Obrigatoriedade de processo disciplinar – as sanções disciplinares de multa e superiores só podem ser aplicadas na sequência de processo disciplinar que apure os factos passíveis de serem considerados como infrações disciplinares (artº 194º, nº 1), só não o sendo no caso da aplicação da sanção de repreensão escrita, mas em que audiência e defesa do trabalhador tem sempre de se efetuar (nº 2; vd. arts. 32º, nº 10 e 269º, nº 3 da CRP), devendo ser, a requerimento do trabalhador, lavrado auto daquelas diligências, na presença de 2 testemunhas por ele indicadas (nº 3), dispondo o trabalhador do prazo máximo de 5 dias para, querendo, produzir sua defesa por escrito (nº 4) – vd. artº 298º.

37. Formas de processo – o processo disciplinar pode ser:

a) ***Especial*** – aplica-se nos casos expressamente previstos na lei (a saber, o inquérito, a sindicância, a averiguação, a revisão de procedimento disciplinar e a reabilitação);
b) ***Comum*** (regulado nos arts. 205º a 228º) – aplica-se a todos os casos a que não corresponda processo especial (artº 195º. nºs 1 e 2).

38. Competência para a instauração do procedimento disciplinar – é competente para instaurar ou mandar instaurar procedimento disciplinar contra os respetivos subordinados ***qualquer superior hierárquico***, ainda que não seja competente para aplicar a sanção (artº 196º, nº 1), cabendo, porém, apenas ao membro do Governo respetivo a instauração de procedimento disciplinar contra os dirigentes máximos dos órgãos ou serviços (nº 2), sendo que a competência disciplinar dos superiores hierárquicos envolve a dos seus inferiores hierárquicos dentro do órgão ou serviço (nº 3). ***Os processos por falta de assiduidade são a exceção*** ao princípio do poder genérico de instauração do procedimento disciplinar atribuído a qualquer superior hierárquico ***uma vez que aqui só o dirigente máximo do serviço é que o pode mandar instaurar*** (artº 206º, nº 3). A adoção deste princípio implica que o prazo prescricional de 60 dias previsto no artº 178º, nº 2 comece a contar logo que a infração seja do conhecimento de qualquer superior hierárquico e não só do dirigente máximo do serviço.

39. Competência para aplicação das sanções disciplinares – esta competência, que é exclusiva no sentido de não delegável, sob pena de vício de incompetência (artº 197º, nº 6), varia consoante o tipo de sanções a aplicar e o nível hierárquico dos cargos dirigentes da seguinte forma:

a) Repreensão escrita – a sua aplicação é da competência de todos os superiores hierárquicos em relação aos seus subordinados (nº 1);
b) Multa, suspensão, despedimento disciplinar ou demissão e cessação da comissão de serviço – a sua aplicação é da competência do dirigente máximo do órgão ou serviço (nº 2);
c) Qualquer sanção disciplinar aos dirigentes máximos dos órgãos ou serviços – compete ao membro do Governo respetivo (nº 3).

Nas autarquias locais, associações e federações de municípios, bem como nos serviços municipalizados, a aplicação de todas as sanções disciplinares previstas nos nºs 1 e 2 do artigo 180º é da competência, respetivamente, dos correspondentes órgãos executivos, bem como dos conselhos de administração (nº 5).

40. Local da instauração e mudança de órgão ou serviço na pendência do procedimento – o procedimento disciplinar é instaurado no órgão ou serviço em que o trabalhador exerce funções à data da infração (artº 198º, nº 1), mas, quando, após a prática de uma infração disciplinar ou já na pendência do respetivo processo, o trabalhador mude de órgão ou serviço, a sanção disciplinar é aplicada pela entidade competente à data em que tenha de ser proferida decisão, sem prejuízo de o procedimento ter sido mandado instaurar e ter sido instruído no âmbito do órgão ou serviço em que o trabalhador exercia funções à data da infração (nº 2) – sobre a apensação de processos vd. artº 199º.

41. Natureza secreta do processo disciplinar – até à acusação o processo é secreto, permitindo-se, contudo, que o mesmo seja facultado ao trabalhador, a seu requerimento, para exame e consulta, a priori no próprio serviço, sob condição de não o divulgar o que dele conste, e haja lugar a passagem de certidões quando destinadas à defesa de interesses legalmente protegidos (artº 200º, nºs 1 e 3).

42. Processo disciplinar – é uma sucessão encadeada de atos e diligências ordenados segundo prazos estabelecidos de forma a permitir o apuramento da existência de uma infração disciplinar, das circunstâncias em que a mesma ocorreu, do seu autor, destinado à elaboração de um relatório final contendo uma proposta para uma justa punição do infrator, caso se conclua pela sua responsabilidade, ou pela sua absolvição, se estiver inocente, destinada à prática de uma deliberação ou decisão final da entidade competente para o efeito.

43. Fases do processo disciplinar – o processo em apreço caracteriza-se por ter 3 fases distintas, a saber:

a) **Fase de instrução do processo (de inquirição ou investigação)** – caracteriza-se por ser a fase do instrutor na medida em que lhe cabe a competência para promover as diligências que considere necessárias à descoberta da verdade dos factos, que lhe permita formular uma acusação, caso as provas reunidas apontem no sentido da prática de uma infração disciplinar, ou propor o arquivamento do processo, no caso de se concluir pela inexistência de qualquer infração, tendo, por isso, o processo, nesta fase, uma natureza secreta até à acusação, podendo, contudo, o mesmo ser facultado ao trabalhador, a seu requerimento, para exame, sob condição de não divulgar o que dele conste (artº 200, nº 1) e ser permitida a passagem de certidões quando destinadas à defesa de interesses legalmente protegidos e em face de requerimento especificando o fim a que se destinam, podendo ser proibida, sob sanção disciplinar de desobediência, a sua publicação (nº 3), e ser instaurado novo procedimento disciplinar ao trabalhador que divulgue matéria de natureza secreta (nº 5) – arts. 205º a 213º;

b) **Fase da defesa do trabalhador (ou instrução contraditória)** – é a fase do processo destinado a permitir a defesa do trabalhador perante os artigos da acusação que lhe for deduzida (arts. 214º a 218º),

c) **Fase da decisão** – é a fase em que o instrutor procede à elaboração do relatório final onde se relatam as diligências efetuadas, as conclusões a que se chegaram e a proposta de decisão a ser proferida pela entidade competente para esse efeito (arts. 219º a 223º).

44. Constituição de advogado – o trabalhador pode constituir advogado em qualquer fase do processo, nos termos gerais de direito, o que não prejudica a possibilidade daquele optar por se defender por si próprio ou por procurador que não seja advogado (artº 202º, nº 1; sobre a constituição de advogado vejam-se os arts. 262º e ss do CC e as suas prerrogativas legais os arts. 200º, 202º, nº 2, 218º, nº 7).

45. Nulidades – a falta de audiência do trabalhador em artigos de acusação ou a omissão de diligências essenciais para a descoberta da verdade constituem nulidade insuprível (artº 203º, nº 1; vd. arts. 32º, nº 10, e 269º, nº 3 da CRP), sendo as demais nulidades supridas quando não sejam objeto de reclamação pelo trabalhador até à decisão final (nº 2), cabendo do despacho que indefira o requerimento de quaisquer diligências probatórias recurso hierárquico ou tutelar para o respetivo membro do Governo, a interpor no prazo de 5 dias (nº 3); o direito de pronúncia não fica cumprido assim só com a notificação da acusação, sendo mesmo necessário observar que esta acusação seja feita de forma que o arguido perceba os factos de que é acusado, pelo que podemos, desta maneira, elencar os seguintes exemplos de nulidades insupríveis:

a) A não concretização e a não individualização suficientes das infrações constantes da acusação, isto é, sem que as mesmas venham suficientemente discriminadas, em termos das circunstâncias de modo, tempo e lugar, em que foram praticadas, e com o seu devido enquadramento jurídico e sancionatório (artº 213º, nº 3);

b) A falta de audição do arguido, a artigos de acusação, que ponha em causa o exercício do contraditório por parte do arguido;

c) Quando o prazo dado para a apresentação de defesa seja inadequado à complexidade da acusação e não se permita a sua prorrogação de forma a atender a esta complexidade;

d) A falta de notificação da acusação, ao advogado regularmente mandatado;

e) A falta de notificação ao advogado regularmente mandatado para, querendo, estar presente à inquirição das testemunhas arroladas pelo arguido, na sua defesa;

f) A não audição de testemunhas arroladas pelo arguido sobre matérias importantes para a sua defesa;

g) A não realização de diligências solicitadas pelo arguido sobre matérias importantes para a defesa, quando este demonstre, mesmo que sumariamente, constituírem elementos de prova essenciais para a descoberta da verdade (só podem ser indeferidos os meios de prova indicados pelo arguido que se revelarem manifestamente impertinentes ou desnecessários – vd. artº 212º, nº 4);

h) A não realização de diligências determinadas oficiosamente pelo instrutor;

i) A não realização, pelo instrutor do processo disciplinar, de acareação requerida pelo arguido na sua defesa, quando haja oposição direta entre os depoimentos das testemunhas intervenientes;

j) A realização de uma qualquer diligência após a efetivação da defesa do arguido, sem que da mesma lhe de conhecimento antes da elaboração do relatório final;

k) Quando no relatório final se deem como provados factos que não constavam da acusação e é com base nestes que a autoridade decidente aplica a sanção respetiva, porque equivalente à efetiva falta de audição do arguido.

A redução a escrito, de modo vago e impreciso, das respostas das testemunhas e dos depoentes, constitui já uma nulidade suprível nos termos do nº 2 deste artº 203º.

46. Cessação ou alteração da situação jurídico-funcional do trabalhador durante a pendência de processo disciplinar – o trabalhador objeto de processo disciplinar, ainda que suspenso preventivamente, não está impedido de fazer cessar ou alterar, nos termos legais, a sua situação jurídico-funcional, designadamente candidatando-se a procedimentos concursais ou requerendo e beneficiando de licenças sem vencimento, vindo a cumprir a pena a que for condenado, se for caso disso, no serviço novo em que se encontrar à data da aplicação ou execução daquela pena (artº 204º, vd. artº 176º, nº 4, na redação do Dec. – Lei nº 6/2019, de 14 de janeiro). No caso de haver lugar à cessação do vínculo de emprego público, «o procedimento disciplinar ou a execução de qualquer das sanções previstas nas alíneas *b)* a *d)* do nº 1 do artº 180º suspende-se por um período máximo de 18 meses, podendo prosseguir caso o trabalhador constitua novo vínculo de emprego público para as mesmas funções a que o procedimento disciplinar diz respeito e desde que do seu início, ressalvado o tempo de suspensão, não decorram mais de 18 meses até à notificação ao trabalhador da decisão final» (artº 176º, nº 5, na redação do Dec. – Lei nº 6/2019, de 14 de janeiro).

47. Início e termo da instrução – a instrução do processo disciplinar inicia-se no prazo máximo de 10 dias, a contar da data da notificação ao instrutor do despacho que o mandou instaurar, e ultima-se no prazo de 45 dias, só podendo ser excedido este prazo por despacho da entidade que o mandou instaurar, sob proposta fundamentada do instrutor, nos casos de excecional complexidade (artº 205º, nº 1), uma vez que o procedimento disciplinar é urgente, sem prejuízo das garantias de audiência e defesa do trabalhador (nº 2) – entendemos que não só o início da instrução determinado pelo instrutor como também a decisão de instauração do procedimento disciplinar devem ser notificados ao arguido – vd. artº 268º, nº 3 da CRP e CPA (os prazos aqui referidos são meramente indicadores para o instrutor).

48. Participação ou queixa – todos ao que tenham conhecimento de uma infração praticada por um trabalhador podem dela participar ou deduzir queixa, se assim o entenderem, a qualquer um seu superior hierárquico (embora a lei não o distinga, entende-se que participa quem não é lesado pela conduta e se queixa quem por ela for lesado – artº 206º, nº 1).

49. Nomeação de instrutor e comunicação do início da instrução – a entidade que instaure procedimento disciplinar nomeia instrutor que tem obrigatoriamente de ser sujeito de um vínculo de emprego público e não pode ter um cargo, carreira ou categoria inferior ao do trabalhador, devendo este ser sempre notificado da instauração de procedimento disciplinar e da nomeação do respetivo instrutor, sob pena de violação de lei passível de ser sancionada com nulidade processual prevista no artº 203º, nº 2 (arts. 205º a 208º).

50. Suspeição do instrutor – o trabalhador e o participante podem deduzir suspeição do instrutor do processo disciplinar quando ocorra circunstância por causa da qual possa razoavelmente suspeitar-se da sua isenção e da retidão da sua conduta (artº 209º e arts. 69º a 76º do CPA; da decisão que indeferir a arguição do impedimento ou incidente de suspeição suscitados pode haver lugar à interposição de recurso nos termos do artº 227º, nº 3).

51. Medidas cautelares e suspensão preventiva – enquanto a competência para tomar as medidas cautelares cabe ao instrutor, a suspensão preventiva, sem perda da remuneração base, por prazo não superior a 90 dias, só pode ser tomada pelo dirigente máximo do serviço, mediante despacho, sob proposta da entidade que tenha mandado instaurar o procedimento disciplinar ou do instrutor, apenas no caso da infração ser previsivelmente punível com sanção de suspensão ou superior, contando-se este tempo de suspensão para efeitos de antiguidade (arts. 210º e 211º, nºs 1 e 2) – a suspensão preventiva, porque lesiva de direitos ou interesses legalmente protegidos, é passível de impugnação nos termos do artº 224º, bem como de interposição de providência cautelar (vd. artº 112º e ss do CPTA) – embora este preceito não o obrigue e a natureza urgente da medida o desaconselhe, entende-se que a decisão de suspender preventivamente o arguido deve ser precedida de audiência prévia do arguido, sob pena de nulidade da mesma por violação do direito de audiência previsto no artº 269º, nº 3 da CRP e no artº 203º, nº 1.

52. Instrução do processo – o instrutor ouve o trabalhador, a requerimento deste e sempre que o entenda conveniente, até se ultimar a instrução, e pode também acareá-lo com as testemunhas ou com o participante (artº 212º, nº 1); durante a fase de instrução, o trabalhador pode requerer ao instrutor que promova as diligências para que tenha competência e consideradas por aquele essenciais para apuramento da verdade (nº 2); na fase de instrução do processo o número de testemunhas é ilimitado, podendo ser ouvidos, a requerimento do trabalhador, representantes da associação sindical a que o mesmo pertença (nº s 6 e 7).

53. Termo da instrução – concluída a instrução, que deve ocorrer no prazo máximo de 45 dias (prorrogável nos termos do artº 205º, nº 1), o instrutor pode fazer uma de duas coisas:

a) Elaborar um **Relatório Final,** no prazo de 5 dias, a propor o arquivamento do procedimento disciplinar por entender que os factos constantes dos autos não constituem infração disciplinar, que não foi o trabalhador o autor da infração ou que não é de exigir responsabilidade disciplinar por virtude de prescrição ou de outro motivo;

b) Deduzir **acusação,** no prazo de 10 dias, contendo a indicação dos factos que constituem infração disciplinar, bem como das circunstâncias de tempo, modo e lugar em que a mesma ocorreu, bem como ainda das que integram atenuantes e agravantes, referenciando os preceitos legais e as sanções aplicáveis (artº 213º).

54. Notificação da acusação – da acusação extrai-se cópia, no prazo de 48 horas, para ser entregue ao trabalhador mediante notificação pessoal ou, não sendo esta possível, por carta registada com aviso de receção, marcando-se-lhe um prazo entre 10 e 20 dias para apresentar a sua defesa escrita (artº 214º, nº 1); porém, quando não seja possível esta notificação, designadamente por ser desconhecido o paradeiro do trabalhador, é publicado aviso na 2ª série do *Diário da República,* notificando-o para apresentar a sua defesa em prazo não inferior a 30 nem superior a 60 dias, a contar da data da publicação (nº 2); quando esteja em causa a aplicação de sanções de despedimento, demissão ou cessação da comissão de serviço, a cópia da acusação é também remetida à comissão de trabalhadores e, quando o trabalhador seja representante sindical, à associação sindical respetiva, para mero conhecimento, podendo essa remissão não ter lugar quando a isso se tenha oposto o trabalhador (nº 5).

55. Incapacidade física ou mental – quando o trabalhador esteja incapacitado de organizar a sua defesa por motivo de doença ou incapacidade física devidamente comprovadas, o instrutor pode nomear um representante especialmente mandatado para o efeito (artº 215º, nº 1) ou, quando o trabalhador não possa exercer este direito, o instrutor nomeia-lhe imediatamente um curador, preferindo a pessoa a quem competiria o acompanhamento, se este fosso requerido nos termos da lei civil (nº 2, na redação dada pela Lei nº 49/2018, de 14 de agosto).

56. Exame do processo e apresentação da defesa – durante o prazo para apresentação da defesa, pode o trabalhador ou o seu representante ou curador, bem como o advogado por qualquer deles constituído, examinar o processo a qualquer hora de expediente (artº 216º, nº 1), podendo o trabalhador, com a resposta apresentar o rol das testemunhas e juntar documentos, requerendo também quaisquer diligências (nº 6), equivalendo a falta de resposta dentro do prazo marcado como efetiva audiência do trabalhador, para todos os efeitos legais (nº 7); **a não autorização da consulta ou a recusa da sua confiança sem a devida fundamentação podem constituir nulidade processual reclamável pelo trabalhador até à decisão disciplinar nos termos do artº 203º, nº 2;** não obstante nada se dizer nesse sentido no artº 216º, entende-se que o arguido possa pedir ao instrutor para prestar declarações nesta fase à semelhança do que se prevê no artº 212º, nº 2.

57. Confiança do processo – o processo pode ser confiado ao advogado do trabalhador, mediante pedido verbal ou por escrito nesse sentido, durante o prazo para apresentação da contestação, nos termos e sob a cominação previstos no CPC, não dependendo tal confiança de qualquer despacho de autorização, e muito menos ser recusada, sendo esta nulidade suprível nos termos do disposto no artº 203º, nº 2 (artº 217º).

58. Produção da prova oferecida pelo trabalhador – as diligências requeridas pelo trabalhador podem ser recusadas em despacho do instrutor, devidamente fundamentado, quando manifestamente impertinentes e desnecessárias (artº 218º, nº 1), não podendo ser ouvidas mais de 3 testemunhas por cada facto, podendo as que não residam no lugar onde corre o processo, quando o trabalhador não se comprometa a apresentá-las, ser ouvidas por solicitação a qualquer autoridade administrativa (nº 2) e devendo as diligências para a inquirição de testemunhas ser notificadas ao trabalhador, bem como, acrescentamos nós, ao advogado do arguido (nº 5).

59. Intervenção do advogado do trabalhador – o advogado do trabalhador pode estar presente e intervir na inquirição das testemunhas, sem que, contudo, tal signifique a possibilidade de as interrogar diretamente, mas sim através de requerimento dirigido nesse sentido ao instrutor e desde que este as não entenda dilatórias (arts. 218º, nº 7 e 202º).

60. Relatório final do instrutor – finda a fase de defesa do trabalhador, o instrutor elabora, no prazo de 5 dias, um relatório final completo e conciso donde constem a existência material das faltas, a sua qualificação e gravidade, importâncias que porventura haja a repor e seu destino (resultando daqui e da conjugação com o disposto no artº 174º, nº 2, al. *c)* que estas importâncias se destinam apenas a repor pagamentos indevida e ilegalmente efetuados, cuja reposição seguirá os trâmites previstos no Dec. – Lei nº 155/92, de 28 de julho, e não a indemnizar quaisquer danos ou prejuízos causados ao serviço público ou a terceiros), bem como a sanção disciplinar que entenda justa ou a proposta para que os autos se arquivem por ser insubsistente a acusação, designadamente por inimputabilidade do trabalhador, o qual é, remetido no prazo de 24 horas, à entidade que o mandou instaurar, a qual, quando não seja competente para decidir, o envia no prazo de 2 dias a quem deva proferir a decisão (artº 219º, nºs 1 e 3) e, quando seja proposta a aplicação das sanções disciplinares de despedimento disciplinar, demissão ou cessação da comissão de serviço, a entidade competente para a decisão apresenta o processo, por cópia integral, à comissão de trabalhadores e, quando o trabalhador seja representante sindical, à associação sindical respetiva, que podem, no prazo de 5 dias, juntar o seu parecer fundamentado, não vinculativo (nº 4), podendo, porém, não haver lugar a esta remessa da decisão caso o trabalhador a ela se oponha por escrito durante a fase de instrução (nº 5); **a não promoção deste parecer por parte da entidade competente para decidir constitui nulidade reclamável nos termos do artº 203º, nº 2.**

61. Decisão – perante o relatório final enviado pelo instrutor, a entidade competente para decidir pode proceder de uma de 3 formas:

a) Concordar com as conclusões do relatório, proferindo a decisão final no prazo máximo de 30 dias a contar da data de receção do processo (artº 220º, nºs 1 e 4, al. *a)*);

b) Não concordar, podendo ordenar novas diligências, a realizar no prazo que para tal estabeleça, decidindo depois fundamentadamente em conformidade com os novos elementos de prova obtidos no prazo máximo de 30 dias, a contar do termo daquele prazo estabelecido (artº 220º, nºs 1 e 3, al. *b)*);

c) Pedir a emissão, no prazo de 10 dias, de parecer por parte do superior do arguido ou de unidade orgânica do órgão ou serviço a que o mesmo pertença, sendo a decisão proferida no prazo máximo de 30 dias, a contar do termo do prazo fixado para a emissão do parecer (artº 220º, nºs 1 e 3, al. *c)*).

O incumprimento destes prazos determina a caducidades do direito de aplicar a sanção (artº 220º, nº 6).

62. Notificação da decisão – a decisão final, punitiva ou não, é obrigatoriamente notificada ao trabalhador e ao instrutor, observando-se, com as necessárias adaptações, o regime disposto para a notificação da acusação (artº 222º, nºs 1 e 3), sendo a decisão, quando o processo tenha sido apresentado às estruturas de representação dos trabalhadores, igualmente comunicada à comissão de trabalhadores e à associação sindical (nº 4) e ao participante, quando este o tenha requerido (nº 3). Se o trabalhador recusar receber a notificação será notificado através de publicação no DR, 2ª série (arts. 203º e 214º).

63. Início de produção de efeitos das sanções disciplinares – as sanções disciplinares produzem efeitos no dia seguinte ao da notificação do trabalhador ou, não podendo este ser notificado, 15 dias após a publicação de aviso na 2ª série do *DR* (artº 223º).

64. Meios impugnatórios – os atos proferidos em processo disciplinar podem ser impugnados hierárquica ou tutelarmente, nos termos do CPA, ou jurisdicionalmente, sendo que o direito fundamental a esta tutela judicial, previsto no artº 268º, nº 4 da CRP, se traduz no direito à impugnação apenas dos atos administrativos lesivos de direitos ou interesses legalmente protegidos dos administrados (artº 224º), pelo que da conjunção deste preceito constitucional com o disposto no CPA sobre a mesma matéria e no artº 225º, nº 1 resulta que o trabalhador e o participante só têm direito de interpor recurso hierárquico ou tutelar contra atos (despachos e decisões) do instrutor ou do seu superior hierárquico que não sejam de mero expediente e que lesem direitos e ou interesses legalmente protegidos, podendo o titular destes direitos ou interesses escolher livremente entre o recurso à impugnação administrativa ou à judicial, não havendo aqui a obrigatoriedade de anteceder esta impugnação da interposição do recurso administrativo hierárquico ou tutelar (temos aqui a figura do recurso administrativo facultativo previsto no artº 59º, nºs 4 e 5 do CPTA). Porém, o facto do artº 225º, nº 4 atribuir efeito suspensivo aos recursos hierárquico ou tutelar daqueles atos, exceto quando o seu autor considere que a sua não execução imediata causa grande prejuízo ao interesse público, faz com que o trabalhador acabe por optar previamente pela impugnação administrativa em detrimento da judicial, que não tem este efeito suspensivo. Enquanto que para o participante o ato suscetível de ser por ele recorrido por ser eventualmente lesivo é o de arquivamento do processo, para o trabalhador alvo de processo disciplinar existe já uma panóplia de atos identificáveis como lesivos, logo recorríveis, como sejam os atos que indeferem os pedidos de suspeição do instrutor, de realização de diligências, de confiança do processo, de prorrogação do prazo para a realização dos meios de prova, ou então de atos que decretem uma medida cautelar, que deduzam uma acusação ou que julguem desnecessárias e impertinentes certas provas ou não promovam o parecer fundamentado dos sindicatos, por exemplo. Na falta de indicação expressa nesse sentido, o prazo para a entidade competente decidir este recurso administrativo deverá ser o prazo de 30 dias previsto no CPA.

Procurando conjugar o disposto no artº 225º, nºs 2 e 4 com o preceituado no artº 227º temos, como regra geral em matéria de subida de recursos, que todos os recursos interpostos contra atos que não sejam de mero expediente praticados ao longo do procedimento só serão enviados para a entidade com competência decisória se e quando for interposto recurso contra a decisão final do procedimento disciplinar, com exceção de 3 recursos, a saber:

a) Recurso contra a decisão que indefira a realização de diligências probatórias a que se refere o artº 203º, nº 4;
b) Recurso contra a decisão de indeferimento do pedido de suspeição do instrutor ou que não aceite os fundamentos invocados para a mesma a que se reporta o artº 227º, nº 3;
c) Recurso que, ficando retido sem que se remeta de imediato para decisão, perca por isso o seu efeito útil mencionado no artº 227º, nº 2 (exemplo disso é o recurso contra o ato que ordena a suspensão preventiva do trabalhador).

65. Renovação do procedimento disciplinar – quando o ato de aplicação da sanção disciplinar tenha sido judicialmente impugnado com fundamento em preterição de formalidade essencial no decurso do processo disciplinar, gerando a nulidade insuprível do respetivo procedimento (artº 203º, nº 1), permite-se a renovação da instauração do procedimento disciplinar até ao termo do prazo para contestar a ação judicial, sendo o disposto atrás aplicável quando, cumulativamente:

a) O prazo referido no nº 1 do artigo 178º não se encontre ainda decorrido à data da renovação do procedimento;
b) O fundamento da impugnação não tenha sido previamente apreciado em recurso hierárquico ou tutelar que tenha sido rejeitado ou indeferido;
c) Seja a primeira vez que se opere a renovação do procedimento (artº 228º).

Caso não se renove o procedimento disciplinar até ao termo do prazo para contestar a ação judicial, isso significa que, para além de não haver lugar a aplicação de qualquer pena ao arguido, assistirá ainda ao arguido, como consequência da declaração da nulidade do ato impugnado, o direito à sua readmissão ou ao pagamento de uma indemnização substitutiva (vd. artº 301º). Quando se fala em renovação deve isso significar também que nenhum ato do anterior procedimento deverá ser aproveitado no novo procedimento.

66. Procedimentos disciplinares especiais – a lei identifica os seguintes procedimentos disciplinares especiais:

a) **Inquérito** – é um processo especial que visa apurar factos determinados sobre os quais não se conseguem ainda identificar claramente os seus responsáveis, sendo competente para o instaurar os membros do governo ou os dirigentes máximos dos órgãos ou serviços respetivos (artº 229º);

b) **Sindicância** – é um processo especial que se destina a uma averiguação geral acerca do funcionamento do órgão, serviço ou unidade orgânica, cabendo também aos membros do governo ou os dirigentes máximos dos órgãos ou serviços respetivos a competência para a instaurar (artº 229º) e fazer publicar anúncios em 2 jornais, afixando editais no início do processo de sindicância (artº 230º, nº 1);

c) **Processo disciplinar especial de averiguações** – é um processo especial instaurado obrigatoriamente pelo dirigente máximo do órgão ou serviço destinado a apurar se o desempenho do trabalhador com vínculo de emprego público (que não seja titular de cargo dirigente ou equiparado) classificado com duas avaliações negativas consecutivas constitui infração disciplinar imputável ao trabalhador avaliado por violação culposa de deveres funcionais, designadamente do dever de zelo, sendo causa de exclusão da culpabilidade da violação dos deveres funcionais a não frequência de formação, ou a frequência de formação inadequada, aquando da primeira avaliação negativa do trabalhador (artº 232º) – o averiguante é nomeado pelo dirigente máximo do órgão ou serviço de entre dirigentes que nunca tenham avaliado o trabalhador ou, na falta destes, solicita a outro dirigente máximo de outro órgão ou serviço que o nomeie, devendo o averiguante ouvir obrigatoriamente o trabalhador e todos os avaliadores que intervieram nas avaliações negativas, bem como o número máximo de 3 testemunhas indicados pelo trabalhador, sob pena do incumprimento destes preceitos determinar a nulidade insuprível do respetivo procedimento (artº 233º). Todas as diligências instrutórias deste processo devem estar concluídas no prazo máximo de 20 dias, a contar da data da instauração do procedimento, tendo o averiguante de seguida um prazo de 10 dias, contado agora da data de conclusão da instrução, para elaborar o relatório final fundamentado no qual pode propor uma de duas coisas: o arquivamento do processo ou a instauração de procedimento disciplinar (artº 234º). Para efeitos desta infração continuada no tempo, ficciona-se ou considera-se a mesma cometida na data em que for proposta a instauração do procedimento disciplinar (artº 234º, nº 5).

d) **Processo de revisão do procedimento disciplinar** – é um processo a que o trabalhador pode fazer uso, a todo o tempo, quando se verifiquem circunstâncias ou meios de prova suscetíveis de demonstrar a inexistência dos factos que determinaram a condenação, desde que não pudessem ter sido utilizados pelo trabalhador no procedimento disciplinar, não constituindo a simples ilegalidade, de forma ou de fundo, do procedimento e da decisão disciplinares fundamento para a revisão, podendo a revisão conduzir à revogação ou à alteração da decisão proferida no procedimento revisto, não podendo em caso algum ser agravada a pena – trata-se de um processo especial que pressupõe sempre que a pena já tenha sido aplicada, podendo verificar-se a todo o tempo, independentemente da mesma já ter sido cumprida ou de se encontrar ainda por cumprir (artº 235º).

Recebido o requerimento do trabalhador, o dirigente que aplicou a pena tem um prazo de 30 dias para analisar e decidir o pedido de revisão. Caso conclua que o pedido se encontra indevidamente instruído ou que não foram apresentadas novas provas que sustentem a revisão, o requerimento da revisão é indeferido, sendo a ausência de resposta naquele prazo equiparada a indeferimento. Caso seja concedida a revisão, aquele dirigente nomeará então um novo instrutor que deve proceder à abertura da fase de defesa do arguido (arts. 237º a 239º).

e) **Processo de reabilitação** – é um processo a que os trabalhadores que exercem funções públicas ou os seus representantes podem, em atenção à sua boa conduta, fazer uso após o decurso de certos prazos sobre a aplicação das sanções disciplinares, requerendo a sua reabilitação, independentemente da revisão do procedimento disciplinar, com o objetivo de fazer cessar as incapacidades e demais efeitos das penas ainda subsistentes, sendo competente para decidir a entidade à qual coube a aplicação da sanção, podendo o interessado utilizar para comprovar o seu bom comportamento todos os meios de prova admitidos em direito – a interposição deste processo depende assim da verificação de 3 coisas, a saber, da iniciativa do trabalhador, do decurso de um certo prazo sobre a aplicação de uma sanção disciplinar e da existência de uma boa conduta do trabalhador, não se questionando aqui a existência do próprio ilícito ou a justiça da pena aplicada pelo que, no caso de a reabilitação ser concedida, esta é averbada no registo biográfico do trabalhador, sem que tal implique a eliminação do registo da infração cometida e da pena aplicada (artº 240º).

67. Consequências da anulação judicial ou declaração de nulidade das sanções de despedimento/demissão – estas situações, de acordo com os arts. 300º a 302º, dão lugar à condenação do EP numa indemnização por danos patrimoniais e não patrimoniais e à reconstituição da situação jurídica-funcional hipotética ou, em alternativa a esta, por opção do trabalhador, numa indemnização a fixar pelo tribunal entre 15 e 45 dias por cada ano completo de exercício de funções, com um valor mínimo correspondente a 3 remunerações base mensais.

68. Consequências especiais no caso de anulação judicial ou declaração de nulidade de sanções de despedimento/demissão de trabalhadores com vínculo de de contrato a termo – neste caso, o EP está obrigado a pagar uma indemnização que não pode ser inferior às remunerações que o trabalhador teria direito a receber até ao termo normal do contrato, certo ou incerto, ou até ao trânsito em julgado da decisão do tribunal, se esta for posterior àquele termo (artº 302º).

Capítulo XXIV
Vicissitudes Modificativas do Vínculo de Emprego Público

1. Vicissitudes ou atos modificativos do vínculo de emprego público – sobre o vínculo de emprego inicialmente constituído podem incidir atos que lhe modificam ou alteram as suas características iniciais, atos esses que se resumiam inicialmente a 3 previstos na LTFP, a saber:

a) **Cedência de interesse Público** (arts. 241º a 244º);
b) ***Requalificação profissional*** *(arts. 245º a 275º, entretanto revogados pela Lei nº 25/2017, de 30 de maio);*
c) **Outras situações de redução da atividade ou suspensão do vínculo de emprego público** (arts. 276º a 287º).

2. Revogação da figura da requalificação profissional: sua substituição pelo regime da valorização profissional dos trabalhadores com vínculo de emprego público – com a publicação da Lei nº 25/2017, de 30 de maio, procedeu-se à revogação do regime da requalificação profissional, aprovando-se, em sua substituição, o regime da valorização profissional dos trabalhadores com vínculo de emprego público, anexo àquela lei, designado por *RVP* ou apenas *regime*, que entrou em vigor no dia 1 de junho de 2017. Porque este RVP se assume e se constitui como uma verdadeira circunstância ou vicissitude modificativa do vínculo de emprego público, entendemos abordá-lo neste capítulo logo a seguir à figura de cedência de interesse público, em vez daquele regime da requalificação profissional.

3. Cedência de interesse público – tem a sua génese num acordo de cedência entre EP e empregador fora do âmbito de aplicação da LTFP através do qual um trabalhador em funções públicas pode ser disponibilizado para prestar a sua atividade subordinada a um empregador fora do âmbito de aplicação subjetiva daquela lei ou em que um trabalhador com uma relação jurídica de emprego privado pode ser disponibilizado para prestar trabalho a um EP, ocupando neste um posto de trabalho previsto mas não ocupado, com manutenção do seu vínculo inicial, que fica porém suspenso (artº 129º da LTFP e artº 239º, nº 6 do CT), salvo disposição legal em contrário, acordo este que carece da aceitação do trabalhador e de autorização do membro do Governo que exerça poderes de direção, superintendência ou tutela sobre o EP e, no caso de se tratar de trabalhador com vínculo a empregador fora do âmbito de aplicação da presente lei, de autorização dos membros do Governo responsáveis pelas áreas das finanças e da AP (artº 241º, nºs 1 a 3). Na administração local este acordo carece de concordância escrita do presidente da Câmara Municipal ou da junta de freguesia (artº 11º do Dec. – Lei nº 209/2009, de 3 de setembro). No caso de um trabalhador de uma EPE com vínculo de emprego público, v.g. hospitais EPEs, vir a exercer transitoriamente funções num EP, Cláudia Nunes defende, e subscrevemos, que deve ser elaborado um acordo de cedência de interesse público e não um acordo de mobilidade por entender que o critério orgânico prevalece aqui sobre o material.

4. Proibição de nova cedência de interesse público – não pode haver lugar, durante o prazo de um ano, a cedência de interesse público para o mesmo órgão ou serviço ou para a mesma entidade de trabalhador que se tenha encontrado cedido e tenha regressado à situação jurídico-funcional de origem (artº 241º, nº 4). Porém, esta proibição não se aplica se a nova cedência for já para outro órgão ou serviço ou entidade.

5. Cessação do acordo de cedência de interesse público – o acordo de cedência de interesse público pode ser feito cessar, a todo o tempo, por iniciativa de qualquer das partes, incluindo o trabalhador, com aviso prévio de 30 dias (artº 241º, nº 5), sendo que no caso de suspensão do vínculo, a cessação do acordo de cedência de interesse público tem os efeitos da suspensão por impedimento prolongado previsto na presente lei ou no CT, consoante o caso (nº 6) – vd. arts. 121º da LTFP e 239º do CT.

6. Regime jurídico da cedência de interesse público – o trabalhador cedido fica sujeito às seguintes regras:

a) Ao regime jurídico aplicável ao empregador cessionário, salvo quando não tenha havido suspensão do vínculo, caso em que a situação é regulada pelo regime jurídico de origem, incluindo em matéria de remuneração (artº 242º, nº 1);

b) Às ordens e instruções do empregador onde vai prestar funções, sendo remunerado, salvo acordo em contrário, pela entidade cessionária (nº 2);

c) Tem direito à contagem, na categoria de origem, do tempo de serviço prestado em regime de cedência;

d) Tem direito a optar pela manutenção do regime de proteção social de origem, incidindo os descontos sobre o montante da remuneração que lhe competiria na categoria de origem;

e) Tem direito a ocupar, nos termos legais, diferente posto de trabalho no órgão ou serviço ou na entidade de origem ou em outro órgão ou serviço (nº 3);

f) O exercício do poder disciplinar cabe à entidade cessionária, exceto quando esteja em causa a aplicação de sanção disciplinar extintiva (nº 6);

g) Os comportamentos do trabalhador cedido que constituam infração disciplinar têm relevância no âmbito do vínculo de origem, para todos os efeitos legais (nº 7);

h) No caso em que a infração imputada possa corresponder, em abstrato, a sanção disciplinar extintiva, o poder disciplinar pode ser delegado expressamente na entidade cessionária e a decisão de aplicação da sanção deve ser tomada pelo cedente e pelo cessionário, devendo o procedimento disciplinar que apure a infração disciplinar obedecer ao procedimento disciplinar do vínculo de origem (nº 8).

7. Cedência de interesse público para EP – o acordo de cedência de interesse público para o exercício de funções no âmbito de EP pressupõe a constituição de um vínculo de emprego público que, atendendo à sua natureza temporária, poderá ser feita por nomeação transitória, por contrato a termo resolutivo ou por comissão de serviço, consoante o tipo de funções a desempenhar, e tem a ***duração máxima de 1 ano***, exceto quando tenha sido celebrado para o exercício de um cargo ou esteja em causa órgão ou serviço, designadamente temporário, que não possa constituir relações jurídicas de emprego público por tempo indeterminado, casos em que a sua duração é indeterminada. (artº 243º, nºs 1, 2 e 3). Porém, no caso do acordo de cedência de interesse público operar para entidade excluída da LTFP, este acordo não está sujeito a este prazo máximo de duração, podendo o mesmo vigorar até ao termo que for contratualmente fixado ou até à sua denúncia, efetuada por qualquer uma das partes.

8. Consolidação da cedência de interesse público – esta consolidação, tornada possível através da Lei nº 66-B/2012, de 31 de dezembro, rege-se pelo disposto no preceito sobre a consolidação da mobilidade, sendo necessário para a sua verificação que:

a) O trabalhador seja titular de um vínculo de emprego público constituído por tempo indeterminado;
b) A consolidação se dê na mesma carreira e categoria;
c) O serviço de destino seja um EP;
d) Se cumpram os requisitos exigidos pelo artº 99º, nº 3, nomeadamente que a consolidação se dê na mesma carreira e categoria;
e) Haja lugar a um despacho de concordância do membro do Governo competente na respetiva área, bem como de parecer prévio favorável dos membros do Governo responsáveis pelas áreas das finanças e da Administração Pública (artº 99º, nº 9).

9. Cedência de interesse público para exercer funções em central sindical ou confederação patronal – dá-se quando um trabalhador de órgão ou serviço deva exercer funções em central sindical ou confederação patronal, ou em entidade privada com representatividade equiparada nos setores económico e social, e em que no respetivo acordo se preveja que continue a ser remunerado, bem como as correspondentes comparticipações asseguradas, pelo órgão ou serviço de origem, sendo, neste caso, o número máximo de trabalhadores cedidos de 4 por cada central sindical e de 2 por cada uma das restantes entidades (artº 244º, nºs 1 e 2), implicando este regime de cedência de interesse público uma suspensão do vínculo de emprego público.

10. Casos especiais de cedência de interesse público em que não há lugar à suspensão do vínculo e emprego público – no seguimento do disposto no artº 244º, nºs 3 e 4 não há lugar a tal suspensão:

a) Sempre que um trabalhador em funções públicas, por força de transmissão de unidade económica, passa a exercer funções para empregador excluído do âmbito de aplicação da LTFP;
b) Nas situações em que um EP passe a ser responsável por estabelecimento ou unidade económica com trabalhadores com contrato individual de trabalho, sujeito ao CT, designadamente em situações de reversão de concessão de serviço público.

11. Transição dos trabalhadores em regime de requalificação – a Lei nº 25/2017, de 30 de maio, que aprovou o RVP, prevê um conjunto de normas destinado a definir e clarificar a situação socioprofissional dos trabalhadores em regime de requalificação profissional à data da entrada em vigor daquela lei, a saber, 1 de junho de 2017, distinguindo-se, porém, no seu seio entre:

I. **Trabalhadores em requalificação em inatividade** – os trabalhadores em requalificação que se encontram em situação de não exercício de funções à data da entrada em vigor da lei em apreço, podem optar – mediante comunicação efetuada por requerimento endereçado à Direção-Geral da Qualificação dos Trabalhadores em Funções Públicas (INA), preferencialmente por via eletrónica (sem prejuízo do disposto no artº 104º do CPA), no prazo máximo de 60 dias (a falta de apresentação de requerimento neste prazo, faz com que o trabalhador passe à situação de licença sem remuneração), reunidas as condições em cada caso aplicáveis, por uma das seguintes situações:
   a) Pelo regresso à atividade através da integração em posto de trabalho nos termos previstos no artº 27º do RVP;
   b) Pela cessação do vínculo por mútuo acordo, nos termos do artº 30 do RVP, considerando-se a última remuneração base mensal auferida antes da colocação na situação de requalificação;
   c) Pela aplicação do regime excecional previsto no artº 7º da Lei nº 25/2017, de 30 de maio;
   d) Pela passagem à situação de licença sem vencimento.
   (artº 6º, nºs 1, 2 e 3 da Lei nº 25/2017, de 30 de maio)

II. **Trabalhadores em requalificação em situação de não exercício de funções à data da entrada em vigor da Lei nº 25/2017 e que detenham nessa data idade igual ou superior a 55 anos** – tais trabalhadores podem manter a situação adquirida em virtude da aplicação do regime da requalificação até à idade legal da reforma ou aposentação, considerando-se o trabalhador em causa requerente da reforma ou aposentação assim que complete a idade legal, a não ser que até essa data requeira a aplicação de uma outra das situações previstas no artigo anterior.
   (artº 7º, nºs 1 e 2 da Lei nº 25/2017, de 30 de maio)

III. **Trabalhadores em requalificação em atividade** – ie, que se encontrem em situação de exercício de funções à data da entrada em vigor da Lei nº 25/2017:

a) São integrados no órgão ou serviço em que desempenham funções em situação de mobilidade, em posto de trabalho previsto ou a prever automaticamente no mapa de pessoal, aplicando-se com as necessárias adaptações o disposto no artº 22º, nºs 2, 4 e 5 do RVP;

b) São integrados na respetiva secretaria-geral, nos termos do artº 27º do RVP, os trabalhadores que se encontrem a exercer funções em gabinetes ministeriais, em situação de cedência de interesse público, em comissão de serviço em cargo dirigente ou em órgão ou serviço que não possa constituir vínculos de emprego público por tempo indeterminado, mantendo as situações de exercício transitório de funções até ao seu termo;

c) São igualmente integrados na respetiva secretaria-geral os trabalhadores que, na sequência de procedimento concursal ou de mobilidade intercarreiras, concluam o período experimental sem sucesso, nos termos da alínea *b)*.

(artº 8º, nºs 1, e 2 da Lei nº 25/2017, de 30 de maio)

IV. Trabalhadores em requalificação em situação de licença sem remuneração – que assim se encontrem à data da entrada em vigor da Lei nº 25/2017, mantêm-se na situação de licença, efetuando-se o regresso nos termos previstos no artº 31º, nº 1 do RVP (artº 9º, nº 1 da Lei nº 25/2017); quanto aos trabalhadores em requalificação, em situação de licença sem remuneração que, nos termos gerais, determine o regresso direto e imediato ao serviço, designadamente as licenças previstas nos arts. 282º e 283º da LTFP, aplica-se o disposto no artº 8º, nº 1, al. *b)* da Lei nº 25/2017.

(artº 9º, nº 1 e 2 da Lei nº 25/2017, de 30 de maio)

V. Trabalhadores em requalificação que, à data da entrada em vigor da Lei nº 25/2017, se encontram na situação de licença extraordinária ao abrigo do disposto no artº 13º da Lei nº 35/2014, de 20 de junho -- podem optar, mediante comunicação feita através de requerimento dirigido ao INA, no prazo de 60 dias (a ausência deste requerimento neste prazo determina que o trabalhador passe à situação de licença sem vencimento):

a) Pelo regresso da situação de licença e ocupação de posto de trabalho existente ou a prever no mapa de pessoal do serviço de origem ou do serviço que sucedeu nas atribuições em caso de serviço extinto;

b) Pela cessação do vínculo por mútuo acordo, nos termos do artº 30º do RVP, considerando-se a última remuneração base mensal auferida antes da colocação em situação de mobilidade especial;

c) Pela aplicação do regime excecional previsto no artº 7º da Lei nº 25/2017, caso reúna as respetivas condições, auferindo como remuneração o valor da subvenção detida à data da entrada em vigor desta lei;

d) Pela passagem à situação de licença sem remuneração.
(artº 10º, nºs 1, 2 e 3 da Lei nº 25/2017, de 30 de maio)

12. Regime da valorização profissional dos trabalhadores com vínculo de emprego público (RVP) – a reorganização dos órgãos ou serviços ocorre, nos termos do Dec. – Lei nº 200/2006, de 25 de outubro, por extinção, fusão e reestruturação, e por racionalização de efetivos (artº 4º, nº 1 do RVP), podendo daqui resultar a libertação ou dispensa de trabalhadores relativamente aos quais o novo RVP assegura uma de duas coisas, a saber, a sua reafetação em novo posto de trabalho de outro órgão ou serviço ou, caso tal não seja possível, a sua colocação em situação de valorização profissional (artº 16º, nº 1 do RVP), que «tem como objetivo o reforço das competências profissionais dos trabalhadores, através da formação profissional em função das necessidades identificadas pelos serviços, com vista à sua célere integração em novo posto de trabalho, desenvolvendo-se num período máximo de três meses» (artº 18º, nº 1 do RVP), atribuindo-se à Direção-Geral da Qualificação dos Trabalhadores em Funções Públicas (INA) a competência para a «gestão dos trabalhadores em valorização profissional, incluindo o acompanhamento dos processos de reorganização e racionalização, bem como a realização das ações de formação no âmbito dos planos de valorização profissional aplicáveis e a consequente integração dos trabalhadores em novo posto de trabalho para o reinício de funções» (artº 3º, nº 1 do RVP). Afasta-se, assim, deste RVP o espetro do despedimento que se encontrava subjacente aos anteriores regimes da mobilidade especial e da requalificação profissional.

Deixamos transcrito, sem mais, o RVP, aprovado em anexo pela Lei nº 25/2017, de 30 de maio.

ANEXO
(a que se refere o artº 2º da Lei nº 25/2017, de 30 de maio)
Regime da valorização profissional dos trabalhadores com vínculo de emprego público

CAPÍTULO I – Objeto e âmbito

Artigo 1º – Objeto

É definido o regime da valorização profissional dos trabalhadores com vínculo de emprego público na sequência dos procedimentos de reorganização e racionalização de efetivos geradores de valorização profissional, adiante designado por RVP ou apenas regime.

Artigo 2º – Âmbito de aplicação

O âmbito de aplicação do RVP é o definido no nº 2 do artigo 1º da Lei Geral do Trabalho em Funções Públicas (LTFP), aprovada em anexo à Lei nº 35/2014, de 20 de junho, alterada pelas Leis nºs 84/2015, de 7 de agosto, 18/2016, de 20 de junho, e 42/2016, de 28 de dezembro.

CAPÍTULO II – Procedimentos de reorganização de serviços e racionalização de efetivos geradores de valorização profissional de trabalhadores

Artigo 3º – Entidade gestora da valorização profissional

1 – A gestão dos trabalhadores em valorização profissional, incluindo o acompanhamento dos processos de reorganização e racionalização, bem como a realização das ações de formação no âmbito dos planos de valorização profissional aplicáveis e a consequente integração dos trabalhadores em novo posto de trabalho para o reinício de funções, compete à Direção-Geral da Qualificação dos Trabalhadores em Funções Públicas (INA), enquanto entidade gestora da valorização profissional.

2 – Compete ainda à entidade gestora:

a) Promover ou acompanhar estudos de avaliação das necessidades de recursos humanos da Administração Pública;

b) Comunicar à Comissão Nacional de Proteção de Dados quais os termos e condições do sistema de gestão próprio relativo aos dados dos trabalhadores em situação de valorização profissional e seu tratamento, em conformidade com o disposto no artigo 27º da Lei da Proteção de Dados Pessoais, aprovada pela Lei nº 67/98, de 26 de outubro, alterada pela Lei nº 103/2015, de 24 de agosto.

Artigo 4º – Reorganização de órgão ou serviço e racionalização de efetivos

1 – A reorganização dos órgãos ou serviços ocorre por extinção, fusão e reestruturação, e por racionalização de efetivos, nos termos do Decreto-Lei nº 200/2006, de 25 de outubro.

2 – Na aplicação do RVP às instituições de ensino superior públicas são salvaguardadas, quando necessário, as adequadas especificidades em relação ao respetivo corpo docente e investigador, nos termos dos respetivos estatutos.

3 – O serviço integrador é o órgão ou serviço que integre atribuições ou competências transferidas de outro órgão ou serviço ou trabalhadores que lhe sejam reafetos.

4 – Considera-se data de extinção do serviço a data da publicação do despacho que aprova a lista a que se refere o nº 3 do artigo 16º ou, no caso de inexistência desta, a data a fixar nos termos da legislação referida no nº 1.

5 – Concluído o processo de fusão, é publicado na 2ª série do Diário da República despacho do dirigente máximo do serviço integrador ou responsável pela coordenação do processo declarando a data da conclusão do mesmo.

Artigo 5º – Período de mobilidade voluntária

1 – Enquanto decorrer o processo de extinção do órgão ou serviço não podem ser recusados os pedidos de mobilidade formulados por outros órgãos ou serviços, desde que haja acordo do trabalhador.

2 – Para apoio à mobilidade voluntária referida no número anterior, o dirigente máximo do órgão ou serviço em extinção informa, por via eletrónica, a entidade gestora, até cinco dias úteis após o início do procedimento de extinção, dos trabalhadores envolvidos no processo.

3 – Relativamente aos trabalhadores selecionados para execução das atividades do serviço que devam ser asseguradas até à respetiva extinção, a mobilidade voluntária produz efeitos na data em que se conclua o respetivo processo.

Artigo 6º – Trabalhadores em situação transitória

1 – Os trabalhadores que exerçam funções no órgão ou serviço extinto em regime de período experimental ou de comissão de serviço, ou ao abrigo de instrumento de mobilidade, cessam o período experimental ou a comissão de serviço, ou regressam ao órgão ou serviço de origem, conforme o caso, na data da conclusão do processo.

2 – Os trabalhadores do órgão ou serviço extinto que exerçam funções noutro órgão ou serviço num dos regimes referidos no número anterior mantêm-se no exercício dessas funções até ao termo das respetivas situações.

Artigo 7º – Situações de mobilidade e outras situações transitórias

1 – Durante os processos de reorganização há lugar a mobilidade, nos termos gerais.

2 – Em caso de fusão e de reestruturação com transferência de atribuições ou competências, a autorização da mobilidade compete ao dirigente máximo do serviço integrador.

3 – Caso a situação de mobilidade se mantenha à data do despacho que declara a conclusão do processo de extinção ou de fusão, o trabalhador do serviço extinto é integrado:

a) No órgão ou serviço em que exerce funções, na categoria, posição e nível remuneratórios detidos na origem, em posto de trabalho não ocupado ou a prever no mapa de pessoal;

b) Na secretaria-geral do ministério a que pertencia o serviço extinto, na categoria, posição e nível remuneratórios detidos à data da extinção do serviço de origem, em posto de trabalho não ocupado ou a prever no mapa de pessoal, quando legalmente não possa ocorrer a integração no órgão ou serviço.

4 – O trabalhador cujo órgão ou serviço de origem tenha sido extinto por fusão e que se encontre em comissão de serviço em cargo dirigente, ou em funções em gabinete ministerial, é integrado no serviço para o qual foram transferidas as atribuições do serviço extinto, sem prejuízo da manutenção no exercício das funções de caráter transitório até ao seu termo.

5 – No caso previsto no número anterior, quando o órgão ou serviço de origem tenha sido objeto de processo de extinção, é aplicável o disposto na alínea b) do nº 3.

6 – Nos processos de fusão e de extinção de órgão ou serviço, aos trabalhadores que exerçam funções noutro órgão ou serviço em período experimental ou comissão de serviço fora dos casos previstos no nº 4, e que não concluam com sucesso aquele período ou cessem a respetiva comissão de serviço, é aplicável o disposto na alínea b) do nº 3.

Artigo 8º – Trabalhadores em situação de licença sem remuneração

1 – Os trabalhadores do órgão ou serviço extinto que se encontrem em qualquer situação de licença sem remuneração são colocados em situação de valorização profissional na conclusão do processo de extinção do serviço, mantendo-se na situação de licença até ao termo desta.

2 – O regresso da situação de licença opera-se nos termos previstos no presente regime.

3 – O disposto nos números anteriores é aplicável aos trabalhadores de serviço extinto na sequência de fusão.

Artigo 9º – Fixação de critérios gerais e abstratos de identificação do universo de trabalhadores

O diploma que determina ou concretiza a fusão ou a reestruturação do órgão ou serviço, com transferência de atribuições ou competências, fixa os critérios gerais e abstratos de identificação do universo de trabalhadores necessários à prossecução das atribuições ou ao exercício das competências transferidas e que devem ser reafetos ao serviço integrador.

Artigo 10º – Início do procedimento

1 – O procedimento de reafetação de trabalhadores ou colocação em situação de valorização profissional inicia-se com a entrada em vigor do diploma orgânico do serviço integrador ou com a publicitação do ato que procede à reorganização de serviços ou à racionalização de efetivos.

2 – O dirigente máximo do serviço elabora o mapa de pessoal contendo o número de postos de trabalho necessários, definido de forma fundamentada e em conformidade com as disponibilidades orçamentais existentes.

3 – O dirigente máximo do serviço elabora ainda mapa comparativo entre o número de efetivos existentes no órgão ou serviço e o número de postos de trabalho necessários para assegurar a prossecução e o exercício das atribuições e competências e para a realização dos objetivos esta-

belecidos para o serviço, ouvindo o dirigente máximo do serviço extinto por fusão ou do serviço reestruturado com transferência de atribuições.

4 – Os postos de trabalho dos mapas a que se referem os números anteriores devem ser caracterizados e aprovados de acordo com o disposto nos nºs 2 a 4 do artigo 29º da LTFP.

5 – O mapa de pessoal a que se refere o nº 2, uma vez aprovado, passa a constituir o mapa de pessoal do órgão ou serviço.

6 – Para efeitos do disposto no nº 3, incluem-se nos efetivos existentes no órgão ou serviço os trabalhadores que aí exerçam funções em período experimental, regime de comissão de serviço ou ao abrigo de instrumento de mobilidade, mas não aqueles que estejam a exercer funções noutro órgão ou serviço ou se encontrem em situação de licença sem remuneração.

7 – As comissões de serviço do pessoal dirigente seguem o regime previsto no respetivo estatuto.

8 – Quando o número de postos de trabalho necessários para assegurar a prossecução e o exercício das atribuições e competências e para a realização dos objetivos estabelecidos para o serviço seja inferior ao número de efetivos existentes no órgão ou serviço, há lugar à aplicação do disposto nos artigos 11º e seguintes, sem prejuízo do disposto no número seguinte.

9 – No procedimento em caso de racionalização de efetivos, a aprovação dos mapas referidos nos nºs 2 e 3 equivale ao ato de reconhecimento de que o número, carreiras ou áreas de atividade dos trabalhadores que estão afetos ao serviço se encontra desajustado face às suas necessidades permanentes ou à prossecução dos objetivos estabelecidos para o serviço.

10 – O início do procedimento de reafetação de trabalhadores para a valorização profissional é comunicado à entidade gestora, para efeitos de acompanhamento e de diligências de colocação dos trabalhadores, bem como de preparação da formação profissional a aplicar.

Artigo 11º – Métodos de seleção

1 – Para seleção dos trabalhadores na sequência de processos de reorganização de serviços ou racionalização de efetivos aplica-se um dos seguintes métodos:

a) Avaliação do desempenho, quando os trabalhadores da mesma carreira ou categoria tenham sido objeto de avaliação do desempenho, nos três períodos avaliativos imediatamente anteriores ao ano em que ocorre o procedimento;

b) Avaliação de competências profissionais, quando não se verifique o disposto na alínea anterior.

2 – A fase de seleção é aberta por despacho do dirigente responsável pelo processo de reorganização, o qual fixa os universos de trabalhadores a serem abrangidos de acordo com o mapa comparativo, identifica o método de seleção em cada caso aplicável, e os prazos para a sua condução e conclusão.

3 – O despacho a que se refere o número anterior é publicitado em locais próprios do órgão ou serviço onde os trabalhadores exerçam funções, designadamente no respetivo sítio institucional na Internet.

4 – Fixados os resultados finais da aplicação dos métodos de seleção, são elaboradas listas nominativas, por ordem decrescente de resultados.

5 – A identificação e ordenação dos trabalhadores são realizadas em função do âmbito fixado nos termos do nº 2.

6 – O resultado final de cada trabalhador e o seu posicionamento na respetiva lista são publicitado nos locais identificados no nº 3 e notificados por escrito ao interessado, preferencialmente para o endereço de correio eletrónico que aquele tenha indicado, sem prejuízo do disposto no artigo 112º do Código do Procedimento Administrativo.

Artigo 12º – Aplicação do método de avaliação do desempenho

A aplicação do método de avaliação do desempenho é feita nos seguintes termos:

a) Recorrendo à média das três últimas classificações obtidas na menção quantitativa;

b) Em caso de empate, recorrendo, sucessivamente, à última avaliação obtida no parâmetro de «Resultados», ao tempo de serviço relevante na carreira e no exercício de funções públicas.

Artigo 13º – Aplicação do método de avaliação de competências profissionais

1 – A aplicação do método de avaliação de competências profissionais é feita com o objetivo de determinar o nível de adequação das características e qualificações profissionais dos trabalhadores às exigências inerentes à prossecução das atribuições e ao exercício das competências do órgão ou serviço, bem como aos correspondentes postos de trabalho.

2 – O nível de adequação referido no número anterior é determinado pela avaliação, numa escala de 0 a 10 valores, dos seguintes fatores:

a) Competências profissionais relevantes para os postos de trabalho em causa;

b) Experiência profissional relevante para os postos de trabalho em causa.

3 – A forma de avaliação dos fatores referidos no número anterior faz-se por avaliação dos dados curriculares constantes do respetivo processo individual, a aplicar por um júri designado pelo dirigente responsável pelo processo de reorganização.

4 – O júri é constituído por três elementos, designados de entre dirigentes intermédios do serviço reorganizado ou do serviço integrador, presidido por um titular de cargo de direção superior de 2º grau.

5 – A fórmula de avaliação dos dados curriculares consta do despacho que determina a abertura da fase de seleção.

6 – A pontuação final do trabalhador resulta da média aritmética simples dos valores atribuídos aos fatores aplicados.

7 – A pontuação final está sujeita a homologação do dirigente responsável pelo processo.

8 – Em caso de empate, os trabalhadores são ordenados em função da antiguidade, sucessivamente, na categoria, carreira e exercício de funções públicas, da maior para a menor antiguidade.

Artigo 14º – Segundo processo de seleção

1 – Terminado o processo de seleção dos trabalhadores, e existindo postos de trabalho não ocupados, o dirigente responsável pelo processo procede a nova seleção, de entre os trabalhadores não colocados nas listas nominativas a que se refere o nº 4 do artigo 11º

2 – Para efeitos do disposto no número anterior, os universos são definidos por postos de trabalho, sendo os trabalhadores cuja carreira, categoria e habilitações correspondam aos respetivos requisitos, selecionados por aplicação do método regulado no artigo anterior.

3 – Ao processo é aplicável, com as necessárias adaptações, o disposto nos nºs 2 a 6 do artigo 11º

4 – Esgotadas as possibilidades de atribuição de postos de trabalho nos termos dos números anteriores, os trabalhadores que excederem os postos de trabalho disponíveis mantêm -se na lista nominativa inicial, para efeitos do disposto no artigo 16º

5 – No momento que antecede a aplicação do disposto no artigo 16º, o dirigente responsável deve desenvolver, em colaboração com a entidade gestora, as diligências que considerar adequadas para colocação dos trabalhadores a que se refere o número anterior em outro órgão ou serviço do respetivo ministério.

Artigo 15º – Reafetação

1 – A reafetação consiste na integração de trabalhador noutro órgão ou serviço, a título transitório ou por tempo indeterminado.

2 – A reafetação de trabalhadores segue a ordem constante das listas nominativas elaboradas na sequência dos resultados finais da seleção, quando aplicável, de forma que o número de efetivos que sejam reafetos corresponda ao número de postos de trabalho identificados.

3 – A reafetação é feita sem alteração da situação de mobilidade ao abrigo da qual o trabalhador exerça transitoriamente funções, operando-se para a mesma categoria, posição e nível remuneratórios.

4 – Os trabalhadores são reafetos ao serviço integrador com efeitos à data fixada no despacho do dirigente máximo desse serviço que proceda à reafetação.

Artigo 16º – Colocação dos trabalhadores em situação de valorização profissional

1 – Nos procedimentos de reorganização de órgão ou serviço e de racionalização de efetivos, os trabalhadores que não ocupem posto de trabalho, por reafetação, no novo mapa de pessoal, são colocados em situação de valorização profissional.

2 – A colocação em situação de valorização profissional faz- se por lista nominativa que indique a categoria, posição e nível remuneratórios detidos pelos trabalhadores, aprovada por despacho do dirigente máximo responsável pelo processo de reorganização, a publicar na 2ª série do Diário da República e no sítio institucional do respetivo órgão ou serviço na Internet.

3 – No processo de extinção, a lista a que se refere o número anterior é aprovada pelo membro do Governo responsável pela área em que se integrava o serviço extinto, abrangendo os trabalhadores que não obtiveram colocação durante o período de mobilidade voluntária, nem se encontrem em situação transitória de exercício de funções.

4 – A colocação em situação de valorização profissional produz efeitos à data:

a) Da reafetação dos restantes trabalhadores ao serviço integrador nos procedimentos de fusão e de reestruturação com transferência de atribuições;

b) Da publicação no Diário da República, nos procedimentos de reestruturação sem transferência de atribuições, de racionalização de efetivos, e de extinção.

Artigo 17º – Afetação

Os trabalhadores em situação de valorização profissional são afetos ao INA, enquanto entidade gestora, que assume, com as devidas adaptações, as competências de empregador público, designadamente assegurando o pagamento das remunerações durante a situação de valorização profissional e praticando os demais atos de administração previstos no presente regime.

CAPÍTULO III – Enquadramento dos trabalhadores em valorização profissional

Artigo 18º – Valorização profissional de trabalhadores

1 – A situação de valorização profissional tem como objetivo o reforço das competências profissionais dos trabalhadores, através de formação profissional em função das necessidades identificadas pelos serviços, com vista à célere integração em novo posto de trabalho, desenvolvendo-se num período máximo de três meses.

2 – A situação prevista no número anterior implica a existência de um plano de valorização profissional, envolvendo, designadamente, a imediata frequência de ações de formação padronizada, designadamente em função dos conteúdos funcionais das carreiras gerais da Administração Pública, a realização de entrevistas de identificação de competências e a construção de um perfil profissional.

3 – O disposto nos números anteriores é da responsabilidade e constitui encargo da entidade gestora.

Artigo 19º – Situação jurídica do trabalhador em valorização profissional

1 – O trabalhador em valorização profissional mantém a categoria, posição e nível remuneratórios detidos no serviço de origem, à data da colocação naquela situação.

2 – Para efeitos do disposto no número anterior, não são considerados anteriores cargos, categorias ou funções exercidas a título transitório, designadamente em regime de comissão de serviço, instrumento de mobilidade ou em período experimental.

3 – Durante o período de valorização profissional e até à integração em novo posto de trabalho, o trabalhador é considerado em situação de formação profissional.

Artigo 20º – Direitos dos trabalhadores em valorização profissional

1 – Os trabalhadores em valorização profissional têm direito a:

a) Receber a remuneração mensal nos termos do artigo anterior;

b) Auferir os subsídios de Natal e de férias;

c) Beneficiar das prestações familiares, nos termos legais aplicáveis;

d) Gozar férias e licenças, nos termos legais aplicáveis;

e) Beneficiar de proteção social e dos benefícios sociais, designadamente as regalias concedidas pelos Serviços Sociais da Administração Pública (SSAP) e os benefícios do Instituto de Proteção e Assistência na Doença, I. P. (ADSE, I. P.) ou de outro subsistema de saúde, nos termos legais aplicáveis;

f) Ser integrado em novo posto de trabalho no decurso do período máximo de três meses de formação profissional;

g) Ser opositor a concurso para cargo, categoria ou carreira para que reúna os requisitos legalmente fixados.

2 – O tempo de permanência do trabalhador em situação de valorização profissional é considerado para efeitos de aposentação ou reforma e de antiguidade, no exercício de funções públicas.

3 – Para efeitos de contribuição para o regime de proteção social que o abranja e de cálculo da pensão de aposentação, reforma ou sobrevivência, considera -se a remuneração auferida pelo trabalhador nos termos da alínea a) do nº 1.

4 – Durante a situação de valorização profissional pode o trabalhador requerer, a qualquer momento, uma licença sem remuneração, nos termos da lei.

Artigo 21º – Deveres dos trabalhadores em valorização profissional

1 – Os trabalhadores em valorização profissional mantêm todos os deveres dos trabalhadores em exercício efetivo de funções que não pressuponham a prestação efetiva de trabalho.

2 – O trabalhador em valorização profissional tem, em especial, os seguintes deveres:

a) Dever de frequentar as ações de formação profissional para que for convocado, previstas no plano de valorização profissional aplicável;

b) Dever de comparecer e realizar os atos inerentes ao processo de seleção para reinício de funções para que seja convocado;

c) Dever de comparecer às entrevistas e outras diligências da iniciativa da entidade gestora no âmbito do plano de valorização profissional aplicável;

d) Dever de comunicar à entidade gestora qualquer alteração relevante da sua situação, designadamente no que se refere à obtenção de novas habilitações académicas ou qualificações profissionais, e à alteração do seu local de residência permanente.

3 – As despesas de deslocação do trabalhador originadas pela execução do plano de valorização profissional aplicável são da responsabilidade e constituem encargos da entidade gestora, de acordo com a legislação em vigor, considerando-se domicílio necessário para este efeito o correspondente ao do serviço de origem.

Artigo 22º – Reinício de funções em serviço

1 – O trabalhador em situação de valorização profissional pode reiniciar funções por tempo indeterminado em qualquer órgão ou serviço, desde que reúna os requisitos legalmente fixados para o efeito.

2 – O reinício de funções opera-se por integração no órgão ou serviço, em posto de trabalho não ocupado do mapa de pessoal, independentemente de período experimental:

a) Quando se trate de órgão ou serviço que possa constituir vínculos de emprego público por tempo indeterminado; e

b) Quando se opere na mesma carreira ou categoria.

3 – O trabalhador em situação de valorização profissional, ainda que integrado em carreira especial, pode reiniciar funções em diferente carreira para a qual reúna os requisitos legalmente exigidos, desde que geral, sem precedência de procedimento concursal, mas com observância do período experimental.

4 – No caso referido no número anterior, concluído com sucesso o período experimental o trabalhador é integrado na carreira, sendo colocado na posição remuneratória da categoria a que corresponda o nível remuneratório superior mais próximo daquele que corresponde ao seu posicionamento na categoria de origem.

5 – Concluído sem sucesso o período experimental, o trabalhador é colocado em valorização profissional, de acordo com o disposto no artigo 18º

Artigo 23º – Formação após reinício de funções

O reinício de funções previsto no nº 2 do artigo anterior não prejudica a possibilidade da entidade gestora assegurar a formação que se revele necessária ao desempenho das atividades inerentes ao posto de trabalho, durante o prazo máximo de três meses após a colocação.

Artigo 24º – Mobilidade territorial

1 – Quando o posto de trabalho identificado se situe a mais de 60 km de distância da residência do trabalhador, mediante o seu acordo, o trabalhador pode reiniciar funções por mobilidade, pelo período máximo de um ano, com direito à atribuição de ajudas de custo durante o período de mobilidade.

2 – Findo o prazo de um ano, o trabalhador pode, mediante o seu acordo, ser integrado nos termos do nº 2 do artigo 22º, beneficiando dos seguintes incentivos:

a) Um subsídio de fixação, de montante correspondente ao dobro da remuneração base mensal, tendo como limite o quádruplo do nível remuneratório 11, a abonar após a integração;

b) Um subsídio de deslocação para compensar as despesas de mudança, através do reembolso das despesas efetivamente efetuadas, tendo por referência os montantes por subsídio de transporte, de acordo com a legislação em vigor;

c) Um subsídio de residência mensal destinado a compensar o encargo com a habitação resultante da mudança do local de trabalho, de montante correspondente a 25 % da sua remuneração base a abonar durante 12 meses;

d) Garantia de transferência escolar dos filhos;

e) Preferência de colocação em procedimento concursal do cônjuge ou pessoa que viva com o trabalhador em união de facto em serviços situados nos concelhos limítrofes, ou dispensa de anuência do serviço de origem para mobilidade do cônjuge com vínculo de emprego público no âmbito da administração direta e indireta do Estado.

3 – A atribuição dos incentivos depende da permanência no serviço pelo período mínimo de três anos, sob pena de devolução dos incentivos abonados, salvo fundadas e atendíveis razões.

4 – O abono dos incentivos é da responsabilidade da entidade gestora, mediante comprovativo das despesas efetuadas.

Artigo 25º – Reinício de funções na administração local ou regional

1 – Mediante acordo entre a entidade gestora e a autarquia interessada, os trabalhadores em situação de valorização profissional podem ser integrados em posto de trabalho, nos termos previstos no nº 2 do artigo 22º e no nº 2 do artigo 33º, considerando- se a autarquia serviço integrador, para os efeitos previstos no artigo 35º

2 – O disposto no número anterior é aplicável aos serviços da administração regional.

Artigo 26º – Reinício de funções noutras pessoas coletivas de direito público e instituições particulares de solidariedade social

1 – Os trabalhadores em situação de valorização podem reiniciar funções em empresas do setor público empresarial e dos setores empresariais regionais, intermunicipais e municipais, entidades administrativas independentes, entidades reguladoras, associações públicas, fundações públicas de direito público e de direito privado, outras pessoas coletivas da administração autónoma e demais entidades públicas, mediante cedência de interesse público.

2 – O reinício de funções nos termos do número anterior tem lugar nos termos gerais, não carecendo da concordância do membro do Governo responsável pela área da Administração Pública.

3 – Os trabalhadores em situação de valorização podem reiniciar funções, nos termos dos números anteriores, em instituições particulares de solidariedade social que celebrem protocolo para o efeito com a entidade gestora do sistema de valorização profissional.

Artigo 27º – Integração na secretaria-geral do ministério de origem

1 – Decorrido o período a que se refere o nº 1 do artigo 18º, sem ocorrer integração em outro órgão ou serviço, o trabalhador é integrado na secretaria-geral ou no serviço que tenha a seu cargo a gestão dos recursos humanos do ministério do serviço de origem, na categoria, posição e nível remuneratórios detidos à data da colocação em situação de valorização profissional, em posto de trabalho automaticamente previsto no mapa de pessoal.

2 – Sem prejuízo da integração prevista no número anterior, a secretaria-geral pode promover de imediato, em relação aos trabalhadores abrangidos pela integração, situações de mobilidade em outros órgãos ou serviços, nos termos gerais previstos na LTFP.

3 – Às situações de mobilidade previstas no número anterior, é aplicável, com as necessárias adaptações, o disposto nos nºs 4 e 5 do artigo 22º e nos artigos 24º e 25º, entendendo-se, para o efeito, feitas à secretaria-geral as menções relativas à entidade gestora.

4 – A secretaria-geral é serviço integrador para efeitos do disposto no artigo 35º

5 – O posto de trabalho previsto nos termos do nº 1 extingue-se com a saída definitiva do trabalhador por ocupação de diferente posto de trabalho ou por extinção do vínculo de emprego público.

Artigo 28º – Suspensão da situação de valorização profissional

A situação de valorização profissional do trabalhador suspende-se nas seguintes situações:

a) No decurso do período experimental a que se refere o nº 3 do artigo 22º;

b) Na situação de licença sem remuneração, quando obtida na pendência da situação de valorização profissional;

c) Na situação de cedência nos termos do artigo 26º

Artigo 29º – Cessação da situação de valorização profissional

A situação de valorização profissional do trabalhador cessa por:

a) Reinício de funções em qualquer órgão ou serviço por tempo indeterminado;

b) Aposentação ou reforma;

c) Extinção do vínculo por qualquer outra causa.

Artigo 30º – Cessação do vínculo por mútuo acordo

1 – O trabalhador em situação de valorização profissional pode requerer a cessação do vínculo por mútuo acordo, nos termos do artigo 296º da LTFP, desde que esteja a, pelo menos, cinco anos da idade legal da reforma, sem prejuízo do seguinte:

a) A compensação a atribuir ao trabalhador é calculada em uma remuneração base mensal por cada ano completo de antiguidade, com um máximo correspondente a 30 anos completos de antiguidade;

b) O valor da remuneração base mensal do trabalhador a considerar para efeitos de cálculo da compensação corresponde ao valor da última remuneração base mensal auferida antes da colocação em situação de valorização profissional.

2 – O pagamento da compensação prevista no número anterior é assegurado pela Secretaria-Geral do Ministério das Finanças, nos termos do Decreto-Lei nº 74/70, de 2 de março, alterado pelos Decretos-Leis nºs 793/76, de 5 de novembro, 275-A/93, de 9 de agosto, e 503/99, de 20 de novembro, e pelas Leis nºs 67-A/2007, de 31 de dezembro, e 80/2013, de 28 de novembro, quando se trate de trabalhadores oriundos de serviços da administração direta e indireta do Estado.

Artigo 31º – Regresso de situação de licença sem remuneração

1 – Sem prejuízo do disposto no número seguinte, o regresso de situação de licença sem remuneração dos trabalhadores em situação de valorização profissional efetua-se por requerimento à entidade gestora, preferencialmente por via eletrónica, sem prejuízo do disposto do artigo 104º do Código do Procedimento Administrativo, ficando a aguardar a integração em posto de trabalho não ocupado ou a colocação através de procedimento concursal nos termos gerais, sem remuneração, mas beneficiando da respetiva prioridade.

2 – No caso de regresso de situação de licença sem remuneração que, nos termos gerais, determine o regresso direto e imediato ao serviço, designadamente as licenças previstas nos artigos 282º e 283º da LTFP, o trabalhador é integrado na secretaria-geral ou no serviço que tenha a seu cargo a gestão dos recursos humanos do ministério do seu serviço de origem, nos termos do nº 1 do artigo 27º

CAPÍTULO IV – Gestão dos trabalhadores em valorização profissional

Artigo 32º – Identificação das necessidades dos serviços

Os órgãos e serviços da administração direta e indireta do Estado procedem ao carregamento dos respetivos mapas de pessoal, identificando os postos de trabalho, ocupados e não ocupados, e caracterizando os respetivos perfis profissionais, na plataforma digital disponibilizada para o efeito.

Artigo 33º – Colocação de trabalhadores por iniciativa da entidade gestora

1 – Identificadas as necessidades nos termos do artigo anterior e observados os termos previstos no artigo 22º, a entidade gestora, em articulação com o respetivo dirigente máximo, procede à colocação para reinício de funções, no órgão ou serviço, de trabalhadores em valorização profissional que reúnam os requisitos habilitacionais e profissionais legalmente exigidos e o perfil profissional adequados ao posto de trabalho.

2 – A colocação por integração do trabalhador, nos termos do número anterior, efetua-se desde que:

a) O novo posto de trabalho corresponda a uma categoria não inferior à detida pelo trabalhador;

b) O novo posto de trabalho se situe no mesmo concelho do órgão ou serviço de origem do trabalhador ou no concelho da sua residência.

3 – A indicação de trabalhador pela entidade gestora, em posto de trabalho que corresponda a necessidades identificadas nos termos do artigo anterior, para órgão ou serviço, não pode ser objeto de exclusão por parte do respetivo dirigente máximo.

Artigo 34º – Procedimento prévio

1 – Nenhum dos órgãos ou serviços abrangidos pelo âmbito de aplicação fixado no artigo 2º do presente regime pode iniciar procedimento para a contratação de prestação de serviço ou recrutar trabalhador, por tempo indeterminado ou a título transitório, sem prejuízo do regime da mobilidade, que não se encontre integrado no mapa de pessoal para o qual se opera o recrutamento, antes de executado procedimento prévio de recrutamento de trabalhadores em situação de valorização profissional, para as funções ou os postos de trabalho em causa.

2 – O procedimento prévio de recrutamento de trabalhadores em situação de valorização profissional é fixado por portaria dos membros do Governo responsáveis pelas áreas das finanças e da Administração Pública.

3 – No âmbito do procedimento prévio de recrutamento a que se referem os números anteriores, não pode haver lugar a exclusão de trabalhadores indicados pela entidade gestora.

4 – O recrutamento de trabalhadores em situação de valorização profissional tem prioridade face ao recrutamento de trabalhadores em reserva constituída no próprio órgão ou serviço e em reserva constituída por entidade centralizadora.

5 – A inexistência de trabalhadores em situação de valorização profissional para os postos de trabalho em causa é comprovada pela entidade gestora, mediante emissão de declaração própria para o efeito.

6 – A declaração emitida nos termos do número anterior é condição para abertura pelo empregador público de procedimento concursal nos termos gerais.

7 – O procedimento de recrutamento de trabalhadores em situação de valorização profissional a que se referem os nºs 1 e 2 é urgente e de interesse público, não havendo lugar a audiência de interessados.

8 – O recurso administrativo de qualquer ato praticado no decurso do procedimento não tem efeito suspensivo.

9 – O disposto no presente artigo não se aplica aos cargos dirigentes.

Artigo 35º – Transferências orçamentais

1 – O órgão ou serviço de origem do trabalhador colocado em situação de valorização profissional procede à transferência, para a entidade gestora, do montante orçamentado para a remuneração do mesmo trabalhador para o ano económico em que ocorra a colocação nessa situação.

2 – Com a integração do trabalhador em posto de trabalho, é transferido o montante remanescente para o serviço integrador.

CAPÍTULO V – Disposições finais

Artigo 36º – Aplicação a trabalhadores em entidades públicas empresariais

1 – No caso de reorganização de serviços abrangidos pelo âmbito de aplicação estabelecido no presente regime, que implique a transferência de atribuições e competências para entidades públicas empresariais, aplica-se o procedimento no caso de fusão ou de reestruturação de serviços com transferência de atribuições ou competências para serviços diferentes, consoante o caso, devendo aquelas entidades dispor de um mapa de pessoal com postos de trabalho destinados aos trabalhadores com vínculo de emprego público que lhes venham a ser reafetos nos termos daqueles procedimentos.

2 – Aos trabalhadores a que se refere o número anterior continua a ser aplicável o regime decorrente do vínculo de emprego público de que sejam titulares à data da reafetação decorrente da aplicação daquela disposição.

3 – Os trabalhadores a que se referem os números anteriores podem optar pela celebração de um contrato de trabalho com a entidade pública empresarial em causa, com a correspondente denúncia do respetivo contrato de trabalho em funções públicas.

4 – O presente regime é ainda aplicável, com as devidas adaptações, aos trabalhadores das entidades públicas empresariais e das empresas públicas que sejam titulares de um vínculo de emprego público, com contrato de trabalho em funções públicas.

5 – Para efeitos do número anterior os encargos com remunerações, indemnizações e outras prestações que sejam legalmente previstas são suportadas pela entidade gestora da valorização profissional e reembolsados pela empresa pública de origem do trabalhador.

Capítulo XXV
Extinção do Vínculo de Emprego Público

1. Proibição de despedimento ou demissão sem justa causa – é proibido o despedimento ou a demissão sem justa causa ou por motivos políticos ou ideológicos (artº 288º; vd. ainda artº 53º da CRP).

2. Formas de extinção do vínculo de emprego público – sem prejuízo de outras formas de extinção, de acordo com o disposto no artº 289º, são causas comuns de extinção do vínculo de emprego público as seguintes:

a) **Caducidade** (arts. 291º a 294º);
b) **Acordo de cessação do vínculo de emprego público** (entre o trabalhador e o EP, o qual deve discriminar as quantias pagas a título de compensação pela extinção do vínculo e, sendo caso disso, as decorrentes de créditos já vencidos ou exigíveis em virtude dessa extinção – arts. 295º e 296º);
c) **Extinção por motivos disciplinares** (arts. 297º a 302º);
d) **Extinção pelo trabalhador com aviso prévio** (arts. 303º a 306º); **no caso de nomeação definitiva, a extinção do vínculo dá-se por exoneração do trabalhador,** que produz efeitos no 30º dia a contar da data da apresentação do respetivo requerimento escrito, exceto quando o EP e o trabalhador acordem coisa diferente (artº 305º);
e) **Extinção pelo trabalhador com justa causa** (arts. 289º, nº 1, al. *e)* e 307º a 310º).

3. Causa específica de cessação da comissão de serviço – é a denúncia pelo trabalhador ou pelo EP, que, na falta de disposição legal em contrário, pode ser feita, com a antecedência mínima de 30 dias (artº 289º, nºs 3 e 4).

4. Direitos e deveres do EP e do trabalhador decorrentes da extinção do vínculo – extinto o vínculo, o EP deve entregar ao trabalhador um certificado de trabalho, indicando as datas de admissão e de saída, o cargo ou cargos que desempenhou, bem como outros documentos destinados a fins oficiais que por aquele devam ser emitidos e que este solicite, designadamente os previstos na legislação de proteção social (artº 290º, nºs 1 e 3), incumbindo, por seu lado, ao trabalhador devolver imediatamente ao EP os instrumentos de trabalho e quaisquer outros objetos que sejam pertença deste, sob pena de incorrer em responsabilidade civil pelos danos causados (nº 4), sendo que, no caso da cessação da comissão de serviço, o trabalhador regressa à situação jurídico-funcional de que era titular, quando constituída e consolidada por tempo indeterminado, ou cessa o vínculo de emprego público, havendo lugar ao pagamento de indemnização quando prevista em lei especial (nº 5).

5. Situações de caducidade do vínculo de emprego público – o vínculo caduca nos seguintes casos:

a) ***Com a verificação do seu termo*** (arts. 293º e 294º);
b) ***Em caso de impossibilidade superveniente*** (que é aquela que ocorre após a celebração do contrato), ***absoluta*** (em que o trabalhador fica totalmente impossibilitado de prestar a atividade para a qual foi contratado) ***e definitiva*** (em contraponto à mera impossibilidade temporária, que dá lugar apenas à suspensão e já não à cessação do contrato) ***do trabalhador prestar o seu trabalho*** (v.g., a anulação de uma licenciatura ou a cassação de uma carteira profissional);
c) ***Com a reforma ou aposentação do trabalhador, por velhice*** (quando se verifiquem os requisitos legalmente previstos para o efeito) ***ou invalidez*** (na sequência da ocorrência de uma incapacidade absoluta para o trabalhador); ***ou,***
d) ***Quando o trabalhador completar 70 anos de idade,*** *sem prejuízo do disposto no artº 294º-A (artº 291º, na redação do Dec. – Lei nº 6/2019, de 14 de janeiro).*

A caducidade do vínculo verifica-se decorridos 30 dias sobre o conhecimento, por ambas as partes, da reforma ou aposentação do trabalhador por velhice ou invalidez (arts. 291º e 292º, na redação do Dec. – Lei nº 6/2019, de 14 de janeiro).

6. Caducidade do contrato de trabalho em funções públicas a termo certo – o contrato de trabalho em funções públicas a termo certo caduca automaticamente no final do prazo estipulado, desde que o EP ou o trabalhador não comuniquem, por escrito, até 30 dias antes de o prazo expirar, a vontade de o renovar (artº 293º, nº 1), presumindo-se a existência de acordo do trabalhador nessa renovação se este, no prazo de 7 dias úteis após a receção da comunicação da vontade do EP em renovar o contrato, não manifestar por escrito vontade em contrário (nº 2).

7. Compensação pela caducidade de contrato a termo resolutivo certo – exceto quando a caducidade decorra da vontade do trabalhador, a caducidade confere sempre ao trabalhador direito a uma compensação que, de acordo com o disposto artº 344º, nº 2 do CT, corresponde a 18 dias de remuneração base por cada ano completo de antiguidade, calculada de acordo com o previsto no artº 366º, nº 2 do CT nos seguintes termos:

a) O valor da remuneração base mensal do trabalhador a considerar para efeitos de cálculo da compensação não pode ser superior a 20 vezes a remuneração mínima mensal garantida;

b) O montante global da compensação não pode ser superior a 12 vezes a remuneração base mensal do trabalhador ou, quando seja aplicável, o limite previsto anteriormente, a 240 vezes a remuneração mínima mensal garantida;

c) O valor diário da remuneração base é o resultante da divisão por 30 da remuneração base mensal;

d) Em caso de fração de ano, o montante da compensação é calculado proporcionalmente.
(artº 293º, nº 3)

8. Caducidade do contrato de trabalho em funções públicas a termo incerto – este contrato só caduca com a verificação efetiva do termo ou evento relativamente ao qual as partes atribuíram efeito resolutivo, ou seja, com a conclusão da tarefa ou projeto que lhe deu origem ou com o regresso do trabalhador substituído, não havendo aqui lugar a qualquer caducidade automática, sendo necessária que o EP, quando preveja a ocorrência deste termo, comunique ao trabalhador a data previsível da cessação do contrato, com a antecedência mínima de 7, 30 ou 60 dias, conforme o contrato tenha durado até 6 meses, de 6 meses até 2 anos ou por mais de 2 anos, respetivamente (artº 294º, nº 1); esta caducidade não resulta assim da comunicação propriamente dita mas sim da verificação efetiva daquele termo ou evento relativamente ao qual as partes atribuíram efeito resolutivo, pelo que se tal evento ou termo não vier a ocorrer na data prevista na referida comunicação não há lugar à caducidade do contrato a termo incerto nessa data, mas apenas na data em que se verificar aquele seu termo efetivo, isto sem prejuízo do disposto no artº 304º, nº 1, que atribui ao trabalhador o direito de denunciar unilateralmente este contrato, independentemente de justa causa, mediante comunicação escrita enviada ao EP com a antecedência mínima de 30 ou 60 dias, conforme tenha, respetivamente, até 2 anos ou mais de 2 anos de antiguidade no órgão ou serviço, fazendo, contudo, a falta daquela comunicação incorrer o EP no pagamento da remuneração correspondente ao período de aviso prévio em falta (artº 294º, nº 3).

De acordo com o disposto no artº 345º, nº 4 do CT, aqui aplicável por força da remissão da LTFP, em caso de caducidade deste contrato a termo incerto, o trabalhador tem direito a compensação que corresponde à soma dos seguintes montantes:

a) 18 dias de remuneração base por cada ano completo de antiguidade, no que respeita aos 3 primeiros anos de duração do contrato;
b) 12 dias de remuneração base por cada ano completo de antiguidade, nos anos subsequentes.

Esta compensação é calculada nos termos do artº 366º, nº 2 do CT (artº 345º, nº 5 do CT).
(artº 294º, nº 4)

9. Exercício de funções públicas por trabalhador reformado ou aposentado por idade de 70 anos – com a publicação do Dec. – Lei nº 6/209, de 14 de janeiro, que introduziu um novo artº 294º- A à LTFP, veio-se permitir que – sem prejuízo das demais condições e requisitos estabelecidos nos artigos 78º e 79º do Estatuto da Aposentação, aprovado pelo Dec. – Lei nº 498/72, de 9 de dezembro, na sua redação atual – um trabalhador titular de um vínculo de emprego público, que se pretenda manter no exercício das mesmas funções públicas após reforma ou aposentação por idade de 70 anos, possa, em casos de interesse público excecional, devidamente fundamentado, continuar nesse exercício, bastando para tanto manifestar essa vontade expressamente e por escrito através de requerimento dirigido ao respetivo EP, pelo menos seis meses antes de completar aquela idade (artº 294º – A, nº 1 da LTFP, aditado pelo Dec. – Lei nº 6/2019, de 14 de janeiro). O exercício destas funções carece de autorização dada de acordo com o disposto no artigo 78º do Estatuto da Aposentação. Caso seja autorizado, as funções públicas passam a ser exercidas pelo reformado ou aposentado através da adequada modalidade de vínculo de emprego público, nos seguintes termos:

a) Contrato de trabalho em funções públicas a termo resolutivo ou nomeação transitória, quando esteja em causa o exercício de funções a que se referem, respetivamente, os artigos 7º e 8º;
b) Comissão de serviço, quando esta seja a modalidade de vínculo de emprego público prevista para o exercício do cargo, designadamente cargo dirigente, nos termos do artigo 9º (artº 294º-A, nº 3).

Estes vínculos de emprego público ficam sujeitos ao regime definido na presente lei para a respetiva modalidade de vínculo, com as necessárias adaptações e as seguintes especificidades:

a) Os vínculos vigoram pelo prazo de seis meses, renovando-se por períodos iguais e sucessivos, até ao limite máximo de cinco anos, sem prejuízo, no caso da comissão de serviço, do prazo máximo definido para a respetiva comissão e renovação;
b) A caducidade do contrato ou da nomeação e a denúncia da comissão de serviço ficam sujeitas a aviso prévio de 30 ou 15 dias, consoante a iniciativa pertença ao empregador ou ao trabalhador;
c) A caducidade do contrato e da nomeação e a denúncia da comissão de serviço não determinam o pagamento de qualquer compensação ao trabalhador (artº 294º - A, nº 4).

O disposto anteriormente «pode aplicar-se, com as necessárias adaptações, às situações de designação de reformado ou aposentado com idade superior a 70 anos, em comissão de serviço, para o exercício de cargo dirigente, nos casos em que o Estatuto do Pessoal Dirigente dos serviços e organismos da Administração central, regional e local do Estado, aprovado pela Lei nº 2/2004, de 15 de janeiro, na sua redação atual, não seja aplicável ou a designação possa operar, nos termos do mesmo Estatuto, sem necessidade de recurso a procedimento concursal» (artº 294º- A, nº 5).

O disposto atrás «não prejudica a aplicação do regime previsto no Estatuto da Aposentação, nem a aplicação de normas, gerais ou especiais, que estabeleçam outras causas específicas de extinção do vínculo de emprego público» (artº 246º- A, nº 6).

«As autorizações conferidas ao abrigo do disposto no presente artigo são publicadas, por extrato, na 2ª série do Diário da República, com identificação dos respetivos fundamentos»» (artº 294º- A, nº 7).

10. Regime transitório de compensação em caso de cessação de contrato de trabalho em funções públicas – no artº 12º da LP prevê-se um regime transitório de cálculo da compensação devida pela caducidade dos contratos celebrados antes e depois da entrada em vigor da LTFP, nos seguintes moldes:

I. **No «caso de extinção do vínculo de emprego público, na modalidade de contrato de trabalho em funções públicas por tempo indeterminado** celebrado antes da entrada em vigor» da LTFP, a compensação calcula-se da seguinte forma:
   a) ***Em relação ao período de duração do contrato até à data da entrada em vigor da LTFP,*** o montante da compensação é de 1 mês de remuneração base por cada ano completo de antiguidade;
   b) ***Quanto ao período de duração do contrato a partir da data da entrada em vigor da LTFP,*** o montante da compensação é o que vem previsto nesta lei (artº 12º, nº 1 da LP).

II. **No caso de cessação do contrato de trabalho a termo**, de acordo com o disposto no artº 12º, nº 2 da LP, a compensação é calculada do seguinte modo:
   a) ***Em relação ao período de duração do contrato até à data da entrada em vigor da LTFP, isto é, 31 de julho de 2014,*** o montante da compensação devida pela caducidade dos contratos a termo é o previsto nos arts. 252º, nº 4 e 253º do RCTFP (Regime de Contrato de Trabalho em Funções Públicas, aprovado pela Lei nº 59/2008, de 11 de setembro), na redação que lhe foi dada pela Lei nº 66/2012, de 31 de dezembro, ou seja, a 20 dias de remuneração base por cada ano completo de antiguidade, calculado do seguinte modo:
      - O valor da remuneração base mensal do trabalhador a considerar para efeitos de cálculo da compensação não pode ser superior a 20 vezes a retribuição mínima mensal garantida;
      - O montante global da compensação não pode ser superior a 12 vezes a remuneração base mensal do trabalhador;
      - O valor diário da remuneração base é o resultante da divisão por 30 da remuneração base mensal;
      - Em caso de fração de ano ou mês, o montante da compensação é calculado proporcionalmente.

b) ***Em relação ao período de duração do contrato após a data da entrada em vigor da LTFP, ou seja, desde 1 de agosto de 2014***, a compensação é calculada nos termos previstos na LTFP que remete para os arts. 344º, 345º e 366º do CT, ou seja, 18 dias por cada ano completo de antiguidade, devendo proceder-se ao cálculo do valor proporcional no caso de fração de ano por aplicação do artº 344º, nº 2 do CT (artº 293º, nº 3 da LTFP).

11. Acordo de cessação do vínculo de emprego público – o vínculo de emprego público pode cessar por acordo entre o trabalhador e o EP, devendo este ser reduzido a escrito, carecendo para isso da prévia autorização dos membros do Governo responsáveis pelas áreas das finanças e da AP e do membro do Governo que exerça poderes de direção, superintendência ou tutela sobre o EP (esta autorização é dispensada no caso de trabalhadores integrados nas carreiras de assistente técnico e de assistente operacional- artº 295º, nº 4), observados que sejam os seguintes requisitos:

a) Comprovada obtenção de ganhos de eficiência e a redução permanente de despesa para o EP, designadamente pela demonstração de que o trabalhador não requer a substituição;
b) Demonstração da existência de disponibilidade orçamental, no ano da cessação, para suportar a despesa inerente à compensação a atribuir ao trabalhador (artº 295º, nºs 1 e 2).

Os membros do governo não se podem opor à celebração deste acordo uma vez verificados os requisitos legais, assistindo-lhes, porém, a possibilidade de, previamente à emissão daquela autorização, requererem à entidade gestora da requalificação a avaliação da possibilidade de colocação do trabalhador em posto de trabalho compatível com a sua categoria, experiência e qualificações profissionais, noutro órgão ou serviço da AP (artº 295º, nº 3) .

12. Compensação pela extinção por acordo – salvo regime especial, há lugar a compensação a atribuir ao trabalhador no âmbito do acordo de cessação do vínculo de emprego público, que corresponde, no máximo, a 20 dias de remuneração base por cada ano completo de antiguidade e é determinada do seguinte modo:

a) O valor diário de remuneração base é o resultante da divisão por 30 da remuneração base mensal auferida pelo trabalhador;

b) Em caso de fração de ano, o montante da compensação é calculado proporcionalmente;

c) O montante global da compensação não pode ser superior a 100 vezes a RMMG, sem prejuízo do previsto nos números seguintes (do artº 296º);

d) O montante global da compensação não pode ser superior ao montante das remunerações base a auferir pelo trabalhador até à idade legal de reforma ou aposentação (artº 296º, nº 2).

O acordo deve discriminar as quantias pagas a título desta compensação e, sendo caso disso, as decorrentes de créditos já vencidos ou exigíveis em virtude dessa extinção (artº 296º, nº 1).

Na situação em que o trabalhador reúna as condições para aceder ao mecanismo legal de antecipação da aposentação, no âmbito do regime de proteção social convergente ou ao abrigo de regime de flexibilização ou de antecipação da idade de pensão de velhice no regime geral de segurança social, o acordo de cessação carece de demonstração de redução efetiva de despesa e da autorização prévia do membro do Governo responsável pela área das finanças (artº 296º, nº 3).

A extinção do vínculo de emprego público por acordo impede o trabalhador de constituir um vínculo de trabalho em funções públicas, em qualquer modalidade, com os órgãos e serviços da administração direta e indireta do Estado, da administração regional e da administração autárquica, incluindo as respetivas entidades públicas empresariais, e com os outros órgãos do Estado, pelo período correspondente ao quádruplo dos meses da compensação percebida, calculado com aproximação por excesso (artº 296º, nº 4).

Os membros do Governo responsáveis pelas áreas das finanças e da AP e o membro do Governo que exerça poderes de direção, superintendência ou tutela podem, por portaria, regulamentar programas sectoriais de redução de efetivos, por recurso à celebração de acordo de cessação de contrato, estabelecendo os requisitos e as condições específicas a aplicar nesses programas, as quais devem ser objeto de negociação prévia com as organizações sindicais representativas dos trabalhadores (artº 296º, nº 5).

13. Extinção por motivos disciplinares – o vínculo de emprego público pode cessar em caso de infração disciplinar que inviabilize a sua manutenção por demissão ou despedimento (artº 297º, nºs 1 e 2), sendo a ***sanção de demissão*** aplicada a todos os trabalhadores nomeados, bem como aos trabalhadores que se encontravam nomeados definitivamente à data da entrada em vigor da LVCR (1 de janeiro de 2008) que, por força do artº 88, nº 4 deste diploma, transitaram para o vínculo de contrato de trabalho em funções públicas por tempo indeterminado, enquanto que a ***sanção de despedimento*** se aplica a todos os demais trabalhadores contratados; as sanções de despedimento ou demissão só podem ser aplicadas na sequência da instauração de prévio procedimento disciplinar (artº 298º); quanto aos comportamentos do trabalhador suscetíveis de inviabilizar a manutenção do vínculo, isto é, de dar lugar à aplicação daquelas sanções, veja-se o enunciado no artº 297º, nºs 1 a 3.

14. Impugnação judicial do despedimento ou demissão – a respetiva ação tem de ser proposta no prazo de 1 ano sobre a data de produção de efeitos da extinção do vínculo, devendo a respetiva providência cautelar ser requerida no prazo de 30 dias a contar desta mesma data (artº 299º).

15. Invalidade do despedimento ou da demissão – no caso de ser anulada ou declarada nula a sanção de despedimento ou demissão, o órgão ou serviço é condenado:

a) A indemnizar o trabalhador por todos os danos, patrimoniais e não patrimoniais, causados;
b) A reconstituir a situação jurídico-funcional atual hipotética do trabalhador (artº 300º, nº 1).

Em alternativa a esta reconstituição, pode o trabalhador optar, até à data da decisão jurisdicional, pelo recebimento de uma indemnização a ser fixada pelo tribunal, entre 15 e 45 dias por cada ano completo ou fração de exercício de funções públicas, atendendo ao valor da retribuição e ao grau de ilicitude, e com o valor mínimo correspondente a três remunerações base mensais (artº 301º, nºs 1 e 2); no caso da sanção ser a cessação da comissão de serviço, a este valor acresce uma remuneração base mensal por cada mês completo, ou respetiva proporção no caso de fração de mês, que faltasse para o termo da comissão, com um mínimo correspondente a 3 remunerações bases mensais (artº 301º, nº 3); o tempo decorrido desde a data de produção de efeitos da sanção até ao trânsito em julgado da decisão jurisdicional considerado exercício de funções públicas (artº 301º, nº 4).

16. Extinção do vínculo de emprego público pelo trabalhador com aviso prévio – a extinção opera-se por uma das 2 seguintes modalidades:

a) **Denúncia** (é a designação da extinção no caso de vínculo ser o contrato) – diz respeito ao trabalhador que seja titular de um contrato de trabalho em funções públicas, em que só ele pode denunciar o contrato indeterminado independentemente de justa causa, mediante **comunicação escrita** enviada ao EP com a antecedência mínima de 30 ou 60 dias, conforme tenha, respetivamente, até 2 anos ou mais de 2 anos de antiguidade no órgão ou serviço, antecedência esta que passa a ser de 30 ou 15 dias em caso de contrato a termo de duração igual ou superior a 6 meses ou de duração inferior, respetivamente, devendo atender-se, para o cálculo do respetivo prazo de aviso prévio, ao tempo de duração efetiva do contrato a termo incerto, (arts. 303º e 304º, nºs 1, 2 e 3); no caso de estarmos perante contrato objeto de renovação, deve contar-se todo o tempo de duração do contrato para efeito de determinação do prazo de aviso prévio na medida em que estamos perante um único contrato (artº 61º, nºs 1 e 2); estes prazos de aviso prévio aplicam-se à exoneração de trabalhador com nomeação transitória por força do disposto no artº 8º, nº 3.

b) **Exoneração** (é a designação da extinção no caso do vínculo ser a nomeação) – é utilizável apenas pelo trabalhador que possuir um vínculo de nomeação, produzindo a exoneração aqui efeitos no 30º dia a contar da data da apresentação do respetivo **requerimento escrito**, exceto quando o EP e o trabalhador acordem diferentemente (arts. 303º e 305º).

17. Falta de cumprimento dos prazos de aviso prévio por parte do trabalhador – se o trabalhador não cumprir, total ou parcialmente, os prazos de aviso prévio estabelecidos, fica obrigado a pagar ao EP uma indemnização de valor igual à remuneração base correspondente ao período de aviso em falta, sem prejuízo da responsabilidade civil pelos danos eventualmente causados (artº 306º).

18. Extinção pelo trabalhador com justa causa – havendo justa causa, pode o trabalhador extinguir imediatamente o vínculo de emprego público (artº 307º, nº 1), constituindo justa causa de extinção do vínculo pelo trabalhador, nomeadamente os seguintes comportamentos do EP (enumeração meramente exemplificativa):

a) Falta culposa de pagamento pontual da remuneração (esta causa deve ser invocada perante o EP logo que possível);

b) Violação culposa das garantias legais ou convencionais do trabalhador;
c) Aplicação de sanção ilegal;
d) Falta culposa de condições de segurança, higiene e saúde no trabalho;
e) Lesão culposa de interesses patrimoniais sérios do trabalhador;
f) Ofensas à integridade física ou moral, liberdade, honra ou dignidade do trabalhador, puníveis por lei, praticadas pelo empregador público ou seu representante legítimo (artº 307º, nº 2);
g) Necessidade de cumprimento de obrigações legais incompatíveis com a continuação do vínculo;
h) Alteração substancial e duradoura das condições de trabalho no exercício legítimo de poderes do empregador público;
i) Falta não culposa de pagamento pontual da remuneração (artº 307º, nº 3).

Na apreciação da justa causa deve atender-se a 2 aspetos aparentemente cumulativos, a saber:

1. O grau de lesão dos interesses do trabalhador;
2. As circunstâncias que no caso concreto se mostrem relevantes para o efeito.
   (artº 307º, nº 4)

19. Procedimento extinção pelo trabalhador com justa causa – a declaração de extinção do vínculo pelo trabalhador deve ser feita por escrito, com indicação sucinta dos factos que a justificam, nos 30 dias subsequentes ao conhecimento desses factos (artº 308º, nº 1), mas se o fundamento da extinção for o da necessidade de cumprimento de obrigações legais incompatíveis com a continuação do vínculo, o trabalhador deve notificar o EP logo que possível (nº 2). A extinção é imediata, produzindo efeitos no dia imediato ao da comunicação ao EP.

20. Indemnização devida ao trabalhador por extinção do vínculo por justa causa invocada pelo trabalhador – «a extinção do vínculo com fundamento nos factos previstos no nº 2 do artº 307º confere ao trabalhador o direito a uma indemnização, a determinar entre 30 e 60 dias de remuneração base auferida pelo trabalhador por cada ano completo de antiguidade no exercício de funções públicas, mas nunca podendo ser inferior a 3 meses de remuneração base» (artº 309º, nº 1), sendo que no caso de fração de ano de antiguidade, esse valor da indemnização é calculado proporcionalmente (nº

2). No caso de contrato a termo, esta indemnização não pode ser inferior à quantia correspondente às remunerações vincendas (nº 3).

Esta extinção é passível de impugnação judicial pelo EP (artº 310º).

21. Regime transitório de compensação em caso de cessação de contrato de trabalho em funções públicas por tempo indeterminado – de acordo com o disposto no artº 12º da LP determina-se que, «em caso de extinção do vínculo de emprego público, na modalidade de contrato de trabalho em funções públicas por tempo indeterminado celebrado antes da entrada em vigor da» LTFP, a saber, 31 de julho de 2014, a compensação é calculada do seguinte modo:

a) Um mês de remuneração base por cada ano completo de antiguidade prestado até 31 de julho de 2014;

b) 12 dias de remuneração base por cada ano de serviço prestado após a entrada em vigor da LTFP, a saber, 1 de agosto de 2014 (artº 366º do CT por remissão da LTFP).

«No caso de cessação do contrato de trabalho a termo a compensação é calculada» nos termos enunciados no artº 12º, nº 2 da LP.

PARTE II
DIREITO COLETIVO

Capítulo I
Estruturas de Representação Coletiva dos Trabalhadores

1. Direitos, liberdades e garantias dos trabalhadores – a CRP contempla nos seus arts. 53º a 57º um conjunto de direitos, liberdades e garantias constitucionais dos trabalhadores de exercício coletivo que importa desde já referir:

a) Direito de constituir comissões de trabalhadores (artº 54º, nº 1 da CRP e arts. 314º, nº 1 e 320º, nº 1 da LTFP);
b) Liberdade sindical, através de cujo exercício se garante a todos os trabalhadores, sem discriminação, a liberdade de constituição de sindicatos (arts. 314º e 337º da LTFP), a liberdade de inscrição sindical, a liberdade de organização e regulamentação interna sindical, o direito de exercício da atividade sindical nos locais de trabalho, bem como o direito de tendência;
c) Direito de participação na elaboração da legislação do trabalho;
d) Direito de contratação coletiva;
e) Direito de participação na gestão das instituições de segurança social e outras que visem a satisfação dos interesses económico-sociais dos trabalhadores;
f) Direito a fazer-se representar nos organismos de concertação social;
g) Direito de participação nos processos de reestruturação da entidade empregadora, especialmente no tocante a ações de formação;
h) Direito à greve.

Tratam-se assim de direitos, liberdades e garantias de aplicação generalizada a todos os trabalhadores, sejam eles públicos ou privados.

2. Estruturas de representação coletiva dos trabalhadores – as liberdades e direitos enunciados anteriormente cabem aos trabalhadores, mas o seu exercício faz-se através das estruturas de representação coletiva dos trabalhadores, a saber, as comissões de trabalhadores e os sindicatos, entidades estas que na função pública vêm reguladas na LTFP e, subsidiariamente, nos arts. 404º a 414º do CT (artº 314º, nºs 1 e 2).

3. Conceito de comissão de trabalhadores (na função pública) – é uma organização dotada de personalidade jurídica criada pelos trabalhadores no âmbito de um EP para defesa dos seus interesses e para o exercício dos direitos previstos na CRP e na lei (arts. 320º, nº 1, 330º, 331º, nº 1 e 332º, nºs 1 e 2 da LTFP e arts. 415º a 439º do CT).

4. Conceito de subcomissão de trabalhadores (na função pública) – é uma organização dotada de personalidade jurídica criada pelos trabalhadores no âmbito de um estabelecimento periférico ou unidade orgânica desconcentrada de um EP para defesa dos seus interesses e para o exercício dos direitos previstos na CRP e na lei (arts. 320º, nº 2, 330º, 331º e 332º da LTFP e arts. 415º, nº 2, 433º e 438º do CT).

5. Conceito de comissão coordenadora (na função pública) – é uma organização dotada de personalidade jurídica criada pelos trabalhadores para articulação de atividades das comissões de trabalhadores constituídas em diferentes EPs do mesmo ministério ou de vários ministérios que prossigam atribuições de natureza análoga, bem como para o desempenho de outros direitos consignados na lei (arts. 320º, nº 3, 331º e 332º da LTFP e arts. 415º, nº 4, 435º e 438º do CT).

6. Conceito de sindicato – é a associação permanente, dotada de personalidade jurídica, de trabalhadores para defesa e promoção dos seus interesses socioprofissionais (artº 442º, nº 1, al. *a)* do CT).

7. Conceito de federação – é a associação, dotada de personalidade jurídica, de sindicatos de trabalhadores da mesma profissão ou do mesmo setor de atividade (artº 442º, nº 2, al. *b)* do CT).

8. Conceito de união – é a associação, dotada de personalidade jurídica, de sindicatos de base regional (artº 442º, nº 2, al. *c)* do CT).

9. Conceito de confederação – é a associação nacional de sindicatos, federações e uniões, dotada de personalidade jurídica (artº 442º, nº 2, al. *d)* do CT).

10. Conceito de delegado sindical – é o trabalhador eleito para exercer atividade sindical no órgão ou serviço do EP (artº 442º, nº 1, al. *f)* do CT).

11. Conceito de comissão sindical – é a organização dos delegados sindicais do mesmo sindicato no órgão ou serviço do EP (artº 442º, nº 1, al. *g)* do CT).

12. Conceito de comissão intersindical – é a organização, a nível de um EP, dos delegados das comissões sindicais dos sindicatos representados numa confederação, que abranja no mínimo 5 delegados sindicais, ou de todas as comissões sindicais nela existentes (artº 442º, nº 1, al. *h)* do CT).

13. Aplicação subsidiária do CT – às estruturas de representação coletiva dos trabalhadores em funções públicas, nomeadamente às comissões e subcomissões de trabalhadores, às comissões coordenadoras e às associações sindicais, aplica-se o regime previsto nos arts. 404º a 414º do CT, com as necessárias adaptações e as especificidades constantes da LTFP (arts. 314º, nº 2).

14. Prerrogativas dos representantes dos trabalhadores – aos representantes dos trabalhadores, membros das comissões de trabalhadores e dos sindicatos, são reconhecidos e atribuídos uma série de prerrogativas legais destinadas a permitir a defesa dos trabalhadores seus colegas e o exercício dos direitos previstos na CRP e na lei, designadamente:

a) **Crédito de horas dos representantes dos trabalhadores** – os membros dirigentes das comissões de trabalhadores e dos sindicatos e os delegados sindicais beneficiam dos seguintes créditos de horas remuneradas, que contam como tempo de serviço efetivo, para o exercício da sua atividade (artº 315º da LTFP e artº 408º, nº 2 do CT):
   - **I. Membro da subcomissão de trabalhadores** – crédito mensal de 8 horas;
   - **II. Membro da comissão de trabalhadores** – crédito mensal de 25 horas;
   - **III. Membro da comissão coordenadora** – crédito mensal de 20 horas.
     (artº 323º, nº 1)

IV. Nos órgãos e serviços com menos de 50 trabalhadores, aquele crédito de horas é reduzido a metade (nº 2), não podendo haver lugar a cumulação de crédito de horas pelo facto de um trabalhador pertencer a mais de uma daquelas estruturas (nº 5).

V. **Membro dirigente do sindicato – tem direito a um crédito de horas correspondente a 4 dias de trabalho por mês, que pode ser utilizado em período de meio-dia, mantendo o direito à remuneração** (artº 345º, nº 6).

VI. **Cedência de créditos entre membros dirigentes do sindicato** – a direção da associação sindical dispõe ainda da possibilidade de atribuir créditos de horas a outros membros da mesma, ainda que pertencentes a serviços diferentes, e independentemente de estes se integrarem na administração direta ou indireta do Estado, na administração regional, na administração autárquica ou noutra pessoa coletiva pública, desde que, em cada ano civil, não ultrapasse o montante global do crédito de horas atribuído nos termos dos nºs 1 a 3 do artº 345º e comunique tal facto à DGAEP e ao órgão ou serviço em que exercem funções, com a antecedência mínima de 15 dias (artº 345º, nº 11).

VII. **Delegado sindical** – dispõe de um crédito de 12 horas remuneradas por mês (artº 344º, nº 1).

b) **Faltas dos representantes dos trabalhadores** – os membros dirigentes das estruturas de representação coletiva dos trabalhadores (cuja identificação, no caso dos membros da direção das associações sindicais, deve ser comunicada à DGAEP e ao órgão ou serviço em que exercem funções nos termos da LTFP; vd. arts. 316º, nºs 1 e 2 e 346º, nº 1), bem como os delegados sindicais, embora estes condicionados às ausências motivadas pela prática de atos necessários e inadiáveis do exercício das suas funções (artº 316º, nº 2), podem exceder aquele crédito de horas no desempenho das suas funções sendo este excesso de ausências consideradas como faltas justificadas que contam, salvo para efeito de remuneração, como tempo de serviço efetivo (artº 316º, nº 1 e artº 346º, nº 1).

c) **Faltas dos membros da direção das associações sindicais cuja identificação não tem de ser comunicada à DGAEP e ao órgão ou serviço em que exercem funções nos termos do artº 345º, nº 7, al. *b)*, por não beneficiarem do crédito de horas correspondente a 4 dias de trabalho por mês** – usufruem do direito a faltas justificadas, até ao limite de 33 faltas por ano, que contam, para todos os efeitos legais, como serviço efetivo, salvo quanto à remuneração (artº 346º, nº 2).

d) **Faltas para exercício de atividade sindical que se prolongam para além de 1 mês** – quando as faltas determinadas pelo exercício de atividade sindical se prolongarem para além de 1 mês, aplica-se o regime de suspensão do contrato por facto respeitante ao trabalhador (artº 346º, nº 3), regime este que não se aplica, contudo, aos membros da direção cuja ausência no local de trabalho, para além de um mês, seja determinada pela cumulação do crédito de horas (nº 4).

e) **Proteção em caso de procedimento disciplinar, despedimento ou demissão** – esta proteção faz-se, nomeadamente, garantindo-se que a suspensão preventiva de trabalhador eleito para as estruturas de representação coletiva ou a pendência de processo para apuramento de responsabilidade disciplinar, civil ou criminal, com fundamento em exercício abusivo de direitos na qualidade de membro daquelas estruturas, não obsta a que o mesmo possa ter acesso aos locais e atividades que se compreendam no exercício normal dessas funções (artº 317º, nºs 1 e 2), presumindo-se feito sem justa causa ou motivo justificativo o despedimento ou demissão de trabalhador candidato a corpos sociais das associações sindicais, bem como do que exerça ou haja exercido funções nos mesmos corpos sociais há menos de 3 anos (nº 3) e se, no caso de o trabalhador despedido ou demitido ser representante sindical ou membro de comissão de trabalhadores, tiver sido interposta providência cautelar de suspensão do despedimento ou demissão, esta só não é decretada se o tribunal concluir pela existência de probabilidade séria de verificação da justa causa ou do motivo justificativo invocados (nº 4), reconhecendo-se, por último, ao dirigente da estrutura de representação coletiva dos trabalhadores, no caso de ilicitude do seu despedimento ou demissão, o direito de optar entre a reintegração no órgão ou serviço e uma indemnização calculada nos termos previstos na presente lei ou estabelecida em IRCT, nunca inferior à remuneração base correspondente a 6 meses (nº 6).

f) **Proteção em caso de mobilidade** – os membros das estruturas de representação coletiva, bem como na situação de candidatos e até 2 anos após o fim do respetivo mandato, não podem ser mudados de local de trabalho sem o seu acordo expresso e sem audição da estrutura a que pertencem (artº 318º, nº 1), exceto se essa mudança de local de trabalho resultar da mudança de instalações do órgão ou serviço ou decorrer de normas legais aplicáveis a todos os seus trabalhadores (nº 2).

Capítulo II
Comissões de Trabalhadores

1. Constituição e extinção da comissão de trabalhadores (subcomissão de trabalhadores e comissão coordenadora) – a constituição, aprovação de estatutos e eleição de comissão de trabalhadores segue, com as necessárias adaptações, o disposto nos arts. 430º a 439º do CT, com as especialidades constantes da LTFP (artº 330º).

2. Registo – o registo daquelas comissões deve ser efetuado junto do departamento governamental responsável pela área da AP (artº 331º, nº 1).

3. Publicação – o departamento governamental responsável pela AP procede à publicação na 2ª série do DR:

a) Dos estatutos da comissão de trabalhadores e da comissão coordenadora, ou das suas alterações;
b) Da composição da comissão de trabalhadores, das subcomissões de trabalhadores e da comissão coordenadora (artº 332º, nº 1).

4. Início de funções – a comissão de trabalhadores, a subcomissão e a comissão coordenadora só podem iniciar as suas atividades depois da publicação dos estatutos e da respetiva composição (artº 332º, nº 2).

5. Controlo de legalidade da constituição e dos estatutos das comissões – após o registo da constituição da comissão de trabalhadores e da aprovação dos estatutos ou das suas alterações, compete ao ministério responsável pela área da AP remeter, no prazo de 8 dias, a contar da publicação, cópias de toda a documentação do processo de constituição das comissões ao magistrado do Ministério Público da área da sede do respetivo órgão ou serviço (artº 333º, nº 1).

6. Número de membros de comissão de trabalhadores, comissão coordenadora ou subcomissão – o número de membros da ***comissão de trabalhadores*** não pode exceder os seguintes (artº 321º, nº 1):

a) Em empregadores públicos com menos de 50 trabalhadores, 2;
b) Em empregadores públicos com 50 a 200 trabalhadores, 3;
c) Em empregadores públicos com 201 a 500 trabalhadores, 3 a 5;
d) Em empregadores públicos com 501 a 1 000 trabalhadores, 5 a 7;
e) Em empregadores públicos com mais de 1 000 trabalhadores, 7 a 11.

O número de membros da ***subcomissão de trabalhadores*** não pode exceder os seguintes (nº 2 e 3):

a) Nos estabelecimentos ou unidades orgânicas com 50 a 200 trabalhadores, 3;
b) Nos estabelecimentos ou unidades orgânicas com mais de 200 trabalhadores, 5;
c) Nos estabelecimentos ou unidades orgânicas com menos de 50 trabalhadores, 1 (nº 3).

O número de membros da ***comissão coordenadora*** não pode exceder o número das comissões de trabalhadores que a mesma coordena, nem o máximo de 11 membros (nº 4).

7. Reunião de trabalhadores no local de trabalho convocada por comissão de trabalhadores – a realização de reunião de trabalhadores no local de trabalho, convocada por comissão de trabalhadores, bem como o respetivo procedimento, observam o disposto nos arts. 419º e 420º do CT (artº 322º).

8. Direitos da comissão e subcomissão de trabalhadores – enquanto as subcomissões de trabalhadores podem exercer os direitos que se enunciam de seguida nos termos do CT (artº 324º, nº 2 da LTFP), o artº 324º, nº 1 da LTFP reconhece às comissões de trabalhadores os seguintes direitos:

a) Receber todas as informações necessárias ao exercício da sua atividade;
b) Exercer o controlo de gestão nos respetivos EPs;

c) Participar nos procedimentos relativos aos trabalhadores, no âmbito dos processos de reorganização de órgãos ou serviços;
d) Participar na elaboração da legislação do trabalho, diretamente ou por intermédio das respetivas comissões coordenadoras.

9. Reuniões da comissão e da subcomissão de trabalhadores com o dirigente máximo ou órgão de direção do órgão ou serviço – a comissão de trabalhadores tem o direito de reunir periodicamente com o dirigente máximo do serviço ou com o órgão de direção do EP ou, no caso das subcomissões de trabalhadores, com os dirigentes dos respetivos estabelecimentos periféricos ou unidades orgânicas desconcentradas, para discussão e análise dos assuntos relacionados com o exercício dos seus direitos, devendo realizar-se, pelo menos, uma reunião em cada mês, da qual se deve lavrar a respetiva ata, que deve ser assinada por todos os presentes (artº 325º, nºs 1 e 2).

10. Informação e consulta – a comissão de trabalhadores tem direito de informação sobre:

a) Plano e relatório de atividades;
b) Orçamento;
c) Gestão dos recursos humanos, em função dos mapas de pessoal;
d) Prestação de contas, incluindo balancetes, contas de gerência e relatórios de gestão.
e) Projetos de reorganização do órgão ou serviço (artº 326º).

11. Obrigatoriedade de parecer prévio – sem prejuízo dos pareceres obrigatórios previstos noutros diplomas, designadamente em matéria de balanço social e estatuto disciplinar, têm de ser obrigatoriamente precedidos de parecer escrito da comissão de trabalhadores os seguintes atos do EP:

a) Regulação da utilização de equipamento tecnológico para vigilância a distância no local de trabalho;
b) Tratamento de dados biométricos;
c) Elaboração de regulamentos internos do órgão ou serviço;
d) Definição e organização dos horários de trabalho aplicáveis a todos ou a parte dos trabalhadores do órgão ou serviço;
e) Elaboração do mapa de férias dos trabalhadores do órgão ou serviço;
f) Quaisquer medidas de que resulte uma diminuição substancial do número de trabalhadores do órgão ou serviço ou agravamento substancial das suas condições de trabalho e, ainda, as decisões suscetí-

veis de desencadear mudanças substanciais no plano da organização de trabalho ou dos contratos (artº 327º).

12. Controlo de gestão do empregador público – a lei reconhece às comissões de trabalhadores o direito de controlar a gestão do EP, que visa promover o empenhamento responsável dos trabalhadores na vida do EP (artº 328º, nº 1), podendo a comissão de trabalhadores no âmbito do exercício deste direito:

a) Apreciar e emitir parecer sobre os orçamentos do órgão ou serviço e respetivas alterações, bem como acompanhar a respetiva execução;
b) Promover a adequada utilização dos recursos técnicos, humanos e financeiros;
c) Promover, junto dos órgãos de direção e dos trabalhadores, medidas que contribuam para a melhoria da atividade do EP, designadamente nos domínios dos equipamentos técnicos e da simplificação administrativa;
d) Apresentar aos órgãos competentes do EP sugestões, recomendações ou críticas tendentes à qualificação inicial e à formação contínua dos trabalhadores e, em geral, à melhoria da qualidade de vida no trabalho e das condições de segurança e saúde;
e) Defender, junto dos órgãos de direção e fiscalização do EP e das autoridades competentes, os legítimos interesses dos trabalhadores (nº 2).

13. Limites ao controlo de gestão – o controlo de gestão nos EPs não pode ser exercido em matérias sujeitas ao regime de segredo previstos na lei (artº 329º, nº 1), nas atividades que envolvam, por via direta ou indireta, competências dos órgãos de soberania, das assembleias legislativas das regiões autónomas e dos governos regionais, nem ainda em relação às seguintes atividades:

a) Defesa nacional;
b) Representação externa do Estado;
c) Informações de segurança;
d) Investigação criminal;
e) Segurança pública, quer em meio livre quer em meio institucional;
f) Inspeção (nº 2).

14. Cancelamento do registo – a extinção da comissão de trabalhadores ou da comissão coordenadora deve ser comunicada ao ministério responsável pela AP para que se proceda de imediato ao cancelamento do registo da sua constituição e dos seus estatutos e à publicação do aviso no DR, 2ª série (artº 336º, nºs 1 e 4).

Capítulo III
Associações Sindicais

1. Direito aplicável – às associações sindicais dos trabalhadores que exercem funções públicas aplica-se o disposto nos arts. 337º a 346º-E da LTFP e, subsidiariamente, nos arts. 440º a 468º do CT, mais concretamente os seus arts. 440º, nºs 3 e 5, 441º, 442º e 444º, com as necessárias adaptações (artº 337º, nºs 1 e 2).

2. Direitos das associações sindicais – as associações sindicais têm, nomeadamente, o direito de:

a) Celebrar acordos coletivos de trabalho;
b) Prestar serviços de caráter económico e social aos seus associados;
c) Participar na elaboração da legislação do trabalho;
d) Participar nos procedimentos relativos aos trabalhadores, no âmbito de processos de reorganização de órgãos ou serviços;
e) Estabelecer relações ou filiar-se em organizações sindicais internacionais (artº 338º, nº 1);
f) Se legitimarem processualmente, quer em processos judiciais quer em processos administrativos (ver Acórdão do TC nº 118/97, in DR, I Série, de 24 de abril de 1997) para defesa dos direitos e interesses coletivos e para a defesa coletiva dos direitos e interesses individuais legalmente protegidos dos trabalhadores que representem (nº 2), beneficiando da isenção do pagamento das custas para defesa dos direitos e dos interesses coletivos dos trabalhadores que representam, «aplicando-se no demais o regime previsto no Regulamento das Custas Processuais, aprovado pelo Decreto-Lei nº 34/2008, de 26 de fevereiro» (nº 3).

3. Constituição e organização das associações sindicais – à constituição, extinção e organização dos sindicatos de trabalhadores em funções públicas aplica-se o disposto nos arts. 445º a 456º do CT (artº 339º, nº 1), competindo ao ministério responsável pela área laboral remeter, oficiosamente, ao membro do Governo responsável pela área da Administração Pública:

a) Cópia dos estatutos da associação sindical;
b) Identificação dos membros da direção eleitos, bem como cópia da ata da assembleia que os elegeu (nº 2).

Ao ministério responsável pela área laboral compete ainda comunicar, oficiosamente, ao membro do Governo responsável pela área da Administração Pública o cancelamento do registo da associação sindical (nº 3).

4. Atividade sindical no órgão ou serviço – os trabalhadores e os sindicatos têm direito a desenvolver atividade sindical no órgão ou serviço do EP, nomeadamente através de delegados sindicais, comissões sindicais e comissões intersindicais, não podendo esse exercício comprometer a realização do interesse público e o normal funcionamento dos órgãos ou serviços (artº 340º, nºs 1 e 2) – aplica-se subsidiariamente o disposto nos arts. 460º a 468º do CT, nomeadamente os seus arts. 462º, 464º e 465º.

5. Direito de reunião de trabalhadores no local de trabalho – os trabalhadores podem reunir-se no local de trabalho:

a) **Fora do horário de trabalho** observado pela generalidade dos trabalhadores, mediante convocação do órgão competente da associação sindical, do delegado sindical ou da comissão sindical ou intersindical, sem prejuízo do normal funcionamento dos serviços, no caso de trabalho por turnos ou de trabalho suplementar;
b) **Durante o horário de trabalho** observado pela generalidade dos trabalhadores, até um período máximo de 15 horas por ano, que contam como tempo de serviço efetivo, desde que assegurem o funcionamento dos serviços de natureza urgente e essencial (artº 341º, nº 1).

6. Competência para a convocação da reunião no local de trabalho – as reuniões podem ser convocadas:

a) Pela comissão sindical ou pela comissão intersindical;
b) Excecionalmente, pelas associações sindicais ou os respetivos delegados. (artº 341º, nº 2)

Compete exclusivamente às associações sindicais reconhecer a existência das circunstâncias excecionais que justificam a realização da reunião (artº 341º, nº 3), podendo os membros da direção das associações sindicais que não trabalhem no órgão ou serviço participar nas reuniões mediante comunicação dos promotores ao EP com a antecedência mínima de 6 horas (nº 5).

Subsidiariamente aplica-se aqui o disposto nos arts. 419º e 420º do CT.

7. Número de delegados sindicais – o número máximo de delegados sindicais que beneficiam do regime de proteção previsto na LTFP e no CT é determinado da seguinte forma:

a) Órgão ou serviço, estabelecimento periférico ou unidade orgânica desconcentrada com menos de 50 trabalhadores sindicalizados, 1;
b) Órgão ou serviço, estabelecimento periférico ou unidade orgânica desconcentrada com 50 a 99 trabalhadores sindicalizados, 2;
c) Órgão ou serviço, estabelecimento periférico ou unidade orgânica desconcentrada com 100 a 199 trabalhadores sindicalizados, 3;
d) Órgão ou serviço, estabelecimento periférico ou unidade orgânica desconcentrada com 200 a 499 trabalhadores sindicalizados, 6;
e) Órgão ou serviço, estabelecimento periférico ou unidade orgânica desconcentrada com 500 ou mais trabalhadores sindicalizados, o número resultante da seguinte fórmula:
$6 + [(n - 500): 200]$ em que n é o número de trabalhadores sindicalizados (artº 342º, nº 1), sendo o resultado apurado arredondado para a unidade imediatamente superior (nº 2).

8. Direito de informação e consulta do delegado sindical – o delegado sindical goza do direito a informação e consulta relativamente às matérias constantes das suas atribuições (artº 343º, nº 1), direito que abrange, para além de outras referidas na lei ou identificadas em ACT, as seguintes matérias:

a) A informação sobre a evolução recente e a evolução provável das atividades do órgão ou serviço, do estabelecimento periférico ou da unidade orgânica desconcentrada e a sua situação financeira;
b) A informação e consulta sobre a situação, a estrutura e a evolução provável do emprego no órgão ou serviço e sobre as eventuais medidas de antecipação previstas, nomeadamente em caso de ameaça para o emprego;
c) A informação e consulta sobre as decisões suscetíveis de desencadear mudanças substanciais a nível da organização do trabalho ou dos contratos de trabalho (nº 2).

Os delegados sindicais devem requerer, por escrito, ao respetivo órgão ou serviço dirigente, os elementos de informação respeitantes às matérias referidas anteriormente (nº 3), devendo tais informações serem prestadas, também por escrito, no prazo de 10 dias ou, excecionalmente, em atenção à sua complexidade, num prazo nunca superior a 30 dias, estando vedado, no âmbito do direito a informação e consulta, o acesso a matérias sujeitas ao regime de segredo previsto na lei (nº 6).

9. Crédito de horas de delegado sindical – de acordo com o disposto no artº 344º, nº 1, **cada delegado sindical dispõe de um crédito de 12 horas por mês para o exercício das suas funções sindicais**, cabendo à associação sindical o dever de comunicar a identificação dos delegados sindicais beneficiários deste crédito de horas aos órgãos e serviços onde exercem funções até 15 de janeiro de cada ano (nº 2).

10. Número de membros da direção (nacional) de associação sindical com direito a crédito – sem prejuízo do disposto em IRCT, o número máximo de membros da direção da associação sindical que beneficiam do crédito de horas é determinado da seguinte forma:

a) Associações sindicais com um número igual ou inferior a 200 associados, **1 membro;**

b) Associações sindicais com mais de 200 associados, 1 membro por cada 200 associados ou fração, ***até ao limite máximo de 50 membros*** (artº 345º, nº 1).

11. Número de membros das estruturas de direção de base regional ou distrital de associação sindical com direito a crédito – nas associações sindicais cuja organização interna compreenda estruturas de direção de base regional ou distrital beneficiam ainda do seguinte crédito de horas:

a) **Nas estruturas de base regional**, até ao limite máximo de 7, um membro por cada 200 associados ou fração correspondente a, pelo menos, 100 associados, ***até ao limite máximo de 20 membros da direção de cada estrutura***;

b) **Nas estruturas de base distrital**, até ao limite máximo de 18, um membro por cada 200 associados ou fração correspondente a, pelo menos, 100 associados, ***até ao limite máximo de 7 membros da direção de cada estrutura*** (nº 2).

Da aplicação conjugada dos nºs 1 e 2 do artº 345º deve corrigir-se o resultado para que não se verifique um número inferior a 1,5 do resultado da aplicação do disposto na alínea *b)* do nº 1, considerando-se, para o efeito, que o limite máximo aí referido é de 100 membros (nº 3).

Quando as associações sindicais compreendam estruturas distritais no continente e estruturas nas regiões autónomas, aplica-se-lhes o disposto na alínea *b)* do nº 2 e o disposto na alínea *a)* do mesmo número até ao limite máximo de duas estruturas (nº 4).

12. Número máximo de membros da direção de associação sindical das autarquias locais com direito a crédito – em alternativa ao disposto nos números anteriores do artº 345º, e sem prejuízo do disposto em IRCT, o número máximo de membros da direção de associações sindicais representativas de trabalhadores das autarquias locais que beneficiam do crédito de horas é determinado da seguinte forma:

a) Município em que exercem funções 25 a 49 trabalhadores sindicalizados, 1 membro;
b) Município em que exercem funções 50 a 99 trabalhadores sindicalizados, 2 membros;
c) Município em que exercem funções 100 a 199 trabalhadores sindicalizados, 3 membros;
d) Município em que exercem funções 200 a 499 trabalhadores sindicalizados, 4 membros;
e) Município em que exercem funções 500 a 999 trabalhadores sindicalizados, 6 membros;
f) Município em que exercem funções 1.000 a 1.999 trabalhadores sindicalizados, 7 membros;
g) Município em que exercem funções 2.000 a 4.999 trabalhadores sindicalizados, 8 membros;
h) Município em que exercem funções 5.000 a 9.999 trabalhadores sindicalizados, 10 membros;
i) Município em que exercem funções 10.000 ou mais trabalhadores sindicalizados, 12 membros (artº 345º, nº 5).

13. Crédito de horas dos dirigentes sindicais – cada membro da direção sindical beneficia, nos termos dos números anteriores, **do crédito de horas correspondente a 4 dias de trabalho por mês para o exercício das suas funções sindicais, que pode utilizar em períodos de meio-dia, mantendo o direito à remuneração** (artº 345º, nº 6).

14. Dever de comunicação sindical à DGAEP – até 15 de janeiro de cada ano civil, salvo se a especificidade do ciclo de atividade justificar um calendário diverso, a associação sindical deve comunicar à DGAEP:

a) O número total de associados, por estrutura de direção;
b) A identificação dos membros de direção beneficiários do crédito de horas e respetivo serviço de origem (artº 345º, nº 7).

15. Dever de comunicação sindical ao órgão ou serviço – a associação sindical deve ainda comunicar aos órgãos ou serviços onde os mesmos exercem funções, até 15 de janeiro de cada ano civil, a identificação dos membros de direção beneficiários do crédito de horas (artº 345º, nº 8).

16. Dever de comunicação de alteração da composição da direção sindical – em caso de alteração da composição da direção sindical, as comunicações previstas atrás devem ser efetuadas no prazo de 15 dias (artº 345º, nº 9).

17. Dever e prazo de comunicação dos créditos dos dirigentes sindicais – a associação sindical deve comunicar, com um dia de antecedência ou, em caso de impossibilidade, num dos 2 dias úteis imediatos, aos órgãos e serviços onde exercem funções os membros da direção, as datas e o número de dias que os mesmos necessitam para o exercício das suas funções sindicais (artº 345º, nº 10).

18. Membros da direção de federação, união ou confederação – não beneficiam de quaisquer créditos de horas, podendo, contudo, celebrar acordos de cedência de interesse público para o exercício de funções sindicais naquelas organizações, sendo as respetivas remunerações asseguradas pelo EP cedente, até ao seguinte número máximo de membros da direção:

a) 4 membros, no caso das confederações sindicais que representem, pelo menos, 5% do universo dos trabalhadores que exercem funções públicas;
b) 2 membros por cada 10.000 associados ou fração correspondente, pelo menos, a 5.000 associados, no caso de federações, até ao limite máximo de 10 membros, devendo atender-se para estes rácios ao número de trabalhadores filiados nas associações sindicais que fazem parte destas federações;
c) Um membro, quando se trate de união de âmbito distrital ou regional e represente, pelo menos, 5% do universo dos trabalhadores que exerçam funções na respetiva área.

Cabe à DGAEP manter atualizados mecanismos de acompanhamento e controlo deste sistema de créditos e cedências de interesse público. (artº 345º, nºs 13 a 15)

19. Faltas justificadas para atividade sindical – os membros da direção das associações sindicais, cuja identificação é comunicada à DGAEP e ao órgão ou serviço em que exerçam funções, **usufruem ainda, para além do crédito de horas, do direito a faltas justificadas, que contam, para todos os efeitos legais, como serviço efetivo, salvo quanto a remuneração, podendo os demais membros da direção sindical, que não possuem aquele crédito, usufruir também do direito a estas faltas, porém, até ao limite de 33 faltas por ano** (artº 346º, nºs 1 e 2). No caso destas faltas se prolongarem para além de 1 mês, haverá lugar à aplicação do regime de suspensão do contrato por facto respeitante ao trabalhador, regime este que se encontra afastado no caso da ausência ao serviço, para além de 1 mês, resultar da cumulação do crédito de horas (nºs 3 e 4).

20. Participação nos processos eleitorais: dispensas sindicais – os trabalhadores em funções públicas, a fim de poderem participar «na realização de assembleias constituintes das associações sindicais ou para efeitos de alteração dos estatutos ou eleição dos corpos gerentes», têm ainda direito às seguintes dispensas, que não podem ser imputadas noutros créditos previstos na lei e são equiparadas a serviço efetivo, para todos os efeitos legais, inclusive remuneratórios:

a) «Dispensa de serviço para os membros da assembleia geral eleitoral e da comissão fiscalizadora eleitoral, até ao limite de sete membros, pelo período máximo de 10 dias úteis, com possibilidade de utilização de meios dias;
b) Dispensa de serviço para os elementos efetivos e suplentes que integram as listas candidatas pelo período máximo de seis dias úteis, com possibilidade de utilização de meios dias;
c) Dispensa de serviço para os membros da mesa, até ao limite de três ou até ao limite do número de listas concorrentes, se o número destas for superior a três, por período não superior a um dia;
d) Dispensa de serviço aos trabalhadores com direito de voto, pelo tempo necessário para o exercício do respetivo direito;
e) Dispensa de serviço aos trabalhadores que participem em atividades de fiscalização do ato eleitoral durante o período de votação e contagem dos votos»,

Sendo que o exercício destas dispensas «só pode ser impedido com fundamento, expresso e por escrito, em grave prejuízo para a realização do interesse público» (artº 346º-A, nºs 1 e 3 a 5 da LTFP, aditado pela Lei nº 25/2017, de 30 de maio).

21. Mesas de voto – a sua instalação e funcionamento são permitidas nos locais de trabalho e durante as horas de serviço a pedido das associações sindicais ou das comissões promotoras da respetiva constituição (artº 346º-A, nº 2, aditado pela Lei nº 25/2017, de 30 de maio).

22. Formalidades a observar na instalação e funcionamento das mesas de voto – a comunicação para a sua instalação e funcionamento «deve ser apresentada, preferencialmente por via eletrónica, ao dirigente máximo do órgão ou serviço com antecedência não inferior a 10 dias, e dela deve constar:

a) A identificação do ato eleitoral;
b) A indicação do local pretendido;
c) A identificação dos membros da mesa ou substitutos;
d) O período de funcionamento»,

Considerando-se a instalação e o funcionamento das mesas de voto «autorizados se nos 3 dias imediatos à apresentação da comunicação não for proferido despacho de indeferimento e notificado à associação sindical ou comissão promotora» (artº 346º- B, nºs 1 e 2 da LTFP, aditado pela Lei nº 25/2017, de 30 de maio).

23. Votação – a votação faz-se dentro do período normal de funcionamento do órgão e serviço, não podendo o funcionamento das mesas prejudicar aquele normal funcionamento, prescrevendo-se que os trabalhadores que devam votar em local diferente daquele em que exerçam funções só aí possam permanecer pelo tempo indispensável ao exercício do seu direito de voto (arts. 346º-C, nºs 1 e 2 e 346º-D da LTFP, aditado pela Lei nº 25/2017, de 30 de maio).

24. Extensão do direito a estas dispensas – «no caso de consultas eleitorais estatutariamente previstas ou de outras respeitantes a interesses coletivos dos trabalhadores, designadamente congressos ou outras de idêntica natureza, podem ser concedidas dispensas de serviço aos trabalhadores, em termos a definir, caso a caso, por despacho do membro do Governo responsável pela área da Administração Pública» (artº 346º-E da LTFP, aditado pela Lei nº 25/2017, de 30 de maio).

Capítulo IV
Participação na Elaboração da Legislação do Trabalho e Negociação Coletiva

1. **Bases de regime e âmbito da função pública** – pela primeira vez na história do nosso direito administrativo da função pública, a LTFP elegeu um conjunto de matérias no âmbito da função pública como constituintes de normas base definidoras do regime e âmbito do vínculo de emprego público, fazendo-as assim integrar no conceito de «bases do regime e âmbito da função pública» previsto no artº 165º, nº 1, al. *t)* da CRP, significando isto que o poder legislativo sobre elas só poderá ser exercido no âmbito da reserva de competência relativa da Assembleia da República, ou seja, apenas e só a Assembleia da República ou o Governo, autorizado por aquela, tem competência para legislar sobre as seguintes matérias:

a) Modalidades de vínculo e prestação de trabalho para o exercício de funções públicas (arts. 6º a 10º);
b) Fontes e participação na legislação de trabalho (arts. 13º a 16º);
c) Garantias de imparcialidade (arts. 19º a 24º);
d) Procedimento concursal (artº 33º);
e) Direitos, deveres e garantias do trabalhador e EP (arts. 70º a 73º);
f) Disposições gerais sobre estruturação de carreiras (arts. 79º a 83º);
g) Mobilidade (arts. 92º a 100º);
h) Princípios gerais relativos às remunerações (arts. 144º a 146º);
i) Princípios gerais sobre o exercício de poder disciplinar (arts. 176º a 240º);
j) Reafectação e requalificação dos trabalhadores (arts. 245º a 275º);
k) Extinção do vínculo (arts. 288º a 313º);
l) Negociação coletiva (arts. 347º a 386º);
m) As constantes do regime de valorização profissional dos trabalhadores (aditado pela Lei nº 25/2017, de 30 de maio).

É o artº 3º da LTFP que enuncia expressamente os preceitos da LTFP que constituem as normas base definidoras do regime e âmbito do vínculo de emprego público, conferindo assim a tais preceitos o valor de lei reforçado, e impedindo deste modo que eventuais alterações legislativas possam vir a contrariar estes mesmos preceitos da LTFP (artº 112º, nº 3 da CRP). Por exclusão de partes, sobre as demais matérias da relação jurídica de emprego público não elencadas aqui, assistirá ao Governo competência para legislar, sem a necessidade do consentimento prévio da Assembleia da República.

2. Direito de participação na elaboração da legislação do trabalho – no desenvolvimento do disposto no artº 56º, nº 2, al. *a)* da CRP, a LTFP reconhece aos trabalhadores com vínculo de emprego público o direito de, através das respetivas comissões de trabalhadores e associações sindicais, participarem ativamente na elaboração da ***legislação de trabalho***, considerando-se esta legislação a respeitante ao regime jurídico aplicável aos trabalhadores com vínculo de emprego público, *nomeadamente* nas seguintes matérias:

a) Constituição, modificação e extinção do vínculo de emprego público;
b) Recrutamento e seleção;
c) Tempo de trabalho;
d) Férias, faltas e licenças;
e) Remuneração e outras prestações pecuniárias;
f) Formação e aperfeiçoamento profissional;
g) Segurança e saúde no trabalho;
h) Regime disciplinar;
i) Mobilidade;
j) Avaliação do desempenho.
k) Direitos coletivos;
l) Regime de proteção social convergente;
m) Ação social complementar.
(artº 15º, nºs 1 e 2)

3. Exercício do direito de participação – este direito traduz-se na obrigatoriedade de qualquer:

a) Projeto ou proposta de lei;
b) Projeto de decreto-lei; ou,
c) Projeto ou proposta de decreto regional,

Relativo àquelas matérias só poder ser discutido e votado pela Assembleia da República, pelo Governo da República, pelas assembleias legislativas das regiões autónomas e pelos governos regionais depois das comissões de trabalhadores e associações sindicais se terem podido pronunciar sobre eles (artº 16º, nº 1), nos termos previstos nos arts. 472º a 475º do CT (nº 2), isto é, obedecendo aos seguintes formalismos processuais:

a) Os textos integrais dos projetos e das propostas devem ser publicados em separata no Diário da Assembleia da República, caso se trate de legislação a aprovar por aquele órgão, no Boletim do Trabalho e Emprego, tratando-se de legislação a aprovar pelo Governo da República, nos Diários das Assembleias Legislativas, se se tratar de legislação a aprovar pelas Assembleias Legislativas das Regiões Autónomas ou no Jornal Oficial, tratando-se de legislação a aprovar por Governo Regional (artº 472º, nºs 1e 2 do CT);

b) Prazo de apreciação pública, que não pode ser inferior a 30 dias, excecionalmente reduzível, e por motivo de urgência, para 20 dias (artº 473º CT);

c) Durante aquele prazo as organizações representativas dos trabalhadores podem e devem pronunciar-se sobre o projeto ou proposta e solicitar audição oral à AR, ao Governo da República, à Assembleia Legislativa ou ao Governo Regional (artº 474º CT);

d) Resultado da apreciação pública é permitir que as entidades representativas dos trabalhadores façam chegar as suas posições sob a forma de pareceres ou audições que são tidas em conta pelo legislador como elementos de trabalho, devendo o resultado da apreciação pública constar do preâmbulo de decreto-lei ou de decreto regional ou do relatório anexo a parecer de comissão de especialidade da AR ou da Assembleia Legislativa da Região Autónoma (artº 475º do CT).

4. Direito de negociação coletiva – a todos os trabalhadores com vínculo de emprego público, nomeados e contratados, é garantido o direito de negociação coletiva que é exercido, nos termos da LTFP, exclusivamente pelas associações sindicais (artº 347º, nºs 1 e 2).

5. Finalidade da negociação coletiva – a negociação coletiva visa:

a) Obter um acordo sobre as matérias que integram o estatuto dos trabalhadores em funções públicas, a incluir em atos legislativos ou regulamentos administrativos aplicáveis a estes trabalhadores (vd. artº 15º);

b) Celebrar um IRCT convencional aplicável a trabalhadores com contrato de trabalho em funções públicas.
(artº 347º, nº 3)

Resulta daqui poder-se falar na existência de uma **dupla figura da negociação coletiva**, a saber, **uma decorrente do exercício do direito de participação de modo a obter um acordo no âmbito dos atos legislativos ou regulamentares, e outra, propriamente dita, tendente à celebração de um IRCT.**

6. Princípios da negociação coletiva – o EP e as associações sindicais respeitam o princípio da boa-fé na negociação coletiva, que se traduz nomeadamente no seguinte:

a) No dever de responder com a máxima brevidade, quer aos pedidos de reunião solicitados, quer às propostas mútuas, fazendo-se representar nas reuniões destinadas à negociação e à prevenção ou resolução de conflitos (artº 348º, nº 1);
b) No dever das consultas dos representantes do EP e dos trabalhadores, através das suas organizações sindicais, serem feitas com brevidade, não suspendendo ou interrompendo a marcha do procedimento de negociação, salvo se as partes nisso expressamente acordarem (nº 2);
c) Na possibilidade de cada uma das partes solicitar à outra as informações consideradas necessárias ao exercício adequado do direito de negociação coletiva, designadamente os estudos e elementos de ordem técnica ou estatística, não confidenciais, e que sejam considerados indispensáveis à fundamentação das propostas e das contrapropostas (nº 3);
d) No dever da AP e das associações sindicais assegurarem, durante a negociação coletiva relativa ao estatuto dos trabalhadores em funções públicas, a apreciação, discussão e resolução das questões colocadas numa perspetiva global e comum a todos os serviços e organismos e aos trabalhadores no seu conjunto, respeitando o princípio da prossecução do interesse público (nº 4);
e) Na impossibilidade de se poder recusar, no âmbito do processo de negociação para a celebração de IRCT convencional, o fornecimento de planos e relatórios de atividades dos órgãos ou serviços nem, em qualquer caso, a indicação do número de trabalhadores, por categoria, que se situem no âmbito de aplicação do acordo a celebrar (nº 5).

7. Legitimidade para a negociação coletiva da parte dos trabalhadores – têm legitimidade para a negociação coletiva, em representação dos trabalhadores, as seguintes entidades (artº 349º, nº 1):

a) As confederações sindicais com assento na CPCS;
b) As associações sindicais com um número de trabalhadores sindicalizados que corresponda a, pelo menos, 5 % do número total de trabalhadores que exercem funções públicas;
c) As associações sindicais que representem trabalhadores de todas as administrações públicas e, na administração do Estado, em todos os ministérios, desde que o número de trabalhadores sindicalizados corresponda a, pelo menos, 2,5 % do número total de trabalhadores que exercem funções públicas;
d) No caso de negociação coletiva sectorial, estando em causa matérias relativas a carreiras especiais, as associações sindicais com assento na CPCS e as associações sindicais que representem, pelo menos, 5 % do número total dos trabalhadores integrados na carreira especial em causa.

8. Representantes das associações sindicais na negociação coletiva – são eles (artº 349º, nº 2)

a) Os membros das respetivas direções, portadores de credencial com poderes bastantes para negociar;
b) Os portadores de mandato escrito conferido pelas direções das associações sindicais, do qual constem expressamente poderes para negociar.

A revogação deste mandato só é eficaz após comunicação aos serviços competentes da AP (nº 3).

9. Legitimidade para a negociação coletiva da parte do EP – o EP é representado no processo de negociação coletiva pelo Governo, do seguinte modo (artº 349º, nº 4):

a) Na negociação coletiva geral, através dos membros do Governo responsáveis pela área da AP, que coordena, e das finanças;
b) Na negociação coletiva sectorial, através do membro do Governo responsável pelo setor, que coordena, e dos membros do Governo responsáveis pelas áreas das finanças e da AP.

10. Objeto da negociação coletiva sobre o estatuto dos trabalhadores em funções públicas – são objeto de negociação coletiva, para a celebração de um acordo quanto ao estatuto dos trabalhadores com vínculo de emprego público, as seguintes matérias:

a) Constituição, modificação e extinção do vínculo de emprego público;
b) Recrutamento e seleção;
c) Carreiras;
d) Tempo de trabalho;
e) Férias, faltas e licenças;
f) Remuneração e outras prestações pecuniárias, incluindo a alteração dos níveis remuneratórios e do montante pecuniário de cada nível remuneratório;
g) Formação e aperfeiçoamento profissional;
h) Segurança e saúde no trabalho;
i) Regime disciplinar;
j) Mobilidade;
k) Avaliação do desempenho;
l) Direitos coletivos;
m) Regime de proteção social convergente;
n) Ação social complementar.
(artº 350º, nº 1)

Esta negociação coletiva pode ser geral ou sectorial, nos termos definidos na LTFP (nº 3).

11. Não pode ser objeto da negociação coletiva – matérias relativas à estrutura, atribuições e competências da AP (artº 350º, nº 2).

12. Início do procedimento de negociação – a negociação coletiva geral tem periodicidade anual, devendo iniciar-se a partir do dia 1 de setembro (artº 351º, nº 1), com a apresentação, por uma das partes, de proposta fundamentada sobre qualquer das matérias previstas anteriormente, procedendo-se seguidamente à calendarização das negociações, de forma que estas terminem tendencialmente antes da votação final global da proposta de lei do Orçamento do Estado, nos termos constitucionais, na AR (nº 2), podendo, porém, as matérias sem incidência orçamental ser objeto de negociação a qualquer momento, desde que as partes nisso acordem e que não tenham sido discutidas na negociação geral anual precedente (nº 3).

13. Fases e formalidades do procedimento de negociação – as partes devem fundamentar as suas propostas e contrapropostas, impendendo sobre elas o dever de tentar atingir, em prazo adequado, um acordo (artº 351º, nº 4), sendo que a convocação de reuniões dentro do procedimento negocial tem de ser feita com a antecedência mínima de 5 dias úteis, salvo acordo das partes (nº 5), delas se devendo elaborar as devidas atas, subscritas pelas partes, donde conste um resumo do que tiver ocorrido, designadamente os pontos em que não se tenha obtido acordo (nº 6).

14. Negociações sectoriais – as negociações sectoriais iniciam-se em qualquer altura do ano e têm a duração que for acordada entre as partes, aplicando-se-lhes os princípios constantes dos números anteriores (artº 351º, nº 7).

15. Negociação coletiva suplementar – terminado o período de negociação sem que tenha havido acordo, pode abrir-se uma negociação suplementar, a pedido das associações sindicais, para resolução dos conflitos (artº 352º, nº 1), pedido este que deve ser apresentado no final da última reunião negocial, ou por escrito, no prazo de 5 dias úteis, a contar do encerramento dos procedimentos de negociação previstos no artigo anterior, devendo dele ser dado conhecimento a todas as partes envolvidas no processo (nº 2), negociação suplementar esta que é obrigatória, não podendo a sua duração exceder 15 dias úteis (nº 3), sendo a parte governamental constituída por membro ou membros do Governo, em que a presidência cabe obrigatoriamente a quem for responsável pela AP e, no caso das negociações sectoriais, pelo que for responsável pelo respetivo setor (nº 4).

16. Acordo decorrente da negociação – fechado o acordo a que se refere o artº 347º, nº 3, al. *a)*, fica o Governo obrigado a adotar as medidas legislativas ou administrativas adequadas ao seu integral e exato cumprimento, no prazo máximo de 180 dias, devendo, nas matérias que careçam de autorização legislativa, submeter as respetivas propostas de lei à AR, no prazo máximo de 45 dias (artº 354º, nº 1), mas se a negociação suplementar findar sem obtenção de acordo, o Governo toma a decisão que entender adequada (nº 2).

Capítulo V
Instrumentos de Regulamentação Coletiva de Trabalho

1. Fontes específicas do contrato de trabalho em funções públicas – a principal fonte é a **lei** (e nela, destaca-se a LTFP), só podendo esta ser modificada por IRCT na medida em que a lei o admita, sendo assim o **IRCT** outra fonte do contrato, conjuntamente com os **regulamentos administrativos** (artº 75º) e os **usos**, desde que estes não contrariem a lei, os IRCTs e sejam conformes os princípios de boa-fé (artº 13º, nºs 1 e 2).

2. Tipos de IRCT – os IRCT podem ser:

a) **Convencionais, a saber:**
   I. **Acordo Coletivo de Trabalho (ACT);**
   II. **Acordo de Adesão;**
   III. **Decisão de arbitragem voluntária** (artº 13º, nº 3).
b) **Não convencionais** – são as **decisões de arbitragem necessária** (artº 13º nº 4).

3. Tipos de acordos coletivos de trabalho – de acordo com o disposto no artº 13º, nº 5, são (ACTs) o:

a) **Acordo coletivo de carreira** – é a convenção coletiva aplicável no âmbito de uma carreira ou de um conjunto de carreiras, independentemente do órgão ou serviço onde o trabalhador exerça funções (artº 13º, nº 6);
b) **Acordo coletivo de empregador público (ACEP)** – é a convenção coletiva aplicável no âmbito do órgão ou serviço onde o trabalhador exerça funções (artº 13º, nº 7).

4. Articulação de acordos coletivos – os ACTs são articulados, i.e., constituídos por artigos, devendo o ***acordo coletivo de carreira*** indicar as matérias que podem ser reguladas pelos ***ACEPs*** (artº 14º, nº 1), sendo que, na falta daquela acordo de carreira ou da referida indicação, o ACEP apenas pode regular as matérias relativas a segurança e saúde no trabalho e duração e organização do tempo de trabalho, excluindo as respeitantes a suplementos remuneratórios (nº 2). Resulta, assim, deste preceito a fixação de uma hierarquia entre acordos coletivos, na qual o acordo coletivo de carreira tem supremacia sobre o ACEP. De acordo com a Cláusula 17º do ACCG nº 1/2009, in DR, 2ª série, de 28 de setembro de 2009, os ACEPs apenas podem regular as matérias sobre duração e organização de trabalho, com exclusão dos suplementos remuneratórios, sobre segurança, higiene e saúde no trabalho, sobre a definição dos serviços mínimos na greve, sobre a realização de reuniões periódicas com o dirigente máximo de serviço, sobre a realização de reuniões semestrais de trabalhadores filiados nas associações sindicais outorgantes no local e horário de trabalho e sobre a isenção de documentos sindicais na intranet do órgão ou serviço.

5. Conteúdo de IRCT – para além de outras matérias previstas na presente lei (vd. arts. 51º, nº 1, 73º, nº 1, 75º, nº 4, 105º, nº 3, 117º, nº 2, 118º, nº 3, 120º, nº 4, 126º, nº 5, 134º, nº 5, 159º, nº 6, 161º, nº 3, 162º, nº 4, 164º, nº 1 e 345º, nº 1) ou em norma especial, o IRCT só pode dispor sobre as seguintes matérias:

a) Suplementos remuneratórios;
b) Sistemas de recompensa do desempenho;
c) Sistemas adaptados e específicos de avaliação do desempenho;
d) Regimes de duração e organização do tempo de trabalho;
e) Regimes de mobilidade;
f) Ação social complementar (artº 355º, nº 1).

Trata-se de uma enumeração aparentemente taxativa, significando isto, por exclusão, que todas as matérias que não se encontrem aí enunciadas, como sejam as do contrato a termo certo, férias e faltas, estão assim excluídas do âmbito da negociação coletiva.

Contudo, o IRCT não pode:

a) Contrariar norma legal imperativa;
b) Dispor sobre a estrutura, atribuições e competências da Administração Pública;
c) Conferir eficácia retroativa a qualquer cláusula que não seja de natureza pecuniária (nº 2).

6. Publicação e entrada em vigor do IRCT – os IRCTs, bem como a sua revogação, são publicados na 2ª série do *Diário da República* e entram em vigor, após a sua publicação, nos mesmos termos das leis (artº 356º, nº 1), competindo à DGAEP proceder à publicação, na 2ª série do *Diário da República,* de avisos sobre a data da cessação da vigência de ACTs (nº 2), devendo os IRCTs que forem objeto de três revisões serem integralmente republicados (nº 3).

7. Aplicação de IRCT – no cumprimento do ACT devem as partes, tal como os respetivos filiados, agir de boa-fé (artº 357º, nº 1).

8. Publicidade – o EP deve afixar no órgão ou serviço, em local apropriado, a indicação dos IRCTs aplicáveis (artº 358º).

9. Processo negocial para a celebração do ACT: proposta – a celebração de um ACT é precedida de um processo de negociação (artº 359º, nº 1), que se inicia com a apresentação à outra parte de uma proposta de celebração ou de revisão de ACT (nº 2), que deve revestir forma escrita, ser devidamente fundamentada e conter os seguintes elementos:

a) Designação das entidades que a subscrevem em nome próprio e em representação de outras;
b) Indicação do ACT que se pretende rever, sendo caso disso, e respetiva data de publicação (nº 3).

10. Resposta – a entidade destinatária da proposta deve responder, de forma escrita e fundamentada, nos 30 dias seguintes à receção daquela, salvo prazo mais longo convencionado pelas partes ou indicado pelo proponente (artº 360º, nº 1), devendo a resposta exprimir uma posição relativa a todas as cláusulas da proposta, aceitando, recusando ou contrapropondo (nº 2), sendo que a falta de resposta ou de contraproposta, no prazo e nos termos referidos atrás, legitima a entidade proponente a requerer a conciliação (nº 3).

11. Prioridade em matéria negocial – as partes devem, sempre que possível, atribuir prioridade às matérias dos suplementos remuneratórios, dos prémios de desempenho e da duração e organização do tempo de trabalho, tendo em vista o ajuste do acréscimo global de encargos daí resultante, bem como à matéria da segurança, higiene e saúde no trabalho (artº 361º, nº 1), não justificando a rutura de negociação a inviabilidade do acordo inicial sobre aquelas matérias (nº 2).

12. Negociações diretas – na sequência da resposta, devem ter início as negociações diretas (artº 362º, nº 1), devendo, os representantes das partes, durante a negociação, prestar as informações relevantes e fazer as necessárias consultas aos trabalhadores e aos empregadores públicos interessados (nº 2).

13. Legitimidade e representação – podem celebrar **acordos coletivos de carreiras gerais**, em representação dos trabalhadores, as associações sindicais com legitimidade para a negociação coletiva e, pelos EPs, os membros do Governo responsáveis pelas áreas das finanças e da AP (artº 364º, nº 1), enquanto que **para a celebração de acordos coletivos de carreiras especiais têm legitimidade:**

a) Pelas associações sindicais, as confederações sindicais com assento na CPCS e as associações sindicais que representem, pelo menos, 5 % do número total de trabalhadores integrados na carreira especial em causa;
b) Pelos EPs, os membros do Governo responsáveis pelas áreas das finanças e da AP e os restantes membros do Governo interessados, em função das carreiras objeto dos acordos (nº 2).

Têm legitimidade para celebrar acordos coletivos de empregador público:

a) Pelas associações sindicais, as confederações sindicais com assento na CPCS e as restantes associações sindicais representativas dos respetivos trabalhadores;
b) Pelo EP, os membros do Governo responsáveis pelas áreas das finanças e da AP, o que superintenda no órgão ou serviço e o EP nos termos do artigo 27º (nº 3).

Têm ainda legitimidade para celebrar acordos coletivos de carreiras gerais as associações sindicais que apresentem uma única proposta de celebração ou de revisão de um ACT e que, em conjunto, cumpram os critérios das alíneas *b)* e *c)* do nº 1 do artigo 349º (nº 4).

Os acordos coletivos são assinados pelos representantes das associações sindicais, bem como pelos membros do Governo e representantes do EP, ou respetivos representantes (nº 5).

Nota – No que toca aos ACEPs celebrados pelo poder local, o Acórdão do Tribunal Constitucional nº 494/2015, de 7 de outubro, veio declarar *«a incons-*

titucionalidade, com força obrigatória geral, das normas que conferiam *aos membros do Governo responsáveis pelas áreas das finanças e da administração pública legitimidade para celebrar e assinar acordos coletivos de empregador público, no âmbito da administração autárquica, resultantes do artigo 364º, nº 3, alínea b), da Lei Geral de Trabalho em Funções Públicas(...) por violação do princípio da autonomia local, consagrado no artigo 6º, nº 1 da Constituição».*

14. Quanto à forma do ACT – o ACT reveste a forma escrita, sob pena de nulidade (artº 365º, nº 1), dele *devendo constar obrigatoriamente* as seguintes referências:

- ***a)*** Entidades celebrantes;
- ***b)*** Nome e qualidade em que intervêm os representantes das entidades celebrantes;
- ***c)*** Âmbito de aplicação;
- ***d)*** Data de celebração;
- ***e)*** ACT alterado ou substituído e respetiva data de publicação, caso exista;
- ***f)*** Prazo de vigência, caso exista;
- ***g)*** Estimativa dos órgãos ou serviços e do número de trabalhadores abrangidos pelo ACT, elaborada pelas entidades celebrantes (nº 2).

15. Quanto ao conteúdo do ACT – o ACT *deve* regular:

- *a)* As relações entre as partes outorgantes, em particular quanto à verificação do cumprimento do acordo e aos meios de resolução de conflitos decorrentes da sua aplicação e revisão;
- *b)* O âmbito temporal, nomeadamente a sobrevigência e o prazo de denúncia do acordo;
- *c)* A definição de serviços mínimos e dos meios necessários para os assegurar em caso de greve (artº 366º, nº 1).

O ACT *deve* prever a constituição de uma comissão formada por igual número de representantes das partes celebrantes, com competência para interpretar e integrar as suas cláusulas (nº 2).

16. Comissão paritária – o funcionamento da comissão paritária é regulado pelo ACT (artº 367º, nº 1), que só pode deliberar desde que esteja presente metade dos representantes de cada parte (nº 2), sendo que se aquela deliberação for tomada por unanimidade considera-se, para todos os efeitos, como integrando o ACT a que respeita, devendo ser depositada e publicada nos mesmos termos do ACT (nº 3), i.e., no DR, 2 º série.

17. Procedimento de depósito de ACT – o ACT, bem como a respetiva revogação, é entregue para depósito, na DGAEP, nos 5 dias subsequentes à data da assinatura (artº 368º, nº 1), devendo a terceira revisão parcial consecutiva de um ACT ser acompanhada de texto consolidado assinado nos mesmos termos, o qual, em caso de divergência, prevalece sobre os textos a que se refere (nº 2), considerando-se efetuado o depósito se não for recusado nos 15 dias seguintes à receção do ACT na DGAEP (nº 5), sendo a recusa fundamentada do depósito notificada às partes e todos os documentos devolvidos (nº 6).

18. Alteração do acordo antes da decisão sobre o depósito – por acordo das partes e enquanto o depósito estiver pendente, pode ser introduzida qualquer alteração formal ou substancial ao ACT entregue para esse efeito (artº 369º, nº 1), alteração esta que faz interromper o prazo de 15 dias para o depósito (nº 2).

19. Incidência subjetiva dos ACTs – o ACT obriga os EPs abrangidos pelo seu âmbito de aplicação e as associações sindicais outorgantes (artº 370º, nº 1), aplicando-se aos trabalhadores filiados em associação outorgante ou membros da associação sindical filiada na união, federação ou confederação sindical outorgante (nº 2), bem como, ainda, aos restantes trabalhadores integrados em carreira ou em funções no EP a que é aplicável o ACT, salvo oposição expressa do trabalhador não sindicalizado ou de associação sindical interessada e com legitimidade para celebrar o ACT, relativamente aos seus filiados (nº 3), direito de oposição este que deve ser exercido no prazo de 15 dias, a contar da data entrada em vigor do acordo coletivo, através de comunicação escrita dirigida ao EP (nº 4). Desta forma, alarga-se, a nosso ver mal, o alcance dos ACTs aos trabalhadores não sindicalizados e aos trabalhadores sindicalizados noutros sindicatos não outorgantes do respetivo acordo, na medida em que nada fizeram ou contribuíram para a sua negociação e celebração efetiva, não devendo por isso dele beneficiar. Além disto, esta solução adotada na LTFP vai ainda ao arrepio do princípio da filiação previsto no artº 496º, nºs 1 a 4 do CT com o qual não vemos razão nenhuma para o seu afastamento do âmbito das relações de emprego público. É, porém, precisamente este alargamento do âmbito de aplicação dos ACTs que justifica a extinção da figura dos regulamentos ou portarias de extensão.

20. Existência de vários ACTs no âmbito do EP – caso se aplique mais do que um ACT no âmbito do EP, o trabalhador não sindicalizado deve indicar por escrito ao empregador o ACT que pretende ver-lhe aplicado (artº 370º, nº 5), sendo que, na falta desta indicação, se aplicará o ACT que abranger o maior número de trabalhadores no âmbito do EP (nº 6).

21. Determinação temporal da filiação – os ACTs abrangem os trabalhadores que estejam filiados nas associações signatárias no momento do início do processo negocial, bem como os que nelas se vierem a filiar durante o período de vigência dos mesmos acordos (artº 371º, nº 1), mantendo-se essa aplicação relativamente aos trabalhadores ou às respetivas associações outorgantes, até ao final do prazo que dele expressamente constar ou, sendo o acordo objeto de alteração, até à entrada em vigor desta (nº 2); porém, no caso de o ACT não ter prazo de vigência, os trabalhadores ou as respetivas associações que se tenham desfiliado dos sujeitos outorgantes são abrangidos durante o prazo mínimo de um ano (nº 3), contudo, a opção do trabalhador não sindicalizado pela sujeição a um acordo coletivo é irrevogável até ao final do período estabelecido nos nºs 2 e 3 do artº 371º (nº 4).

22. Efeitos da sucessão nas atribuições – em caso de reorganização de órgãos ou serviços com transferência das suas atribuições ou competências para outro órgão ou serviço, os ACEPS que vinculam aqueles órgãos ou serviços são aplicáveis ao órgão ou serviço integrador até ao termo dos respetivos prazos de vigência e, no mínimo, durante 12 meses, a contar da data da transferência, salvo se, entretanto, outro ACEP passar a aplicar-se ao órgão ou serviço integrador (artº 372º, nº 1), o mesmo se passando em caso de transferência de atribuições ou de responsabilidade de gestão de órgão ou serviço para entidades públicas empresariais ou entidades privadas sob qualquer forma (nº 2).

23. Vigência – o ACT vigora pelo prazo que dele constar, não podendo este ser inferior a um ano (artº 373º, nº 1), findo o qual:

a) O ACT renova-se nos termos nele previstos;
b) No caso de dele nada se dizer, o ACT renova-se sucessivamente por períodos de um ano (nº 2).

O ACT pode ter diferentes períodos de vigência para cada matéria ou grupo homogéneo cláusulas (nº 3).

24. Denúncia do ACT – o ACT pode ser denunciada, por qualquer dos outorgantes, mediante comunicação escrita dirigida à outra parte, desde que acompanhada de uma proposta negocial (artº 374º, nº 1), sendo que:

a) A denúncia não pode ser feita com uma antecedência superior a três meses relativamente ao termo daquele prazo ou da renovação em curso no caso de o acordo estabelecer um prazo de vigência, (nº 2);
b) A denúncia não pode ser feita antes de decorridos 10 meses sobre a sua entrada em vigor no caso de o ACT não estabelecer um prazo de vigência.

25. Sobrevigência – havendo denúncia, o ACT renova-se por um período de 18 meses, devendo as partes promover os procedimentos conducentes à celebração de novo acordo (artº 375º, nº 1), findo o qual o ACT caduca, mantendo-se, até à entrada em vigor de um outro ACT ou decisão arbitral, os efeitos definidos por acordo das partes ou, na sua falta, os já produzidos pelo mesmo acordo nos contratos no que respeita a:

a) Remuneração do trabalhador;
b) Duração do tempo de trabalho (nº 2).

Decorrido o prazo de um ano após a caducidade do ACT, sem que tenha sido celebrado um novo acordo e esgotados os demais meios de resolução de conflitos coletivos, qualquer das partes pode acionar a arbitragem necessária, mediante comunicação à parte que se lhe contrapõe na negociação do ACT e à DGAEP (nº 4).

26. Cessação do ACT – o ACT pode cessar:

a) Mediante revogação por acordo das partes;
b) Por caducidade, nos termos do artigo anterior 275º (artº 376º).

27. Sucessão de ACTs – o ACT posterior revoga integralmente o acordo anterior, salvo nas matérias expressamente ressalvadas pelas partes (artº 377º, nº 1), só podendo ser reduzidos os direitos decorrentes de ACT por novo acordo de cujo texto conste, em termos expressos, o seu caráter globalmente mais favorável (nº 3), salvo se, no novo acordo, forem expressamente ressalvados pelas partes (nº 4).

28. Adesão a ACTs e a decisões arbitrais – as associações sindicais e, no caso de ACEPs, o EP podem aderir a ACTs ou decisões arbitrais em vigor (artº 378º, nº 1), operando-se a adesão por acordo entre a entidade interessada e aquela ou aquelas que se lhe contraporiam na negociação do acordo, se nela tivessem participado (nº 2), sendo que desta adesão não pode resultar modificação do conteúdo do ACT ou da decisão arbitral, ainda que destinada a aplicar-se somente no âmbito da entidade aderente (nº 3).

Os acordos de adesão estão sujeitos às regras sobre a assinatura, depósito e publicação no DR, 2 ª série, dos acordos coletivos de trabalho (artº 378º, nº 4). Quanto às decisões arbitrais, aplicam-se, com as necessárias adaptações, as normas sobre conteúdo obrigatório, depósito e publicação dos acordos coletivos de trabalho (artº 380º, nº 2).

29. Arbitragem: admissibilidade – as partes podem, a todo o tempo, acordar em submeter a arbitragem, nos termos que definirem ou segundo a lei, as questões laborais que resultem, nomeadamente, da interpretação, integração, celebração ou revisão de um acordo coletivo de trabalho (artº 379º).

30. Efeitos da decisão arbitral – a decisão arbitral produz os efeitos do ACT (artº 380º, nº 1), aplicando-se-lhe, com as necessárias adaptações, as regras sobre conteúdo obrigatório, depósito e publicação prevista para os ACTs (nº 2).

31. Arbitragem voluntária: regras gerais da arbitragem voluntária – as partes podem, a todo tempo, recorrer à arbitragem voluntária (artº 381º, nº 1), que é realizada por 3 árbitros, um nomeado por cada uma das partes e o terceiro escolhido por estes (nº 3), mas no caso de não ter sido escolhido o terceiro árbitro, a DGAEP procede ao respetivo sorteio, de entre os árbitros constantes da lista de árbitros presidentes, no prazo de 5 dias úteis (nº 4).

32. Arbitragem necessária: regime aplicável – a arbitragem necessária rege-se pela LTFP e, com as necessárias adaptações, pelo regime de arbitragem previsto no Dec. – Lei nº 259/2009, de 25 de setembro, nomeadamente quanto à constituição e funcionamento do tribunal arbitral e à independência, aos impedimentos e à substituição dos árbitros (artº 382º, nº 1), carecendo as respetivas decisões de publicação no DR, 2ª série, de acordo com o disposto no artº 382º, nº 2, que remete para o artº 380º.

33. Constituição do tribunal arbitral – a arbitragem necessária é acionada mediante comunicação fundamentada de qualquer das partes à parte que se lhe contrapõe na negociação do ACT e à DGAEP (artº 383º, nº 1), sendo esta arbitragem também realizada por três árbitros, um nomeado por cada uma das partes e o terceiro escolhido por estes (nº 2).

34. Listas de árbitros – as listas de árbitros dos representantes dos trabalhadores e dos EPs são compostas por 8 árbitros e elaboradas, respetivamente, pelas confederações sindicais e pelo membro do Governo responsável pela área da AP (artº 384º, nº 1), mas se esta elaboração não tiver lugar a competência para a sua elaboração é deferida ao presidente do CES, que a constitui no prazo de 1 mês (nº 2), vigorando cada lista durante um período de 3 anos (nº 4), que deve ser comunicada à DGAEP, competindo-lhe garantir a sua permanente atualização (nº 5) e o sorteio de árbitros (nº 6).

35. Local da arbitragem e apoio – a arbitragem realiza-se em local previamente indicado pelo presidente do CES, em despacho emitido no início de cada ano civil (artº 385º, nº 1), só sendo permitida a utilização de instalações de quaisquer das partes no caso de estas e os árbitros estarem de acordo (nº 2), sendo realizada a arbitragem nas instalações da DGAEP em caso da falta daquele despacho ou do acordo (nº 3).

36. Revogação e fim dos regulamentos de extensão do trabalho – com a entrada em vigor da LTFP são revogados, deixando assim de existir, os regulamentos de extensão de trabalho anteriores e posteriores à entrada em vigor da LTFP (artº 10º da LP).

Capítulo VI
Conflitos Coletivos de Trabalho

1. Modos de resolução dos conflitos coletivos: conciliação, mediação e arbitragem – os conflitos coletivos de trabalho, designadamente os que resultam da celebração ou revisão de um ACT, podem ser resolvidos por.

a) Conciliação,
b) Mediação; e,
c) Arbitragem (artº 387º, nº 1).

2. Conciliação: admissibilidade e regime – na falta de regulamentação convencional da conciliação, pode esta ser promovida, em requerimento dirigido à DGAEP, em qualquer altura:

a) Por acordo das partes;
b) Por uma das partes, no caso de falta de resposta à proposta de celebração ou de revisão do acordo coletivo, ou, fora deste caso, mediante aviso prévio de 8 dias, por escrito, à outra parte (artº 388º, nºs 1 e 2).

3. Quem efetua a conciliação – é um dos árbitros presidentes constante da lista de árbitros a que se refere o nº 3 do artigo 384º, assessorado pela DGAEP (artº 388º, nº 2).

4.Transformação da conciliação em mediação – a conciliação pode ser transformada em mediação, a todo o tempo, desde que as partes acordem em submeter a mediação os conflitos coletivos, a efetuar pelos serviços públicos de mediação ou outros sistemas de mediação laboral (arts. 390º e 391º, nº 1), ou, na falta deste acordo, uma das partes requeira, junto da DGAEP, um mês após o início da conciliação, a intervenção de uma das personalidades constantes da lista de árbitros presidentes, constante da lista de árbitros a que se refere o nº 3 do artigo 384º, para desempenhar as funções de mediador (nº 2).

5. Arbitragem – os conflitos coletivos podem ser dirimidos por arbitragem, nos termos previstos nos artigos 381º a 386º (artº 393º).

Capítulo VII
Greve e Proibição do *Lock-Out*

1. Conceito de greve – apesar da CRP (artº 57º) e do CT serem omissos em matéria de definição de greve, entende-se por greve *a abstenção concertada da prestação de trabalho a efetuar por uma pluralidade de trabalhadores com vista à obtenção de fins comuns,* constituindo também ela um direito dos trabalhadores com vínculo de emprego público *(Pedro Romano Martinez, in Direito do Trabalho, Almedina, 7ª edição, 2015, pág. 1194).* A greve constitui um direito dos trabalhadores com vínculo de emprego público, estando, porém, o seu exercício dependente de declaração emitida nos termos definidos na lei.

À greve na Administração Pública aplica-se o regime da greve previsto no CT, nomeadamente o disposto nos seus arts. 532º (sobre a representação dos trabalhadores em greve), 533º (piquete de greve), 535º (proibição de substituição de grevistas), 536º (efeitos da greve), 539º (termo da greve), 540º (proibição de coação, prejuízo ou discriminação de trabalhador) e 541º (efeitos da greve declarada ou executada de forma contrária á lei), com as necessárias adaptações e especificidades constantes da LTFP (artº 394º, nº 3 da LTFP).

2. Competência para declarar a greve – as associações sindicais e, ainda, as assembleias de trabalhadores, desde que no respetivo órgão ou serviço:

a) A maioria dos trabalhadores não esteja representada por associações sindicais;
b) A assembleia seja expressamente convocada para o efeito por 20 % ou 200 trabalhadores;
c) A maioria dos trabalhadores do órgão ou serviço participe na votação; e,
d) A declaração de greve seja aprovada por voto secreto pela maioria dos votantes.
(artº 395º)

É aos trabalhadores, através das suas associações sindicais ou por via das suas assembleias gerais, que compete em exclusivo definir o âmbito de interesses a defender através da greve, não podendo a lei limitar esse âmbito (artº 57º, nº 3 da CRP). Contudo, acrescenta-se no artº 394º, nº 2 da LTFP que o direito à greve não prejudica, nos termos da CRP, a existência de regimes especiais, sendo um deles o constante da Lei nº 14/2002, de 19 de fevereiro, cujo artº 3º, al. *d)* inibiu o exercício direito à greve por parte do pessoal da PSP (Polícia de Segurança Pública) com funções policiais (ao abrigo do disposto no artº 270º da CRP).

3. Aviso prévio de greve – as entidades suprarreferidas devem dirigir ao EP, ao membro do Governo responsável pela área da AP e aos restantes membros do Governo competentes, por meios idóneos, nomeadamente por escrito ou através dos meios de comunicação social, um aviso prévio, com o prazo mínimo de 5 dias úteis ou, no caso de órgãos ou serviços que se destinem à satisfação de necessidades sociais impreteríveis, de 10 dias úteis (artº 396º, nº 1), o qual, aviso, deve conter uma proposta de definição dos serviços necessários à segurança e manutenção do equipamento e instalações, bem como, sempre que a greve se realize em órgão ou serviço que se destine à satisfação de necessidades sociais impreteríveis, uma proposta de definição de serviços mínimos (nº 2).

4. Obrigações de prestação de serviços durante a greve – nos órgãos ou serviços que se destinem à satisfação de necessidades sociais impreteríveis, a associação que declare a greve, ou a comissão de greve, e os trabalhadores aderentes devem assegurar, durante a greve, a prestação dos serviços mínimos indispensáveis à satisfação daquelas necessidades (artº 397º, nº 1), considerando-se órgãos ou serviços que se destinam à satisfação de necessidades sociais impreteríveis, os que se integram, nomeadamente, em alguns dos seguintes setores:

- ***a)*** Segurança pública, quer em meio livre quer em meio institucional;
- ***b)*** Correios e telecomunicações;
- ***c)*** Serviços médicos, hospitalares e medicamentosos;
- ***d)*** Educação, no que concerne à realização de avaliações finais, de exames ou provas de caráter nacional que tenham de se realizar na mesma data em todo o território nacional;
- ***e)*** Salubridade pública, incluindo a realização de funerais;
- ***f)*** Serviços de energia e minas, incluindo o abastecimento de combustíveis;

g) Distribuição e abastecimento de água;
h) Bombeiros;
i) Serviços de atendimento ao público que assegurem a satisfação de necessidades essenciais cuja prestação incumba ao Estado;
j) Transportes relativos a passageiros, animais e géneros alimentares deterioráveis e a bens essenciais à economia nacional, abrangendo as respetivas cargas e descargas;
k) Transporte e segurança de valores monetários (nº 2).

5. Definição de serviços a assegurar durante a greve – os serviços previstos nos nºs 1 e 3 do artº 397º e os meios necessários para os assegurar devem ser definidos por IRCT ou por acordo com os representantes dos trabalhadores (artº 398º, nº 1), cabendo, na sua falta, ao membro do Governo responsável pela área da AP convocar os representantes dos trabalhadores e os representantes das EPs interessadas, tendo em vista a negociação de um acordo quanto aos serviços mínimos e quanto aos meios necessários para os assegurar (nº 2) e, caso tal acordo não seja possível alcançar até ao termo do terceiro dia posterior ao aviso prévio de greve; a definição dos serviços e dos meios respetivos compete a um colégio arbitral, composto por 3 árbitros (nº 3), cabendo aos representantes dos trabalhadores designar os trabalhadores que ficam adstritos à prestação dos serviços referidos no artigo anterior, até 24 horas antes do início do período de greve; se não o fizerem, deve o EP proceder a essa designação (nº 6).

6. Sobre a arbitragem dos serviços mínimos – vd. arts. 400º a 405º.

7. Conceito de *Lock-out* – é qualquer decisão unilateral do EP que se traduza na paralisação total ou parcial do órgão ou serviço ou na interdição do acesso aos locais de trabalho a alguns ou à totalidade dos trabalhadores e, ainda, na recusa em fornecer trabalho, condições e instrumentos de trabalho que determine ou possa determinar a paralisação de todos ou alguns setores do órgão ou serviço ou desde que, em qualquer caso, vise atingir finalidades alheias à normal atividade do órgão ou serviço (artº 406º, nº 2).

8. Proibição do *Lock-out* – a CRP e a lei proíbem o recurso ao Lock-out (artº 408º; vd. arts. 57º da CRP e 544º do CT).

Lei nº 35/2014, de 20 de junho

(Alterada e atualizada de acordo com a Declaração de Retificação nº 37-A/2014, de 19 de Agosto, a Lei nº 82-B/2014, de 31 de Dezembro, a Lei nº 84/2015, de 7 de Agosto, a Lei nº 18/2016, de 20 de Junho, a Lei nº 42/2016, de 28 de Dezembro, a Lei nº 25/2017, de 30 de Maio, a Lei nº 70/2017, de 14 de agosto, a Lei nº 73/2017, de 16 de agosto, a Lei nº 114/2017, de 29 de dezembro, a Lei nº 49/2018, de 14 de agosto, a Lei nº 71/2018, de 31 de dezembro, o Dec. – Lei nº 6/2019, de 14 de janeiro, a Lei nº 79/2019, de 2 de setembro, a Lei nº 82/2019, de 2 de setembro, e a Lei nº 2/2020, de 31 de março; o Acórdão do Tribunal Constitucional nº 494/2015, in DR nº 207, Série I, de 22 de Outubro, declara a inconstitucionalidade, com força obrigatória geral, das normas que conferem aos membros do Governo responsáveis pelas áreas das finanças e da administração pública legitimidade para celebrar e assinar acordos coletivos de empregador público, no âmbito da administração autárquica, resultantes do artigo 364º, nº 3, alínea b), e do nº 6, da LTFP, aprovada em anexo à Lei nº 35/2014, de 20 de junho).

A Assembleia da República decreta, nos termos da alínea *c)* do artigo 161º da Constituição, o seguinte:

Artigo 1º – Objeto

A presente lei aprova a Lei Geral do Trabalho em Funções Públicas.

Artigo 2º – Aprovação

É aprovada, em anexo à presente lei e que dela faz parte integrante, a Lei Geral do Trabalho em Funções Públicas, abreviadamente designada por LTFP.

Artigo 3º – Contagem dos prazos

Os prazos previstos na LTFP contam-se nos termos do Código do Procedimento Administrativo.

Artigo 4º – Publicação

1 – São publicados na 2ª série do Diário da República, por extrato:

a) Os atos de nomeação, bem como os que determinam, relativamente aos trabalhadores nomeados, mudanças definitivas de órgão ou serviço ou de categoria;

b) Os contratos por tempo indeterminado, bem como os atos que determinam, relativamente aos trabalhadores contratados, mudanças definitivas de órgão ou serviço ou de categoria;

c) As comissões de serviço;

d) Os atos de cessação das modalidades de vínculo de emprego público referidas nas alíneas anteriores.

2 – Dos extratos dos atos e contratos consta a indicação da carreira, categoria e posição remuneratória do nomeado ou contratado.

Artigo 5º – Outras formas de publicitação

1 – São afixados no órgão ou serviço e inseridos em página eletrónica, por extrato:

a) Os atos de nomeação e as respetivas renovações;

b) Os contratos a termo resolutivo e as respetivas renovações;

c) Os contratos de prestação de serviço e as respetivas renovações;

d) As cessações das modalidades de vínculo referidas nas alíneas anteriores.

2 – Dos extratos dos atos e contratos consta a indicação da carreira, categoria e posição remuneratória do nomeado ou contratado, ou, sendo o caso, da função a desempenhar e respetiva retribuição, bem como do respetivo prazo.

3 – Dos extratos dos contratos de prestação de serviços consta ainda a referência à concessão do visto ou à emissão da declaração de conformidade ou, sendo o caso, à sua dispensabilidade.

Artigo 6º – Exercício de funções públicas por beneficiários de pensões de reforma pagas pela segurança social ou por outras entidades gestoras de fundos

(Revogado pela Lei nº 82-B/2014, de 31 de dezembro)

Artigo 7º – Duração dos contratos a termo certo para a execução de projetos de investigação e desenvolvimento

1 – Nos contratos a termo certo para a execução de projetos de investigação e desenvolvimento a que se refere o artigo 122º da Lei nº 62/2007, de 10 de setembro, o termo estipulado deve corresponder à duração previsível dos projetos, não podendo exceder seis anos.

2 – Os contratos a que se refere o número anterior podem ser renovados uma única vez, por período igual ou inferior ao inicialmente contratado, desde que a duração máxima do contrato, incluindo a renovação, não exceda seis anos.

3 – Os contratos de duração superior a três anos estão sujeitos a autorização dos membros do Governo responsáveis pelas áreas das finanças e da Administração Pública e da tutela:

a) No momento da celebração do contrato, quando o período inicialmente contratado seja superior a três anos; ou

b) No momento da renovação do contrato, quando a duração do mesmo, incluindo a renovação, seja superior a três anos.

4 – Os contratos a termo certo para a execução de projetos de investigação celebrados com as instituições públicas de investigação científica e desenvolvimento tecnológico integradas no Sistema Científico e Tecnológico Nacional são objeto de regime especial a consagrar no âmbito da revisão da carreira de investigação científica.

Artigo 8º – Contratos a termo

A LTFP é aplicável aos contratos a termo em execução na data da entrada em vigor da presente lei, exceto quanto às matérias relativas à constituição do contrato e a efeitos de factos ou situações totalmente anteriores àquele momento.

Artigo 9º – Aplicação no tempo

1 – Ficam sujeitos ao regime previsto na LTFP aprovada pela presente lei os vínculos de emprego público e os instrumentos de regulamentação coletiva de trabalho constituídos ou celebrados antes da sua entrada em vigor, salvo quanto a condições de validade e a efeitos de factos ou situações totalmente anteriores àquele momento.

2 – As disposições de instrumento de regulamentação coletiva de trabalho contrárias a norma imperativa da LTFP consideram-se automaticamente substituídas pelo conteúdo da norma legal, à data de entrada em vigor da presente lei.

3 – Independentemente do prazo de vigência do instrumento de regulamentação coletiva de trabalho, as partes podem proceder à revisão parcial deste instrumento para adequar as suas cláusulas à lei, no prazo de seis meses após a entrada em vigor da presente lei.

4 – Os acordos coletivos de trabalho em vigor podem ser denunciados no prazo de um ano, a contar da entrada em vigor da presente lei.

Artigo 10º – Âmbito de aplicação subjetivo dos acordos coletivos de trabalho

1 – O disposto na LTFP em matéria de âmbito de aplicação subjetivo dos instrumentos de regulamentação coletiva é aplicável aos acordos coletivos de trabalho vigentes à data da entrada em vigor da presente lei.

2 – O direito de oposição e o direito de opção previstos respetivamente nos nºs 3 e 5 do artigo 370º da LTFP devem ser exercidos no prazo de 60 dias, a contar da entrada em vigor da presente lei.

3 – Com a entrada em vigor da LTFP são revogados os regulamentos de extensão emitidos ao abrigo da legislação revogada pela presente lei.

Artigo 11º – Novo regime disciplinar

1 – O regime disciplinar previsto na LTFP é imediatamente aplicável aos factos praticados, aos processos instaurados e às penas em curso de execução na data da entrada em vigor da presente lei, quando se revele, em concreto, mais favorável ao trabalhador e melhor garanta a sua audiência e defesa.

2 – Ao prazo de prescrição da infração disciplinar previsto no artigo 178º na LTFP aplica-se o disposto no artigo 337º do Código do Trabalho, aprovado pela Lei nº 7/2009, de 12 de fevereiro, na redação atual.

Artigo 12º – Compensação em caso de cessação de contrato de trabalho em funções públicas

1 – Em caso de extinção do vínculo de emprego público, na modalidade de contrato de trabalho em funções públicas por tempo indeterminado celebrado antes da entrada em vigor da presente lei, a compensação é calculada do seguinte modo:

a) Em relação ao período de duração do contrato até à data da entrada em vigor da presente lei, o montante da compensação corresponde a um mês de remuneração base por cada ano completo de antiguidade;

b) Em relação ao período de duração do contrato a partir da data referida na alínea anterior, o montante da compensação é o previsto na LTFP.

2 – No caso de cessação do contrato de trabalho a termo a compensação é calculada do seguinte modo:

a) Em relação ao período de duração do contrato até à data da entrada em vigor da presente lei, o montante da compensação é o previsto no Regime do Contrato de Trabalho em Funções Públicas aprovado pela Lei nº 59/2008, de 11 de setembro, na redação atual;

b) Em relação ao período de duração do contrato a partir da data referida na alínea anterior, o montante da compensação é o previsto na LTFP.

Artigo 13º – Situações vigentes de licença extraordinária

(Revogado pelo artº 12º da Lei nº 25/2017, de 30 de maio)

Artigo 14º – Normas aplicáveis aos trabalhadores integrados no regime de proteção social convergente

O disposto nos artigos 15º a 41º é aplicável aos trabalhadores integrados no regime de proteção social convergente.

Artigo 15º – Faltas por doença

1 – A falta por motivo de doença devidamente comprovada não afeta qualquer direito do trabalhador, salvo o disposto nos números seguintes.

2 – Sem prejuízo de outras disposições legais, a falta por motivo de doença devidamente comprovada determina:

a) A perda da totalidade da remuneração diária nos primeiro, segundo e terceiro dias de incapacidade temporária, nas situações de faltas seguidas ou interpoladas;

b) A perda de 10 % da remuneração diária, a partir do quarto dia e até ao trigésimo dia de incapacidade temporária.

3 – A contagem dos períodos de três e 27 dias a que se referem, respetivamente, as alíneas *a)* e *b)* do número anterior é interrompida sempre que se verifique a retoma da prestação de trabalho.

4 – A aplicação da alínea *b)* do nº 2 depende da prévia ocorrência de três dias sucessivos e não interpolados de faltas por incapacidade temporária nos termos da alínea *a)* do mesmo número.

5 – A falta por motivo de doença nas situações a que se refere a alínea *a)* do nº 2 não implica a perda da remuneração base diária nos casos de internamento hospitalar, faltas por motivo de cirurgia ambulatória, doença por tuberculose e doença com início no decurso do período de atribuição do subsídio parental que ultrapasse o termo deste período.

6 – *(Revogado pelo artº 12º da Lei nº 25/2017, de 30 de maio)*

7 – O disposto nos nºs 2 a 6 não se aplica às faltas por doença dadas por pessoas com deficiência, quando decorrentes da própria deficiência.

8 – As faltas por doença implicam sempre a perda do subsídio de refeição.

9 – O disposto nos números anteriores não prejudica o recurso a faltas por conta do período de férias.

Artigo 16º – Carreira contributiva

1 – Durante o período de faltas por motivo de doença a que se refere o artigo anterior, mantém-se a contribuição total das entidades empregadoras

para a CGA, I.P., no caso dos trabalhadores integrados no regime de proteção social convergente, determinada em função da remuneração relevante para o efeito à data da ocorrência da falta.

2 – O período de faltas por motivo de doença a que se refere o artigo anterior é equivalente à entrada de quotizações do trabalhador para efeitos das eventualidades invalidez, velhice e morte.

3 – Nas situações a que se refere o número anterior, o valor a considerar para efeitos de equivalência a entrada de quotizações é determinado com base na remuneração de referência.

4 – No caso das faltas com perda parcial da remuneração, a que se refere a alínea *b)* do nº 2 do artigo anterior, a equivalência à entrada de quotizações do trabalhador respeita unicamente à remuneração de referência.

5 – A entidade empregadora procede, mensalmente, à comunicação das faltas ocorridas ao abrigo do artigo anterior, nos termos a definir pela CGA, I.P.

Artigo 17º – Justificação da doença

1 – O trabalhador impedido de comparecer ao serviço por motivo de doença deve indicar o local onde se encontra e apresentar o documento comprovativo previsto nos números seguintes, no prazo de cinco dias úteis.

2 – A doença deve ser comprovada mediante declaração passada por estabelecimento hospitalar, centro de saúde, incluindo as modalidades de atendimento complementar e permanente, ou instituições destinadas à prevenção ou reabilitação de toxicodependência ou alcoolismo, integrados no Serviço Nacional de Saúde, de modelo aprovado por portaria dos membros do Governo responsáveis pelas áreas da saúde e da Administração Pública.

3 – A doença pode, ainda, ser comprovada, através de preenchimento do modelo referido no número anterior, por médico privativo dos serviços, por médico de outros estabelecimentos públicos de saúde, bem como por médicos ao abrigo de acordos com qualquer dos subsistemas de saúde da Administração Pública no âmbito da especialidade médica objeto do respetivo acordo.

4 – Nas situações de internamento, a comprovação pode, igualmente, ser efetuada por estabelecimento particular com autorização legal de funcionamento, concedida pelo Ministério da Saúde.

5 – A falta de entrega do documento comprovativo da doença nos termos do nº 1 implica, se não for devidamente fundamentada, a injustificação das faltas dadas até à data da entrada do documento comprovativo nos serviços.

6 – Os documentos comprovativos da doença podem ser entregues diretamente nos serviços ou enviados aos mesmos através do correio, devidamente registados, relevando, neste último caso, a data da respetiva expedição para

efeitos de cumprimento dos prazos de entrega fixados neste artigo, se a data da sua entrada nos serviços for posterior ao limite dos referidos prazos.

7 – O documento comprovativo da doença pode ainda ser remetido por via eletrónica pelas entidades referidas nos nºs 2 a 4, no momento da certificação da situação de doença, ao serviço em que o trabalhador exerce funções ou a organismo ao qual seja cometida a competência de recolha centralizada de tais documentos, sendo de imediato facultado ao trabalhador cópia do referido documento ou documento comprovativo desse envio.

Artigo 18º – Meios de prova

1 – A declaração de doença deve ser devidamente assinada pelo médico, autenticada pelas entidades com competência para a sua emissão nos casos previstos no nº 2 do artigo anterior e conter:

a) A identificação do médico;

b) O número da cédula profissional do médico;

c) A identificação do acordo com um subsistema de saúde ao abrigo do qual é comprovada a doença;

d) O número do bilhete de identidade ou o número do cartão do cidadão do trabalhador;

e) A identificação do subsistema de saúde e o número de beneficiário do trabalhador;

f) A menção da impossibilidade de comparência ao serviço;

g) A duração previsível da doença;

h) Indicação de ter havido ou não internamento;

i) A menção expressa de que a doença não implica a permanência na residência ou no local em que se encontra doente, quando for o caso.

2 – Quando tiver havido internamento e este cessar, o trabalhador deve apresentar-se ao serviço com o respetivo documento de alta ou, no caso de ainda não estar apto a regressar, proceder à comunicação e apresentar documento comprovativo da doença nos termos do disposto no artigo anterior, contando-se os prazos nele previstos a partir do dia em que teve alta.

3 – Cada declaração de doença é válida pelo período que o médico indicar como duração previsível da doença, o qual não pode exceder 30 dias.

4 – Se a situação de doença se mantiver para além do período previsto pelo médico, deve ser entregue nova declaração, sendo aplicável o disposto nos nºs 1 e 5 do artigo anterior.

Artigo 19º – Doença ocorrida no estrangeiro

1 – O trabalhador que adoeça no estrangeiro deve, por si ou por interposta pessoa, comunicar o facto ao serviço no prazo de sete dias úteis.

2 – Salvo a ocorrência de motivos que o impossibilitem ou dificultem em termos que afastem a sua exigibilidade, os documentos comprovativos de doença ocorrida no estrangeiro devem ser visados pela autoridade competente da missão diplomática ou consular da área onde o interessado se encontra doente e entregues ou enviados ao respetivo serviço no prazo de 20 dias úteis, a contar nos termos do artigo 72º do Código do Procedimento Administrativo, aprovado pelo Decreto-Lei nº 442/91, de 15 de novembro, na redação atual.

3 – Se a comunicação e o documento comprovativo de doença foram enviados através do correio, sob registo, releva a data da respetiva expedição para efeitos do cumprimento dos prazos referidos nos números anteriores, se a data da sua entrada nos serviços for posterior ao limite daqueles prazos.

4 – A falta da comunicação referida no nº 1 ou da entrega dos documentos comprovativos da doença nos termos dos números anteriores implica, se não for devidamente fundamentada, a injustificação das faltas dadas até à data da receção da comunicação ou da entrada dos documentos.

Artigo 20º – Verificação domiciliária da doença

1 – Salvo nos casos de internamento, de atestado médico passado nos termos do nº 2 do artigo 17º e de doença ocorrida no estrangeiro, pode o dirigente competente, se assim o entender, solicitar a verificação domiciliária da doença.

2 – Quando a doença não implicar a permanência no domicílio, o respetivo documento comprovativo deve conter referência a esse facto.

3 – Nos casos previstos no número anterior, o trabalhador deve fazer acompanhar o documento comprovativo da doença da indicação dos dias e das horas a que pode ser efetuada a verificação domiciliária, num mínimo de três dias por semana e de dois períodos de verificação diária, de duas horas e meia cada um, compreendidos entre as 9 e as 19 horas.

4 – Se o interessado não for encontrado no seu domicílio ou no local onde tiver indicado estar doente, todas as faltas dadas são injustificadas, por despacho do dirigente máximo do serviço, se o trabalhador não justificar a sua ausência, mediante apresentação de meios de prova adequados, no prazo de dois dias úteis, a contar do conhecimento do facto, que lhe é transmitido por carta registada, com aviso de receção.

5 – Se o parecer do médico competente para a inspeção domiciliária for negativo são consideradas injustificadas todas as faltas dadas desde o dia seguinte ao da comunicação do resultado da inspeção, feita através de carta

registada com aviso de receção, e considerada a dilação de três dias úteis, até ao momento em que efetivamente retome funções.

Artigo 21º – Verificação domiciliária da doença pela ADSE

1 – A verificação domiciliária da doença do trabalhador, nas zonas definidas por portaria dos membros do Governo responsáveis pelas áreas das finanças e da Administração Pública, é efetuada por médicos do quadro da Direção-Geral de Proteção Social aos Trabalhadores em Funções Públicas (ADSE) ou por ela convencionados ou credenciados, neste caso por contrato de avença, cuja remuneração é fixada por despacho daqueles membros do Governo.

2 – O dirigente máximo do serviço requisita diretamente à ADSE, por escrito ou pelo telefone, um médico para esse efeito, que efetua um exame médico adequado, enviando, de imediato, as indicações indispensáveis.

Artigo 22º – Verificação domiciliária da doença pelas autoridades de saúde

1 – Fora das zonas a que se refere o nº 1 do artigo anterior, a verificação domiciliária da doença do trabalhador é feita pelas autoridades de saúde da área da sua residência habitual ou daquela em que ele se encontre doente.

2 – Sempre que da verificação domiciliária da doença efetuada fora daquelas zonas resultarem despesas de transporte, deve o serviço de que depende o trabalhador inspecionado promover a sua satisfação pela adequada verba orçamental.

Artigo 23º – Intervenção da junta médica

1 – Com exceção dos casos de internamento, bem como daqueles em que o trabalhador se encontre doente no estrangeiro, há lugar à intervenção da junta médica quando:

a) O trabalhador tenha atingido o limite de 60 dias consecutivos de faltas por doença e não se encontre apto a regressar ao serviço;

b) A atuação do trabalhador indicie, em matéria de faltas por doença, um comportamento fraudulento.

2 – No caso previsto na alínea *b)* do número anterior, o dirigente do serviço deve fundamentar o pedido de intervenção da junta médica.

Artigo 24º – Pedido de submissão à junta médica

1 – Para efeitos do disposto na alínea *a)* do artigo anterior, o serviço de que dependa o trabalhador deve, nos cinco dias imediatamente anteriores à data em que se completarem os 60 dias consecutivos de faltas por doença, noti-

ficá-lo para se apresentar à junta médica, indicando o dia, hora e local onde a mesma se realiza.

2 – Se a junta médica considerar o interessado apto para regressar ao serviço, as faltas dadas no período de tempo que mediar entre o termo do período de 60 dias e o parecer da junta médica, são consideradas justificadas por doença.

3 – Para efeitos do disposto no artigo anterior, o período de 60 dias consecutivos de faltas conta-se seguidamente, mesmo nos casos em que haja transição de um ano civil para o outro.

Artigo 25º – Limite de faltas

1 – A junta médica pode justificar faltas por doença dos trabalhadores por períodos sucessivos de 30 dias, até ao limite de 18 meses, sem prejuízo do disposto no artigo 36º

2 – O disposto no número anterior não prejudica a possibilidade de o serviço denunciar, no seu termo, os contratos de pessoal celebrados ao abrigo da legislação em vigor sobre a matéria.

Artigo 26º – Submissão a junta médica independentemente da ocorrência de faltas por doença

1 – Quando o comportamento do trabalhador indiciar possível alteração do estado de saúde, incluindo perturbação psíquica que comprometa o normal desempenho das suas funções, o dirigente máximo do serviço, por despacho fundamentado e em razão do direito à proteção da saúde, pode mandar submete-lo a junta médica, mesmo nos casos em que o trabalhador se encontre em exercício de funções.

2 – A submissão à junta médica considera-se, neste caso, de manifesta urgência.

3 – O trabalhador pode, se o entender conveniente, indicar um médico por si escolhido para integrar a junta médica.

Artigo 27º – Falta de elementos médicos e colaboração de médicos especialistas

1 – Se a junta médica não dispuser de elementos suficientes que lhe permitam deliberar, deve conceder ao trabalhador um prazo para obtenção dos mesmos, decorrido o qual este deve submeter-se novamente à junta médica.

2 – O trabalhador é obrigado, nos prazos fixados pela junta médica, a:

a) Submeter-se aos exames clínicos que aquela considerar indispensáveis, que são, a sua solicitação, marcados pela mesma, e integralmente suportados pela ADSE;

b) Apresentar-se à junta médica com os elementos por ela requeridos.

3 – O não cumprimento do disposto no número anterior implica a injustificação das faltas dadas desde o termo do período de faltas anteriormente concedido, a menos que não seja imputável ao trabalhador a obtenção dos exames fora do prazo.

4 – Sempre que seja necessário, a junta médica pode requerer a colaboração de médicos especialistas e de outros peritos ou recorrer aos serviços especializados dos estabelecimentos oficiais, sendo os encargos suportados nos termos previstos na alínea *a)* do nº 2.

Artigo 28º – Obrigatoriedade de submissão à junta médica

1 – O trabalhador que, nos termos dos artigos anteriores, deva ser submetido a junta médica pode apresentar-se ao serviço antes que tal se tenha verificado, salvo nos casos previstos na alínea *b)* do nº 1 do artigo 23º e no artigo 26º

2 – Salvo impedimento justificado, a não comparência à junta médica para que o trabalhador tenha sido convocado implica que sejam consideradas injustificadas as faltas dadas desde o termo do período de faltas anteriormente concedido.

3 – O trabalhador que, nos termos do artigo 26º, tenha sido mandado apresentar à junta médica e a ela não compareça, é considerado na situação de faltas injustificadas a partir da data em que a mesma deveria realizar-se, salvo se a não comparência for devidamente justificada, perante o serviço de que depende, no prazo de dois dias úteis, a contar da data da não comparência.

Artigo 29º – Parecer da junta médica

1 – O parecer da junta médica deve ser comunicado ao trabalhador no próprio dia e enviado de imediato ao respetivo serviço.

2 – A junta médica deve pronunciar-se sobre se o trabalhador se encontra apto a regressar ao serviço e, nos casos em que considere que aquele não se encontra em condições de retomar a atividade, indicar a duração previsível da doença, com respeito do limite previsto no artigo 25º, e marcar a data de submissão a nova junta médica.

3 – No caso previsto no nº 1 do artigo 27º, as faltas dadas pelo trabalhador que venha a ser considerado apto para regressar ao serviço, desde a data do pedido da submissão à junta médica, são equiparadas a serviço efetivo.

Artigo 30º – Interrupção das faltas por doença

1 – O trabalhador que se encontre na situação de faltas por doença concedidas pela junta médica ou a aguardar a primeira apresentação à junta médica só pode regressar ao serviço antes do termo do período previsto mediante

atestado médico que o considere apto a retomar a atividade, sem prejuízo de posterior apresentação à junta médica.

2 – Para efeitos do número anterior, a intervenção da junta médica considera-se de manifesta urgência.

Artigo 31º – Cômputo do prazo de faltas por doença

Para efeitos do limite máximo de 18 meses de faltas por doença previsto no nº 1 do artigo 25º, contam-se sempre, ainda que relativos a anos civis diferentes:

a) Todas as faltas por doença, seguidas ou interpoladas, quando entre elas não mediar um intervalo superior a 30 dias, no qual não se incluem os períodos de férias;

b) As faltas justificadas por doença correspondentes aos dias que medeiam entre o termo do período de 30 dias consecutivos de faltas por doença e o parecer da junta médica que considere o trabalhador apto para o serviço.

Artigo 32º – Fim do prazo de faltas por doença do pessoal contratado a termo resolutivo

1 – Findo o prazo de 18 meses de faltas por doença, e sem prejuízo do disposto no artigo 37º, ao pessoal contratado a termo resolutivo que não se encontre em condições de regressar ao serviço é aplicável, desde que preencha os requisitos para a aposentação, o disposto na alínea *a)* do nº 1 do artigo 34º, salvo se optar pela rescisão do contrato.

2 – Ao pessoal que ainda não reúna os requisitos para a aposentação é rescindido o contrato.

Artigo 33º – Junta médica

1 – A junta médica referida nos artigos anteriores funciona na dependência da ADSE, sem prejuízo do disposto no nº 3.

2 – A composição, competência e funcionamento da junta médica referida no número anterior são fixados em decreto regulamentar.

3 – Os ministérios que tiverem serviços desconcentrados e as autarquias locais podem criar juntas médicas sediadas junto dos respetivos serviços.

Artigo 34º – Fim do prazo de faltas por doença

1 – Findo o prazo de 18 meses na situação de faltas por doença, os trabalhadores podem, sem prejuízo do disposto no artigo 38º:

a) Requerer, no prazo de 30 dias e através do respetivo serviço, a sua apresentação à junta médica da CGA, I.P., reunidas que sejam as condições mínimas para a aposentação;

b) Requerer a passagem à situação de licença sem remuneração.

2 – No caso previsto na alínea *a)* do número anterior e até à data da decisão da junta médica da CGA, I.P., o trabalhador é considerado na situação de faltas por doença, aplicando-se-lhe o regime correspondente.

3 – O trabalhador que não requerer, no prazo previsto, a sua apresentação à junta médica da CGA, I.P., passa automaticamente à situação de licença sem remuneração, sujeita ao disposto no nº 5 do artigo 281º da LTFP.

4 – O trabalhador que não reunir os requisitos para apresentação à junta médica da CGA, I.P., deve ser notificado pelo respetivo serviço para, no dia imediato ao da notificação, retomar o exercício de funções, sob pena de ficar abrangido pelo disposto na parte final do número anterior.

5 – Passa igualmente à situação de licença sem remuneração o trabalhador que, tendo sido considerado apto pela junta médica da CGA, I.P., volte a adoecer sem que tenha prestado mais de 30 dias de serviço consecutivos, nos quais não se incluem férias.

6 – O disposto no número anterior não é aplicável se durante o prazo de 30 dias consecutivos, referido no número anterior:

a) Ocorrer o internamento do trabalhador;

b) Existir sujeição a tratamento ambulatório ou a verificação de doença grave, incapacitante, confirmada por junta médica, requerida pelo trabalhador, nos termos do artigo 39º

7 – O trabalhador está obrigado a submeter-se aos exames clínicos que a junta médica da CGA, I.P., determinar, implicando a recusa da sua realização a injustificação das faltas dadas desde a data que lhe tiver sido fixada para a respetiva apresentação.

8 – O regresso ao serviço do trabalhador que tenha passado à situação de licença prevista na alínea *b)* do nº 1 não está sujeito ao decurso de qualquer prazo.

9 – Os processos de aposentação previstos no presente artigo têm prioridade absoluta sobre quaisquer outros, devendo tal prioridade ser invocada pelos serviços quando da remessa do respetivo processo à CGA, I.P.

Artigo 35º – Verificação de incapacidade

1 – Os processos de aposentação por incapacidade a que seja aplicável o disposto no artigo anterior são considerados urgentes e com prioridade absoluta sobre quaisquer outros, estando sujeitos a um regime especial de tramitação simplificada, com as seguintes especificidades:

a) É dispensada a participação do médico relator, atenta a prévia intervenção de outra junta médica, que permite caracterizar suficientemente a situação clínica do subscritor;

b) A presença do subscritor é obrigatória unicamente quando a junta médica considerar o exame médico direto necessário ao completo esclarecimento da situação clínica;

c) O adiamento da junta médica por impossibilidade de comparência do subscritor, quando esta seja considerada necessária, depende de internamento em instituição de saúde, devidamente comprovado.

2 – A junta médica referida no nº 2 do artigo anterior é a prevista no artigo 91º do Estatuto da Aposentação, aprovado pelo Decreto-Lei nº 498/72, de 9 de dezembro, na redação atual, não tendo o requerimento de junta médica de recurso efeito suspensivo da decisão daquela junta para efeito de justificação de faltas por doença.

3 – A CGA, I.P., pode determinar a aplicação do regime especial de tramitação simplificada a outras situações cuja gravidade e rápida evolução o justifique.

Artigo 36º – Submissão à junta médica da Caixa Geral de Aposentações, I.P., no decurso da doença

O trabalhador pode, no decurso da doença, requerer a sua apresentação à junta médica da CGA, I.P., aplicando-se, com as devidas adaptações, o disposto, respetivamente, nos artigos 32º e 34º, conforme os casos.

Artigo 37º – Faltas por doença prolongada

1 – As faltas dadas por doença incapacitante que exija tratamento oneroso e ou prolongado, conferem ao trabalhador o direito à prorrogação, por 18 meses, do prazo máximo de ausência previsto no artigo 25º.

2 – As doenças a que se refere o nº 1 são definidas por despacho dos membros do Governo responsáveis pelas áreas das finanças, da Administração Pública e da saúde.

3 – As faltas dadas ao abrigo da Assistência a Funcionários Civis Tuberculosos regem-se pelo disposto no Decreto-Lei nº 48 359, de 27 de abril de 1968, alterado pelos Decretos-Leis nºs 100/99, de 31 de março, e 319/99, de 11 de agosto.

4 – *(Revogado pelo artº 12º da Lei nº 25/2017, de 30 de maio)*

Artigo 38º – Faltas para reabilitação profissional

1 – O trabalhador que for considerado, pela junta médica a que se refere o artigo 33º, incapaz para o exercício das suas funções, mas apto para o desempenho de outras às quais não possa ser afeto através de mobilidade interna, tem o dever de se candidatar a todos os procedimentos concursais para ocu-

pação de postos de trabalho previstos nos mapas de pessoal dos órgãos ou serviços, desde que observado o disposto no artigo 95º da LTFP, aplicável com as necessárias adaptações, bem como o direito de frequentar ações de formação para o efeito.

2 – Enquanto não haja reinício de funções nos termos do número anterior, o trabalhador encontra-se em regime de faltas para reabilitação profissional.

3 – As faltas para reabilitação produzem os efeitos das faltas por doença.

Artigo 39º – Junta médica de recurso

1 – Quando a junta médica da CGA, I.P., contrariamente ao parecer da junta médica competente, considerar o trabalhador apto para o serviço, pode este ou o serviço de que depende requerer a sua apresentação a uma junta médica de recurso, não podendo esta deixar de se pronunciar para os efeitos do artigo anterior, quando aplicável.

2 – A junta médica de recurso a que se refere o número anterior é constituída por um médico indicado pelo Instituto de Segurança Social, I.P., um médico indicado pela ADSE ou pelas juntas médicas previstas no nº 3 do artigo 33º e um professor universitário das faculdades de medicina, designado pelos membros do Governo responsáveis pelas áreas das finanças e da Administração Pública, que preside.

Artigo 40º – Subsídio por assistência a familiares

Aos trabalhadores em regime de contrato de trabalho em funções públicas integrados no regime de proteção social convergente é aplicável o artigo 36º do Decreto-Lei nº 89/2009, de 9 de abril, alterado pelo Decreto-Lei nº 133/2012, de 27 de junho.

Artigo 41º – Revisão das carreiras, dos corpos especiais e dos níveis remuneratórios das comissões de serviço

1 – Sem prejuízo da revisão que deva ter lugar nos termos legalmente previstos, mantêm-se as carreiras que ainda não tenham sido objeto de extinção, de revisão ou de decisão de subsistência, designadamente as de regime especial e as de corpos especiais, bem como a integração dos respetivos trabalhadores, sendo que:

a) Só após tal revisão tem lugar, relativamente a tais trabalhadores, a execução das transições através da lista nominativa referida no artigo 109º da Lei nº 12-A/2008, de 27 de fevereiro, na redação atual, exceto no respeitante à modalidade de constituição da sua relação jurídica de emprego público e às situações de mobilidade geral do ou no órgão ou serviço;

b) Até ao início de vigência da revisão:

i) As carreiras em causa regem-se pelas disposições normativas aplicáveis em 31 de dezembro de 2008, com as alterações decorrentes dos artigos 156º a 158º, 166º e 167º da LTFP e 113º da Lei nº 12-A/2008, de 27 de fevereiro, na redação atual;

ii) Aos procedimentos concursais para as carreiras em causa é aplicável o disposto na alínea *d)* do nº 1 do artigo 37º da LTFP, bem como no nº 11 do artigo 28º da Portaria nº 83-A/2009, de 22 de janeiro, alterada e republicada pela Portaria nº 145-A/2011, de 6 de abril;

iii) O nº 3 do artigo 110º da Lei nº 12-A/2008, de 27 de fevereiro, na redação atual, não lhes é aplicável, apenas o sendo relativamente aos concursos pendentes na data do início da referida vigência.

2 – A revisão das carreiras a que se refere o número anterior deve assegurar:

a) A observância das regras relativas à organização das carreiras previstas na LTFP e no seu artigo 149º, designadamente quanto aos conteúdos e deveres funcionais, ao número de categorias e às posições remuneratórias;

b) O reposicionamento remuneratório, com o montante pecuniário calculado nos termos do nº 1 do artigo 104º da Lei nº 12-A/2008, de 27 de fevereiro, na redação atual, sem acréscimos;

c) As alterações de posicionamento remuneratório em função das últimas avaliações de desempenho e da respetiva diferenciação assegurada por um sistema de quotas;

d) As perspetivas de evolução remuneratória das anteriores carreiras, elevando-as apenas de forma sustentável.

3 – Por despacho fundamentado da entidade competente para a abertura do procedimento concursal, pode ser determinada a aplicação, com as necessárias adaptações, do disposto nos nºs 1 a 3 do artigo 40º da Portaria nº 83-A/2009, de 22 de janeiro, alterada e republicada pela Portaria nº 145-A/2011, de 6 de abril, no que se refere à constituição de reserva de recrutamento pelo prazo de 18 meses.

4 – O disposto no nº 1 é aplicável, com as necessárias adaptações, aos níveis remuneratórios das comissões de serviço.

5 – O regime fixado no presente artigo tem natureza imperativa, prevalecendo sobre quaisquer outras normas legais ou convencionais, especiais ou excecionais, em contrário, não podendo ser afastado ou modificado pelas mesmas.

(Redação pelo artº 3º da Lei nº 25/2017, de 30 de maio, sendo aplicável aos procedimentos concursais para carreiras não revistas que se encontrem abertos a 1 de Junho de 2017)

Artigo 42º – Norma revogatória

1 – São revogados:

a) A Lei nº 23/98, de 26 de maio, alterada pela Lei nº 59/2008, de 11 de setembro;

b) Os artigos 16º a 18º da Lei nº 23/2004, de 22 de junho, alterada pelo Decreto-Lei nº 200/2006, de 25 de outubro, e pela Lei nº 53/2006, de 7 de dezembro, e revogada pela Lei nº 59/2008, de 11 de setembro, com exceção dos artigos que ora se revogam;

c) A Lei nº 12-A/2008, de 27 de fevereiro, alterada pelas Leis nºs 64-A/2008, de 31 de dezembro, 3B/2010, de 28 de abril, 34/2010, de 2 de setembro, 55-A/2010, de 31 de dezembro, 64-B/2011, de 30 de dezembro, 66/2012, de 31 de dezembro, e 66-B/2012, de 31 de dezembro, e pelo Decreto-Lei nº 47/2013, de 5 de abril, com exceção das normas transitórias abrangidas pelos artigos 88º a 115º;

d) A Lei nº 58/2008, de 9 de setembro, alterada pelo Decreto-Lei nº 47/2013, de 5 de abril;

e) A Lei nº 59/2008, de 11 de setembro, alterada pela Lei nº 3-B/2010, de 28 de abril, pelo Decreto-Lei nº 124/2010, de 17 de novembro, e pelas Leis nºs 64-B/2011, de 30 de dezembro, 66/2012, de 31 de dezembro, e 63/2013, de 29 de agosto;

f) O Decreto-Lei nº 259/98, de 18 de agosto, alterado pelo Decreto-Lei nº 169/2006, de 17 de agosto, e pelas Leis nºs 64-A/2008, de 31 de dezembro, 66/2012, de 31 de dezembro, e 68/2013, de 29 de agosto;

g) O Decreto-Lei nº 100/99, de 31 de março, alterado pela Lei nº 117/99, de 11 de agosto, pelos Decretos-Leis nºs 503/99, de 20 de novembro, 70-A/2000, de 5 de maio, 157/2001, de 11 de maio, 169/2006, de 17 de agosto, e 181/2007, de 9 de maio, pelas Leis nºs 59/2008, de 11 de setembro, e 64-A/2008, de 31 de dezembro, pelo Decreto-Lei nº 29-A/2011, de 1 de março, pelas Leis nºs 66/2012, de 31 de dezembro, e 66-B/2012, de 31 de dezembro, e pelo Decreto-Lei nº 36/2013, de 11 de março;

h) O Decreto-Lei nº 324/99, de 18 de agosto, alterado pela Lei nº 12-A/2008 de 27 de fevereiro;

i) O Decreto-Lei nº 325/99, de 18 de agosto, alterado pela Lei nº 12-A/2008, de 27 de fevereiro.

2 – Mantêm-se em vigor os regulamentos publicados ao abrigo da legislação revogada pela presente lei, quando exista igual habilitação legal na LTFP, nomeadamente:

a) O Decreto Regulamentar nº 14/2008, de 31 de junho;

b) A Portaria nº 1553-C/2008, de 31 de dezembro;

c) A Portaria nº 62/2009, de 22 de janeiro.

3 – Todas as referências aos diplomas ora revogados entendem-se feitas para as correspondentes normas da presente lei.

Artigo 43º – Disposição transitória

1 – A legislação referente ao pessoal com funções policiais da Polícia de Segurança Pública, a que se refere o nº 2 do artigo 2º da LTFP, deve ser aprovada até 31 de dezembro de 2014.

2 – Até à data de entrada em vigor da lei especial prevista no número anterior, o pessoal com funções policiais da Polícia de Segurança Pública continua a reger-se pela lei aplicável antes da entrada em vigor da LTFP.

Artigo 44º – Entrada em vigor

1 – A presente lei entra em vigor no primeiro dia do segundo mês seguinte ao da sua publicação.

2 – O disposto na presente lei não prejudica a vigência das normas da Lei do Orçamento do Estado em vigor.

Aprovada em 28 de março de 2014.

A Presidente da Assembleia da República, Maria da Assunção A. Esteves.

Promulgada em 3 de junho de 2014. Publique-se.

O Presidente da República, Aníbal Cavaco Silva.

Referendada em 5 de junho de 2014.

O Primeiro-Ministro, Pedro Passos Coelho.

ANEXO

(a que se refere o artigo 2º)

LEI GERAL DO TRABALHO EM FUNÇÕES PÚBLICAS

PARTE I – DISPOSIÇÕES GERAIS

TÍTULO I – Âmbito

Artigo 1º – Âmbito de aplicação

1 – A presente lei regula o vínculo de trabalho em funções públicas.

2 – A presente lei é aplicável à administração direta e indireta do Estado e, com as necessárias adaptações, designadamente no que respeita às competências em matéria administrativa dos correspondentes órgãos de governo próprio, aos serviços da administração regional e da administração autárquica.

3 – A presente lei é também aplicável, com as adaptações impostas pela observância das correspondentes competências, aos órgãos e serviços de apoio do Presidente da República, dos tribunais e do Ministério Público e respetivos órgãos de gestão e outros órgãos independentes.

4 – Sem prejuízo de regimes especiais e com as adaptações impostas pela observância das correspondentes competências, a presente lei é ainda aplicável aos órgãos e serviços de apoio à Assembleia da República.

5 – A aplicação da presente lei aos serviços periféricos externos do Ministério dos Negócios Estrangeiros, relativamente aos trabalhadores recrutados para neles exercerem funções, incluindo os trabalhadores das residências oficiais do Estado, não prejudica a vigência:

a) Das normas e princípios de direito internacional que disponham em contrário;

b) Das normas imperativas de ordem pública local;

c) Dos instrumentos e normativos especiais previstos em diploma próprio.

6 – A presente lei é também aplicável, com as necessárias adaptações, a outros trabalhadores com contrato de trabalho em funções públicas que não exerçam funções nas entidades referidas nos números anteriores.

Artigo 2º – Exclusão do âmbito de aplicação

1 – A presente lei não é aplicável a:

a) Gabinetes de apoio dos membros do Governo e dos titulares dos órgãos referidos nos nºs 2 a 4 do artigo anterior;

b) Entidades públicas empresariais;

c) Entidades administrativas independentes com funções de regulação da atividade económica dos setores privado, público e cooperativo e Banco de Portugal.

2 – A presente lei não é aplicável aos militares das Forças Armadas, aos militares da Guarda Nacional Republicana, ao pessoal com funções policiais da Polícia de Segurança Pública, ao pessoal da carreira de investigação criminal, da carreira de segurança e ao pessoal com funções de inspeção judiciária e de recolha de prova da Polícia Judiciária e ao pessoal da carreira de investigação e fiscalização do Serviço de Estrangeiros e Fronteiras, cujos regimes constam de lei especial, sem prejuízo do disposto nas alíneas *a)* e *e)* do nº 1 do artigo 8º e do respeito pelos seguintes princípios aplicáveis ao vínculo de emprego público:

a) Continuidade do exercício de funções públicas, previsto no artigo 11º;

b) Garantias de imparcialidade, previsto nos artigos 19º a 24º;

c) Planeamento e gestão de recursos humanos, previsto nos artigos 28º a 31º, salvo no que respeita ao plano anual de recrutamento;

d) Procedimento concursal, previsto no artigo 33º;

e) Organização das carreiras, previsto no nº 1 do artigo 79º, nos artigos 80º, 84º e 85º e no nº 1 do artigo 87º;

f) Princípios gerais em matéria de remunerações, previstos nos artigos 145º a 147º, nos nºs 1 e 2 do artigo 149º, no nº 1 do artigo 150º, e nos artigos 154º, 159º e 169º a 175º

(Redação da Lei nº 25/2017, de 30 de Maio, e da Lei nº 70/2017, de 14 de agosto, determinando-se no artº 2º deste último diploma que «Até à entrada em vigor da legislação especial prevista no artigo 2º da Lei Geral do Trabalho em Funções Públicas, aprovada em anexo à Lei nº 35/2014, de 20 de junho, na redação dada pela presente lei, o pessoal da carreira de investigação criminal, da carreira de segurança e o pessoal com funções de inspeção judiciária e de recolha de prova da Polícia Judiciária e o pessoal da carreira de investigação e fiscalização do Serviço de Estrangeiros e Fronteiras continuam a reger-se pelas disposições normativas e regulamentares que lhes sejam aplicáveis à data da entrada em vigor da presente lei»)

Artigo 3º – Bases do regime e âmbito

Constituem normas base definidoras do regime e âmbito do vínculo de emprego público:

a) Os artigos 6º a 10º, sobre as modalidades de vínculo e prestação de trabalho para o exercício de funções públicas;

b) Os artigos 13º a 16º, relativos às fontes e participação na legislação do trabalho;

c) Os artigos 19º a 24º, relativos às garantias de imparcialidade;

d) O artigo 33º, sobre o procedimento concursal;

e) Os artigos 70º a 73º, sobre direitos, deveres e garantias do trabalhador e do empregador público;

f) Os artigos 79º a 83º, relativos às disposições gerais sobre estruturação das carreiras;

g) Os artigos 92º a 100º, sobre a mobilidade;

h) Os artigos 144º a 146º, sobre princípios gerais relativos às remunerações;

i) Os artigos 176º a 240º, sobre o exercício do poder disciplinar;

j) *(Revogado)*

k) Os artigos 288º a 313º, relativos à extinção do vínculo;

l) Os artigos 347º a 386º, sobre a negociação coletiva.

m) As constantes do regime de valorização profissional dos trabalhadores. *(Redação da Lei nº 25/2017, de 30 de maio)*

Artigo 4º – Remissão para o Código do Trabalho

1 – É aplicável ao vínculo de emprego público, sem prejuízo do disposto na presente lei e com as necessárias adaptações, o disposto no Código do Trabalho e respetiva legislação complementar com as exceções legalmente previstas, nomeadamente em matéria de:

a) Relação entre a lei e os instrumentos de regulamentação coletiva e entre aquelas fontes e o contrato de trabalho em funções públicas;

b) Direitos de personalidade;

c) Igualdade e não discriminação;

d) Assédio;

e) Parentalidade;

f) Trabalhador com capacidade reduzida e trabalhadores com deficiência ou doença crónica;

g) Trabalhador estudante;

h) Organização e tempo de trabalho;

i) Tempos de não trabalho;

j) Promoção da segurança e saúde no trabalho, incluindo a prevenção;

k) Comissões de trabalhadores, associações sindicais e representantes dos trabalhadores em matéria de segurança e saúde no trabalho;

l) Mecanismos de resolução pacífica de conflitos coletivos;

m) Greve e lock-out.

2 – Sem prejuízo do disposto no número seguinte, quando da aplicação do Código do Trabalho e legislação complementar referida no número anterior resultar a atribuição de competências ao serviço com competência inspetiva do ministério responsável pela área do trabalho, estas devem ser entendidas como atribuídas ao serviço com competência inspetiva do ministério que dirija, superintenda ou tutele o empregador público em causa e, cumulativamente, à Inspeção-Geral de Finanças (IGF), no que se refere às suas competências de coordenação, enquanto autoridade de auditoria neste domínio.

3 – Compete à Autoridade para as Condições do Trabalho (ACT) a promoção de políticas de prevenção dos riscos profissionais, a melhoria das condições de trabalho e a fiscalização do cumprimento da legislação relativa à segurança e saúde no trabalho.

4 – Para efeitos da aplicação do regime previsto no Código do Trabalho ao vínculo de emprego público, as referências a empregador e empresa ou estabelecimento, consideram-se feitas a empregador público e órgão ou serviço, respetivamente.

5 – O regime do Código do Trabalho e legislação complementar, em matéria de acidentes de trabalho e doenças profissionais, é aplicável aos trabalhadores que exercem funções públicas nas entidades referidas nas alíneas *b)* e *c)* do nº 1 do artigo 2º, com exceção do pessoal integrado no Regime de Proteção Social Convergente (RPSC) aos quais é aplicável o Decreto-Lei nº 503/99, de 20 de novembro.

6 – Para efeitos de fiscalização do cumprimento da legislação relativa à segurança e saúde no trabalho, é aplicável o regime das contraordenações laborais previsto no Código do Trabalho e legislação complementar, com as adaptações constantes do título IV da parte I da presente lei.

(Redação da Lei nº 25/2017, de 30 de maio, da Lei nº 73/2017, de 16 de agosto, da Lei nº 79/2019, de 2 de setembro, e da Lei nº 2/2020, de 31 de março)

Artigo 5º – Legislação complementar

Constam de diploma próprio:

a) O sistema integrado de gestão e avaliação do desempenho na Administração Pública;

b) O regime de acidentes de trabalho e doenças profissionais dos trabalhadores que exercem funções públicas;

c) O regime de formação profissional dos trabalhadores que exercem funções públicas;

d) Os estatutos do pessoal dirigente da Administração Pública.

TÍTULO II – Modalidades de vínculo e prestação de trabalho para o exercício de funções públicas

Artigo 6º – Noção e modalidades

1 – O trabalho em funções públicas pode ser prestado mediante vínculo de emprego público ou contrato de prestação de serviço, nos termos da presente lei.

2 – O vínculo de emprego público é aquele pelo qual uma pessoa singular presta a sua atividade a um empregador público, de forma subordinada e mediante remuneração.

3 – O vínculo de emprego público reveste as seguintes modalidades:

a) Contrato de trabalho em funções públicas;

b) Nomeação;

c) Comissão de serviço.

4 – O vínculo de emprego público pode ser constituído por tempo indeterminado ou a termo resolutivo.

Artigo 7º – Contrato de trabalho em funções públicas

O vínculo de emprego público constitui-se, em regra, por contrato de trabalho em funções públicas.

Artigo 8º – Vínculo de nomeação

1 – O vínculo de emprego público constitui-se por nomeação nos casos de exercício de funções no âmbito das seguintes atribuições, competências e atividades:

a) Missões genéricas e específicas das Forças Armadas em quadros permanentes;

b) Representação externa do Estado;

c) Informações de segurança;

d) Investigação criminal;

e) Segurança pública, quer em meio livre quer em meio institucional;

f) Inspeção.

2 – As funções referidas no número anterior desenvolvem-se no âmbito de carreiras especiais.

3 – Quando as funções referidas nas alíneas *b)* a *f)* do nº 1 devam ser exercidas a título transitório, aplica-se, com as necessárias adaptações, o regime da presente lei para o contrato de trabalho em funções públicas a termo resolutivo.

Artigo 9º – Comissão de serviço

1 – O vínculo de emprego público constitui-se por comissão de serviço nos seguintes casos:

a) Cargos não inseridos em carreiras, designadamente cargos dirigentes;

b) Funções exercidas com vista à aquisição de formação específica, habilitação académica ou título profissional por trabalhador com vínculo de emprego público por tempo indeterminado.

2 – Na falta de norma especial, aplica-se à comissão de serviço a regulamentação prevista para o vínculo de emprego público de origem e, quando este não exista, a regulamentação prevista para os trabalhadores contratados.

Artigo 10º – Prestação de serviço

1 – O contrato de prestação de serviço para o exercício de funções públicas é celebrado para a prestação de trabalho em órgão ou serviço sem sujeição à respetiva disciplina e direção, nem horário de trabalho.

2 – O contrato de prestação de serviço para o exercício de funções públicas pode revestir as seguintes modalidades:

a) Contrato de tarefa, cujo objeto é a execução de trabalhos específicos, de natureza excecional, não podendo exceder o termo do prazo contratual inicialmente estabelecido;

b) Contrato de avença, cujo objeto é a execução de prestações sucessivas no exercício de profissão liberal, com retribuição certa mensal, podendo ser feito cessar, a todo o tempo, por qualquer das partes, mesmo quando celebrado com cláusula de prorrogação tácita, com aviso prévio de 60 dias e sem obrigação de indemnizar.

3 – São nulos os contratos de prestação de serviço para o exercício de funções públicas em que exista subordinação jurídica, não podendo os mesmos dar origem à constituição de um vínculo de emprego público.

4 – A nulidade dos contratos de prestação de serviço não prejudica a produção plena dos seus efeitos durante o tempo em que tenham estado em execução, sem prejuízo da responsabilidade civil, financeira e disciplinar em que incorre o seu responsável.

Artigo 11º – Continuidade do exercício de funções públicas

O exercício de funções ao abrigo de qualquer modalidade de vínculo de emprego público, em qualquer dos órgãos ou serviços a que a presente lei é aplicável, releva como exercício de funções públicas na carreira, na categoria ou na posição remuneratória, conforme os casos, quando os trabalhadores, mantendo aquele exercício de funções, mudem definitivamente de órgão ou serviço.

Artigo 12º – Jurisdição competente

São da competência dos tribunais administrativos e fiscais os litígios emergentes do vínculo de emprego público.

TÍTULO III – Fontes e participação na legislação do trabalho

CAPÍTULO I – Fontes

Artigo 13º – Fontes específicas do contrato de trabalho em funções públicas

1 – O contrato de trabalho em funções públicas pode ser regulado por instrumento de regulamentação coletiva de trabalho, nos termos da presente lei.

2 – São ainda atendíveis os usos, desde que não contrariem normas legais e de instrumentos de regulamentação coletiva e sejam conformes com princípios de boa fé.

3 – Os instrumentos de regulamentação coletiva de trabalho convencionais são o acordo coletivo de trabalho, o acordo de adesão e a decisão de arbitragem voluntária.

4 – O instrumento de regulamentação coletiva de trabalho não convencional é a decisão de arbitragem necessária.

5 – São acordos coletivos de trabalho o acordo coletivo de carreira e o acordo coletivo de empregador público.

6 – O acordo coletivo de carreira é a convenção coletiva aplicável no âmbito de uma carreira ou de um conjunto de carreiras, independentemente do órgão ou serviço onde o trabalhador exerça funções.

7 – O acordo coletivo de empregador público é a convenção coletiva aplicável no âmbito do órgão ou serviço onde o trabalhador exerça funções.

Artigo 14º – Articulação de acordos coletivos

1 – Os acordos coletivos de trabalho são articulados, devendo o acordo coletivo de carreira indicar as matérias que podem ser reguladas pelos acordos coletivos de empregador público.

2 – Na falta de acordo coletivo de carreira ou da indicação referida no número anterior, o acordo coletivo de empregador público apenas pode regular as matérias relativas a segurança e saúde no trabalho e duração e organização do tempo de trabalho, excluindo as respeitantes a suplementos remuneratórios.

CAPÍTULO II – Participação dos trabalhadores na legislação do trabalho

Artigo 15º – Direito de participação na elaboração da legislação do trabalho

1 – Os trabalhadores com vínculo de emprego público têm direito a participar na elaboração da legislação do trabalho, nos termos do presente capítulo.

2 – Considera-se legislação do trabalho, para efeitos do disposto no número anterior, a legislação respeitante ao regime jurídico aplicável aos trabalhadores com vínculo de emprego público, nomeadamente nas seguintes matérias:

a) Constituição, modificação e extinção do vínculo de emprego público;
b) Recrutamento e seleção;
c) Tempo de trabalho;
d) Férias, faltas e licenças;
e) Remuneração e outras prestações pecuniárias;
f) Formação e aperfeiçoamento profissional;
g) Segurança e saúde no trabalho;
h) Regime disciplinar;
i) Mobilidade;
j) Avaliação do desempenho.
k) Direitos coletivos;
l) Regime de proteção social convergente;
m) Ação social complementar.

Artigo 16º – Exercício do direito de participação

1 – Qualquer projeto ou proposta de lei, projeto de decreto-lei ou projeto ou proposta de decreto regional relativo às matérias previstas no artigo anterior só pode ser discutido e votado pela Assembleia da República, pelo Governo da República, pelas assembleias legislativas das regiões autónomas e pelos governos regionais, depois de as comissões de trabalhadores e associações sindicais se terem podido pronunciar sobre eles.

2 – Para efeitos do disposto no número anterior, é aplicável o disposto nos artigos 472º a 475º do Código do Trabalho, aprovado pela Lei nº 7/2009, de 12 de fevereiro, na redação atual.

TÍTULO IV – Segurança e saúde no trabalho

(Título aditado pela Lei nº 79/2019, de 2 de setembro, com início de vigência em 1 de outubro de 2019; nos termos do disposto no seu artº 5º «Os empregadores públicos procedem à implementação de serviços de promoção de segurança e saúde no trabalho, nos termos da presente lei e da Lei nº 102/2009, de 10 de setembro, até ao final de 2020»)

Artigo 16º- A – Disposição geral

Para efeitos do disposto na alínea *j)* do nº 1 do artigo 4º da presente lei, o regime jurídico da promoção da segurança e saúde no trabalho, constante da Lei nº 102/2009, de 10 de setembro, é aplicável aos empregadores públicos com as especificidades previstas no presente título.

(Aditado pela Lei nº 79/2019, de 2 de setembro)

Artigo 16º-B – Conceito

Para efeitos de aplicação do disposto no presente título, entende-se por «trabalhador» a pessoa singular que:

a) Mediante remuneração, se obriga a prestar trabalho em funções públicas a um empregador público;

b) Não sendo titular de um vínculo de emprego público, esteja inserida em ambiente de trabalho do empregador público, nomeadamente o estagiário cujo regime de estágio não colida com o regime ora previsto, o bolseiro e o prestador de serviços.

(Aditado pela Lei nº 79/2019, de 2 de setembro)

Artigo 16º-C – Informação ao serviço de segurança e saúde no trabalho

O empregador público deve comunicar ao serviço de segurança e de saúde no trabalho e aos trabalhadores com funções específicas no domínio da segurança e da saúde no trabalho o início de exercício de funções de todos os trabalhadores com vínculo de emprego público, incluindo os trabalhadores em situação de mobilidade ou de cedência de interesse público, e das pessoas que não sejam titulares de uma relação jurídica de emprego público, nomeadamente estagiários, bolseiros e prestadores de serviços.

(Aditado pela Lei nº 79/2019, de 2 de setembro)

Artigo 16º-D – Serviços comuns

1 – Sem prejuízo do disposto no artigo 82º da Lei nº 102/2009, de 10 de setembro, o empregador público pode recorrer a serviços comuns de segu-

rança e saúde no trabalho partilhados entre os organismos integrantes de um ou vários ministérios com vista à otimização dos recursos, sendo aplicável o disposto no artigo 8º da Lei nº 4/2004, de 15 de janeiro.

2 – O recurso a serviços comuns de segurança e saúde no trabalho não exonera o empregador público da responsabilidade prevista no artigo seguinte.

(Aditado pela Lei nº 79/2019, de 2 de setembro)

Artigo 16º-E – Sujeito responsável pela contraordenação

1 – O empregador público é responsável pelas contraordenações em matéria de segurança e saúde no trabalho, ainda que praticadas pelos seus trabalhadores no exercício das respetivas funções, sem prejuízo da responsabilidade cometida por lei a outros sujeitos.

2 – À situação prevista no número anterior não é aplicável o disposto no nº 3 do artigo 551º do Código do Trabalho.

3 – A entidade empregadora pública tem direito de regresso sobre o respetivo dirigente máximo, em caso de negligência grave ou dolo, que deverão ser apurados em processo disciplinar.

Artigo 16º-F – Valores das coimas e sanções acessórias

1 – Para efeitos da determinação da coima aplicável e tendo em conta a relevância dos interesses violados, as contraordenações em matéria de segurança e saúde no trabalho classificam-se em leves, graves e muito graves.

2 – A cada escalão de gravidade das contraordenações corresponde uma coima, variável em função do grau de culpa do infrator, sendo aplicáveis os limites mínimos e máximos previstos no artigo 555º do Código do Trabalho, sem prejuízo do disposto no número seguinte.

3 – Os valores máximos das coimas aplicáveis às contraordenações muito graves referidas no nº 1 são elevados para o dobro.

4 – No caso de contraordenação muito grave ou reincidência em contraordenação grave, praticada com dolo ou negligência grosseira, é aplicada ao infrator a sanção acessória de publicidade, nos termos do artigo 562º do Código do Trabalho.

(Aditado pela Lei nº 79/2019, de 2 de setembro)

Artigo 16º- G – Destino do produto das coimas

O produto das coimas aplicadas em matéria de segurança e saúde no trabalho reverte:

a) Em 50 %, para o serviço com competência inspetiva do ministério responsável pela área laboral, a título de compensação de custos de funcionamento e despesas processuais;

b) Em 25 %, para o orçamento da segurança social; e

c) Em 25 % para o Orçamento do Estado.

(Aditado pela Lei nº 79/2019, de 2 de setembro)

PARTE II – VÍNCULO DE EMPREGO PÚBLICO

TÍTULO I – Trabalhador e empregador

CAPÍTULO I – Trabalhador

SECÇÃO I – Requisitos para a constituição do vínculo de emprego público

Artigo 17º – Requisitos relativos ao trabalhador

1 – Além de outros requisitos especiais que a lei preveja, a constituição do vínculo de emprego público depende da reunião, pelo trabalhador, dos seguintes requisitos:

a) Nacionalidade portuguesa, quando não dispensada pela Constituição, por convenção internacional ou por lei especial;

b) 18 anos de idade completos;

c) Não inibição do exercício de funções públicas ou não interdição para o exercício daquelas que se propõe desempenhar;

d) Robustez física e perfil psíquico indispensáveis ao exercício das funções;

e) Cumprimento das leis de vacinação obrigatória.

2 – A nacionalidade portuguesa para o desempenho de funções públicas só pode ser exigida nas situações previstas no nº 2 do artigo 15º da Constituição.

Artigo 18º – Grau académico ou título profissional

1 – O exercício de funções públicas pode ser condicionado à titularidade de grau académico ou título profissional, nos termos definidos nas normas reguladoras das carreiras.

2 – A falta do requisito previsto no número anterior, quando exigível, determina a nulidade do vínculo de emprego público.

3 – A perda, a título definitivo, do grau ou do título referidos no nº 1 determina a cessação do vínculo de emprego público, por caducidade.

SECÇÃO II – Garantias de imparcialidade

Artigo 19º – Incompatibilidades e impedimentos

1 – No exercício das suas funções, os trabalhadores em funções públicas estão exclusivamente ao serviço do interesse público, tal como é definido, nos termos da lei, pelos órgãos competentes da Administração.

2 – Sem prejuízo de impedimentos previstos na Constituição e noutros diplomas, os trabalhadores com vínculo de emprego público estão sujeitos ao regime de incompatibilidades e impedimentos previsto na presente secção.

Artigo 20º – Incompatibilidade com outras funções

As funções públicas são, em regra, exercidas em regime de exclusividade.

Artigo 21º – Acumulação com outras funções públicas

1 – O exercício de funções públicas pode ser acumulado com outras funções públicas não remuneradas, desde que a acumulação revista manifesto interesse público.

2 – O exercício de funções públicas pode ser acumulado com outras funções públicas remuneradas, desde que a acumulação revista manifesto interesse público e apenas nos seguintes casos:

a) Participação em comissões ou grupos de trabalho;

b) Participação em conselhos consultivos e em comissões de fiscalização ou outros órgãos colegiais de fiscalização ou controlo de dinheiros públicos;

c) Atividades docentes ou de investigação de duração não superior à fixada em despacho dos membros do Governo responsáveis pelas áreas das finanças, da Administração Pública e da educação e que, sem prejuízo do cumprimento da duração semanal do trabalho, não se sobreponha em mais de um quarto ao horário inerente à função principal;

d) Realização de conferências, palestras, ações de formação de curta duração e outras atividades de idêntica natureza.

Artigo 22º – Acumulação com funções ou atividades privadas

1 – O exercício de funções públicas não pode ser acumulado com funções ou atividades privadas, exercidas em regime de trabalho autónomo ou subordinado, com ou sem remuneração, concorrentes, similares ou conflituantes com as funções públicas.

2 – Para efeitos do disposto no artigo anterior, consideram-se concorrentes, similares ou conflituantes com as funções públicas as atividades privadas que, tendo conteúdo idêntico ao das funções públicas desempenhadas,

sejam desenvolvidas de forma permanente ou habitual e se dirijam ao mesmo círculo de destinatários.

3 – O exercício de funções públicas pode ser acumulado com funções ou atividades privadas que:

a) Não sejam legalmente consideradas incompatíveis com as funções públicas;

b) Não sejam desenvolvidas em horário sobreposto, ainda que parcialmente, ao das funções públicas;

c) Não comprometam a isenção e a imparcialidade exigidas pelo desempenho das funções públicas;

d) Não provoquem prejuízo para o interesse público ou para os direitos e interesses legalmente protegidos dos cidadãos.

4 – No exercício das funções ou atividades privadas autorizadas, os trabalhadores da Administração Pública não podem praticar quaisquer atos contrários aos interesses do serviço a que pertencem ou com eles conflituantes.

5 – A violação do disposto no número anterior determina a revogação da autorização para acumulação de funções, constituindo ainda infração disciplinar grave.

Artigo 23º – Autorização para acumulação de funções

1 – A acumulação de funções nos termos previstos nos artigos anteriores depende de prévia autorização da entidade competente.

2 – Do requerimento a apresentar para efeitos de acumulação de funções devem constar as seguintes indicações:

a) Local do exercício da função ou atividade a acumular;

b) Horário em que ela se deve exercer, quando aplicável;

c) Remuneração a auferir, quando aplicável;

d) Natureza autónoma ou subordinada do trabalho a desenvolver e respetivo conteúdo;

e) Justificação do manifesto interesse público na acumulação, quando aplicável;

f) Justificação da inexistência de conflito com as funções públicas, quando aplicável;

g) Compromisso de cessação imediata da função ou atividade acumulada, no caso de ocorrência superveniente de conflito.

3 – Compete aos titulares de cargos dirigentes, sob pena de cessação da respetiva comissão de serviço, nos termos do respetivo estatuto, verificar da existência de situações de acumulação de funções não autorizadas, bem como fiscalizar o cumprimento das garantias de imparcialidade no desempenho de funções públicas.

Artigo 24º – Proibições específicas

1 – Os trabalhadores não podem prestar a terceiros, por si ou por interposta pessoa, em regime de trabalho autónomo ou subordinado, serviços no âmbito do estudo, preparação ou financiamento de projetos, candidaturas ou requerimentos que devam ser submetidos à sua apreciação ou decisão ou à de órgãos ou serviços colocados sob sua direta influência.

2 – Os trabalhadores não podem beneficiar, pessoal e indevidamente, de atos ou tomar parte em contratos em cujo processo de formação intervenham órgãos ou unidades orgânicas colocados sob sua direta influência.

3 – Para efeitos do disposto nos números anteriores, consideram-se colocados sob direta influência do trabalhador os órgãos ou serviços que:

a) Estejam sujeitos ao seu poder de direção, superintendência ou tutela;

b) Exerçam poderes por ele delegados ou subdelegados;

c) Tenham sido por ele instituídos, ou relativamente a cujo titular tenha intervindo como representante do empregador público, para o fim específico de intervir nos procedimentos em causa;

d) Sejam integrados, no todo ou em parte, por trabalhadores por ele designados;

e) Cujo titular ou trabalhadores neles integrados tenham, há menos de um ano, sido beneficiados por qualquer vantagem remuneratória, ou obtido menção relativa à avaliação do seu desempenho, em cujo procedimento ele tenha tido intervenção;

f) Com ele colaborem, em situação de paridade hierárquica, no âmbito do mesmo órgão ou serviço.

4 – Para efeitos das proibições constantes dos nºs 1 e 2, é equiparado ao trabalhador:

a) O seu cônjuge, não separado de pessoas e bens, ascendentes e descendentes em qualquer grau, colaterais até ao segundo grau e pessoa que com ele viva em união de facto;

b) A sociedade em cujo capital o trabalhador detenha, direta ou indiretamente, por si mesmo ou conjuntamente com as pessoas referidas na alínea anterior, uma participação não inferior a 10 %.

5 – A violação dos deveres referidos nos nºs 1 e 2 constitui infração disciplinar grave.

6 – Para efeitos do disposto no Código do Procedimento Administrativo, os trabalhadores devem comunicar ao respetivo superior hierárquico, antes de tomadas as decisões, praticados os atos ou celebrados os contratos referidos nos nºs 1 e 2, a existência das situações referidas no nº 4.

7 – É aplicável, com as necessárias adaptações, o disposto no artigo 51º do Código do Procedimento Administrativo, aprovado pelo Decreto-Lei nº 442/91, de 15 de novembro, na redação atual.

CAPÍTULO II – Empregador público

Artigo 25º – Delimitação do empregador público

1 – O empregador público é o Estado ou outra pessoa coletiva pública que constitui vínculos de emprego público nos termos da presente lei.

2 – Há sucessão na posição jurídica de empregador público quando um trabalhador com vínculo de emprego público com uma pessoa coletiva pública passa a exercer a sua atividade a título definitivo para outra pessoa coletiva pública que esteja sujeita à presente lei.

3 – Para efeitos de aplicação das regras do Código do Trabalho que dependem do número de trabalhadores, o empregador público é equiparado à empresa.

Artigo 26º – Pluralidade de empregadores públicos

1 – Os empregadores públicos podem celebrar contratos de trabalho em regime da pluralidade de empregadores nos termos do Código do Trabalho.

2 – Para efeitos do regime referido no número anterior, os empregadores públicos consideram-se sempre em relação de colaboração.

Artigo 27º – Exercício das competências inerentes à qualidade de empregador público

1 – As competências inerentes à qualidade de empregador público, na administração direta e indireta do Estado, são exercidas:

a) Na administração direta, pelo dirigente máximo do órgão ou serviço;

b) Na administração indireta, pelo órgão de direção da pessoa coletiva pública.

2 – As competências inerentes à qualidade de empregador público, na administração autárquica, são exercidas:

a) Nos municípios, pelo presidente da câmara municipal;

b) Nas freguesias, pela junta de freguesia;

c) Nos serviços municipalizados, pelo presidente do conselho de administração.

CAPÍTULO III – Planeamento e gestão dos recursos humanos

Artigo 28º – Planeamento da atividade e gestão dos recursos humanos

1 – O empregador público deve planear para cada exercício orçamental as atividades de natureza permanente ou temporária, tendo em consideração a missão, as atribuições, a estratégia, os objetivos fixados, as competências das unidades orgânicas e os recursos financeiros disponíveis.

2 – O planeamento a que se refere o número anterior deve incluir eventuais alterações a introduzir nas unidades orgânicas flexíveis, bem como o respetivo mapa de pessoal.

3 – Para efeitos de elaboração do plano anual de recrutamento de cada departamento governamental, o empregador público comunica à respetiva secretaria-geral ou ao órgão ou serviço responsável pela gestão setorial dos recursos humanos as respetivas necessidades de recrutamento de trabalhadores sem vínculo de emprego público ou com vínculo de emprego público a termo, especificando o número de postos de trabalho que pretende ocupar, procedendo à sua caraterização.

4 – Os elementos referidos nos números anteriores devem acompanhar a proposta de orçamento.

(Redação da Lei nº 25/2017, de 30 de maio)

Artigo 29º – Mapas de pessoal

1 – Os órgãos e serviços preveem anualmente o respetivo mapa de pessoal, tendo em conta as atividades, de natureza permanente ou temporária, a desenvolver durante a sua execução.

2 – O mapa de pessoal contém a indicação do número de postos de trabalho de que o órgão ou serviço carece para o desenvolvimento das respetivas atividades, caracterizados em função:

a) Da atribuição, competência ou atividade que o seu ocupante se destina a cumprir ou a executar;

b) Do cargo ou da carreira e categoria que lhes correspondam;

c) Dentro de cada carreira e, ou, categoria, quando imprescindível, da área de formação académica ou profissional de que o seu ocupante deva ser titular;

d) Do perfil de competências transversais da respetiva carreira ou categoria, regulamentado por portaria do membro do Governo responsável pela área da Administração Pública e complementado com as competências associadas à especificidade do posto de trabalho.

3 – Nos órgãos e serviços desconcentrados, o mapa de pessoal é desdobrado em tantos mapas quantas as unidades orgânicas desconcentradas.

4 – O mapa de pessoal é aprovado pela entidade competente para a aprovação da proposta de orçamento, sendo afixado no órgão ou serviço e inserido em página eletrónica.

5 – As alterações aos mapas de pessoal que impliquem um aumento de postos de trabalho carecem de autorização prévia do membro do Governo de que dependa o órgão ou o serviço, de cabimento orçamental e do reconhecimento da sua sustentabilidade futura pelo membro do Governo responsável pela área das finanças.

6 – O disposto no número anterior não é aplicável à alteração do mapa de pessoal que decorra do direito de ocupação de posto de trabalho no órgão ou serviço pelo trabalhador que, nos termos legais, a este deva regressar.

7 – A alteração dos mapas de pessoal que implique redução de postos de trabalho fundamenta-se em reorganização do órgão ou serviço nos termos legalmente previstos, devendo cessar, em primeiro lugar, os vínculos de emprego público a termo.

Artigo 30º – Preenchimento dos postos de trabalho

1 – O órgão ou serviço pode promover o recrutamento dos trabalhadores necessários ao preenchimento dos postos de trabalho previstos no mapa de pessoal, nos termos do presente artigo.

2 – O recrutamento deve ser feito por tempo indeterminado ou a termo, consoante a natureza permanente ou transitória da atividade, tal como consta do mapa de pessoal.

3 – O recrutamento é feito por procedimento concursal restrito aos trabalhadores detentores de um vínculo de emprego público por tempo indeterminado.

4 – O órgão ou serviço pode ainda recrutar trabalhadores com vínculo de emprego público a termo ou sem vínculo de emprego público, mediante procedimento concursal a que possam concorrer os trabalhadores com e sem vínculo de emprego público, aberto ao abrigo e nos limites constantes do mapa anual global aprovado pelo despacho a que se refere o nº 6.

5 – Durante a fase de preparação do Orçamento do Estado e para efeitos de aprovação do plano anual de recrutamentos previsto no nº 3 do artigo 28º, as secretarias-gerais ou os órgãos ou serviços responsáveis pela gestão sectorial de recursos humanos elaboram e remetem aos membros do Governo responsáveis pelas áreas das finanças e da Administração Pública uma proposta setorial de recrutamentos, com base nas necessidades identificadas, fundamentada e validada pelo membro do Governo responsável pela respetiva área, consideradas:

a) A demonstração de existência de disponibilidades orçamentais;

b) A identificação das prioridades definidas na área governamental, com demonstração das políticas públicas a prosseguir;

c) A identificação das áreas com maior carência de recursos humanos, por carreira e categoria.

6 – Após a aprovação e entrada em vigor do Orçamento do Estado, os membros do Governo responsáveis pelas áreas das finanças e da Administração Pública aprovam, durante o primeiro trimestre do respetivo ano orçamental, por despacho publicado no Diário da República, o mapa anual global consolidado de recrutamentos autorizados, contendo os postos de trabalho discriminados por:

a) Departamento governamental;

b) Órgão ou serviço;

c) Carreira e categoria;

d) Modalidade de vinculação;

e) Tempo indeterminado ou a termo.

7 – Em casos excecionais, devidamente fundamentados, os membros do Governo responsáveis pelas áreas das finanças e da Administração Pública podem autorizar a realização de procedimentos concursais para além dos limites fixados no mapa anual global a que se refere o número anterior.

8 – O recrutamento de trabalhadores com vínculo de emprego público a termo ou sem vínculo de emprego público pode ainda ocorrer noutras situações especialmente previstas na lei, em razão de aptidão científica, técnica ou artística, devidamente fundamentada, precedido de autorização dos membros do Governo referidos no número anterior.

9 – O despacho autorizador a que se referem os números anteriores é expressamente mencionado no procedimento de recrutamento.

10 – O preenchimento dos postos de trabalho pode ainda ocorrer por consolidação de mobilidade ou de cedência de interesse público, nos termos previstos na presente lei.

(Redação da Lei nº 25/2017, de 30 de maio)

Artigo 31º – Orçamentação e gestão das despesas com pessoal

1 – O orçamento dos órgãos ou serviços deve prever os seguintes encargos relativos aos trabalhadores:

a) Encargos relativos a remunerações;

b) Encargos relativos aos postos de trabalho previstos nos mapas de pessoal aprovados e para os quais se preveja recrutamento;

c) Encargos com alterações do posicionamento remuneratório;

d) Encargos relativos a prémios de desempenho.

2 – Compete ao dirigente máximo do órgão ou serviço decidir sobre o montante máximo de cada um dos tipos de encargos, podendo optar, sem prejuízo do disposto no nº 7 do artigo 156º, pela afetação integral das verbas orçamentais correspondentes a apenas um dos tipos.

3 – A decisão referida no número anterior é tomada no prazo de 15 dias após o início da execução do orçamento, devendo discriminar as verbas afetas a cada tipo de encargo.

4 – A decisão referida nos números anteriores pode ser alterada ao longo da execução orçamental, de acordo com o disposto nos números seguintes.

5 – Quando não seja utilizada a totalidade das verbas orçamentais destinadas a suportar o tipo de encargos referido na alínea *b)* e *c)* do nº 1, a parte remanescente acresce às destinadas a suportar o tipo de encargos referido na alínea *d)* do mesmo número.

6 – No decurso da execução orçamental, os montantes orçamentados a que se referem as alíneas *b)*, *c)* e *d)* do número anterior não podem ser utilizados para suprir eventuais insuficiências orçamentais no âmbito das restantes despesas com pessoal.

7 – Em caso de desocupação permanente de postos de trabalho previstos no mapa de pessoal e anteriormente ocupados, podem as correspondentes verbas orçamentais acrescer ao montante previsto para os encargos com o recrutamento de trabalhadores.

Artigo 32º – Celebração de contratos de prestação de serviço

1 – A celebração de contratos de tarefa e avença apenas pode ter lugar quando, cumulativamente:

a) Se trate da execução de trabalho não subordinado, para a qual se revele inconveniente o recurso a qualquer modalidade de vínculo de emprego público;

b) Seja observado o regime legal de aquisição de serviços;

c) Seja comprovada pelo prestador do serviço a regularidade da sua situação fiscal e perante a segurança social.

2 – Sem prejuízo dos requisitos referidos nas alíneas *b)* e *c)* do número anterior, a celebração de contratos de tarefa e de avença depende de prévio parecer favorável dos membros do Governo responsáveis pelas áreas das finanças e da Administração Pública, relativamente à verificação do requisito previsto na alínea *a)* do número anterior, sendo os termos e tramitação desse parecer regulados por portaria dos mesmos membros do Governo.

3 – Os membros do Governo a que se refere o número anterior podem, excecionalmente, autorizar a celebração de um número máximo de contratos de tarefa e de avença, em termos a definir na portaria prevista no número anterior, desde que, a par do cumprimento do disposto no nº 1, não sejam excedidos os prazos contratuais inicialmente previstos e os encargos financeiros globais anuais, que devam suportar os referidos contratos, estejam inscritos na respetiva rubrica do orçamento do órgão ou do serviço.

4 – A verificação, através de relatório de auditoria efetuada pela IGF em articulação com a DireçãoGeral da Administração e do Emprego Público (DGAEP), da vigência de contratos de prestação de serviço para execução de trabalho subordinado equivale ao reconhecimento pelo órgão ou serviço da necessidade de ocupação de um posto de trabalho com recurso à constituição de um vínculo de emprego público por tempo indeterminado ou a termo, conforme caracterização resultante daquela auditoria, determinando:

a) A alteração do mapa de pessoal do órgão ou serviço, por forma a prever aquele posto de trabalho;

b) A publicitação de procedimento concursal para constituição de vínculo de emprego público, nos termos previstos na presente lei.

TÍTULO II – Formação do vínculo

CAPÍTULO I – Recrutamento

Artigo 33º – Procedimento concursal

1 – O recrutamento é decidido pelo dirigente máximo do órgão ou serviço.

2 – O recrutamento é feito por procedimento concursal publicitado, designadamente através de publicação na 2ª série do Diário da República.

3 – Da publicitação do procedimento concursal consta a referência ao número de postos de trabalho a ocupar e respetiva caracterização, de acordo com atribuição, competência ou atividade, carreira, categoria e, quando imprescindível, área de formação académica ou profissional que lhes correspondam.

4 – Para os efeitos do disposto no número anterior, a publicitação do procedimento faz referência:

a) À área de formação académica, quando exista mais do que uma no mesmo nível habilitacional, nas carreiras de complexidade funcional classificadas de grau 3;

b) À área de formação profissional quando a integração na carreira não dependa, ou não dependa exclusivamente, de habilitações literárias, nas carreiras de complexidade funcional classificadas de grau 1 ou 2.

Artigo 34º – Exigência de nível habilitacional

1 – Sem prejuízo do disposto nos números seguintes, pode apenas ser candidato ao procedimento quem seja titular do nível habilitacional e, quando aplicável, da área de formação, correspondentes ao grau de complexidade funcional da carreira e categoria caracterizadoras do posto de trabalho para cuja ocupação o procedimento é publicitado.

2 – Excecionalmente, a publicitação do procedimento pode prever a possibilidade de candidatura de quem, não sendo titular da habilitação exigida, considere dispor da formação e, ou, experiência profissionais necessárias e suficientes para a substituição daquela habilitação.

3 – A substituição da habilitação nos termos referidos no número anterior não é admissível quando, para o exercício de determinada profissão ou função, implicadas na caracterização dos postos de trabalho em causa, lei especial exija título ou o preenchimento de certas condições.

4 – O júri analisa, preliminarmente, a formação e, ou, a experiência profissionais e delibera sobre a admissão do candidato ao procedimento concursal.

5 – Em caso de admissão, a deliberação, acompanhada do teor integral da sua fundamentação, é notificada aos restantes candidatos.

Artigo 35º – Outros requisitos de recrutamento

1 – Podem candidatar-se a procedimento destinado ao recrutamento para carreiras unicategoriais ou para a categoria inferior de carreiras pluricategoriais:

a) Trabalhadores integrados na mesma carreira, a cumprir ou a executar diferente atribuição, competência ou atividade, do órgão ou serviço em causa;

b) Trabalhadores integrados na mesma carreira, a cumprir ou a executar qualquer atribuição, competência ou atividade, de outro órgão ou serviço ou que se encontrem em situação de requalificação;

c) Trabalhadores integrados em outras carreiras;

d) Sendo o caso, trabalhadores que exerçam os respetivos cargos em comissão de serviço ou que sejam sujeitos de outros vínculos de emprego público a termo e indivíduos sem vínculo de emprego público previamente constituído.

2 – Sem prejuízo do disposto em lei especial, podem ainda candidatar-se a procedimento destinado ao recrutamento para categorias superiores de carreiras pluricategoriais trabalhadores integrados na mesma carreira, em dife-

rente categoria, do órgão ou serviço em causa, que se encontrem a cumprir ou a executar idêntica atribuição, competência ou atividade.

Artigo 36º – Métodos de seleção

1 – Sem prejuízo do disposto nos números seguintes, são métodos de seleção obrigatórios os seguintes:

a) Provas de conhecimentos, destinadas a avaliar as competências técnicas necessárias ao exercício da função;

b) Avaliação psicológica, destinada a avaliar as restantes competências exigíveis ao exercício da função.

2 – No recrutamento de candidatos que estejam a cumprir ou a executar a atribuição, competência ou atividade caracterizadoras do posto de trabalho em causa, bem como no recrutamento de candidatos em *regime de valorização profissional* que, imediatamente antes, tenham desempenhado aquela atribuição, competência ou atividade, os métodos de seleção são os seguintes:

a) Avaliação curricular, incidente especialmente sobre as funções desempenhadas na categoria e no cumprimento ou execução da atribuição, competência ou atividade em causa e o nível de desempenho nelas alcançado;

b) Entrevista de avaliação das competências exigíveis ao exercício da função.

(Redação dada pelo artº 4º, nº 2 da Lei nº 25/2017, de 30 de maio)

3 – Os métodos referidos no número anterior podem ser afastados pelos candidatos através de declaração escrita, aplicando-se-lhes, nesse caso, os métodos previstos para os restantes candidatos.

4 – Podem ainda ser adotados, facultativamente, outros métodos de seleção, designadamente o estágio profissional ou outros métodos legalmente previstos.

5 – Sem prejuízo do disposto em lei especial, o empregador público pode limitar-se a utilizar os métodos de seleção referidos na alínea *a)* do nº 1 e na alínea *a)* do nº 2, nos procedimentos concursais para constituição de vínculo de emprego público por tempo indeterminado, cujos candidatos sejam exclusivamente trabalhadores com vínculo de emprego público por tempo indeterminado previamente constituído.

6 – O empregador público pode limitar-se a utilizar o método de seleção avaliação curricular nos procedimentos concursais para constituição de vínculos de emprego público a termo.

Artigo 37º – Tramitação do procedimento concursal

1 – O procedimento concursal é simplificado e urgente, obedecendo aos seguintes princípios:

a) A composição do júri do procedimento integra trabalhadores do empregador público, de outro órgão ou serviço e, quando a área de formação exigida revele a sua conveniência, de entidades privadas;

b) Não há atos ou listas preparatórias da ordenação final dos candidatos;

c) A ordenação final dos candidatos é unitária, ainda que lhes tenham sido aplicados métodos de seleção diferentes;

d) O recrutamento efetua-se pela ordem decrescente da ordenação final dos candidatos colocados em situação de requalificação e, esgotados estes, dos restantes candidatos;

(Redação dada pelo artº 4º, nº 2 da Lei nº 25/2017, de 30 de maio)

e) A tramitação do procedimento concursal e a aplicação dos métodos de seleção é realizada preferencialmente por meios eletrónicos.

2 – A tramitação do procedimento concursal, incluindo a do procedimento destinado à constituição de reservas de recrutamento para satisfação de necessidades futuras do empregador público e a do procedimento de recrutamento centralizado para satisfação de necessidades de um conjunto de empregadores públicos, é regulamentada por portaria do membro do Governo responsável pela área da Administração Pública.

3 – Quando a tramitação fixada nos termos do número anterior se revelar desadequada, pode a tramitação do procedimento concursal para carreira especial ser regulamentada por portaria do membro do Governo responsável pela área da Administração Pública e do membro do Governo que exerça poderes de direção, superintendência ou tutela sobre o órgão ou serviço em cujo mapa de pessoal se contenha a previsão da carreira.

(Redação dada pela Lei nº 71/2018, de 31 de dezembro)

Artigo 38º – Determinação do posicionamento remuneratório

1 – Quando esteja em causa posto de trabalho relativamente ao qual a modalidade de vínculo de emprego público seja o contrato, o posicionamento do trabalhador recrutado numa das posições remuneratórias da categoria é objeto de negociação com o empregador público, a qual tem lugar:

a) Imediatamente após o termo do procedimento concursal; ou

b) Aquando da aprovação em curso de formação específico ou da aquisição de certo grau académico ou de certo título profissional, nos termos da alínea *c)* do nº 4 do artigo 84º, que decorram antes da celebração do contrato.

2 – Para os efeitos do disposto na alínea *d)* do nº 1 do artigo anterior, a negociação com os candidatos colocados em *regime de valorização profissional* antecede a que tenha lugar com os restantes candidatos.

(Redação dada pelo artº 4º, nº 2 da Lei nº 25/2017, de 30 de maio)

3 – A negociação entre o empregador público e cada um dos candidatos efetua-se por escrito, pela ordem em que figurem na ordenação final, devendo os trabalhadores com vínculo de emprego público informar previamente o empregador da carreira, da categoria e da posição remuneratória que detêm nessa data.

4 – Em casos excecionais, devidamente fundamentados, designadamente quando o elevado número de candidatos torne a negociação impraticável, o empregador público pode optar por enviar uma proposta de adesão a um determinado posicionamento remuneratório a todos os candidatos.

5 – O acordo ou a proposta de adesão são objeto de fundamentação escrita pelo empregador público.

6 – Sem prejuízo do disposto no número seguinte, a falta de acordo com um candidato determina a negociação com o que se lhe siga na ordenação final dos candidatos, não podendo ser proposto ao candidato subsequente na ordenação posicionamento remuneratório superior ao máximo proposto e não aceite por qualquer dos candidatos que o antecedam naquela ordenação.

7 – O empregador público não pode propor a primeira posição remuneratória ao candidato que seja titular de licenciatura ou de grau académico superior quando esteja em causa o recrutamento de trabalhador para posto de trabalho com conteúdo funcional correspondente ao da carreira geral de técnico superior.

8 – Após o encerramento do procedimento concursal, a documentação relativa ao respetivo processo negocial é pública e de livre acesso.

9 – O disposto nos números anteriores pode ser aplicável, mediante lei especial, quando esteja em causa posto de trabalho relativamente ao qual a modalidade do vínculo de emprego público seja a nomeação.

10 – Não dispondo da faculdade prevista no número anterior, o posicionamento do trabalhador nomeado tem lugar na ou numa das posições remuneratórias da categoria que tenham sido publicitadas.

Artigo 39º – Curso de Estudos Avançados em Gestão Pública

(Revogado pela Lei nº 71/2018, de 31 de dezembro – com entrada em vigor a 1 de janeiro de 2019, cujo artº 330º também revogou a Portaria nº 213/2009, de 24 de fevereiro, que regulamentava o Curso de Estudos Avançados em Gestão Pública-CEAGP)

Artigo 39º-A – Programa de capacitação avançada para trabalhadores em funções públicas

1 – O recrutamento centralizado para a carreira geral de técnico superior é seguido de um programa de capacitação avançada, abreviadamente designado CAT.

2 – O CAT é de frequência obrigatória para os técnicos superiores colocados nos diversos órgãos e serviços na sequência do recrutamento centralizado, constituindo, nestes casos, a formação inicial prevista no artigo 7º do Decreto-Lei nº 86-A/2016, de 29 de dezembro, que integra o período experimental nos termos previstos nesta lei, e visa assegurar elevados níveis de qualificação dos trabalhadores em domínios comuns a toda a Administração Pública, assim como em domínios especializados para os diferentes perfis profissionais.

3 – O CAT pode ser igualmente frequentado por trabalhadores a integrar na carreira geral de técnico superior recrutados através de outra modalidade de procedimento concursal, assim como por outros trabalhadores e dirigentes, nos termos a definir na portaria a que se refere o número seguinte.

4 – O CAT é regulamentado por portaria do membro do Governo responsável pela área da Administração Pública, competindo à Direção-Geral da Qualificação dos Trabalhadores em Funções Públicas (INA), em articulação com os empregadores públicos, assegurar a sua execução.

(Aditado pelo artº 330º da Lei nº 71/2018, de 31 de dezembro, com entrada em vigor a 1 de janeiro de 2019)

CAPÍTULO II – Forma, período experimental e invalidades

SECÇÃO I – Forma

Artigo 40º – Forma do contrato de trabalho em funções públicas

1 – O contrato está sujeito à forma escrita e dele deve constar a assinatura das partes.

2 – Do contrato devem ainda constar, pelo menos, as seguintes indicações:

a) Nome ou denominação e domicílio ou sede dos contraentes;

b) Modalidade de contrato e respetivo termo quando aplicável;

c) Atividade contratada, carreira, categoria e remuneração do trabalhador;

d) Local e período normal de trabalho;

e) Data do início da atividade;

f) Data de celebração do contrato;

g) Identificação da entidade que autorizou a contratação.

3 – Na falta da indicação exigida pela alínea *e)* do número anterior, considera-se que o contrato tem início na data da sua celebração.

4 – Quando o contrato não contenha a assinatura das partes ou qualquer das indicações referidas no nº 2, o empregador público deve proceder à sua

correção, no prazo de 30 dias, a contar da data de requerimento do trabalhador para o efeito.

5 – Sem prejuízo do disposto no nº 1, os membros do Governo responsáveis pelas áreas das finanças e da Administração Pública podem, por portaria, aprovar modelos oficiais de contratos, bem como prever a sua informatização e desmaterialização.

Artigo 41º – Forma da nomeação

1 – A nomeação reveste a forma de despacho e pode consistir em mera declaração de concordância com proposta ou informação anterior que, neste caso, faz parte integrante do ato.

2 – Do despacho de nomeação consta a referência às normas legais habilitantes e à existência de adequado cabimento orçamental.

Artigo 42º – Aceitação da nomeação

1 – A aceitação é o ato público e pessoal pelo qual o nomeado declara aceitar a nomeação.

2 – A aceitação é titulada pelo respetivo termo, de modelo aprovado por portaria do membro do Governo responsável pela área da Administração Pública.

3 – No ato de aceitação, o trabalhador presta o seguinte compromisso de honra: ***«Afirmo solenemente que cumprirei as funções que me são confiadas com respeito pelos deveres que decorrem da Constituição e da lei.»***

4 – O termo de aceitação é assinado pelo órgão competente para a nomeação.

5 – A competência prevista no número anterior pode, a solicitação do órgão ou serviço, ainda que por iniciativa do trabalhador, ser exercida no estrangeiro pela autoridade diplomática ou consular.

6 – A entidade competente para a assinatura do termo de aceitação não pode, sob pena de responsabilidade civil, financeira e disciplinar, recusar-se a fazê-lo.

7 – Sem prejuízo do disposto em lei especial, a falta de aceitação do nomeado determina a caducidade automática do ato de nomeação, o qual não pode ser repetido no procedimento em que foi praticado.

Artigo 43º – Prazo para aceitação

1 – Sem prejuízo do disposto em lei especial, o prazo para aceitação da nomeação é de 20 dias, a contar, de forma contínua, da data da publicitação do ato de nomeação.

2 – Em casos devidamente justificados, designadamente de doença e férias, o prazo previsto no número anterior pode ser prorrogado, por períodos determinados, pela entidade competente para a assinatura do respetivo termo.

3 – Nos casos de ausência no âmbito do regime da parentalidade e de faltas por acidente de trabalho ou doença profissional, o prazo previsto no nº 1 é automaticamente prorrogado para o termo destas situações.

Artigo 44º – Efeitos da aceitação

1 – A aceitação determina o início de funções para todos os efeitos legais, designadamente os de perceção de remuneração e de contagem do tempo de serviço.

2 – Nos casos de ausência por maternidade, paternidade ou adoção e de faltas por acidente de trabalho ou doença profissional, a perceção de remuneração decorrente de nomeação definitiva retroage à data da publicitação do ato de aceitação.

3 – Nos casos previstos no nº 3 do artigo anterior, a contagem do tempo de serviço decorrente de nomeação definitiva retroage à data da publicitação do respetivo ato.

SECÇÃO II – Período experimental

Artigo 45º – Regras gerais

1 – O período experimental corresponde ao tempo inicial de execução das funções do trabalhador, nas modalidades de contrato de trabalho em funções públicas e de nomeação, e destina-se a comprovar se o trabalhador possui as competências exigidas pelo posto de trabalho que vai ocupar.

2 – O período experimental tem duas modalidades:

a) Período experimental do vínculo, que corresponde ao tempo inicial de execução do vínculo de emprego público;

b) Período experimental de função, que corresponde ao tempo inicial de desempenho de nova função em diferente posto de trabalho, por trabalhador que já seja titular de um vínculo de emprego público por tempo indeterminado.

3 – Concluído sem sucesso o período experimental do vínculo, este cessa os seus efeitos automaticamente, sem direito a qualquer indemnização ou compensação.

4 – Concluído sem sucesso o período experimental de função, o trabalhador regressa à situação jurídico-funcional que detinha anteriormente.

5 – Por ato fundamentado da entidade competente, o período experimental pode ser feito cessar antes do respetivo termo, quando o trabalhador manifestamente revele não possuir as competências exigidas pelo posto de trabalho que ocupa.

Artigo 46º – Avaliação do trabalhador durante o período experimental

1 – Durante o período experimental, o trabalhador é acompanhado por um júri, especialmente constituído para o efeito, que procede, no final, à avaliação do trabalhador.

2 – Nos vínculos de emprego público a termo, o júri do período experimental é substituído pelo superior hierárquico imediato do trabalhador.

3 – A avaliação final toma em consideração os elementos que o júri tenha recolhido, o relatório que o trabalhador deve apresentar e os resultados das ações de formação frequentadas.

4 – A avaliação final traduz-se numa escala de 0 a 20 valores, considerando-se concluído com sucesso o período experimental quando o trabalhador tenha obtido uma avaliação não inferior a 14 ou a 12 valores, consoante se trate ou não, respetivamente, de carreira ou categoria de grau 3 de complexidade funcional.

5 – O termo do período experimental é assinalado por ato escrito, que deve indicar o resultado da avaliação final.

6 – As regras previstas na lei geral sobre procedimento concursal para efeitos de recrutamento de trabalhadores são aplicáveis, com as necessárias adaptações, à constituição, composição, funcionamento e competência do júri, bem como à homologação e impugnação administrativa dos resultados da avaliação final.

Artigo 47º – Denúncia pelo trabalhador

Durante o período experimental, o trabalhador pode denunciar o contrato sem aviso prévio nem necessidade de invocação de justa causa, não havendo direito a indemnização.

Artigo 48º – Tempo de serviço durante o período experimental

1 – O período experimental é tido em conta, para todos os efeitos legais, como tempo de serviço efetivo.

2 – O tempo de serviço decorrido no período experimental por trabalhador titular de um vínculo de emprego público por tempo indeterminado é contado, para todos os efeitos legais, nos seguintes termos:

a) No caso de período experimental concluído com sucesso, na carreira e categoria onde tenha decorrido.

b) No caso de período experimental concluído sem sucesso, na carreira e categoria à qual o trabalhador regresse, quando seja o caso.

Artigo 49º – Duração do período experimental

1 – No contrato de trabalho em funções públicas por tempo indeterminado, o período experimental tem a seguinte duração:

a) 90 dias, para os trabalhadores integrados na carreira de assistente operacional e noutras carreiras ou categorias com idêntico grau de complexidade funcional;

b) 180 dias, para os trabalhadores integrados na carreira de assistente técnico e noutras carreiras ou categorias com idêntico grau de complexidade funcional;

c) 240 dias, para os trabalhadores integrados na carreira de técnico superior e noutras carreiras ou categorias com idêntico grau de complexidade funcional.

2 – No contrato de trabalho em funções públicas a termo, o período experimental tem a seguinte duração:

a) 30 dias, no contrato a termo certo de duração igual ou superior a seis meses e no contrato a termo incerto cuja duração se preveja vir a ser superior àquele limite.

b) 15 dias, no contrato a termo certo de duração inferior a seis meses e no contrato a termo incerto cuja duração se preveja não vir a ser superior àquele limite.

3 – Na falta de lei especial em contrário, o período experimental na nomeação definitiva tem a duração de um ano.

4 – Os diplomas que disponham sobre carreiras especiais podem estabelecer outra duração para o respetivo período experimental.

Artigo 50º – Contagem do período experimental

1 – O período experimental começa a contar-se a partir do início da execução da prestação pelo trabalhador, compreendendo as ações de formação ministradas pelo empregador público ou frequentadas por determinação deste, desde que não excedam metade do período experimental.

2 – Para efeitos da contagem do período experimental, não são tidos em conta os dias de faltas, ainda que justificadas, de licença e de dispensa, bem como de suspensão do vínculo.

Artigo 51º – Redução e exclusão do período experimental e denúncia do contrato

1 – A duração do período experimental pode ser reduzida por instrumento de regulamentação coletiva de trabalho.

2 – O período experimental não pode ser excluído por instrumento de regulamentação coletiva de trabalho.

3 – São nulas as disposições do contrato ou de instrumento de regulamentação coletiva de trabalho que estabeleçam qualquer indemnização em caso de denúncia do vínculo durante o período experimental.

SECÇÃO III – Invalidade do vínculo de emprego público

Artigo 52º – Causas específicas de invalidade do vínculo de emprego público

Para além das causas comuns, são causas específicas de invalidade total ou parcial do vínculo de emprego público as seguintes:

a) Declaração de nulidade ou anulação da decisão final do procedimento concursal que deu origem à constituição do vínculo;

b) Declaração de nulidade ou anulação da decisão final do procedimento concursal que deu origem à ocupação de novo posto de trabalho pelo trabalhador.

Artigo 53º – Efeitos da invalidade

1 – O vínculo de emprego público declarado nulo ou anulado produz efeitos como válido em relação ao tempo em que seja executado.

2 – Ao ato modificativo de vínculo que seja inválido aplica-se o disposto no número anterior, desde que não afete as garantias do trabalhador em funções públicas.

3 – A nulidade ou a anulação parcial não determina a invalidade de todo o vínculo, salvo quando se mostre que este não teria sido constituído sem a parte viciada.

4 – A parte do conteúdo do vínculo de emprego público que viole normas imperativas considera-se substituída por estas.

Artigo 54º – Invalidade e cessação do vínculo

1 – Ao facto extintivo ocorrido antes da declaração de nulidade ou anulação do vínculo de emprego público aplicam-se as normas sobre cessação.

2 – Se for declarado nulo ou anulado o vínculo a termo que já tenha cessado, a indemnização tem por limite o valor estabelecido nos artigos 301º e 305º respetivamente para despedimento ilícito ou de denúncia sem aviso prévio.

3 – À invocação de invalidade pela parte de má-fé, estando a outra de boa-fé, seguida de imediata cessação da prestação de trabalho, aplica-se o regime da indemnização prevista nos artigos 300º e 305º respetivamente para o despedimento ilícito ou para a denúncia sem aviso prévio.

4 – Para efeitos do previsto no número anterior, a má-fé consiste na constituição ou na manutenção do vínculo com o conhecimento da causa de invalidade.

Artigo 55º – Convalidação

Cessando a causa da invalidade durante a execução do vínculo de emprego público, este considera-se convalidado desde o início da execução.

TÍTULO III – Modalidades especiais de vínculo de emprego público

CAPÍTULO I – Contrato de trabalho em funções públicas a termo resolutivo

Artigo 56º – Regras gerais

1 – Ao contrato de trabalho em funções públicas pode ser aposto termo resolutivo, certo ou incerto, nos termos previstos nos artigos seguintes.

2 – Em tudo o que não seja regulado na presente lei, aplica-se subsidiariamente ao vínculo de emprego público a termo resolutivo o regime do Código do Trabalho, no que não seja incompatível com o disposto na presente lei.

3 – O regime do contrato de trabalho em funções públicas a termo resolutivo não pode ser afastado por instrumento de regulamentação coletiva de trabalho.

4 – O disposto no presente capítulo e o regime do Código do Trabalho em matéria de contrato de trabalho a termo resolutivo aplicam-se, com as necessárias adaptações, à nomeação exercida a título transitório.

5 – A constituição do vínculo de trabalho em funções públicas a termo resolutivo deve obedecer a um procedimento concursal, cujos métodos de seleção são os previstos nos nºs 2 a 6 do artigo 36º

6 – Não são aplicáveis ao vínculo de trabalho em funções públicas a termo resolutivo as normas relativas a carreiras, mobilidade e colocação em *regime de valorização profissional.*

(Redação dada pelo artº 4º, nº 2 da Lei nº 25/2017, de 30 maio)

Artigo 57º – Fundamentos para a celebração de contrato de trabalho em funções públicas a termo resolutivo

1 – Só pode ser aposto termo resolutivo ao contrato de trabalho em funções públicas nas seguintes situações, fundamentadamente justificadas:

a) Substituição direta ou indireta de trabalhador ausente ou que, por qualquer razão, se encontre temporariamente impedido de prestar serviço;

b) Substituição direta ou indireta de trabalhador em relação ao qual esteja pendente em juízo ação de apreciação da licitude do despedimento;

c) Substituição direta ou indireta de trabalhador em situação de licença sem remuneração;

d) Substituição de trabalhador a tempo completo que passe a prestar trabalho a tempo parcial por período determinado;

e) Para assegurar necessidades urgentes de funcionamento das entidades empregadoras públicas;

f) Execução de tarefa ocasional ou serviço determinado precisamente definido e não duradouro;

g) Para o exercício de funções em estruturas temporárias das entidades empregadoras públicas;

h) Para fazer face ao aumento excecional e temporário da atividade do órgão ou serviço;

i) Para o desenvolvimento de projetos não inseridos nas atividades normais dos órgãos ou serviços;

j) Quando a formação, ou a obtenção de grau académico ou título profissional, dos trabalhadores no âmbito das entidades empregadoras públicas envolva a prestação de trabalho subordinado;

k) Quando se trate de órgãos ou serviços em regime de instalação.

2 – Para efeitos do disposto na alínea *a)* do número anterior, consideram-se ausentes, designadamente:

a) Os trabalhadores em situação de mobilidade;

b) Os trabalhadores que se encontrem em comissão de serviço;

c) Os trabalhadores que se encontrem a exercer funções noutra carreira, categoria ou órgão ou serviço no decurso do período experimental.

3 – O contrato de trabalho em funções públicas só pode ser celebrado a termo resolutivo incerto nas situações previstas nas alíneas *a)* a *d)* e *f)* a *k)* do nº 1.

4 – É vedada a celebração de contrato de trabalho a termo resolutivo para substituição de trabalhador colocado em *regime de valorização profissional.*

5 – Os contratos para o exercício de funções nos órgãos ou serviços referidos na alínea *k)* do nº 1 são obrigatoriamente celebrados a termo resolutivo nos termos previstos em lei especial.

(Redação dada pelo artº 4º, nº 2 da Lei nº 25/2017, de 30 maio)

Artigo 58º – Forma

1 – Para além dos requisitos gerais de forma, devem constar do contrato a termo resolutivo as seguintes indicações:

a) A indicação do motivo justificativo do termo estipulado;

b) A data da respetiva cessação, sendo o contrato a termo certo.

2 – Para efeitos do disposto na alínea *a)* do número anterior, a indicação do motivo justificativo da aposição do termo deve ser feita pela menção expressa dos factos que o integram, devendo estabelecer-se a relação entre a justificação invocada e o termo estipulado.

Artigo 59º – Contratos sucessivos

1 – A cessação, por motivo não imputável ao trabalhador, de contrato a termo impede nova admissão a termo para o mesmo posto de trabalho antes de decorrido um período de tempo equivalente a um terço da duração do contrato, incluindo as suas renovações.

2 – O disposto no número anterior não é aplicável nos seguintes casos:

a) Nova ausência do trabalhador substituído, quando o contrato a termo tenha sido celebrado para a sua substituição;

b) Acréscimos excecionais da atividade do órgão ou serviço após a cessação do contrato.

Artigo 60º – Duração do contrato a termo

1 – O contrato a termo certo dura pelo período acordado, não podendo exceder três anos, incluindo renovações, nem ser renovado mais de duas vezes, sem prejuízo do disposto em lei especial.

2 – O contrato a termo incerto dura por todo o tempo necessário para a substituição do trabalhador ausente ou para a conclusão da tarefa ou serviço cuja execução justifica a celebração.

3 – No caso da alínea *e)* do nº 1 do artigo 57º, o contrato não pode ter duração superior a um ano, incluindo renovações.

Artigo 61º – Renovação do contrato

1 – O contrato a termo certo não está sujeito a renovação automática.

2 – A renovação do contrato está sujeita à verificação das exigências materiais da sua celebração, bem como a forma escrita.

3 – Considera-se como único contrato aquele que seja objeto de renovação.

Artigo 62º – Estipulação de prazo inferior a seis meses

1 – Nos contratos celebrados por prazo inferior a seis meses, o termo estipulado deve corresponder à duração previsível da tarefa ou serviço a realizar.

2 – Os contratos celebrados por prazo inferior a seis meses podem ser renovados uma única vez, por período igual ou inferior ao inicialmente contratado.

Artigo 63º – Contratos a termo irregulares

1 – A celebração ou a renovação de contratos a termo resolutivo com violação do disposto na presente lei implica a sua nulidade e gera responsabilidade civil, disciplinar e financeira dos dirigentes máximos dos órgãos ou serviços que os tenham celebrado ou renovado.

2 – O contrato a termo resolutivo não se converte, em caso algum, em contrato por tempo indeterminado, caducando no termo do prazo máximo de duração previsto, incluindo renovações, ou, tratando-se de contrato a termo incerto, quando cesse a situação que justificou a sua celebração.

Artigo 64º – Informações

1 – O empregador público deve comunicar, no prazo máximo de cinco dias úteis, à comissão de trabalhadores e às associações sindicais representativas, designadamente àquela em que o trabalhador esteja filiado, a celebração, com indicação do respetivo fundamento legal, e a cessação do contrato a termo.

2 – O empregador público deve comunicar, no prazo máximo de cinco dias úteis, à entidade que tenha competência na área da igualdade de oportunidades entre homens e mulheres o motivo da não renovação de contrato a termo, sempre que estiver em causa uma trabalhadora grávida, puérpera ou lactante.

3 – O empregador público deve afixar informação relativa à existência de postos de trabalho permanentes que se encontrem disponíveis no órgão ou serviço.

Artigo 65º – Obrigações sociais

O trabalhador admitido a termo é incluído, segundo um cálculo efetuado com recurso à média no ano civil anterior, no total dos trabalhadores do órgão ou serviço, para efeitos da determinação das obrigações sociais relacionadas com o número de trabalhadores ao serviço.

Artigo 66º – Preferência na admissão

1 – O trabalhador contratado a termo que se candidate, nos termos legais, a procedimento concursal de recrutamento publicitado durante a execução do contrato ou até 90 dias após a cessação do mesmo, para ocupação de posto

de trabalho com características idênticas às daquele para que foi contratado, na modalidade de contrato por tempo indeterminado, tem preferência, na lista de ordenação final dos candidatos, em caso de igualdade de classificação.

2 – A violação do disposto no número anterior obriga o empregador público a indemnizar o trabalhador no valor correspondente a três meses de remuneração base.

3 – Compete ao trabalhador alegar a violação da preferência prevista no nº 1 e ao empregador público a prova do cumprimento do disposto no mesmo número.

Artigo 67º – Igualdade de tratamento

1 – O trabalhador contratado a termo tem os mesmos direitos e está adstrito aos mesmos deveres do trabalhador permanente numa situação comparável, salvo se razões objetivas justificarem um tratamento diferenciado.

2 – O empregador deve proporcionar formação profissional ao trabalhador contratado a termo.

CAPÍTULO II – Outras modalidades especiais de vínculo de emprego público

Artigo 68º – Remissão

1 – Sem prejuízo do disposto na presente lei, é aplicável aos trabalhadores titulares de um vínculo de emprego público o regime previsto no Código do Trabalho em matéria de trabalho a tempo parcial e de teletrabalho.

2 – O empregador público não pode excluir o recurso ao trabalho a tempo parcial por regulamento.

3 – Não é aplicável ao vínculo de emprego público o regime da comissão de serviço e do trabalho intermitente previstos no Código do Trabalho.

Artigo 69º – Trabalho a tempo parcial e teletrabalho para os trabalhadores nomeados

1 – A aplicação do regime do tempo parcial e do teletrabalho a trabalhadores nomeados pode ser determinada pelo empregador mediante requerimento do trabalhador.

2 – Relativamente aos trabalhadores com vínculo de nomeação, o empregador público pode, por regulamento, estabelecer para a admissão em regime de tempo parcial preferências em favor dos trabalhadores com responsabilidades familiares, dos trabalhadores com capacidade de trabalho reduzida, pessoa com deficiência ou doença crónica e dos trabalhadores que frequentem estabelecimentos de ensino médio ou superior.

TÍTULO IV – Conteúdo do vínculo de emprego público

CAPÍTULO I – Direitos, deveres e garantias do trabalhador e do empregador público

SECÇÃO I – Disposições gerais

Artigo 70º – Deveres gerais do empregador público e do trabalhador

1 – O empregador público e o trabalhador, no cumprimento das respetivas obrigações, assim como no exercício dos correspondentes direitos, devem agir de boa-fé.

2 – O empregador público e o trabalhador devem colaborar na obtenção da qualidade do serviço e da produtividade, bem como na promoção humana, profissional e social do trabalhador.

Artigo 71º – Deveres do empregador público

1 – Sem prejuízo de outras obrigações, o empregador público deve:

a) Respeitar e tratar com urbanidade e probidade o trabalhador;

b) Pagar pontualmente a remuneração, que deve ser justa e adequada ao trabalho;

c) Proporcionar boas condições de trabalho, tanto do ponto de vista físico como moral;

d) Contribuir para a elevação do nível de produtividade do trabalhador, nomeadamente proporcionando-lhe formação profissional, incluindo a que seja obrigatória à manutenção ou renovação dos títulos profissionais exigidos por lei para o desempenho da respetiva atividade profissional;

e) Respeitar a autonomia técnica do trabalhador que exerça atividades cuja regulamentação ou deontologia profissional a exija;

f) Possibilitar o exercício de cargos em organizações representativas dos trabalhadores;

g) Prevenir riscos e doenças profissionais, tendo em conta a proteção da segurança e saúde do trabalhador, devendo indemnizá-lo dos prejuízos resultantes de acidentes de trabalho;

h) Adotar, no que se refere à segurança e saúde no trabalho, as medidas que decorram, para o órgão ou serviço ou para a atividade, da aplicação das prescrições legais e convencionais vigentes;

i) Fornecer ao trabalhador a informação e a formação adequadas à prevenção de riscos de acidente e doença;

j) Manter permanentemente atualizado o registo do pessoal em cada um dos seus órgãos ou serviços, com indicação dos nomes, datas de nascimento e de admissão, modalidades de vínculo, categorias, promoções, remunerações, datas de início e termo das férias e faltas que impliquem perda da remuneração ou diminuição dos dias de férias;

k) Adotar códigos de boa conduta para a prevenção e combate ao assédio no trabalho e instaurar procedimento disciplinar sempre que tiver conhecimento de alegadas situações de assédio no trabalho.

2 – O empregador público deve proporcionar ao trabalhador ações de formação profissional adequadas à sua qualificação e necessidades socioprofissionais, a definir em legislação especial.

(Redação dada pelo artº 3º da Lei nº 73/2017, de 16 de agosto, e pela Lei nº 82/2019, de 2 de setembro)

Artigo 72º – Garantias do trabalhador

1 – É proibido ao empregador público:

a) Opor-se, por qualquer forma, a que o trabalhador exerça os seus direitos, bem como aplicar-lhe sanções disciplinares ou tratá-lo desfavoravelmente por causa desse exercício;

b) Obstar, injustificadamente, à prestação efetiva do trabalho;

c) Exercer pressão sobre o trabalhador para que influencie desfavoravelmente nas condições de trabalho próprias ou dos colegas;

d) Diminuir a remuneração, salvo nos casos previstos na lei;

e) Baixar a categoria do trabalhador, salvo nos casos previstos na lei;

f) Sujeitar o trabalhador a mobilidade, salvo nos casos previstos na lei;

g) Ceder trabalhadores do mapa de pessoal próprio para utilização de terceiros que sobre esses trabalhadores exerçam os poderes de autoridade e direção próprios do empregador público ou por pessoa por ela indicada, salvo nos casos especialmente previstos;

h) Obrigar o trabalhador a adquirir bens ou a utilizar serviços fornecidos pelo empregador público ou por pessoa por ele indicada;

i) Explorar, com fins lucrativos, quaisquer cantinas, refeitórios, economatos ou outros estabelecimentos diretamente relacionados com o trabalho, para fornecimento de bens ou prestação de serviços aos trabalhadores;

j) Fazer cessar o vínculo e readmitir o trabalhador, mesmo com o seu acordo, havendo o propósito de o prejudicar em direitos ou garantias decorrentes da antiguidade.

2 – Os trabalhadores têm o direito de frequentar ações de formação e aperfeiçoamento para o seu desenvolvimento profissional, incluindo as necessá-

rias à renovação dos títulos profissionais obrigatórios para o desempenho das funções integradas no conteúdo funcional das respetivas carreiras.

3 – Consideram-se incluídos no disposto do número anterior:

a) O reembolso das despesas com formação obrigatória sempre que esta não seja diretamente assegurada pelo empregador público;

b) Os encargos com a obtenção do título habilitante, quando posterior à constituição da relação jurídica de emprego público e suceda por causa ou no interesse da mesma.

(Redação da Lei nº 82/2019, de 2 de setembro)

Artigo 73º – Deveres do trabalhador

1 – O trabalhador está sujeito aos deveres previstos na presente lei, noutros diplomas legais e regulamentos e no instrumento de regulamentação coletiva de trabalho que lhe seja aplicável.

2 – São deveres gerais dos trabalhadores:

a) O dever de prossecução do interesse público;

b) O dever de isenção;

c) O dever de imparcialidade;

d) O dever de informação;

e) O dever de zelo;

f) O dever de obediência;

g) O dever de lealdade;

h) O dever de correção;

i) O dever de assiduidade;

j) O dever de pontualidade.

3 – O dever de prossecução do interesse público consiste na sua defesa, no respeito pela Constituição, pelas leis e pelos direitos e interesses legalmente protegidos dos cidadãos.

4 – O dever de isenção consiste em não retirar vantagens, diretas ou indiretas, pecuniárias ou outras, para si ou para terceiro, das funções que exerce.

5 – O dever de imparcialidade consiste em desempenhar as funções com equidistância relativamente aos interesses com que seja confrontado, sem discriminar positiva ou negativamente qualquer deles, na perspetiva do respeito pela igualdade dos cidadãos.

6 – O dever de informação consiste em prestar ao cidadão, nos termos legais, a informação que seja solicitada, com ressalva daquela que, naqueles termos, não deva ser divulgada.

7 – O dever de zelo consiste em conhecer e aplicar as normas legais e regulamentares e as ordens e instruções dos superiores hierárquicos, bem como

exercer as funções de acordo com os objetivos que tenham sido fixados e utilizando as competências que tenham sido consideradas adequadas.

8 – O dever de obediência consiste em acatar e cumprir as ordens dos legítimos superiores hierárquicos, dadas em objeto de serviço e com a forma legal.

9 – O dever de lealdade consiste em desempenhar as funções com subordinação aos objetivos do órgão ou serviço.

10 – O dever de correção consiste em tratar com respeito os utentes dos órgãos ou serviços e os restantes trabalhadores e superiores hierárquicos.

11 – Os deveres de assiduidade e de pontualidade consistem em comparecer ao serviço regular e continuamente e nas horas que estejam designadas.

12 – O trabalhador tem o dever de frequentar ações de formação e aperfeiçoamento profissional na atividade em que exerce funções, das quais apenas pode ser dispensado por motivo atendível.

13 – Na situação de requalificação, o trabalhador deve observar os deveres especiais inerentes a essa situação.

SECÇÃO II – Poderes do empregador público

Artigo 74º – Poder de direção

Compete ao empregador público, dentro dos limites decorrentes do vínculo de emprego público e das normas que o regem, fixar os termos em que deve ser prestado o trabalho.

Artigo 75º – Regulamento interno do órgão ou serviço

1 – O empregador público elabora regulamentos internos do órgão ou serviço contendo normas de organização e disciplina do trabalho.

2 – Na elaboração do regulamento interno do órgão ou serviço é ouvida a comissão de trabalhadores ou, na sua falta, quando existam, a comissão sindical ou intersindical ou os delegados sindicais.

3 – O empregador público deve dar publicidade ao conteúdo do regulamento interno do órgão ou serviço, designadamente afixando-o na sede do órgão ou serviço e nos locais de trabalho, bem como nas páginas eletrónicas do organismo ou serviço, de modo a possibilitar o seu pleno conhecimento, a todo o tempo, pelos trabalhadores.

4 – A elaboração de regulamento interno do órgão ou serviço sobre determinadas matérias pode ser tornada obrigatória por instrumento de regulamentação coletiva de trabalho.

Artigo 76º – Poder disciplinar

Sem prejuízo do disposto no artº 176º, o empregador público tem poder disciplinar sobre o trabalhador ao seu serviço, enquanto vigorar o vínculo de emprego público.

(Redação dada pelo Dec. – Lei nº 6/2019, de 14 de janeiro)

SECÇÃO III – Acordos de limitação da liberdade de trabalho

Artigo 77º – Pacto de não concorrência

1 – São nulos os acordos e as cláusulas de instrumento de regulamentação coletiva de trabalho que, por qualquer forma, possam prejudicar o exercício da liberdade de trabalho após a extinção do vínculo de emprego público.

2 – É lícito, porém, o acordo ou a cláusula pela qual se limite a atividade do trabalhador no período máximo de dois anos subsequentes à extinção do vínculo, se ocorrerem cumulativamente as seguintes condições:

a) Constar tal acordo, por forma escrita, do contrato de trabalho em funções públicas ou do acordo de cessação do vínculo;

b) Tratar-se de atividade cujo exercício possa efetivamente causar prejuízo ao empregador público;

c) Atribuir-se ao trabalhador uma compensação durante o período de limitação da sua atividade, que pode sofrer redução equitativa, em montante equivalente àquele que o empregador público houver despendido com a sua formação profissional.

3 – Em caso de despedimento declarado ilícito ou de resolução com justa causa pelo trabalhador com fundamento em ato ilícito do empregador público, o montante da compensação referida na alínea *c)* do número anterior é elevado até ao equivalente à remuneração base devida no momento da cessação do vínculo, sob pena de não poder ser invocada a cláusula de não concorrência.

4 – São deduzidas no montante da compensação referida no número anterior as importâncias percebidas pelo trabalhador no exercício de qualquer atividade profissional iniciada após a cessação do vínculo, até ao montante fixado nos termos da alínea *c)* do nº 2.

5 – Tratando-se de trabalhador afeto a atividades cuja natureza suponha especial relação de confiança ou com acesso a informação particularmente sensível no plano da concorrência, a limitação a que se refere o nº 2 pode ser prolongada até três anos.

Artigo 78º – Pacto de permanência

1 – É lícito o acordo pelo qual o trabalhador e o empregador público convencionem, sem diminuição de remuneração, a obrigatoriedade de prestação de serviço durante certo prazo, não superior a três anos, como compensação de despesas extraordinárias comprovadamente feitas pelo empregador público na formação profissional do trabalhador, podendo este desobrigar-se restituindo as importâncias despendidas.

2 – Em caso de extinção do vínculo pelo trabalhador com justa causa ou quando, tendo sido declarado ilícito o despedimento, o trabalhador não opte pela reintegração, não existe a obrigação de restituir a soma referida no número anterior.

CAPÍTULO II – Atividade, local de trabalho e carreiras

SECÇÃO I – Disposições gerais

Artigo 79º – Funções desempenhadas

1 – Os trabalhadores com vínculo de emprego público constituído por tempo indeterminado exercem as suas funções integrados em carreiras.

2 – Os trabalhadores com vínculo de emprego público a termo resolutivo exercem as suas funções por referência a uma categoria integrada numa carreira.

3 – Os trabalhadores com vínculo de emprego público na modalidade de comissão de serviço exercem as suas funções nos termos legalmente definidos para o cargo.

Artigo 80º – Conteúdo funcional

1 – A cada carreira, ou a cada categoria em que se desdobre uma carreira, corresponde um conteúdo funcional legalmente descrito.

2 – O conteúdo funcional de cada carreira ou categoria deve ser descrito de forma abrangente, dispensando pormenorizações relativas às tarefas nele abrangidas.

Artigo 81º – Exercício de funções afins

1 – A descrição do conteúdo funcional nos termos do artigo anterior não prejudica a atribuição ao trabalhador de funções que lhe sejam afins ou funcionalmente ligadas, para as quais o trabalhador detenha a qualificação profissional adequada e que não impliquem desvalorização profissional.

2 – Sempre que as funções afins ou funcionalmente ligadas à atividade principal, referidas no número anterior, exijam especiais qualificações, o exercício de tais funções confere ao trabalhador o direito a formação profissional não inferior a 10 horas anuais.

Artigo 82º – Atribuição de funções e desenvolvimento da carreira

1 – O empregador público deve procurar colocar o trabalhador no posto de trabalho mais adequado às suas aptidões e qualificação profissional, dentro da carreira e categoria a que pertence ou que serve de referencial para o exercício das suas funções.

2 – As condições de prestação de trabalho devem favorecer a compatibilização da vida profissional com a vida familiar do trabalhador, bem como assegurar o respeito das normas aplicáveis em matéria de segurança e saúde no trabalho.

3 – O início de funções do trabalhador tem lugar com um período de formação em sala e em exercício, com duração e conteúdo dependentes da prévia situação jurídico-funcional do trabalhador, salvo tratando-se de trabalhador integrado em carreira especial cujo ingresso exigiu a aprovação em curso de formação específico.

4 – Todos os trabalhadores têm direito ao pleno desenvolvimento da respetiva carreira profissional, que pode ser feito por alteração de posicionamento remuneratório ou por promoção.

Artigo 83º – Local de trabalho

1 – O trabalhador deve, em princípio, realizar a sua prestação no local de trabalho correspondente ao posto de trabalho atribuído, sem prejuízo das situações de mobilidade previstas na presente lei.

2 – O trabalhador encontra-se adstrito às deslocações inerentes às suas funções ou indispensáveis à sua formação profissional.

SECÇÃO II – Carreiras

Artigo 84º – Carreiras gerais e especiais

1 – As carreiras dos trabalhadores em funções públicas são gerais ou especiais.

2 – São gerais as carreiras cujos conteúdos funcionais caracterizam postos de trabalho de que a generalidade dos órgãos ou serviços carece para o desenvolvimento das respetivas atividades.

3 – São especiais as carreiras cujos conteúdos funcionais caracterizam postos de trabalho de que apenas um ou alguns órgãos ou serviços carecem para o desenvolvimento das respetivas atividades.

4 – Apenas podem ser criadas carreiras especiais quando, cumulativamente:

a) Os respetivos conteúdos funcionais não possam ser absorvidos pelos conteúdos funcionais das carreiras gerais;

b) Os respetivos trabalhadores se devam sujeitar a deveres funcionais mais exigentes que os previstos para os das carreiras gerais;

c) Os respetivos trabalhadores tenham que ter aprovação em curso de formação específico de duração não inferior a seis meses ou deter certo grau académico ou título profissional para integrar a carreira.

5 – O requisito previsto na alínea *c)* do número anterior pode ser preenchido durante o período experimental.

Artigo 85º – Carreiras unicategoriais e pluricategoriais

1 – As carreiras gerais ou especiais são unicategoriais ou pluricategoriais, consoante lhes correspondam uma ou mais categorias.

2 – Apenas podem ser criadas carreiras pluricategoriais quando a cada uma das categorias da carreira corresponda um conteúdo funcional distinto do das restantes.

3 – O conteúdo funcional das categorias superiores integra o das inferiores.

Artigo 86º – Graus de complexidade funcional

1 – Em função do nível habilitacional exigido, em regra, em cada carreira, estas classificam-se nos seguintes graus de complexidade funcional:

a) Grau 1, quando se exija a titularidade de escolaridade obrigatória, ainda que acrescida de formação profissional adequada;

b) Grau 2, quando se exija a titularidade do 12º ano de escolaridade ou de curso que lhe seja equiparado;

c) Grau 3, quando se exija a titularidade de licenciatura ou de grau académico superior a esta.

2 – O diploma que cria a carreira faz referência ao respetivo grau de complexidade funcional.

3 – As carreiras pluricategoriais podem apresentar mais do que um grau de complexidade funcional, cada um deles referenciado a categorias, quando a integração nestas dependa, em regra, da titularidade de níveis habilitacionais diferentes.

Artigo 87º – Posições remuneratórias

1 – A cada categoria das carreiras corresponde um número variável de posições remuneratórias.

2 – À categoria da carreira unicategorial corresponde um número mínimo de oito posições remuneratórias.

3 – Nas carreiras pluricategoriais, o número de posições remuneratórias de cada categoria obedece às seguintes regras:

a) À categoria inferior corresponde um número mínimo de oito posições remuneratórias;

b) A cada uma das categorias sucessivamente superiores corresponde um número proporcionalmente decrescente de posições remuneratórias, por forma a que:

i) No caso de carreira desdobrada em duas categorias, seja de quatro o número mínimo das posições remuneratórias da categoria superior;

ii) No caso de carreira desdobrada em três categorias, seja de cinco e de duas o número mínimo das posições remuneratórias das categorias sucessivamente superiores;

iii) No caso de carreira desdobrada em quatro categorias, seja de seis, quatro e duas o número mínimo das posições remuneratórias das categorias sucessivamente superiores.

Artigo 88º – Enumeração e caracterização das carreiras gerais

1 – São gerais as carreiras de:

a) Técnico superior;

b) Assistente técnico;

c) Assistente operacional.

2 – A caracterização das carreiras gerais, em função do número e designação das categorias em que se desdobram, dos conteúdos funcionais, dos graus de complexidade funcional e do número de posições remuneratórias de cada categoria, consta do anexo à presente lei, da qual faz parte integrante.

3 – A previsão, nos mapas de pessoal, de postos de trabalho que devam ser ocupados por coordenadores técnicos da carreira de assistente técnico depende da existência de unidades orgânicas flexíveis com o nível de secção ou da necessidade de coordenar, pelo menos, 10 assistentes técnicos do respetivo setor de atividade.

4 – A previsão, nos mapas de pessoal, de postos de trabalho que devam ser ocupados por encarregados gerais operacionais da carreira de assistente operacional depende da necessidade de coordenar, pelo menos, três encarregados operacionais do respetivo setor de atividade.

5 – A previsão, nos mapas de pessoal, de postos de trabalho que devam ser ocupados por encarregados operacionais da carreira de assistente operacional depende da necessidade de coordenar, pelo menos, 10 assistentes operacionais do respetivo setor de atividade.

SECÇÃO III – Avaliação do desempenho

Artigo 89º – Avaliação do desempenho

Os trabalhadores estão sujeitos ao regime de avaliação do desempenho constante do diploma próprio referido na alínea *a)* do artigo 5º

Artigo 90º – Princípios da avaliação do desempenho

O regime de avaliação do desempenho dos trabalhadores rege-se pelos seguintes princípios:

a) Orientação para resultados, promovendo a excelência e a qualidade;

b) Universalidade, assumindo-se como um sistema transversal a todos os serviços, organismos e trabalhadores da Administração Pública;

c) Responsabilização e desenvolvimento, assumindo-se como um instrumento de orientação, avaliação e desenvolvimento dos trabalhadores para a obtenção de resultados e demonstração de competências profissionais;

d) Reconhecimento e motivação, garantindo a diferenciação de desempenhos e promovendo uma gestão baseada na valorização das competências e do mérito;

e) Transparência e imparcialidade, assentando em critérios objetivos, regras claras e amplamente divulgadas.

Artigo 91º – Efeitos da avaliação do desempenho

Para além dos efeitos previstos no diploma que a regulamenta, a avaliação do desempenho dos trabalhadores tem os efeitos previstos na presente lei em matéria de alteração de posicionamento remuneratório na carreira, de atribuição de prémios de desempenho e efeitos disciplinares.

CAPÍTULO III – Mobilidade

Artigo 92º – Situações de mobilidade

1 – Quando haja conveniência para o interesse público, designadamente quando a economia, a eficácia e a eficiência dos órgãos ou serviços o imponham, os trabalhadores podem ser sujeitos a mobilidade.

2 – A mobilidade é devidamente fundamentada e pode abranger:

a) Mobilidade dentro da mesma modalidade de vínculo de emprego público por tempo indeterminado ou entre ambas as modalidades;

b) Mobilidade dentro do mesmo órgão ou serviço ou entre dois órgãos ou serviços;

c) Mobilidade relativa a trabalhadores em efetividade de funções ou relativa a trabalhadores em *regime de valorização profissional*;

d) Mobilidade a tempo inteiro ou a tempo parcial.

3 – O disposto na presente lei não prejudica a existência de outros regimes de mobilidade, nomeadamente no âmbito de carreiras especiais.

(Redação dada pelo artº 4º, nº 2 da Lei nº 25/2017, de 30 maio)

Artigo 93º – Modalidades de mobilidade

1 – A mobilidade reveste as modalidades de mobilidade na categoria e de mobilidade intercarreiras ou categorias.

2 – A mobilidade na categoria opera-se para o exercício de funções inerentes à categoria de que o trabalhador é titular, na mesma atividade ou em diferente atividade para que detenha habilitação adequada.

3 – A mobilidade intercarreiras ou categorias opera-se para o exercício de funções não inerentes à categoria de que o trabalhador é titular e inerentes:

a) A categoria superior ou inferior da mesma carreira; ou

b) A carreira de grau de complexidade funcional igual, superior ou inferior ao da carreira em que se encontra integrado ou ao da categoria de que é titular.

4 – A mobilidade intercarreiras ou categorias depende da titularidade de habilitação adequada do trabalhador e não pode modificar substancialmente a sua posição.

Artigo 94º – Forma de operar a mobilidade

1 – A mobilidade, em qualquer das suas modalidades, pode operar:

a) Por acordo entre os órgãos ou serviços de origem e de destino, mediante a aceitação do trabalhador;

b) Por acordo entre os órgãos ou serviços de origem e de destino, com dispensa de aceitação do trabalhador;

c) Por decisão do órgão ou serviço de destino, com dispensa do acordo do órgão ou serviço de origem, mediante despacho do membro do Governo, em situações de mobilidade entre serviços do ministério que tutela, e com aceitação ou dispensa de aceitação do trabalhador, nos termos do artigo seguinte;

d) Por decisão do órgão ou serviço, em caso de mobilidade entre unidades orgânicas, e com aceitação ou dispensa de aceitação do trabalhador, nos termos do artigo seguinte.

2 – Quando a mobilidade opere para categoria inferior da mesma carreira ou para carreira de grau de complexidade funcional inferior ao da carreira em que se encontra integrado ou ao da categoria de que é titular, o acordo do trabalhador nunca pode ser dispensado.

3 – Quando a mobilidade opere para órgão ou serviço, designadamente temporário, que não possa constituir vínculos de emprego público por tempo indeterminado e se preveja que possa ter duração superior a um ano, o acordo do trabalhador que não se encontre colocado em *regime de valorização profissional* nunca pode ser dispensado.

(Redação dada pelo artº 4º, nº 2 da Lei nº 25/2017, de 30 maio)

Artigo 95º – Dispensa do acordo do trabalhador para a mobilidade

1 – É dispensado o acordo do trabalhador para a mobilidade quando o local de trabalho se situe até 60 km, inclusive, do local de residência e desde que se verifique uma das seguintes situações:

a) O novo posto de trabalho se situe no concelho da residência do trabalhador ou em concelho confinante;

b) O novo posto de trabalho se situe em concelho integrado na área metropolitana de Lisboa ou na área metropolitana do Porto ou em concelho confinante, quando a residência do trabalhador se situe numa daquelas áreas.

2 – Os trabalhadores abrangidos pelo número anterior podem, no prazo de 10 dias, a contar da comunicação da decisão de mobilidade, requerer a dispensa da mesma, com fundamento em prejuízo sério para a sua vida pessoal, nomeadamente através da comprovação da inexistência de rede de serviços de transporte público coletivo entre a residência e o local de trabalho, ou da duração excessiva da deslocação.

3 – O limite estabelecido no nº 1 é reduzido para 30 km quando o trabalhador pertença a categoria de grau de complexidade 1 ou 2.

4 – O membro do Governo responsável pelas áreas das finanças e da Administração Pública define, por despacho, as condições e os termos em que podem ser compensados os encargos adicionais com deslocações em que o trabalhador incorra pela utilização de transportes públicos coletivos nas situações previstas no presente artigo.

Artigo 96º – Dispensa do acordo do órgão ou serviço de origem para a mobilidade

1 – No âmbito da administração direta e indireta do Estado, é dispensado o acordo do órgão ou serviço de origem do trabalhador, para efeitos de mobilidade, quando:

a) A mobilidade opere para serviço ou unidade orgânica situados fora das áreas metropolitanas de Lisboa e do Porto;

b) Tiverem decorrido seis meses sobre recusa de acordo do órgão ou serviço de origem, numa situação de mobilidade relativa ao mesmo trabalhador, ainda que para outro serviço de destino.

2 – Operada a mobilidade nos termos previstos na alínea *b)* do número anterior, não pode o trabalhador voltar a beneficiar da dispensa de acordo do órgão ou serviço de origem nos três anos subsequentes.

Artigo 97º – Duração

1 – A mobilidade tem a duração máxima de 18 meses, exceto nos seguintes casos:

a) Quando haja acordo de cedência de interesse público para os órgãos e serviços da Assembleia da República, bem como para os serviços de apoio aos grupos parlamentares;

b) Quando esteja em causa órgão ou serviço, designadamente temporário, que não possa constituir vínculos de emprego público por tempo indeterminado.

2 – O prazo previsto no número anterior pode ser prorrogado por um período máximo de seis meses quando esteja a decorrer procedimento concursal que vise o recrutamento de trabalhador para o posto de trabalho preenchido com a mobilidade.

3 – Não pode haver lugar, durante o prazo de um ano, a mobilidade para o mesmo órgão, serviço ou unidade orgânica de trabalhador que se tenha encontrado em mobilidade e tenha regressado à situação jurídico-funcional de origem.

Artigo 97º-A – A Publicitação da mobilidade

A mobilidade é publicitada pelo órgão ou serviço de destino, pelos seguintes meios:

a) Na Bolsa de Emprego Público (www.bep.gov.pt), através do preenchimento de formulário próprio para o efeito disponibilizado;

b) Na página eletrónica do órgão ou serviço de destino, através da identificação da situação e modalidade da mobilidade pretendida e com ligação à correspondente publicitação na Bolsa de Emprego Público.

(Aditado pela Lei nº 25/2017, de 30 de maio)

Artigo 98º – Situações excecionais de mobilidade

1 – A título excecional, o trabalhador pode ser sujeito a mobilidade, com dispensa do seu acordo, para posto de trabalho situado a mais de 60 km de distância da sua residência, desde que reunidas cumulativamente as seguintes condições:

a) A mobilidade ocorra entre unidades orgânicas desconcentradas de um mesmo órgão ou serviço;

b) O trabalhador desempenhe funções correspondentes à categoria de que é titular e ocupe posto de trabalho idêntico na unidade orgânica de destino;

c) A mobilidade tenha uma duração máxima de um ano;

d) Sejam atribuídas ajudas de custo durante o período de mobilidade.

2 – A mobilidade depende do prévio apuramento dos trabalhadores disponíveis na unidade ou unidades de origem e de necessidades na unidade ou unidades orgânicas de destino, por carreira, categoria e área de atuação, as quais são divulgadas na Intranet do respetivo órgão ou serviço.

3 – Os trabalhadores da unidade ou unidades de origem detentores dos requisitos exigidos podem manifestar o seu interesse em aderir às ofertas de mobilidade divulgadas nos termos do presente artigo, no prazo e nas condições estipuladas para o efeito pelo dirigente máximo do órgão ou serviço.

4 – Quando não existam, nas condições previstas no número anterior, trabalhadores interessados em número suficiente para a satisfação das necessidades na unidade ou unidades orgânicas de destino, são aplicados, em cada órgão ou serviço, critérios objetivos de seleção definidos pelo respetivo dirigente máximo e sujeitos a aprovação do membro do Governo que exerça poderes de direção, superintendência ou tutela sobre o órgão ou serviço, sendo publicitados nos termos previstos no nº 2.

5 – O trabalhador selecionado nos termos do número anterior pode solicitar a dispensa da mobilidade, invocando e demonstrando prejuízo sério para a sua vida pessoal, no prazo de 10 dias, a contar da comunicação da decisão de mobilidade.

6 – O trabalhador não pode ser novamente sujeito à mobilidade regulada no presente artigo antes de decorridos dois anos, exceto com o seu acordo, mantendo neste caso o direito a ajudas de custo.

Artigo 99º – Consolidação da mobilidade na categoria

1 – A mobilidade na categoria e na mesma atividade, dentro do mesmo órgão ou serviço, consolida-se definitivamente por decisão do respetivo dirigente máximo, com ou sem o acordo do trabalhador, consoante a constituição da situação de mobilidade tenha ou não carecido da aceitação do trabalhador.

2 – A mobilidade na categoria e em diferente atividade, dentro do mesmo órgão ou serviço, consolida-se definitivamente por acordo entre o dirigente máximo do serviço e o trabalhador.

3 – A mobilidade na categoria, que se opere entre dois órgãos ou serviços, pode consolidar-se definitivamente, por decisão do dirigente máximo do órgão ou serviço de destino, desde que reunidas, cumulativamente, as seguintes condições:

a) Com o acordo do órgão ou serviço de origem do trabalhador, quando exigido para a constituição da situação de mobilidade;

b) Quando a mobilidade tenha tido, pelo menos, a duração de seis meses ou a duração do período experimental exigido para a categoria, caso este seja superior;

c) Com o acordo do trabalhador, quando este tenha sido exigido para a constituição da situação de mobilidade ou quando esta envolva alteração da atividade de origem;

d) Quando seja ocupado posto de trabalho previsto previamente no mapa de pessoal.

4 – A consolidação da mobilidade prevista no presente artigo não é precedida nem sucedida de qualquer período experimental.

5 – Na consolidação da mobilidade na categoria é mantido o posicionamento remuneratório detido na situação jurídico-funcional de origem.

6 – *(Revogado)*

7 – Nas situações excecionais de mobilidade, a consolidação só pode fazer-se mediante acordo entre o empregador público e o trabalhador.

8 – Verificada a situação prevista no número anterior, cessa o direito à atribuição de ajudas de custo.

9 – O disposto no presente artigo é aplicável, com as necessárias adaptações, às situações de cedência de interesse público, sempre que esteja em causa um trabalhador detentor de um vínculo de emprego público por tempo indeterminado previamente estabelecido e desde que a consolidação se opere na mesma carreira e categoria e que a entidade cessionária corresponda um empregador público.

10 – Para além dos requisitos do nº 3, a consolidação da cedência de interesse público, carece de despacho de concordância do membro do Governo competente na respetiva área, bem como de parecer prévio favorável dos membros do Governo responsáveis pelas áreas das finanças e da Administração Pública.

11 – *(Revogado)*

(Redação da Lei nº 25/2017, de 30 de maio)

Artigo 99º-A – Consolidação da mobilidade intercarreiras ou intercategorias

1 – A mobilidade intercarreiras ou intercategorias dentro do mesmo órgão ou serviço ou entre dois órgãos ou serviços, pode consolidar-se definitivamente mediante parecer prévio do membro do Governo responsável pela área da Administração Pública desde que reunidas, cumulativamente, as seguintes condições:

a) Exista acordo do órgão ou do serviço de origem, quando exigido para a constituição da situação de mobilidade;

b) Exista acordo do trabalhador;

c) Exista posto de trabalho disponível;

d) Quando a mobilidade tenha tido a duração do período experimental estabelecido para a carreira de destino.

2 – Devem ainda ser observados todos os requisitos especiais, designadamente formação específica, conhecimentos ou experiência, legalmente exigidos para o recrutamento.

3 – Quando esteja em causa a mobilidade intercarreiras ou intercategorias no mesmo órgão ou serviço, a consolidação depende de proposta do respetivo dirigente máximo e de parecer favorável do membro do Governo competente na respetiva área.

4 – A consolidação da mobilidade entre dois órgãos ou serviços depende de proposta do dirigente máximo do órgão ou serviço de destino e de parecer favorável do membro do Governo competente na respetiva área.

5 – O disposto no presente artigo aplica-se, com as necessárias adaptações, aos trabalhadores das autarquias locais em situação de mobilidade, a qual se pode consolidar definitivamente mediante proposta do dirigente máximo do serviço e decisão do responsável pelo órgão executivo.

(Aditado pela Lei nº 42/2016, de 28 de dezembro)

Artigo 100º – Avaliação do desempenho e tempo de serviço em situação de mobilidade

A classificação obtida na avaliação do desempenho e o tempo de exercício de funções em regime de mobilidade são tidos em conta na antiguidade do trabalhador, por referência ou à sua situação jurídico-funcional de origem, ou à do vínculo de emprego público por tempo indeterminado, que na sequência da situação de mobilidade, venha a constituir.

CAPÍTULO IV – Tempo de trabalho

SECÇÃO I – Disposições gerais

Artigo 101º – Aplicação do Código do Trabalho

É aplicável aos trabalhadores com vínculo de emprego público o regime do Código do Trabalho em matéria de organização e tempo de trabalho, com as necessárias adaptações e sem prejuízo do disposto nos artigos seguintes.

Artigo 102º – Tempo de trabalho

1 – Considera-se tempo de trabalho qualquer período durante o qual o trabalhador está a desempenhar a atividade ou permanece adstrito à realização da prestação.

2 – Para além das situações previstas no número anterior e no Código do Trabalho, são consideradas tempo de trabalho as interrupções na prestação de trabalho durante o período de presença obrigatória autorizadas pelo empregador público em casos excecionais e devidamente fundamentados.

Artigo 103º – Períodos de funcionamento e de atendimento

1 – Considera-se período de funcionamento o período diário durante o qual os órgãos e serviços exercem a sua atividade.

2 – Sem prejuízo do regime aplicável aos serviços com período de funcionamento especial, o período normal de funcionamento não pode iniciar-se antes das oito horas, nem terminar depois das 20 horas, sendo obrigatoriamente afixado de modo visível aos trabalhadores.

3 – Considera-se período de atendimento o intervalo de tempo diário durante o qual os órgãos ou serviços estão abertos para atender o público, podendo este período ser igual ou inferior ao período de funcionamento*.

4 – O período de atendimento deve, tendencialmente, ter a duração mínima de sete horas diárias e abranger os períodos da manhã e da tarde,

devendo ser obrigatoriamente afixadas, de modo visível ao público, nos locais de atendimento, as horas do seu início e do seu termo.

5 – Na definição e fixação do período de atendimento deve atender-se aos interesses dos utentes dos serviços e respeitar-se os direitos dos trabalhadores dos serviços.

6 – Os serviços podem estabelecer um período excecional de atendimento, sempre que o interesse do público fundamentadamente o justifique, designadamente nos dias de feiras e mercados localmente relevantes, ouvindo-se as organizações representativas dos trabalhadores.

7 – Fora dos períodos de atendimento, os serviços colocam ao dispor dos utentes meios tecnológicos adequados à comunicação, que permitam efetuar o respetivo registo para posterior resposta.

8 – Compete ao dirigente máximo dos serviços fixar os períodos de funcionamento e atendimento, assegurando a sua compatibilidade com os regimes de prestação de trabalho, por forma a garantir o regular cumprimento das missões que lhe estão cometidas.

9 – Por diploma próprio podem ser estabelecidos regimes de funcionamento especial.

*(*Redação introduzida pela Lei nº 18/2016, de 20 de junho, que repôs as 35 horas semanais na Administração Pública – com entrada em vigor a 1 de julho de 2016)*

Lei nº 18/2016, de 20 de junho

Estabelece as 35 horas como período normal de trabalho dos trabalhadores em funções públicas, procedendo à segunda alteração à Lei Geral do Trabalho em Funções Públicas, aprovada em anexo à Lei nº 35/2014, de 20 de junho.

A Assembleia da República decreta, nos termos da alínea *c)* do artigo 161º da Constituição, o seguinte:

Artigo 1º – Objeto

A presente lei define as 35 horas de trabalho como limite máximo semanal dos períodos normais de trabalho, alterando a Lei Geral do Trabalho em Funções Públicas.

Artigo 2º – Alteração à Lei Geral do Trabalho em Funções Públicas

Os artigos 103º, 105º, 111º e 112º da Lei Geral do Trabalho em Funções Públicas, aprovada em anexo à Lei nº 35/2014, de 20 de junho, alterada pela Lei nº 84/2015, de 7 de agosto, passam a ter a seguinte redação:

«Artigo 103º

[...]

1 –

2 –

3 –

4 – O período de atendimento deve, tendencialmente, ter a duração mínima de sete horas diárias e abranger os períodos da manhã e da tarde, devendo ser obrigatoriamente afixadas, de modo visível ao público, nos locais de atendimento, as horas do seu início e do seu termo.

5 –

6 –

7 –

8 –

9 –

Artigo 105º

[...]

1 –

a) Sete horas por dia, exceto no caso de horários flexíveis e no caso de regimes especiais de duração de trabalho;

b) 35 horas por semana, sem prejuízo da existência de regimes de duração semanal inferior previstos em diploma especial e no caso de regimes especiais de duração de trabalho.

2 –

3 – A redução dos limites máximos dos períodos normais de trabalho pode ser estabelecida por instrumento de regulamentação coletiva de trabalho, não podendo daí resultar para os trabalhadores a redução do nível remuneratório ou qualquer alteração desfavorável das condições de trabalho.

Artigo 111º

[...]

1 –

2 –

3 –

4 –

5 – Para efeitos do disposto no nº 3, a duração média do trabalho é de sete horas e, nos serviços com funcionamento ao sábado de manhã, a que resultar do respetivo regulamento.

6 –

Artigo 112º

[...]

1 –

2 –

a)

Período da manhã – das 9 horas às 12 horas e 30 minutos;

Período da tarde – das 14 horas às 17 horas e 30 minutos.

b)

Período da manhã – das 9 horas e 30 minutos às 12 horas e 30 minutos, de segunda -feira a sexta -feira, e até às 12 horas, aos sábados;

Período da tarde – das 14 horas às 17 horas e 30 minutos, de segunda -feira a sexta -feira.

3 –»

Artigo 3º – Norma transitória

1 – Em 2016 as despesas com pessoal dos órgãos e serviços abrangidos pela Lei Geral do Trabalho em Funções Públicas não podem exceder os montantes relativos à execução de 2015, acrescidos das alterações remuneratórias previstas no artigo 2º da Lei nº 159 -A/2015, de 30 de dezembro, considerando para este efeito o valor global do agrupamento 01, relativo às despesas com pessoal.

2 – Sem prejuízo da adoção das medidas de gestão que se mostrem adequadas, o disposto no número anterior pode ser afastado quando razões excecionais fundadamente o justifiquem, mediante autorização do membro do Governo responsável pela área das finanças, sob proposta do membro do Governo responsável pela respetiva área.

3 – Com vista a assegurar a continuidade e qualidade dos serviços prestados, nos órgãos ou serviços onde comprovadamente tal se justifique, as soluções adequadas são negociadas entre o respetivo ministério e os sindicatos do sector.

4 – O disposto no presente artigo é ainda aplicável nas situações a que se refere o nº 6 do artigo 1º da Lei Geral do Trabalho em Funções Públicas.

Artigo 4º – Garantia de direitos

Da redução do tempo de trabalho prevista na presente lei não pode resultar para os trabalhadores a redução do nível remuneratório ou qualquer alteração desfavorável das condições de trabalho.

Artigo 5º – Entrada em vigor

A presente lei entra em vigor a 1 de julho de 2016.

-----------------------------//-----------------------------

Artigo 104º – Registo dos tempos de trabalho

1 – O empregador público deve manter um registo que permita apurar o número de horas de trabalho prestadas pelo trabalhador, por dia e por semana, com indicação da hora de início e de termo do trabalho, bem como dos intervalos efetuados.

2 – Nos órgãos ou serviços com mais de 50 trabalhadores, o registo previsto no número anterior é efetuado por sistemas automáticos ou mecânicos.

3 – Em casos excecionais, devidamente fundamentados, o dirigente máximo do órgão de direção do serviço pode dispensar o registo por sistemas automáticos ou mecânicos.

Artigo 105º – Limites máximos dos períodos normais de trabalho

1 – O período normal de trabalho é de:

a) Sete horas por dia, exceto no caso de horários flexíveis e no caso de regimes especiais de duração de trabalho;

b) 35 horas por semana, sem prejuízo da existência de regimes de duração semanal inferior previstos em diploma especial e no caso de regimes especiais de duração de trabalho.

2 – O trabalho a tempo completo corresponde ao período normal de trabalho semanal e constitui o regime regra de trabalho dos trabalhadores integrados nas carreiras gerais, correspondendo-lhe as remunerações base mensais legalmente previstas.

3 – A redução dos limites máximos dos períodos normais de trabalho pode ser estabelecida por instrumento de regulamentação coletiva de trabalho, não podendo daí resultar para os trabalhadores a redução do nível remuneratório ou qualquer alteração desfavorável das condições de trabalho.

(Redação da Lei nº 18/2016, de 20 de junho)

SECÇÃO II – Regimes de duração do trabalho

SUBSECÇÃO I – Regimes de adaptabilidade e banco de horas

Artigo 106º – Adaptabilidade

1 – São aplicáveis aos trabalhadores com contrato de trabalho em funções públicas os regimes de adaptabilidade, individual e grupal e os regimes de banco de horas, individual e grupal, previstos no Código do Trabalho, com as necessárias adaptações.

2 – São aplicáveis aos trabalhadores nomeados os regimes de adaptabilidade individual e de banco de horas individual previstos no Código do Trabalho, com as necessárias adaptações.

Artigo 107º – Aplicação aos trabalhadores nomeados

1 – A aplicação dos regimes de adaptabilidade individual e de banco de horas individual aos trabalhadores nomeados é feita por proposta do empregador e com a aceitação do trabalhador, sem prejuízo do disposto no número seguinte.

2 – A aplicação dos regimes previstos no número anterior a todos os trabalhadores nomeados do órgão ou serviço segue os termos previstos no Código do Trabalho.

SECÇÃO III – Horário de trabalho

SUBSECÇÃO I – Disposições gerais

Artigo 108º – Definição de horário de trabalho e períodos de funcionamento e de atendimento

1 – Entende-se por horário de trabalho a determinação das horas do início e do termo do período normal de trabalho diário ou dos respetivos limites, bem como dos intervalos de descanso.

2 – O empregador público deve respeitar os períodos de funcionamento e de atendimento na organização dos horários de trabalho dos trabalhadores ao seu serviço.

Artigo 109º – Intervalo de descanso

1 – O intervalo de descanso não pode ter duração inferior a uma hora nem superior a duas, de modo a que o trabalhador não preste mais de cinco horas de trabalho consecutivo, exceto quando se trate de jornada contínua ou regime previsto em norma especial.

2 – Pode ser fixado para os trabalhadores com deficiência, pelo respetivo dirigente máximo e a pedido do interessado, mais do que um intervalo de descanso e com duração diferente da prevista no regime geral, mas sem exceder no total os limites legais.

3 – Não é permitida a alteração aos intervalos de descanso sempre que implique a prestação de mais de seis horas consecutivas de trabalho, exceto quanto a atividades de vigilância, transporte e tratamento de sistemas eletrónicos de segurança e a atividades que não possam ser interrompidas por motivos técnicos e, bem assim, quanto a trabalhadores que ocupem cargos de administração e de direção e outras pessoas com poder de decisão autónomo que estejam isentos de horário de trabalho.

SUBSECÇÃO II – Modalidades de horário

Artigo 110º – Adoção das modalidades de horário

1 – Em função da natureza das suas atividades, podem os órgãos ou serviços adotar uma ou, simultaneamente, mais do que uma das seguintes modalidades de horário de trabalho:

a) Horário flexível;

b) Horário rígido;

c) Horário desfasado;

d) Jornada contínua;

e) Meia jornada;

f) Trabalho por turnos.

2 – Para além dos horários referidos no número anterior, podem ser fixados horários específicos de harmonia com o previsto na presente lei.

3 – Associados às modalidades de horário de trabalho previstas no nº 1 podem ser criados regimes especiais de prevenção, a definir em diplomas próprios.

(Redação da Lei nº 84/2015, de 7 de agosto)

Artigo 111º – Horário flexível

1 – Horário flexível é o que permite ao trabalhador de um serviço gerir os seus tempos de trabalho, escolhendo as horas de entrada e de saída.

2 – A adoção de qualquer horário flexível está sujeita às seguintes regras:

a) A flexibilidade não pode afetar o regular e eficaz funcionamento dos órgãos ou serviços, especialmente no que respeita às relações com o público;

b) É obrigatória a previsão de plataformas fixas da parte da manhã e da parte da tarde, as quais não podem ter, no seu conjunto, duração inferior a quatro horas;

c) Não podem ser prestadas, por dia, mais de 10 horas de trabalho;

d) O cumprimento da duração do trabalho deve ser aferido à semana, à quinzena ou ao mês.

3 – O débito de horas, apurado no final de cada período de aferição, dá lugar à marcação de uma falta, que deve ser justificada nos termos da legislação aplicável, por cada período igual ou inferior à duração média diária do trabalho.

4 – Relativamente aos trabalhadores com deficiência, o excesso ou débito de horas apurado no final de cada um dos períodos de aferição pode ser transportado para o período imediatamente seguinte e nele compensado, desde que não ultrapasse o limite de cinco e 10 horas, respetivamente, para a quinzena e para o mês.

5 – Para efeitos do disposto no nº 3, a duração média do trabalho é de sete horas e, nos serviços com funcionamento ao sábado de manhã, a que resultar do respetivo regulamento.

6 – As faltas a que se refere o nº 3 são reportadas ao último dia ou dias do período de aferição a que o débito respeita.

(Redação da Lei nº 18/2016, de 20 de junho)

Artigo 112º – Horário rígido

1 – Horário rígido é aquele que, exigindo o cumprimento da duração semanal do trabalho, se reparte por dois períodos diários, com horas de entrada e de saída fixas idênticas, separados por um intervalo de descanso.

2 – Sem prejuízo de determinação em contrário do dirigente máximo do serviço, o horário rígido é o seguinte:

a) Serviços de regime de funcionamento comum que encerram ao sábado:

Período da manhã – das 9 horas às 12 horas e 30 minutos;

Período da tarde – das 14 horas às 17 horas e 30 minutos.

b) Serviços de regime de funcionamento especial que funcionam ao sábado de manhã:

Período da manhã – das 9 horas e 30 minutos às 13 horas, de segunda-feira a sexta-feira, e até às 12 horas, aos sábados;

Período da tarde – das 14 horas às 18 horas, de segunda-feira a sexta-feira.

3 – A adoção do horário rígido não prejudica a possibilidade de fixação, para os trabalhadores com deficiência, pelo respetivo dirigente máximo e a pedido do interessado, de mais do que um intervalo de descanso e com duração diferente da prevista no regime geral, mas sem exceder no total os limites neste estabelecidos.

(Redação da Lei nº 18/2016, de 20 de junho)

Artigo 113º – Horário desfasado

Horário desfasado é aquele que, embora mantendo inalterado o período normal de trabalho diário, permite estabelecer, serviço a serviço ou para determinado grupo ou grupos de pessoal, e sem possibilidade de opção, horas fixas diferentes de entrada e de saída.

Artigo 114º – Jornada contínua

1 – A jornada contínua consiste na prestação ininterrupta de trabalho, salvo um período de descanso nunca superior a trinta minutos, que, para todos os efeitos, se considera tempo de trabalho.

2 – A jornada contínua deve ocupar, predominantemente, um dos períodos do dia e determinar uma redução do período normal de trabalho diário nunca superior a uma hora.

3 – A jornada contínua pode ser adotada nos casos de horários específicos previstos na presente lei e em casos excecionais, devidamente fundamentados, designadamente nos seguintes:

a) Trabalhador progenitor com filhos até à idade de 12 anos ou, independentemente da idade, com deficiência ou doença crónica;

b) Trabalhador adotante, nas mesmas condições dos trabalhadores progenitores;

c) Trabalhador que, substituindo-se aos progenitores, tenha a seu cargo neto com idade inferior a 12 anos;

d) Trabalhador adotante, tutor ou pessoa a quem foi deferida a confiança judicial ou administrativa do menor, bem como o cônjuge ou a pessoa em união de facto com qualquer daqueles ou com progenitor, desde que viva em comunhão de mesa e habitação com o menor;

e) Trabalhador estudante;

f) No interesse do trabalhador, sempre que outras circunstâncias relevantes, devidamente fundamentadas, o justifiquem;

g) No interesse do serviço, quando devidamente fundamentado.

4 – O tempo máximo de trabalho seguido, em jornada contínua, não pode ter uma duração superior a cinco horas.

Artigo 114º-A – Meia jornada

1 – A meia jornada consiste na prestação de trabalho num período reduzido em metade do período normal de trabalho a tempo completo a que se refere o artigo 105º, sem prejuízo da contagem integral do tempo de serviço para efeito de antiguidade.

2 – A prestação de trabalho na modalidade de meia jornada não pode ter duração inferior a um ano, tendo a mesma de ser requerida por escrito pelo trabalhador.

3 – A opção pela modalidade de meia jornada implica a fixação do pagamento de remuneração correspondente a 60 % do montante total auferido em regime de prestação de trabalho em horário completo.

4 – Podem beneficiar da modalidade de meia jornada os trabalhadores que reúnam um dos seguintes requisitos:

a) Tenham 55 anos ou mais à data em que for requerida a modalidade de meia jornada e tenham netos com idade inferior a 12 anos;

b) Tenham filhos menores de 12 anos ou, independentemente da idade, com deficiência ou doença crónica.

5 – A autorização para a adoção da modalidade de horário de trabalho em regime de meia jornada cabe ao superior hierárquico do trabalhador em funções públicas.

6 – Em caso de indeferimento do pedido de autorização a que se refere o número anterior, deve o superior hierárquico fundamentar claramente e sempre por escrito as razões que sustentam a recusa da concessão do horário de trabalho na modalidade de meia jornada.

(Aditado pela Lei nº 84/2015, de 7 de agosto)

Artigo 115º – Trabalho por turnos

1 – Considera-se trabalho por turnos qualquer organização do trabalho em equipa em que os trabalhadores ocupam sucessivamente os mesmos postos de trabalho, a um determinado ritmo, incluindo o rotativo, contínuo ou descontínuo, podendo executar o trabalho a horas diferentes num dado período de dias ou semanas.

2 – Devem ser organizados turnos de pessoal diferente sempre que o período de funcionamento do órgão ou serviço ultrapasse os limites máximos do período normal de trabalho.

3 – A duração de trabalho de cada turno não pode ultrapassar os limites máximos dos períodos normais de trabalho.

4 – A prestação de trabalho por turnos deve obedecer às seguintes regras:

a) Os turnos são rotativos, estando o respetivo pessoal sujeito à sua variação regular;

b) Nos serviços de funcionamento permanente não podem ser prestados mais de seis dias consecutivos de trabalho;

c) As interrupções a observar em cada turno devem obedecer ao princípio de que não podem ser prestadas mais de cinco horas de trabalho consecutivo;

d) As interrupções destinadas a repouso ou refeição, quando não superiores a 30 minutos, consideramse incluídas no período de trabalho;

e) O dia de descanso semanal deve coincidir com o domingo, pelo menos uma vez em cada período de quatro semanas;

f) A mudança de turno só pode ocorrer após o dia de descanso.

Artigo 116º – Regimes de turnos

1 – O regime de turnos é:

a) Permanente, quando o trabalho for prestado em todos os dias da semana;

b) Semanal prolongado, quando for prestado em todos os cinco dias úteis e no sábado ou domingo;

c) Semanal, quando for prestado apenas de segunda-feira a sexta-feira.

2 – O regime de turnos é total quando for prestado em, pelo menos, três períodos de trabalho diário e parcial quando prestado em apenas dois períodos.

SUBSECÇÃO III – Isenção de horário de trabalho

Artigo 117º – Condições da isenção de horário de trabalho

1 – Os trabalhadores titulares de cargos dirigentes e que chefiem equipas multidisciplinares gozam de isenção de horário de trabalho, nos termos dos respetivos estatutos.

2 – Podem ainda gozar de isenção de horário outros trabalhadores, mediante celebração de acordo escrito com o respetivo empregador público, desde que tal isenção seja admitida por lei ou por instrumento de regulamentação coletiva de trabalho.

3 – A isenção de horário não dispensa a observância do dever geral de assiduidade, nem o cumprimento da duração semanal de trabalho legalmente estabelecida.

Artigo 118º – Modalidades e efeitos da isenção de horário de trabalho

1 – A isenção de horário pode compreender as seguintes modalidades:

a) Não sujeição aos limites máximos dos períodos normais de trabalho;

b) Possibilidade de alargamento da prestação a um determinado número de horas, por dia ou por semana;

c) Observância dos períodos normais de trabalho acordados.

2 – A isenção de horário dos trabalhadores referidos no nº 1 do artigo anterior implica, em qualquer circunstância, a não sujeição aos limites máximos dos períodos normais de trabalho, nos termos dos estatutos do empregador público.

3 – Nos casos previstos no nº 2 do artigo anterior, a escolha da modalidade de isenção de horário obedece ao disposto na lei ou em instrumento de regulamentação coletiva de trabalho.

4 – Na falta de lei, instrumento de regulamentação coletiva de trabalho ou estipulação das partes, o regime de isenção de horário segue o disposto na alínea *b)* do nº 1, não podendo o alargamento da prestação de trabalho ser superior a duas horas por dia ou a 10 horas por semana.

5 – A isenção não prejudica o direito aos dias de descanso semanal obrigatório, aos feriados obrigatórios e aos dias e meios dias de descanso complementar, nem ao descanso diário de 11 horas consecutivas entre dois períodos diários de trabalho consecutivos, exceto nos casos previstos no nº 1 do artigo 117º e no nº 2 do artigo 123º

6 – Nos casos previstos no nº 1 do artigo 117º e no nº 2 do artigo 123º, deve ser observado um período de descanso que permita a recuperação do trabalhador entre dois períodos diários de trabalho consecutivos.

Artigo 119º – Não sujeição a horário de trabalho

1 – Considera-se não sujeição a horário de trabalho a prestação de trabalho não sujeita ao cumprimento de qualquer das modalidades de horário previstas na presente lei, nem à observância do dever geral de assiduidade e de cumprimento da duração semanal de trabalho.

2 – A adoção de qualquer regime de prestação de trabalho não sujeita a horário obedece às seguintes regras:

a) Concordância expressa do trabalhador relativamente às tarefas e aos prazos da sua realização;

b) Destinar-se à realização de tarefas constantes do plano de atividades do serviço, desde que calendarizadas, e cuja execução esteja atribuída ao trabalhador não sujeito a horário;

c) Fixação de um prazo certo para a realização da tarefa a executar, que não deve exceder o limite máximo de 10 dias úteis;

d) Não autorização ao mesmo trabalhador mais do que uma vez por trimestre.

3 – O não cumprimento da tarefa no prazo acordado, sem motivos justificados, impede o trabalhador de utilizar este regime durante o prazo de um ano, a contar da data do incumprimento.

4 – A não sujeição a horário de trabalho não dispensa o contacto regular do trabalhador com o serviço, nem a sua presença no local do trabalho, sempre que tal se mostre necessário.

SECÇÃO IV – Trabalho suplementar

Artigo 120º – Limites da duração do trabalho suplementar

1 – É aplicável aos trabalhadores com vínculo de emprego público, com as necessárias adaptações e sem prejuízo do disposto no presente artigo e nos artigos seguintes, o regime do Código do Trabalho em matéria de trabalho suplementar.

2 – O trabalho suplementar fica sujeito, por trabalhador, aos seguintes limites:

a) 150 horas de trabalho por ano;

b) Duas horas por dia normal de trabalho;

c) Um número de horas igual ao período normal de trabalho diário, nos dias de descanso semanal, obrigatório ou complementar, e nos feriados;

d) Um número de horas igual a meio período normal de trabalho diário em meio dia de descanso complementar.

3 – Os limites fixados no número anterior podem ser ultrapassados, desde que não impliquem uma remuneração por trabalho suplementar superior a 60 % da remuneração base do trabalhador:

a) Quando se trate de trabalhadores que ocupem postos de trabalho de motoristas ou telefonistas e de outros trabalhadores integrados nas carreiras de assistente operacional e de assistente técnico, cuja manutenção ao serviço para além do horário de trabalho seja fundamentadamente reconhecida como indispensável;

b) Em circunstâncias excecionais e delimitadas no tempo, mediante autorização do membro do Governo competente ou, quando esta não for possível, mediante confirmação da mesma entidade, a proferir nos 15 dias posteriores à ocorrência.

4 – O limite máximo a que se refere a alínea *a)* do nº 2 pode ser aumentado até 200 horas por ano, por instrumento de regulamentação coletiva de trabalho.

Artigo 121º – Registo

1 – O empregador público deve possuir e manter durante cinco anos a relação nominal dos trabalhadores que efetuaram trabalho suplementar, com discriminação do número de horas prestadas e indicação do dia em que gozaram o respetivo descanso compensatório, para efeitos de fiscalização pela IGF ou por outro serviço de inspeção legalmente competente.

2 – O registo de trabalho suplementar deve conter os elementos e ser efetuado de acordo com o modelo aprovado por portaria do membro do Governo responsável pela área da Administração Pública.

CAPÍTULO V – Tempos de não trabalho

SECÇÃO I – Disposição

Artigo 122º – Disposições gerais

1 – É aplicável aos trabalhadores com vínculo de emprego público o regime do Código do Trabalho em matéria de tempos de não trabalho, com as necessárias adaptações e sem prejuízo das especificidades constantes do presente capítulo.

2 – Sem prejuízo do disposto nos números seguintes ou em lei especial, é aplicável aos trabalhadores que exercem funções públicas o regime de feriados estabelecido no Código do Trabalho.

3 – É observado o feriado municipal das localidades.

4 – A observância da Terça-Feira de Carnaval como dia feriado depende de decisão do Conselho de Ministros ou dos órgãos de governo próprio das regiões autónomas, sendo nulas as disposições de contrato ou de instrumentos de regulamentação coletiva de trabalho que disponham em contrário.

Artigo 123º – Descanso diário

1 – É garantido ao trabalhador um período mínimo de descanso de 11 horas seguidas entre dois períodos diários de trabalho consecutivos.

2 – O disposto no número anterior não é aplicável quando seja necessária a prestação de trabalho suplementar por motivo de força maior ou por ser indispensável para prevenir ou reparar prejuízos graves para o órgão ou serviço devidos a acidente ou a risco de acidente iminente.

3 – A regra constante do nº 1 não é aplicável nos casos em que o exercício de funções é caracterizado pela sua natureza permanente e obrigatória, no âmbito dos respetivos estatutos profissionais, ou quando os períodos normais de trabalho sejam fracionados ao longo do dia com fundamento nas características da atividade, nomeadamente no caso dos serviços de limpeza.

4 – O disposto no nº 1 não é aplicável a atividades caracterizadas pela necessidade de assegurar a continuidade do serviço, nomeadamente as atividades a seguir indicadas, desde que através de instrumento de regulamentação coletiva de trabalho sejam garantidos ao trabalhador os correspondentes descansos compensatórios:

a) Vigilância, transporte e tratamento de sistemas eletrónicos de segurança;

b) Receção, tratamento e cuidados dispensados em estabelecimentos e serviços prestadores de cuidados de saúde, instituições residenciais, estabelecimentos prisionais e centros educativos;

c) Distribuição e abastecimento de água;

d) Ambulâncias, bombeiros e proteção civil;

e) Recolha de lixo e incineração;

f) Atividades em que o processo de trabalho não possa ser interrompido por motivos técnicos;

g) Investigação e desenvolvimento.

5 – O disposto no número anterior é extensivo aos casos de acréscimo previsível de atividade no turismo.

Artigo 124º – Semana de trabalho e descanso semanal

1 – A semana de trabalho é, em regra, de cinco dias.

2 – Os trabalhadores têm direito a um dia de descanso semanal obrigatório, acrescido de um dia de descanso semanal complementar, que devem coincidir com o domingo e o sábado, respetivamente.

3 – Os dias de descanso referidos no número anterior só podem deixar de coincidir com o domingo e o sábado, respetivamente, quando o trabalhador

exerça funções em órgão ou serviço que encerre a sua atividade noutros dias da semana.

4 – Os dias de descanso semanal podem ainda deixar de coincidir com o domingo e o sábado nos casos:

a) De trabalhador necessário para assegurar a continuidade de serviços que não possam ser interrompidos ou que devam ser desempenhados em dia de descanso de outros trabalhadores;

b) Do pessoal dos serviços de limpeza ou encarregado de outros trabalhos preparatórios e complementares que devam necessariamente ser efetuados no dia de descanso dos restantes trabalhadores;

c) De trabalhador diretamente afeto a atividades de vigilância, transporte e tratamento de sistemas eletrónicos de segurança;

d) De trabalhador que exerça atividade em exposições e feiras;

e) De pessoal dos serviços de inspeção de atividades que não encerrem ao sábado e, ou, ao domingo;

f) Nos demais casos previstos em legislação especial.

5 – Quando a natureza do órgão ou serviço ou razões de interesse público o exijam, pode o dia de descanso complementar ser gozado, segundo opção do trabalhador, do seguinte modo:

a) Dividido em dois períodos imediatamente anteriores ou posteriores ao dia de descanso semanal obrigatório;

b) Meio dia imediatamente anterior ou posterior ao dia de descanso semanal obrigatório, sendo o tempo restante deduzido na duração do período normal de trabalho dos restantes dias úteis, sem prejuízo da duração do período normal de trabalho semanal.

6 – Sempre que seja possível, o empregador público deve proporcionar aos trabalhadores que pertençam ao mesmo agregado familiar o descanso semanal nos mesmos dias.

Artigo 125º – Duração do descanso semanal obrigatório

1 – Quando o dia de descanso complementar não seja contíguo ao dia de descanso semanal obrigatório, adiciona-se a este um período de 11 horas, correspondente ao período mínimo de descanso diário estabelecido no nº 1 do artigo 123º

2 – O disposto no número anterior não é aplicável a trabalhadores titulares de cargos dirigentes e a chefes de equipas multidisciplinares.

3 – O disposto no nº 1 não é igualmente aplicável:

a) Quando seja necessária a prestação de trabalho suplementar por motivo de força maior ou por ser indispensável para prevenir ou reparar prejuízos graves para o órgão ou serviço devidos a acidente ou a risco de acidente iminente;

b) Quando os períodos normais de trabalho são fracionados ao longo do dia, com fundamento nas características da atividade, nomeadamente serviços de limpeza;

c) Às atividades caracterizadas pela necessidade de assegurar a continuidade do serviço, nomeadamente as atividades indicadas no número seguinte, desde que através de instrumento de regulamentação coletiva de trabalho ou de acordo individual sejam garantidos ao trabalhador os correspondentes descansos compensatórios.

4 – Para efeitos do disposto na alínea *c)* do número anterior, são consideradas as seguintes atividades:

a) Vigilância, transporte e tratamento de sistemas eletrónicos de segurança;

b) Receção, tratamento e cuidados dispensados em estabelecimentos e serviços prestadores de cuidados de saúde, instituições residenciais, estabelecimentos prisionais e centros educativos;

c) Ambulâncias, bombeiros e proteção civil;

d) Recolha de lixo e incineração;

e) Atividades em que o processo de trabalho não possa ser interrompido por motivos técnicos;

f) Investigação e desenvolvimento.

5 – O disposto na alínea *c)* do nº 3 é extensivo aos casos de acréscimo previsível de atividade no turismo.

SECÇÃO II – Férias

Artigo 126º – Direito a férias

1 – O trabalhador tem direito a um período de férias remuneradas em cada ano civil, nos termos previstos no Código do Trabalho e com as especificidades dos artigos seguintes.

2 – O período anual de férias tem a duração de 22 dias úteis.

3 – O período de férias referido no número anterior vence-se no dia 1 de janeiro, sem prejuízo do disposto no Código do Trabalho.

4 – Ao período de férias previsto no nº 1 acresce um dia útil de férias por cada 10 anos de serviço efetivamente prestado.

5 – A duração do período de férias pode ainda ser aumentada no quadro de sistemas de recompensa do desempenho, nos termos previstos na lei ou em instrumento de regulamentação coletiva de trabalho.

6 – Para efeitos de férias, são úteis os dias da semana de segunda-feira a sexta-feira, com exceção dos feriados, não podendo as férias ter início em dia de descanso semanal do trabalhador.

Artigo 127º – Vínculos de duração inferior a seis meses

1 – O trabalhador cuja duração total do vínculo não atinja seis meses tem direito a gozar dois dias úteis de férias por cada mês completo de duração do contrato.

2 – Para efeitos da determinação do mês completo, devem contar-se todos os dias, seguidos ou interpolados, em que foi prestado trabalho.

3 – Nos vínculos cuja duração total não atinja seis meses, o gozo das férias tem lugar no momento imediatamente anterior ao da cessação, salvo acordo das partes.

Artigo 128º – Doença no período de férias

1 – No caso de o trabalhador adoecer durante o período de férias, são as mesmas suspensas desde que o empregador público seja do facto informado, prosseguindo, logo após a alta, o gozo dos dias de férias ainda compreendidos naquele período.

2 – Compete ao empregador público, na falta de acordo, a marcação dos dias de férias não gozados, que podem decorrer em qualquer período.

3 – A prova da doença prevista no nº 1 é feita por estabelecimento hospitalar, por declaração do centro de saúde ou por atestado médico.

4 – Para efeitos de verificação da situação de doença, o empregador público pode requerer a designação de médico dos serviços da segurança social da área da residência habitual do trabalhador, do facto lhe dando conhecimento na mesma data, podendo também, para aquele efeito, designar um médico que não tenha qualquer vínculo contratual anterior ao empregador público.

5 – Em caso de desacordo entre os pareceres médicos referidos nos números anteriores, pode ser requerida por qualquer das partes a intervenção de junta médica.

6 – Em caso de não cumprimento do dever de informação previsto no nº 1, bem como de oposição, sem motivo atendível, à fiscalização da doença, os dias de alegada doença são considerados dias de férias.

Artigo 129º – Efeitos da suspensão do contrato por impedimento prolongado

1 – No ano da suspensão do contrato por impedimento prolongado, respeitante ao trabalhador, verificando-se a impossibilidade total ou parcial do gozo do direito a férias já vencido, o trabalhador tem direito à remuneração correspondente ao período de férias não gozado e respetivo subsídio.

2 – No ano da cessação do impedimento prolongado o trabalhador tem direito a férias nos termos previstos no artigo 127º

3 – No caso de sobrevir o termo do ano civil antes de decorrido o prazo referido no número anterior ou antes de gozado o direito a férias, pode o trabalhador usufruí-lo até 30 de abril do ano civil subsequente.

4 – Cessando o contrato após impedimento prolongado respeitante ao trabalhador, este tem direito à remuneração e ao subsídio de férias correspondentes ao tempo de serviço prestado no ano de início da suspensão.

Artigo 130º – Violação do direito a férias

Caso o empregador público, com culpa, obste ao gozo das férias nos termos previstos nos artigos anteriores, o trabalhador recebe, a título de compensação, o triplo da remuneração correspondente ao período em falta, o qual deve obrigatoriamente ser gozado até 30 de abril do ano civil subsequente.

Artigo 131º – Exercício de outra atividade durante as férias

1 – O trabalhador não pode exercer qualquer outra atividade remunerada durante as férias, salvo se já a viesse exercendo cumulativamente, com autorização, ou o empregador público a isso o autorizar.

2 – A violação do disposto no número anterior, sem prejuízo da eventual responsabilidade disciplinar do trabalhador, dá ao empregador público o direito de reaver a remuneração correspondente às férias e respetivo subsídio, da qual metade reverte para o Instituto de Gestão Financeira da Segurança Social, I.P., no caso de o trabalhador ser beneficiário do regime geral de segurança social para todas as eventualidades, ou constitui receita do Estado, nos restantes casos.

3 – Para os efeitos previstos no número anterior, o empregador público pode proceder a descontos na remuneração do trabalhador, até ao limite de um sexto, em relação a cada um dos períodos de vencimento posteriores.

Artigo 132º – Contacto em período de férias

Antes do início das férias, o trabalhador deve indicar, se possível, ao respetivo empregador público, a forma como pode ser eventualmente contactado.

SECÇÃO III – Faltas

SUBSECÇÃO I – Disposições comuns

Artigo 133º – Noção

1 – Considera-se falta a ausência de trabalhador do local em que devia desempenhar a atividade durante o período normal de trabalho diário.

2 – Em caso de ausência do trabalhador por períodos inferiores ao período normal de trabalho diário, os respetivos tempos são adicionados para determinação da falta.

Artigo 134º – Tipos de faltas

1 – As faltas podem ser justificadas ou injustificadas.

2 – São consideradas faltas justificadas:

a) As dadas, durante 15 dias seguidos, por altura do casamento;

b) As motivadas por falecimento do cônjuge, parentes ou afins;

c) As motivadas pela prestação de provas em estabelecimento de ensino;

d) As motivadas por impossibilidade de prestar trabalho devido a facto que não seja imputável ao trabalhador, nomeadamente observância de prescrição médica no seguimento de recurso a técnica de procriação medicamente assistida, doença, acidente ou cumprimento de obrigação legal;

e) A motivada pela prestação de assistência inadiável e imprescindível a filho, a neto ou a membro do agregado familiar do trabalhador;

f) As motivadas por deslocação a estabelecimento de ensino de responsável pela educação de menor por motivo da situação educativa deste, pelo tempo estritamente necessário, até quatro horas por trimestre, por cada menor;

g) As de trabalhador eleito para estrutura de representação coletiva dos trabalhadores, nos termos do artigo 316º;

h) As dadas por candidatos a eleições para cargos públicos, durante o período legal da respetiva campanha eleitoral, nos termos da correspondente lei eleitoral;

i) As motivadas pela necessidade de tratamento ambulatório, realização de consultas médicas e exames complementares de diagnóstico, que não possam efetuar-se fora do período normal de trabalho e só pelo tempo estritamente necessário;

j) As motivadas por isolamento profilático;

k) As dadas para doação de sangue e socorrismo;

l) As motivadas pela necessidade de submissão a métodos de seleção em procedimento concursal;

m) As dadas por conta do período de férias;

n) As que por lei sejam como tal consideradas.

3 – O disposto na alínea *i)* do número anterior é extensivo à assistência ao cônjuge ou equiparado, ascendentes, descendentes, adotando, adotados e enteados, menores ou deficientes, quando comprovadamente o trabalhador seja a pessoa mais adequada para o fazer.

4 – As faltas referidas no nº 2 têm os seguintes efeitos:

a) As dadas ao abrigo das alíneas *a)* a *h)* e *n)* têm os efeitos previstos no Código do Trabalho;

b) Sem prejuízo do disposto na alínea anterior, as dadas ao abrigo das alíneas *i)* a *l)* não determinam perda de remuneração;

c) As dadas ao abrigo da alínea *m)* têm os efeitos previstos no artigo seguinte.

5 – As disposições relativas aos tipos de faltas e à sua duração não podem ser objeto de instrumento de regulamentação coletiva de trabalho, salvo tratando-se das situações previstas na alínea *g)* do nº 2.

6 – São consideradas injustificadas as faltas não previstas no nº 2.

Artigo 135º – Faltas por conta do período de férias

1 – Sem prejuízo do disposto em lei especial, o trabalhador pode faltar dois dias por mês por conta do período de férias, até ao máximo de 13 dias por ano, os quais podem ser utilizados em períodos de meios dias.

2 – As faltas previstas no número anterior relevam, segundo opção do interessado, no período de férias do próprio ano ou do ano seguinte.

3 – As faltas por conta do período de férias devem ser comunicadas com a antecedência mínima de 24 horas ou, se não for possível, no próprio dia, e estão sujeitas a autorização, que pode ser recusada se forem suscetíveis de causar prejuízo para o normal funcionamento do órgão ou serviço.

4 – Nos casos em que as faltas determinem perda de remuneração, as ausências podem ser substituídas, se o trabalhador assim o preferir, por dias de férias, na proporção de um dia de férias por cada dia de falta, desde que seja salvaguardado o gozo efetivo de 20 dias de férias ou da correspondente proporção, se se tratar do ano de admissão, mediante comunicação expressa do trabalhador ao empregador público.

SUBSECÇÃO II – Faltas por doença e justificação da doença

Artigo 136º – Verificação da situação de doença por médico designado pela segurança social

1 – Para efeitos de verificação da situação de doença do trabalhador, o empregador público deve requerer a designação de médico aos serviços de segurança social da área da residência habitual do trabalhador, informando o trabalhador do requerimento nessa mesma data.

2 – Os serviços da segurança social referidos no número anterior devem, no prazo de 24 horas, a contar da receção do requerimento:

a) Designar o médico, de entre os que integram comissões de verificação de incapacidade temporária;

b) Comunicar a designação do médico ao empregador público;

c) Convocar o trabalhador para o exame médico, indicando o local, dia e hora da sua realização, que deve ocorrer nas 72 horas seguintes;

d) Comunicar ao trabalhador que a sua não comparência ao exame médico, sem motivo atendível, tem como consequência que os dias de alegada doença são considerados dias de férias, bem como que deve apresentar, aquando da sua observação, informação clínica e os elementos auxiliares de diagnóstico de que disponha, comprovativos da sua incapacidade.

3 – Os serviços de segurança social, caso não possam cumprir o disposto no número anterior, devem, dentro do mesmo prazo, comunicar essa impossibilidade ao empregador público.

Artigo 137º – Verificação da situação de doença por médico designado pelo empregador público

1 – O empregador público pode designar um médico para efetuar a verificação da situação de doença do trabalhado, nos seguintes casos:

a) Não se tendo realizado o exame no prazo previsto na alínea *c)* do nº 2 do artigo anterior por motivo não imputável ao trabalhador ou, sendo caso disso, no prazo previsto no nº 2 do artigo 140º;

b) Tendo recebido a comunicação prevista no nº 3 do artigo anterior ou, na falta desta, se não tiver obtido indicação do médico por parte dos serviços da segurança social nas 24 horas após a apresentação do seu requerimento.

2 – Na data em que designar o médico, nos termos do número anterior, o empregador público dá cumprimento ao disposto nas alíneas *c)* e *d)* do nº 2 do artigo anterior.

Artigo 138º – Reavaliação da situação de doença

1 – Para efeitos do disposto no nº 5 do artigo 128º, a reavaliação da situação de doença do trabalhador é feita por intervenção da comissão de reavaliação dos serviços da segurança social da sua área da residência habitual.

2 – Sem prejuízo do previsto no número seguinte, a comissão de reavaliação é constituída por três médicos, um designado pelos serviços da segurança social, que preside e tem voto de qualidade, devendo ser, quando se tenha procedido à verificação da situação de doença ao abrigo do nº 2 do artigo 136º, o médico que a realizou, um indicado pelo trabalhador e outro pelo empregador público.

3 – A comissão de reavaliação é constituída por apenas dois médicos no caso de:

a) O trabalhador ou o empregador público não ter procedido à respetiva designação;

b) O trabalhador e o empregador público não terem procedido à respetiva designação, competindo aos serviços de segurança social a designação de outro médico.

Artigo 139º – Procedimento de reavaliação da doença

1 – Qualquer das partes pode requerer a reavaliação da situação de doença nas 24 horas subsequentes ao conhecimento do resultado da verificação da mesma, devendo, na mesma data, comunicar esse pedido à contraparte.

2 – O requerente deve indicar o médico referido no nº 2 do artigo anterior ou declarar que prescinde dessa faculdade.

3 – A contraparte pode indicar o médico nas 24 horas seguintes ao conhecimento do pedido.

4 – Os serviços da segurança social devem, no prazo de 24 horas, a contar da receção do requerimento, dar cumprimento ao disposto nas alíneas *c)* e *d)* do nº 2 do artigo 136º

5 – No prazo de oito dias, a contar da apresentação do requerimento, a comissão deve proceder à reavaliação da situação de doença do trabalhador e comunicar o resultado da mesma a este e ao empregador público.

Artigo 140º – Impossibilidade de comparência ao exame médico

1 – O trabalhador convocado para exame médico fora do seu domicílio que, justificadamente, não possa deslocar-se deve, em qualquer caso, informar dessa impossibilidade a entidade que o tiver convocado, até à data prevista para o exame ou, se não tiver sido possível, nas 24 horas seguintes.

2 – Consoante a natureza do impedimento do trabalhador, é determinada nova data para o exame e, se necessário, a sua realização no domicílio do trabalhador, dentro das 48 horas seguintes.

Artigo 141º – Comunicação do resultado da verificação

1 – O médico que proceda à verificação da situação de doença apenas pode comunicar ao empregador público se o trabalhador está ou não apto para desempenhar a atividade.

2 – O médico que proceda à verificação da situação de doença deve proceder à comunicação prevista no número anterior nas 24 horas subsequentes.

Artigo 142º – Eficácia do resultado da verificação da situação de doença

O empregador público não pode fundamentar qualquer decisão desfavorável para o trabalhador no resultado da verificação da situação de doença do mesmo, efetuada nos termos do artigo 136º, enquanto decorrer o prazo para requerer a intervenção da comissão de reavaliação, nem até à decisão final, se esta for requerida.

Artigo 143º – Comunicações e taxas

1 – As comunicações previstas na presente subsecção devem ser efetuadas por escrito e por meio célere, designadamente telegrama, correio eletrónico ou qualquer outro meio escrito, desde que possa fazer prova do seu envio.

2 – Pelo pedido de nomeação de médico pelos serviços da segurança social ou da intervenção da comissão de reavaliação é devido o pagamento de uma taxa, nos termos a fixar em portaria dos membros do Governo responsáveis pelas áreas das finanças e laboral.

CAPÍTULO VI – Remuneração

SECÇÃO I – Disposições gerais

Artigo 144º – Princípios gerais

1 – As normas legais em matéria de remunerações não podem ser afastadas ou derrogadas por instrumento de regulamentação coletiva de trabalho, salvo quando previsto expressamente na presente lei.

2 – A determinação do valor da remuneração deve ser feita tendo em conta a quantidade, natureza e qualidade do trabalho, observando-se o princípio de que para trabalho igual salário igual.

Artigo 145º – Direito à remuneração

1 – A remuneração é devida com o início do exercício de funções, sem prejuízo do regime especial de produção de efeitos da aceitação.

2 – A remuneração, quando seja periódica, é paga mensalmente.

3 – A lei prevê as situações e condições em que o direito à remuneração é total ou parcialmente suspenso.

4 – O direito à remuneração cessa com a extinção do vínculo de emprego público.

Artigo 146º – Componentes da remuneração

A remuneração dos trabalhadores com vínculo de emprego público é composta por:

a) Remuneração base;

b) Suplementos remuneratórios;

c) Prémios de desempenho.

SECÇÃO II – Remuneração base

Artigo 147º – Tabela remuneratória única

1 – A tabela remuneratória única contém a totalidade dos níveis remuneratórios suscetíveis de ser utilizados na fixação da remuneração base dos trabalhadores que exerçam funções ao abrigo de vínculo de emprego público.

2 – O número de níveis remuneratórios e o montante pecuniário correspondente a cada um é fixado em portaria do Primeiro-Ministro e do membro do Governo responsável pela área das finanças.

3 – A alteração do montante pecuniário correspondente a cada nível remuneratório deve manter a proporcionalidade relativa entre cada um dos níveis.

4 – Não é necessário observar a proporcionalidade prevista no número anterior entre o primeiro nível remuneratório e o nível subsequente, sempre que aquele seja fixado por referência à retribuição mínima mensal garantida (RMMG).

Artigo 148º – Retribuição mínima mensal garantida

A tabela remuneratória única não pode prever níveis remuneratórios de montante inferior ao da retribuição mínima mensal garantida.

Artigo 149º – Fixação da remuneração base

1 – Os níveis remuneratórios correspondentes às posições remuneratórias das categorias, bem como aos cargos exercidos em comissão de serviço, são fixados por decreto regulamentar.

2 – Na fixação dos níveis remuneratórios correspondentes às posições remuneratórias das categorias devem, em princípio, observar-se as seguintes regras:

a) Nas carreiras pluricategoriais, os intervalos entre os níveis remuneratórios são decrescentemente mais pequenos, à medida que as correspondentes posições se tornam superiores;

b) Os níveis remuneratórios correspondentes às posições das várias categorias da carreira não se devem sobrepor, verificando-se um movimento único crescente desde o nível correspondente à primeira posição da categoria inferior até ao correspondente à última posição da categoria superior;

c) Excecionalmente, o nível correspondente à última posição remuneratória de uma categoria pode ser idêntico ao da primeira posição da categoria imediatamente superior;

d) Nas carreiras unicategoriais, os intervalos entre níveis remuneratórios são constantes.

Artigo 150º – Conceito de remuneração base

1 – A remuneração base é o montante pecuniário correspondente ao nível remuneratório da posição remuneratória onde o trabalhador se encontra na categoria de que é titular ou do cargo exercido em comissão de serviço.

2 – A remuneração base anual é paga em 14 mensalidades, correspondendo uma delas ao subsídio de Natal e outra ao subsídio de férias, nos termos da lei.

Artigo 151º – Subsídio de Natal

1 – O trabalhador tem direito a um subsídio de Natal de valor igual a um mês de remuneração base mensal, que deve ser pago no mês de novembro de cada ano.

2 – O valor do subsídio de Natal é proporcional ao tempo de serviço prestado no ano civil, nas seguintes situações:

a) No ano de admissão do trabalhador;

b) No ano da cessação do contrato;

c) Em caso de suspensão do contrato, salvo se por doença do trabalhador.

Artigo 152º – Remuneração do período de férias

1 – A remuneração do período de férias corresponde à remuneração que o trabalhador receberia se estivesse em serviço efetivo, com exceção do subsídio de refeição.

2 – Além da remuneração mencionada no número anterior, o trabalhador tem direito a um subsídio de férias de valor igual a um mês de remuneração base mensal, que deve ser pago por inteiro no mês de junho de cada ano ou em conjunto com a remuneração mensal do mês anterior ao do gozo das férias, quando a aquisição do respetivo direito ocorrer em momento posterior.

3 – A suspensão do contrato por doença do trabalhador não prejudica o direito ao subsídio de férias, nos termos do número anterior.

4 – O aumento do período de férias previsto nos nºs 4 e 5 do artigo 126º ou a sua redução nos termos do Código do Trabalho, respetivamente, não

implicam o aumento ou a redução correspondentes na remuneração ou no subsídio de férias.

Artigo 153º – Remuneração em caso de mobilidade

1 – O trabalhador em mobilidade na categoria, em órgão ou serviço diferente ou cuja situação jurídicofuncional de origem seja a de colocado em *regime de valorização profissional*, pode ser remunerado pela posição remuneratória imediatamente seguinte àquela em que se encontre posicionado na categoria ou, em caso de inexistência desta, pelo nível remuneratório que suceda ao correspondente à sua posição na tabela remuneratória única.

(Redação dada pelo artº 4º, nº 2 da Lei nº 25/2017, de 30 de maio)

2 – O trabalhador em mobilidade intercarreiras ou categorias nunca pode auferir uma remuneração inferior à que corresponde à categoria de que é titular.

3 – No caso referido no número anterior, quando a primeira posição remuneratória da categoria correspondente à função que o trabalhador vai exercer for superior ao nível remuneratório da primeira posição daquela de que é titular, a remuneração do trabalhador é acrescida para o nível remuneratório superior mais próximo daquele que corresponde ao seu posicionamento na categoria de que é titular.

4 – Não se verificando a hipótese prevista no número anterior, pode o trabalhador ser remunerado nos termos do nº 1.

5 – Exceto em caso de acordo em sentido diferente entre os órgãos ou serviços, o trabalhador em mobilidade interna é remunerado pelo órgão ou serviço de destino.

Artigo 154º – Opção pela remuneração base

1 – Quando o vínculo de emprego público se constitua por comissão de serviço, ou haja lugar a cedência de interesse público, o trabalhador tem o direito de optar, a todo o tempo, pela remuneração base devida na situação jurídico-funcional de origem que esteja constituída por tempo indeterminado.

2 – No caso de cedência de interesse público para o exercício de funções em órgão ou serviço a que a presente lei é aplicável, com a opção pela remuneração a que se refere o número anterior, a remuneração a pagar não pode exceder, em caso algum, a remuneração base do Primeiro-Ministro.

Artigo 155º – Cálculo do valor da remuneração horária e diária

1 – O valor da hora normal de trabalho é calculado através da fórmula (Rb x 12)/(52 x N), em que Rb é a remuneração base mensal e N o número de horas da normal duração semanal do trabalho.

2 – A fórmula referida no número anterior serve de base de cálculo da remuneração correspondente a qualquer outra fração de tempo de trabalho inferior ao período de trabalho diário.

3 – A remuneração diária corresponde a 1/30 da remuneração mensal.

SECÇÃO III – Alteração do posicionamento remuneratório

Artigo 156º – Regra geral de alteração do posicionamento remuneratório

1 – Os trabalhadores com vínculo de emprego público podem ver alterado o seu posicionamento remuneratório na categoria para a posição remuneratória imediatamente seguinte àquela em que se encontram, nos termos do presente artigo.

2 – São elegíveis para beneficiar de alteração do posicionamento remuneratório os trabalhadores do órgão ou serviço, onde quer que se encontrem em exercício de funções, que, na falta de lei especial em contrário, tenham obtido, nas últimas avaliações do seu desempenho referido às funções exercidas durante o posicionamento remuneratório em que se encontram:

a) Uma menção máxima;

b) Duas menções consecutivas imediatamente inferiores às máximas; ou

c) Três menções consecutivas imediatamente inferiores às referidas na alínea anterior, desde que consubstanciem desempenho positivo.

3 – Os trabalhadores a que se refere o número anterior são ordenados, dentro de cada universo, por ordem decrescente da classificação quantitativa obtida na última avaliação do seu desempenho.

4 – Em face da ordenação referida no número anterior e até ao limite do montante máximo dos encargos fixado por cada universo, nos termos dos nºs 2 e 3 do artigo 158º, é alterado o posicionamento remuneratório do trabalhador, salvo o disposto no número seguinte.

5 – Não há lugar a alteração do posicionamento remuneratório quando, não obstante reunidos os requisitos previstos no nº 2, o montante máximo dos encargos fixado para o universo em causa se tenha previsivelmente esgotado, no quadro da execução orçamental em curso, com a alteração relativa a trabalhador ordenado superiormente.

6 – Para efeitos do disposto nas alíneas *b)* e *c)* do nº 2, são também consideradas as menções obtidas que sejam superiores às nelas referidas.

7 – Há lugar a alteração obrigatória para a posição remuneratória imediatamente seguinte àquela em que o trabalhador se encontra, quando a haja, independentemente dos universos definidos nos termos do artigo 158º, quando aquele, na falta de lei especial em contrário, tenha acumulado 10 pontos nas

avaliações do desempenho referido às funções exercidas durante o posicionamento remuneratório em que se encontra, contados nos seguintes termos:

a) Seis pontos por cada menção máxima;

b) Quatro pontos por cada menção imediatamente inferior à máxima;

c) Dois pontos por cada menção imediatamente inferior à referida na alínea anterior, desde que consubstancie desempenho positivo;

d) Dois pontos negativos por cada menção correspondente ao mais baixo nível de avaliação.

8 – Na falta de lei especial em contrário, a alteração do posicionamento remuneratório reporta-se a 1 de janeiro do ano em que tiver lugar.

Artigo 157º – Regras especiais de alteração do posicionamento remuneratório

1 – O dirigente máximo do órgão ou serviço pode, ouvido o Conselho Coordenador da Avaliação ou o órgão com competência equiparada, alterar o posicionamento remuneratório de trabalhador para a posição remuneratória imediatamente seguinte àquela em que ele se encontra, mesmo que não se encontrem reunidos os requisitos previstos no nº 2 do artigo anterior, desde que o trabalhador tenha obtido a menção máxima ou a imediatamente inferior e se inclua nos universos definidos para a alteração de posicionamento remuneratório nos termos e limites do artigo anterior.

2 – O dirigente máximo do órgão ou serviço pode, ouvido o Conselho Coordenador da Avaliação ou o órgão com competência equiparada, determinar que a alteração do posicionamento na categoria de trabalhador se opere para qualquer outra posição remuneratória seguinte àquela em que ele se encontra, desde que o trabalhador esteja incluído no universo de trabalhadores incluídos para alteração de posicionamento remuneratório e nos termos e limites fixados no artigo anterior.

3 – O disposto no número anterior tem como limite a posição remuneratória máxima para a qual tenham alterado o seu posicionamento os trabalhadores que, no âmbito do mesmo universo, se encontrem ordenados superiormente.

4 – As alterações do posicionamento remuneratório previstas no presente artigo são fundamentadas e tornadas públicas, com o teor integral da respetiva fundamentação e do parecer do Conselho Coordenador da Avaliação ou do órgão com competência equiparada, por publicação na 2ª série do Diário da República, por afixação no órgão ou serviço e por divulgação em página eletrónica, sendo ainda aplicável o disposto no nº 8 do artigo anterior.

Artigo 158º – Alteração do posicionamento remuneratório por opção gestionária

1 – O dirigente máximo do serviço, de acordo com as verbas orçamentais previstas, estabelece as verbas destinadas a suportar os encargos decorrentes de alterações do posicionamento remuneratório na categoria dos trabalhadores do órgão ou serviço.

2 – A decisão referida no número anterior fixa, fundamentadamente, o montante máximo, com as desagregações necessárias, dos encargos que o órgão ou serviço se propõe suportar, bem como o universo das carreiras e categorias onde as alterações do posicionamento remuneratório na categoria podem ter lugar.

3 – O universo referido no número anterior pode ainda ser desagregado, quando assim o entenda o dirigente máximo, em função:

a) Da atribuição, competência ou atividade que os trabalhadores integrados em determinada carreira ou titulares de determinada categoria devam cumprir ou executar;

b) Da área de formação académica ou profissional dos trabalhadores integrados em determinada carreira ou titulares de determinada categoria, quando tal área de formação tenha sido utilizada na caracterização dos postos de trabalho contidos nos mapas de pessoal.

4 – Para efeitos do disposto nos números anteriores, as alterações podem não ter lugar em todas as carreiras, ou em todas as categorias de uma mesma carreira ou ainda relativamente a todos os trabalhadores integrados em determinada carreira ou titulares de determinada categoria.

5 – A decisão é tornada pública por afixação no órgão ou serviço e divulgação em página eletrónica.

SECÇÃO IV – Suplementos remuneratórios

Artigo 159º – Condições de atribuição dos suplementos remuneratórios

1 – São suplementos remuneratórios os acréscimos remuneratórios devidos pelo exercício de funções em postos de trabalho que apresentam condições mais exigentes relativamente a outros postos de trabalho caracterizados por idêntico cargo ou por idênticas carreira e categoria.

2 – Os suplementos remuneratórios estão referenciados ao exercício de funções nos postos de trabalho referidos na primeira parte do número anterior, sendo apenas devidos a quem os ocupe.

3 – São devidos suplementos remuneratórios quando trabalhadores, em postos de trabalho determinados nos termos do nº 1, sofram, no exercício das suas funções, condições de trabalho mais exigentes:

a) De forma anormal e transitória, designadamente as decorrentes de prestação de trabalho suplementar, noturno, em dias de descanso semanal, complementar e feriados e fora do local normal de trabalho; ou

b) De forma permanente, designadamente as decorrentes de prestação de trabalho arriscado, penoso ou insalubre, por turnos, em zonas periféricas, com isenção de horário e de secretariado de direção.

4 – Os suplementos remuneratórios são apenas devidos enquanto perdurem as condições de trabalho que determinaram a sua atribuição e haja exercício de funções efetivo ou como tal considerado em lei.

5 – Os suplementos remuneratórios devem ser fixados em montantes pecuniários e só excecionalmente podem ser fixados em percentagem da remuneração base mensal.

6 – Os suplementos remuneratórios são criados por lei, podendo ser regulamentados por instrumento de regulamentação coletiva de trabalho.

Artigo 160º – Trabalho noturno

1 – O trabalho noturno deve ser remunerado com um acréscimo de 25 % relativamente à remuneração do trabalho equivalente prestado durante o dia.

2 – O acréscimo remuneratório previsto no número anterior pode ser fixado em instrumento de regulamentação coletiva de trabalho, através de uma redução equivalente dos limites máximos do período normal de trabalho.

3 – O disposto no nº 1 não se aplica ao trabalho prestado durante o período noturno, salvo se previsto em instrumento de regulamentação coletiva de trabalho:

a) Ao serviço de atividades que sejam exercidas exclusiva ou predominantemente durante esse período, designadamente as de espetáculos e diversões públicas;

b) Ao serviço de atividades que, pela sua natureza ou por força da lei, devam necessariamente funcionar à disposição do público durante o mesmo período;

c) Quando o acréscimo remuneratório pela prestação de trabalho noturno se encontre integrado na remuneração base.

Artigo 161º – Suplemento remuneratório de turno

1 – Desde que um dos turnos seja total ou parcialmente coincidente com o período de trabalho noturno, os trabalhadores por turnos têm direito a um acréscimo remuneratório cujo montante varia em função do número de turnos adotado, bem como da natureza permanente ou não do funcionamento dos serviços.

2 – O acréscimo referido no número anterior, relativamente à remuneração base, varia entre:

a) 25 % a 22 %, quando o regime de turnos for permanente, total ou parcial;

b) 22 % a 20 %, quando o regime de turnos for semanal prolongado, total ou parcial;

c) 20 % a 15 %, quando o regime de turnos for semanal total ou parcial.

3 – A fixação das percentagens, nos termos do número anterior, tem lugar em regulamento interno ou em instrumento de regulamentação coletiva de trabalho.

4 – O acréscimo remuneratório inclui o que fosse devido por trabalho noturno, mas não afasta a remuneração por trabalho suplementar.

Artigo 162º – Trabalho suplementar

1 – A prestação de trabalho suplementar em dia normal de trabalho confere ao trabalhador o direito aos seguintes acréscimos:

a) 25 % da remuneração, na primeira hora ou fração desta;

b) 37,5 % da remuneração, nas horas ou frações subsequentes.

2 – O trabalho suplementar prestado em dia de descanso semanal, obrigatório ou complementar, e em dia feriado, confere ao trabalhador o direito a um acréscimo de 50 % da remuneração por cada hora de trabalho efetuado.

3 – A compensação horária que serve de base ao cálculo do trabalho suplementar é apurada segundo a fórmula prevista no artigo 155º, considerando-se, nas situações de determinação do período normal de trabalho semanal em termos médios, que N significa o número médio de horas do período normal de trabalho semanal efetivamente praticado no órgão ou serviço.

4 – Os montantes remuneratórios previstos nos números anteriores podem ser fixados em instrumento de regulamentação coletiva de trabalho.

5 – É exigível o pagamento de trabalho suplementar cuja prestação tenha sido prévia e expressamente determinada.

6 – A autorização prévia prevista no número anterior é dispensada em situações de prestação de trabalho suplementar motivadas por força maior ou sempre que indispensável para prevenir ou reparar prejuízo grave para os órgãos e serviços, desde que as mesmas sejam posteriormente justificadas pelo dirigente máximo do serviço.

7 – Por acordo entre o empregador público e o trabalhador, a remuneração por trabalho suplementar pode ser substituída por descanso compensatório.

(Lei nº 114/2017, de 29 de dezembro, que aprovou o OE para 2018, repõe em vigor os acréscimos aqui previstos para o trabalho suplementar a partir de 1 de janeiro de 2018)

Artigo 163º – Limites remuneratórios

1 – Os trabalhadores nomeados não podem, em cada mês, receber por trabalho suplementar mais do que um terço da remuneração base respetiva, pelo que não pode ser exigida a sua realização quando exceda aquele limite.

2 – Os limites fixados para os trabalhadores das carreiras de assistente técnico e operacional afetos às residências oficiais do Presidente da República e do Primeiro-Ministro mantêm-se nos termos da legislação em vigor.

Artigo 164º – Isenção de horário de trabalho

1 – O trabalhador isento de horário de trabalho nas modalidades previstas nas alíneas *a)* e *b)* do nº 1 do artigo 118º tem direito a um suplemento remuneratório, nos termos fixados por lei ou por instrumento de regulamentação coletiva de trabalho.

2 – O disposto no número anterior pode não se aplicar a carreiras especiais e a cargos em que o regime de isenção de horário de trabalho constitua o regime normal de prestação do trabalho.

Artigo 165º – Feriados

1 – O trabalhador tem direito à remuneração correspondente aos feriados, sem que o empregador público os possa compensar com trabalho suplementar.

2 – O trabalhador que realiza a prestação em órgão ou serviço legalmente dispensado de suspender o trabalho em dia feriado obrigatório tem direito a um descanso compensatório com duração de metade do número de horas prestadas ou ao acréscimo de 50 % da remuneração pelo trabalho prestado nesse dia, cabendo a escolha ao empregador público, na ausência de acordo entre as partes.

SECÇÃO V – Prémios de desempenho

Artigo 166º – Preparação da atribuição

1 – O dirigente máximo do órgão ou serviço fixa, fundamentadamente, no prazo de 15 dias após o início da execução do orçamento, o universo dos cargos e o das carreiras e categorias onde a atribuição de prémios de desempenho pode ter lugar, com as desagregações necessárias do montante disponível em função de tais universos, tendo em conta as verbas orçamentais destinadas a suportar este tipo de encargos.

2 – É aplicável à atribuição de prémios de desempenho, com as necessárias adaptações, o disposto nos nºs 3 a 5 do artigo 158º

Artigo 167º – Condições da atribuição dos prémios de desempenho

1 – São elegíveis para a atribuição de prémios de desempenho os trabalhadores que, cumulativamente, exerçam funções no órgão ou serviço e, na falta de lei especial em contrário, tenham obtido, na última avaliação do seu desempenho, a menção máxima ou a imediatamente inferior a ela.

2 – Os trabalhadores que preenchem cada um dos universos definidos, são ordenados, dentro de cada universo, por ordem decrescente da classificação quantitativa obtida naquela avaliação.

3 – Em face da ordenação referida no número anterior, e após exclusão dos trabalhadores que, nesse ano, tenham alterado o seu posicionamento remuneratório na categoria por cujo nível remuneratório se encontrem a auferir a remuneração base, o montante máximo dos encargos fixado por cada universo nos termos do artigo anterior é distribuído, pela ordem mencionada, de modo a que cada trabalhador receba o equivalente à sua remuneração base mensal.

4 – Não há lugar a atribuição de prémio de desempenho quando, não obstante reunidos os requisitos previstos no nº 1, o montante máximo dos encargos fixado para o universo em causa se tenha esgotado com a atribuição de prémio a trabalhador ordenado superiormente.

5 – Os prémios de desempenho estão referenciados ao desempenho do trabalhador objetivamente revelado e avaliado.

Artigo 168º – Outros sistemas de recompensa do desempenho

1 – Podem ser criados outros sistemas de recompensa do desempenho, designadamente em função de resultados obtidos em equipa ou do desempenho de trabalhadores que se encontrem posicionados na última posição remuneratória da respetiva categoria.

2 – Os sistemas referidos no número anterior podem afastar a aplicação do disposto na presente secção.

SECÇÃO VI – Descontos

Artigo 169º – Enumeração

1 – Sobre as remunerações devidas pelo exercício de funções em órgão ou serviço a que a presente lei é aplicável incidem:

a) Descontos obrigatórios;

b) Descontos facultativos.

2 – São obrigatórios os descontos que resultam de imposição legal.

3 – São facultativos os descontos que, sendo permitidos por lei, carecem de autorização expressa do titular do direito à remuneração.

4 – Na falta de lei especial em contrário, os descontos são efetuados diretamente através de retenção na fonte.

Artigo 170º – Descontos obrigatórios

Constituído o vínculo de emprego público, são descontos obrigatórios os seguintes:

a) Imposto sobre o rendimento das pessoas singulares;

b) Quotizações para o regime de proteção social aplicável.

Artigo 171º – Descontos facultativos

1 – Constituído o vínculo de emprego público, são descontos facultativos, designadamente, os seguintes:

a) Prémios de seguros de doença ou de acidentes pessoais, de seguros de vida e complementos de reforma e planos de poupança-reforma;

b) Quota sindical.

2 – Desde que solicitado pelo trabalhador, as quotas sindicais são obrigatoriamente descontadas na fonte.

SECÇÃO VII – Cumprimento

Artigo 172º – Forma do cumprimento

1 – O montante da remuneração deve estar à disposição do trabalhador na data do vencimento ou no dia útil imediatamente anterior.

2 – No ato do pagamento da remuneração, o empregador público deve entregar ao trabalhador documento do qual constem a identificação daquela e o nome completo deste, o número de inscrição na instituição de proteção social respetiva, a categoria profissional, o período a que respeita a remuneração, discriminando a remuneração base e as demais prestações, os descontos e deduções efetuados e o montante líquido a receber.

Artigo 173º – Tempo do cumprimento

1 – A obrigação de satisfazer a remuneração, quando esta seja periódica, vence-se mensalmente.

2 – O cumprimento deve efetuar-se nos dias úteis.

3 – O empregador público fica constituído em mora se o trabalhador, por facto que não lhe seja imputável, não puder dispor do montante da remuneração na data do vencimento.

SECÇÃO VIII – Garantias dos créditos remuneratórios

Artigo 174º – Compensações e descontos

1 – Na pendência do vínculo de emprego público, o empregador público não pode compensar a remuneração em dívida com créditos que tenha sobre o trabalhador, nem fazer quaisquer descontos ou deduções no montante da referida remuneração.

2 – O disposto no número anterior não se aplica:

a) Aos descontos a favor do Estado, da segurança social ou de outras entidades, ordenados por lei, por decisão judicial transitada em julgado ou por auto de conciliação, quando da decisão ou do auto tenha sido notificado o empregador público;

b) Às indemnizações devidas pelo trabalhador ao empregador público, quando se acharem liquidadas por decisão judicial transitada em julgado ou por auto de conciliação;

c) Às multas ou a reposição de qualquer quantia em que o trabalhador tenha sido condenado no âmbito de procedimento disciplinar e não tenha procedido ao respetivo pagamento voluntário;

d) Aos preços de refeições no local de trabalho, de utilização de telefones, de fornecimento de géneros, de combustíveis ou de materiais, quando solicitados pelo trabalhador, bem como a outras despesas efetuadas pelo empregador público por conta do trabalhador e consentidas por este;

e) A outros descontos ou deduções previstas na lei.

3 – Com exceção da alínea *a)* do número anterior, os descontos referidos no número anterior não podem exceder, no seu conjunto, um sexto da remuneração.

Artigo 175º – Insusceptibilidade de cessão dos créditos laborais

O trabalhador não pode ceder, a título gratuito ou oneroso, os seus créditos a remunerações na medida em que estes sejam impenhoráveis.

CAPÍTULO VII – Exercício do poder disciplinar

SECÇÃO I – Disposições gerais

Artigo 176º – Sujeição ao poder disciplinar

1 – Todos os trabalhadores são disciplinarmente responsáveis perante os seus superiores hierárquicos.

2 – Os titulares dos órgãos dirigentes dos serviços da administração direta e indireta do Estado são disciplinarmente responsáveis perante o membro do Governo que exerça a respetiva superintendência ou tutela.

3 – Os trabalhadores ficam sujeitos ao poder disciplinar desde a constituição do vínculo de emprego público, em qualquer das suas modalidades.

4 – A cessação do vínculo de emprego público ou a alteração da situação jurídico-funcional do trabalhador não impedem a punição por infrações cometidas no exercício da função.

5 – Em caso de cessação do vínculo de emprego público, o procedimento disciplinar ou a execução de qualquer das sanções previstas nas alíneas *b)* a *d)* do nº 1 do artigo 180º suspende-se por um período máximo de 18 meses, podendo prosseguir caso o trabalhador constitua novo vínculo de emprego público para as mesmas funções a que o procedimento disciplinar diz respeito e desde que do seu início, ressalvado o tempo de suspensão, não decorram mais de 18 meses até à notificação ao trabalhador da decisão final.

(Redação do Dec.- Lei nº 6/2019, de 14 de janeiro)

Artigo 177º – Exclusão da responsabilidade disciplinar

1 – É excluída a responsabilidade disciplinar do trabalhador que atue no cumprimento de ordens ou instruções emanadas de legítimo superior hierárquico e em matéria de serviço, quando previamente delas tenha reclamado ou exigido a sua transmissão ou confirmação por escrito.

2 – Considerando ilegal a ordem ou instrução recebidas, o trabalhador faz expressamente menção desse facto ao reclamar ou ao pedir a sua transmissão ou confirmação por escrito.

3 – Quando a decisão da reclamação ou a transmissão ou confirmação da ordem ou instrução por escrito não tenham lugar dentro do tempo em que, sem prejuízo, o cumprimento destas possa ser demorado, o trabalhador comunica, também por escrito, ao seu imediato superior hierárquico, os termos exatos da ordem ou instrução recebidas e da reclamação ou do pedido formulados, bem como a não satisfação destes, executando seguidamente a ordem ou instrução.

4 – Quando a ordem ou instrução sejam dadas com menção de cumprimento imediato e sem prejuízo do disposto nos nºs 1 e 2, a comunicação referida na parte final do número anterior é efetuada após a execução da ordem ou instrução.

5 – Cessa o dever de obediência sempre que o cumprimento das ordens ou instruções implique a prática de qualquer crime.

Artigo 178º – Prescrição da infração disciplinar e do procedimento disciplinar

1 – A infração disciplinar prescreve no prazo de um ano sobre a respetiva prática, salvo quando consubstancie também infração penal, caso em que se sujeita aos prazos de prescrição estabelecidos na lei penal à data da prática dos factos.

2 – O direito de instaurar o procedimento disciplinar prescreve no prazo de 60 dias sobre o conhecimento da infração por qualquer superior hierárquico.

3 – Suspendem os prazos prescricionais referidos nos números anteriores, por um período até seis meses, a instauração de processo de sindicância aos órgãos ou serviços, ou de processo de inquérito ou disciplinar, mesmo que não dirigidos contra o trabalhador a quem a prescrição aproveite, quando em qualquer deles venham a apurar-se infrações por que seja responsável.

4 – A suspensão do prazo prescricional da infração disciplinar opera quando, cumulativamente:

a) Os processos referidos no número anterior tenham sido instaurados nos 30 dias seguintes à suspeita da prática de factos disciplinarmente puníveis;

b) O procedimento disciplinar subsequente tenha sido instaurado nos 30 dias seguintes à receção daqueles processos, para decisão, pela entidade competente;

c) À data da instauração dos processos e procedimento referidos nas alíneas anteriores, não se encontre já prescrito o direito de instaurar procedimento disciplinar.

5 – O procedimento disciplinar prescreve decorridos 18 meses, a contar da data em que foi instaurado quando, nesse prazo, o trabalhador não tenha sido notificado da decisão final.

6 – A prescrição do procedimento disciplinar referida no número anterior suspende-se durante o tempo em que, por força de decisão ou de apreciação judicial de qualquer questão, a marcha do correspondente processo não possa começar ou continuar a ter lugar.

7 – A prescrição volta a correr a partir do dia em que cesse a causa da suspensão.

Artigo 179º – Efeitos da pronúncia e da condenação em processo penal

1 – Quando o agente de um crime cujo julgamento seja da competência do tribunal de júri ou do tribunal coletivo seja um trabalhador em funções públicas, a secretaria do tribunal por onde corra o processo, no prazo de 24 horas sobre o trânsito em julgado do despacho de pronúncia ou equivalente, entrega, por termo nos autos, cópia de tal despacho ao Ministério Público, a

fim de que este a remeta ao órgão ou serviço em que o trabalhador desempenha funções.

2 – Quando um trabalhador em funções públicas seja condenado pela prática de crime, aplica-se, com as necessárias adaptações, o disposto no número anterior.

3 – A condenação em processo penal não prejudica o exercício da ação disciplinar quando a infração penal constitua também infração disciplinar.

4 – Quando os factos praticados pelo trabalhador sejam passíveis de ser considerados infração penal, dá-se obrigatoriamente notícia deles ao Ministério Público competente para promover o procedimento criminal, nos termos do artigo 242º do Código de Processo Penal, aprovado pelo Decreto-Lei nº 78/87, de 17 de fevereiro, na redação atual.

SECÇÃO II – Sanções disciplinares

SUBSECÇÃO I – Disposições gerais

Artigo 180º – Escala das sanções disciplinares

1 – As sanções disciplinares aplicáveis aos trabalhadores em funções públicas pelas infrações que cometam são as seguintes:

a) Repreensão escrita;

b) Multa;

c) Suspensão;

d) Despedimento disciplinar ou demissão.

2 – Aos titulares de cargos dirigentes e equiparados é aplicável a sanção disciplinar de cessação da comissão de serviço, a título principal ou acessório.

3 – Não pode ser aplicada mais de uma sanção disciplinar por cada infração, pelas infrações acumuladas que sejam apreciadas num único processo ou pelas infrações apreciadas em processos apensados.

4 – As sanções disciplinares são registadas no processo individual do trabalhador.

Artigo 181º – Caracterização das sanções disciplinares

1 – A sanção de repreensão escrita consiste em mero reparo pela irregularidade praticada.

2 – A sanção de multa é fixada em quantia certa e não pode exceder o valor correspondente a seis remunerações base diárias por cada infração e um valor total correspondente à remuneração base de 90 dias por ano.

3 – A sanção de suspensão consiste no afastamento completo do trabalhador do órgão ou serviço durante o período da sanção.

4 – A sanção de suspensão varia entre 20 e 90 dias por cada infração, num máximo de 240 dias por ano.

5 – A sanção de despedimento disciplinar consiste no afastamento definitivo do órgão ou serviço do trabalhador com contrato de trabalho em funções públicas, cessando o vínculo de emprego público.

6 – A sanção de demissão consiste no afastamento definitivo do órgão ou serviço do trabalhador nomeado, cessando o vínculo de emprego público.

7 – A sanção de cessação da comissão de serviço consiste na cessação compulsiva do exercício de cargo dirigente ou equiparado.

Artigo 182º

Efeitos das sanções disciplinares

1 – As sanções disciplinares produzem unicamente os efeitos previstos na presente lei.

2 – A sanção de suspensão determina, por tantos dias quantos os da sua duração, o não exercício de funções e a perda das remunerações correspondentes e da contagem do tempo de serviço para antiguidade.

3 – A aplicação da sanção de suspensão não prejudica o direito dos trabalhadores à manutenção, nos termos legais, das prestações do respetivo regime de proteção social.

4 – As sanções de despedimento disciplinar ou de demissão importam a perda de todos os direitos do trabalhador, salvo quanto à reforma por velhice ou à aposentação, nos termos e condições previstos na lei, mas não o impossibilitam de voltar a exercer funções em órgão ou serviço que não exijam as particulares condições de dignidade e confiança que aquelas de que foi despedido ou demitido exigiam.

5 – A sanção de cessação da comissão de serviço implica o termo do exercício do cargo dirigente ou equiparado e a impossibilidade de exercício de qualquer cargo dirigente ou equiparado durante o período de três anos, a contar da data da notificação da decisão.

SUBSECÇÃO II – Infrações a que são aplicáveis as sanções disciplinares

Artigo 183º – Infração disciplinar

Considera-se infração disciplinar o comportamento do trabalhador, por ação ou omissão, ainda que meramente culposo, que viole deveres gerais ou especiais inerentes à função que exerce.

Artigo 184º – Repreensão escrita

A sanção disciplinar de repreensão escrita é aplicável a infrações leves de serviço.

Artigo 185º – Multa

A sanção disciplinar de multa é aplicável a casos de negligência ou má compreensão dos deveres funcionais, nomeadamente aos trabalhadores que:

a) Não observem os procedimentos estabelecidos ou cometam erros por negligência, de que não resulte prejuízo relevante para o serviço;

b) Desobedeçam às ordens dos superiores hierárquicos, sem consequências importantes;

c) Não usem de correção para com os superiores hierárquicos, subordinados ou colegas ou para com o público;

d) Pelo defeituoso cumprimento ou desconhecimento das disposições legais e regulamentares ou das ordens superiores, demonstrem falta de zelo pelo serviço;

e) Não façam as comunicações de impedimentos e suspeições previstas no Código do Procedimento Administrativo.

(Retificado pela Declaração de Retificação nº 37-A/2014, de 19 de agosto)

Artigo 186º – Suspensão

A sanção disciplinar de suspensão é aplicável aos trabalhadores que atuem com grave negligência ou com grave desinteresse pelo cumprimento dos deveres funcionais e àqueles cujos comportamentos atentem gravemente contra a dignidade e o prestígio da função, nomeadamente quando:

a) Deem informação errada a superior hierárquico;

b) Compareçam ao serviço em estado de embriaguez ou sob o efeito de estupefacientes ou drogas equiparadas;

c) Exerçam funções em acumulação, sem autorização ou apesar de não autorizados ou, ainda, quando a autorização tenha sido concedida com base em informações ou elementos, por eles fornecidos, que se revelem falsos ou incompletos;

d) Demonstrem desconhecimento de normas essenciais reguladoras do serviço, do qual haja resultado prejuízos para o órgão ou serviço ou para terceiros;

e) Dispensem tratamento de favor a determinada entidade, singular ou coletiva;

f) Omitam informação que possa ou deva ser prestada ao cidadão ou, com violação da lei em vigor sobre acesso à informação, revelem factos ou documentos relacionados com os procedimentos administrativos, em curso ou concluídos;

g) Desobedeçam escandalosamente, ou perante o público e em lugar aberto ao mesmo, às ordens superiores;

h) Prestem falsas declarações sobre justificação de faltas;

i) Violem os procedimentos da avaliação do desempenho, incluindo a aposição de datas sem correspondência com o momento da prática do ato;

j) Agridam, injuriem ou desrespeitem gravemente superior hierárquico, colega, subordinado ou terceiro, fora dos locais de serviço, por motivos relacionados com o exercício das funções;

k) Recebam fundos, cobrem receitas ou recolham verbas de que não prestem contas nos prazos legais;

l) Violem, com culpa grave ou dolo, o dever de imparcialidade no exercício das funções; *m)* Usem ou permitam que outrem use ou se sirva de quaisquer bens pertencentes aos órgãos ou serviços, cuja posse ou utilização lhes esteja confiada, para fim diferente daquele a que se destinam; *n)* Violem os deveres previstos nos nºs 1 e 2 do artigo 24º

Artigo 187º – Despedimento disciplinar ou demissão

As sanções de despedimento disciplinar ou de demissão são aplicáveis em caso de infração que inviabilize a manutenção do vínculo de emprego público nos termos previstos na presente lei.

Artigo 188º – Cessação da comissão de serviço

1 – A sanção disciplinar de cessação da comissão de serviço é aplicável, a título principal, aos titulares de cargos dirigentes e equiparados que:

a) Não procedam disciplinarmente contra os trabalhadores seus subordinados pelas infrações de que tenham conhecimento;

b) Não participem criminalmente infração disciplinar de que tenham conhecimento no exercício das suas funções, que revista caráter penal;

c) Autorizem, informem favoravelmente ou omitam informação, relativamente à situação jurídicofuncional de trabalhadores, em violação das normas que regulam o vínculo de emprego público;

d) Violem as normas relativas à celebração de contratos de prestação de serviço.

2 – A sanção disciplinar de cessação da comissão de serviço é sempre aplicada acessoriamente aos titulares de cargos dirigentes e equiparados por qualquer infração disciplinar punida com sanção disciplinar igual ou superior à de multa.

Artigo 189º – Medida das sanções disciplinares

Na aplicação das sanções disciplinares atende-se aos critérios gerais enunciados nos artigos 184º a 188º, à natureza, à missão e às atribuições do órgão ou serviço, ao cargo ou categoria do trabalhador, às particulares responsabilidades inerentes à modalidade do seu vínculo de emprego público, ao grau de culpa, à sua personalidade e a todas as circunstâncias em que a infração tenha sido cometida que militem contra ou a favor dele.

Artigo 190º – Circunstâncias dirimentes e atenuantes da responsabilidade disciplinar

1 – São circunstâncias dirimentes da responsabilidade disciplinar:

a) A coação física;

b) A privação acidental e involuntária do exercício das faculdades intelectuais no momento da prática da infração;

c) A legítima defesa, própria ou alheia;

d) A não exigibilidade de conduta diversa;

e) O exercício de um direito ou o cumprimento de um dever.

2 – São circunstâncias atenuantes especiais da infração disciplinar:

a) A prestação de mais de 10 anos de serviço com exemplar comportamento e zelo;

b) A confissão espontânea da infração;

c) A prestação de serviços relevantes ao povo português e a atuação com mérito na defesa da liberdade e da democracia;

d) A provocação;

e) O acatamento bem intencionado de ordem ou instrução de superior hierárquico, nos casos em que não fosse devida obediência.

3 – Quando existam circunstâncias atenuantes que diminuam substancialmente a culpa do trabalhador, a sanção disciplinar pode ser atenuada, aplicando-se sanção disciplinar inferior.

Artigo 191º – Circunstâncias agravantes especiais da responsabilidade disciplinar

1 – São circunstâncias agravantes especiais da infração disciplinar:

a) A intenção de, pela conduta seguida, produzir resultados prejudiciais ao órgão ou serviço ou ao interesse geral, independentemente de estes se terem verificado;

b) A produção efetiva de resultados prejudiciais ao órgão ou serviço ou ao interesse geral, nos casos em que o trabalhador pudesse prever essa consequência como efeito necessário da sua conduta;

c) A premeditação;

d) A comparticipação com outros indivíduos para a sua prática;

e) O facto de ter sido cometida durante o cumprimento de sanção disciplinar ou enquanto decorria o período de suspensão da sanção disciplinar;

f) A reincidência;

g) A acumulação de infrações.

2 – A premeditação consiste na intenção de cometimento da infração, pelo menos, 24 horas antes da sua prática.

3 – A reincidência ocorre quando a infração é cometida antes de decorrido um ano sobre o dia em que tenha findado o cumprimento de sanção disciplinar aplicada por virtude de infração anterior.

4 – A acumulação ocorre quando duas ou mais infrações são cometidas na mesma ocasião ou quando uma é cometida antes de ter sido punida a anterior.

Artigo 192º – Suspensão da sanção disciplinar

1 – As sanções disciplinares previstas nas alíneas *a)* a *c)* do nº 1 do artigo 180º podem ser suspensas quando, atendendo à personalidade do trabalhador, às condições da sua vida, à sua conduta anterior e posterior à infração e às circunstâncias desta, se conclua que a simples censura do comportamento e a ameaça da sanção disciplinar realizam de forma adequada e suficiente as finalidades da punição.

2 – O tempo de suspensão da sanção disciplinar não é inferior a seis meses para as sanções disciplinares de repreensão escrita e de multa e a um ano para a sanção disciplinar de suspensão, nem superior a um e dois anos, respetivamente.

3 – Os tempos previstos no número anterior contam-se desde a data da notificação ao trabalhador da respetiva decisão.

4 – A suspensão caduca quando o trabalhador venha a ser, no seu decurso, condenado novamente em processo disciplinar.

Artigo 193º – Prescrição das sanções disciplinares

As sanções disciplinares prescrevem nos prazos seguintes, contados da data em que a decisão se tornou inimpugnável:

a) Um mês, nos casos de sanção disciplinar de repreensão escrita;

b) Três meses, nos casos de sanção disciplinar de multa;

c) Seis meses, nos casos de sanção disciplinar de suspensão;

d) Um ano, nos casos de sanções disciplinares de despedimento disciplinar ou de demissão e de cessação da comissão de serviço.

SECÇÃO III – Procedimentos disciplinares

SUBSECÇÃO I – Disposições gerais

Artigo 194º – Obrigatoriedade de processo disciplinar

1 – As sanções disciplinares de multa e superiores são sempre aplicadas após o apuramento dos factos em processo disciplinar.

2 – A sanção disciplinar de repreensão escrita é aplicada sem dependência de processo, mas com audiência e defesa do trabalhador.

3 – A requerimento do trabalhador é lavrado auto das diligências referidas no número anterior, na presença de duas testemunhas por ele indicadas.

4 – Para os efeitos do disposto no nº 2, o trabalhador tem o prazo máximo de cinco dias para, querendo, produzir a sua defesa por escrito.

Artigo 195º – Formas de processo

1 – O processo disciplinar é comum ou especial.

2 – O processo especial aplica-se nos casos expressamente previstos na lei e o comum em todos os casos a que não corresponda processo especial.

3 – Os processos especiais regulam-se pelas disposições que lhes são próprias e, na parte nelas não prevista, pelas disposições respeitantes ao processo comum.

Artigo 196º – Competência para a instauração do procedimento disciplinar

1 – Sem prejuízo do disposto nos números seguintes, é competente para instaurar ou mandar instaurar procedimento disciplinar contra os respetivos subordinados qualquer superior hierárquico, ainda que não seja competente para aplicar a sanção.

2 – Compete ao membro do Governo respetivo a instauração de procedimento disciplinar contra os dirigentes máximos dos órgãos ou serviços.

3 – A competência disciplinar dos superiores hierárquicos envolve a dos seus inferiores hierárquicos dentro do órgão ou serviço.

Artigo 197º – Competência para aplicação das sanções disciplinares

1 – A aplicação da sanção disciplinar prevista na alínea *a)* do nº 1 do artigo 180º é da competência de todos os superiores hierárquicos em relação aos seus subordinados.

2 – A aplicação das restantes sanções disciplinares previstas nos nºs 1 e 2 do artigo 180º é da competência do dirigente máximo do órgão ou serviço.

3 – Compete ao membro do Governo respetivo a aplicação de qualquer sanção disciplinar aos dirigentes máximos dos órgãos ou serviços.

4 – Nas autarquias locais, associações e federações de municípios, bem como nos serviços municipalizados, a aplicação das sanções disciplinares previstas nos nºs 1 e 2 do artigo 180º é da competência, respetivamente, dos correspondentes órgãos executivos, bem como dos conselhos de administração.

5 – Nas assembleias distritais, a aplicação das sanções disciplinares previstas nos nºs 1 e 2 do artigo 180º é da competência do respetivo plenário.

6 – A competência prevista nos números anteriores não é delegável.

Artigo 198º – Local da instauração e mudança de órgão ou serviço na pendência do procedimento

1 – O procedimento disciplinar é instaurado no órgão ou serviço em que o trabalhador exerce funções à data da infração.

2 – Quando, após a prática de uma infração disciplinar ou já na pendência do respetivo processo, o trabalhador mude de órgão ou serviço, a sanção disciplinar é aplicada pela entidade competente à data em que tenha de ser proferida decisão, sem prejuízo de o procedimento ter sido mandado instaurar e ter sido instruído no âmbito do órgão ou serviço em que o trabalhador exercia funções à data da infração.

Artigo 199º – Apensação de processos

1 – Para todas as infrações ainda não punidas cometidas por um trabalhador é instaurado um único processo.

2 – Tendo sido instaurados diversos processos, são todos apensados àquele que primeiro tenha sido instaurado.

3 – Quando, antes da decisão de um procedimento, sejam instaurados novos procedimentos disciplinares contra o mesmo trabalhador, por infração cometida no desempenho de funções, em acumulação, em outros órgãos ou serviços, os novos procedimentos são apensados ao primeiro, ficando a instrução de todos eles a cargo do instrutor deste.

4 – No caso referido no número anterior, a instauração dos procedimentos disciplinares é comunicada aos órgãos ou serviços em que o trabalhador desempenha funções, de igual modo se procedendo em relação à decisão proferida.

Artigo 200º – Natureza secreta do processo

1 – O processo disciplinar é de natureza secreta até à acusação, podendo, contudo, ser facultado ao trabalhador, a seu requerimento, para exame, sob condição de não divulgar o que dele conste.

2 – O indeferimento do requerimento a que se refere o número anterior é comunicado ao trabalhador no prazo de três dias.

3 – Não obstante a sua natureza secreta, é permitida a passagem de certidões quando destinadas à defesa de interesses legalmente protegidos e em face de requerimento especificando o fim a que se destinam, podendo ser proibida, sob sanção disciplinar de desobediência, a sua publicação.

4 – A passagem de certidões é autorizada pelo instrutor até ao termo da fase de defesa do trabalhador, sendo gratuita quando requerida por este.

5 – Ao trabalhador que divulgue matéria de natureza secreta, nos termos do presente artigo, é instaurado, por esse facto, novo procedimento disciplinar.

Artigo 201º – Forma dos atos processuais e atos oficiosos

1 – A forma dos atos, quando não seja regulada por lei, ajusta-se ao fim que se tem em vista e limita-se ao indispensável para atingir essa finalidade.

2 – Nos casos omissos, o instrutor pode adotar as providências que se afigurem convenientes para a descoberta da verdade, em conformidade com os princípios gerais do processo penal.

Artigo 202º – Constituição de advogado

1 – O trabalhador pode constituir advogado em qualquer fase do processo, nos termos gerais de direito.

2 – O advogado exerce os direitos que a lei reconhece ao trabalhador.

Artigo 203º – Nulidades

1 – É insuprível a nulidade resultante da falta de audiência do trabalhador em artigos de acusação, bem como a que resulte de omissão de quaisquer diligências essenciais para a descoberta da verdade.

2 – As restantes nulidades consideram-se supridas quando não sejam objeto de reclamação pelo trabalhador até à decisão final.

3 – Do despacho que indefira o requerimento de quaisquer diligências probatórias cabe recurso hierárquico ou tutelar para o respetivo membro do Governo, a interpor no prazo de cinco dias.

4 – O recurso referido no número anterior sobe imediatamente nos próprios autos, considerando-se procedente quando, no prazo de 10 dias, não seja proferida decisão que expressamente o indefira.

Artigo 204º – Alteração da situação jurídico-funcional do trabalhador

O trabalhador objeto de processo disciplinar, ainda que suspenso preventivamente, não está impedido de alterar, nos termos legais, a sua situação jurídico-funcional, designadamente candidatando-se a procedimentos concursais.

SUBSECÇÃO II – Procedimento disciplinar comum

DIVISÃO I – Fase de instrução do processo

Artigo 205º – Início e termo da instrução

1 – A instrução do processo disciplinar inicia-se no prazo máximo de 10 dias, a contar da data da notificação ao instrutor do despacho que o mandou instaurar, e ultima-se no prazo de 45 dias, só podendo ser excedido este prazo por despacho da entidade que o mandou instaurar, sob proposta fundamentada do instrutor, nos casos de excecional complexidade.

2 – O prazo de 45 dias referido no número anterior conta-se da data de início da instrução, determinada nos termos do número seguinte.

3 – O instrutor informa a entidade que o tenha nomeado, bem como o trabalhador e o participante, da data em que dê início à instrução.

4 – O procedimento disciplinar é urgente, sem prejuízo das garantias de audiência e defesa do trabalhador.

Artigo 206º – Participação ou queixa

1 – Todos os que tenham conhecimento de que um trabalhador praticou infração disciplinar podem participá-la a qualquer superior hierárquico daquele.

2 – Quando se verifique que a entidade que recebeu a participação ou queixa não tem competência para instaurar o procedimento disciplinar, aquelas são imediatamente remetidas à entidade competente para o efeito.

3 – Para os efeitos do disposto no número seguinte, quando um trabalhador deixe de comparecer ao serviço, sem justificação, durante cinco dias seguidos ou 10 interpolados, o respetivo superior hierárquico participa o facto, de imediato, ao dirigente máximo do órgão ou serviço.

4 – O dirigente máximo do órgão ou serviço pode considerar, do ponto de vista disciplinar, justificada a ausência, determinando o imediato arquivamento da participação quando o trabalhador faça prova de motivos que considere atendíveis.

5 – As participações ou queixas verbais são reduzidas a escrito por quem as receba.

6 – Quando conclua que a participação é infundada e dolosamente apresentada no intuito de prejudicar o trabalhador ou que contém matéria difa-

matória ou injuriosa, a entidade competente para punir participa o facto criminalmente, sem prejuízo de instauração de procedimento disciplinar ao trabalhador.

Artigo 207º – Despacho liminar

1 – Assim que seja recebida participação ou queixa, a entidade competente para instaurar procedimento disciplinar decide se a ele deve ou não haver lugar.

2 – Quando entenda que não há lugar a procedimento disciplinar, a entidade referida no número anterior manda arquivar a participação ou queixa.

3 – No caso contrário, instaura ou determina que se instaure procedimento disciplinar.

4 – Quando não tenha competência para aplicação da sanção disciplinar e entenda que não há lugar a procedimento disciplinar, a entidade referida no nº 1 sujeita o assunto a decisão da entidade competente.

Artigo 208º – Nomeação do instrutor

1 – A entidade que instaure procedimento disciplinar nomeia um instrutor, escolhido de entre trabalhadores do mesmo órgão ou serviço, titular de cargo ou de carreira ou categoria de complexidade funcional superior à do trabalhador ou, quando impossível, com antiguidade superior no mesmo cargo ou em carreira ou categoria de complexidade funcional idêntica ou no exercício de funções públicas, preferindo os que possuam adequada formação jurídica.

2 – Em casos justificados, a entidade referida no número anterior pode solicitar ao respetivo dirigente máximo a nomeação de instrutor de outro órgão ou serviço.

3 – O instrutor pode escolher secretário de sua confiança, cuja nomeação compete à entidade que o nomeou, e, bem assim, requisitar a colaboração de técnicos.

4 – As funções de instrução preferem a quaisquer outras que o instrutor tenha a seu cargo, ficando exclusivamente adstrito àquelas.

Artigo 209º – Suspeição do instrutor

1 – O trabalhador e o participante podem deduzir a suspeição do instrutor do processo disciplinar quando ocorra circunstância por causa da qual possa razoavelmente suspeitar-se da sua isenção e da retidão da sua conduta, designadamente:

a) Quando o instrutor tenha sido direta ou indiretamente atingido pela infração;

b) Quando o instrutor seja parente na linha reta ou até ao 3º grau na linha colateral do trabalhador, do participante ou de qualquer trabalhador ou particular ofendido ou de alguém que, com os referidos indivíduos, viva em economia comum;

c) Quando esteja pendente processo jurisdicional em que o instrutor e o trabalhador ou o participante sejam intervenientes;

d) Quando o instrutor seja credor ou devedor do trabalhador ou do participante ou de algum seu parente na linha reta ou até ao 3º grau na linha colateral;

e) Quando haja inimizade grave ou grande intimidade entre o trabalhador e o instrutor ou entre este e o participante ou o ofendido.

2 – A entidade que tenha mandado instaurar o procedimento disciplinar decide, em despacho fundamentado, no prazo máximo de 48 horas.

Artigo 210º – Medidas cautelares

Compete ao instrutor tomar, desde a sua nomeação, as medidas adequadas para que não se possa alterar o estado dos factos e documentos em que se descobriu ou se presume existir alguma irregularidade, nem subtrair as provas desta.

Artigo 211º – Suspensão preventiva

1 – O trabalhador pode, sob proposta da entidade que tenha instaurado o procedimento disciplinar ou do instrutor, e mediante despacho do dirigente máximo do órgão ou serviço, ser preventivamente suspenso do exercício das suas funções, sem perda da remuneração base, até decisão do procedimento, mas por prazo não superior a 90 dias, sempre que a sua presença se revele inconveniente para o serviço ou para o apuramento da verdade.

2 – A suspensão prevista no número anterior só pode ter lugar em caso de infração punível com sanção disciplinar de suspensão ou superior.

3 – A notificação da suspensão preventiva é acompanhada de indicação, ainda que genérica, da infração ou infrações imputadas ao trabalhador.

Artigo 212º – Instrução do processo

1 – O instrutor faz autuar o despacho com a participação ou queixa e procede à instrução, ouvindo o participante, as testemunhas por este indicadas e as mais que julgue necessárias, procedendo a exames e mais diligências que possam esclarecer a verdade e fazendo juntar aos autos o certificado de registo disciplinar do trabalhador.

2 – O instrutor ouve o trabalhador, a requerimento deste e sempre que o entenda conveniente, até se ultimar a instrução, e pode também acareá-lo com as testemunhas ou com o participante.

3 – Durante a fase de instrução, o trabalhador pode requerer ao instrutor que promova as diligências para que tenha competência e consideradas por aquele essenciais para apuramento da verdade.

4 – Quando o instrutor julgue suficiente a prova produzida, pode, em despacho fundamentado, indeferir o requerimento referido no número anterior.

5 – As diligências que tenham de ser feitas fora do lugar onde corra o processo disciplinar podem ser requisitadas à respetiva autoridade administrativa ou policial.

6 – Na fase de instrução do processo o número de testemunhas é ilimitado, sendo aplicável o disposto nos nºs 4 e 5.

7 – Durante a fase de instrução e até à elaboração do relatório final, podem ser ouvidos, a requerimento do trabalhador, representantes da associação sindical a que o mesmo pertença.

Artigo 213º – Termo da instrução

1 – Concluída a instrução, quando o instrutor entenda que os factos constantes dos autos não constituem infração disciplinar, que não foi o trabalhador o autor da infração ou que não é de exigir responsabilidade disciplinar por virtude de prescrição ou de outro motivo, elabora, no prazo de cinco dias, o seu relatório final, que remete imediatamente com o respetivo processo à entidade que o tenha mandado instaurar, com proposta de arquivamento.

2 – No caso contrário ao referido no número anterior, o instrutor deduz, articuladamente, no prazo de 10 dias, a acusação.

3 – A acusação contém a indicação dos factos integrantes da mesma, bem como das circunstâncias de tempo, modo e lugar da prática da infração, bem como das que integram atenuantes e agravantes, acrescentando a referência aos preceitos legais respetivos e às sanções disciplinares aplicáveis.

DIVISÃO II – Fase de defesa do trabalhador

Artigo 214º – Notificação da acusação

1 – Da acusação extrai-se cópia, no prazo de 48 horas, para ser entregue ao trabalhador mediante notificação pessoal ou, não sendo esta possível, por carta registada com aviso de receção, marcando-se-lhe um prazo entre 10 e 20 dias para apresentar a sua defesa escrita.

2 – Quando não seja possível a notificação nos termos do número anterior, designadamente por ser desconhecido o paradeiro do trabalhador, é publicado aviso na 2ª série do Diário da República, notificando-o para apresentar a sua defesa em prazo não inferior a 30 nem superior a 60 dias, a contar da data da publicação.

3 – O aviso deve apenas conter a menção de que se encontra pendente contra o trabalhador procedimento disciplinar e indicar o prazo fixado para apresentar a defesa.

4 – Quando o processo seja complexo, pelo número e natureza das infrações ou por abranger vários trabalhadores, e precedendo autorização da entidade que mandou instaurar o procedimento, o instrutor pode conceder prazo superior ao previsto no nº 1, até ao limite de 60 dias.

5 – Quando sejam suscetíveis de aplicação as sanções de despedimento disciplinar, demissão ou cessação da comissão de serviço, a cópia da acusação é igualmente remetida, no prazo previsto no nº 1, à comissão de trabalhadores, e quando o trabalhador seja representante sindical, à associação sindical respetiva.

6 – A remessa de cópia da acusação, nos termos do número anterior, não tem lugar quando o trabalhador a ela se tenha oposto por escrito durante a fase de instrução.

Artigo 215º – Incapacidade física ou mental

1 – Quando o trabalhador esteja incapacitado de organizar a sua defesa por motivo de doença ou incapacidade física devidamente comprovadas, pode nomear um representante especialmente mandatado para o efeito.

2 – Quando o trabalhador não possa exercer o direito referido no número anterior, o instrutor nomeia-lhe imediatamente um curador, preferindo a pessoa a quem competiria o acompanhamento, se este fosse requerido nos termos da lei civil.

3 – A nomeação referida no número anterior é restrita ao procedimento disciplinar, podendo o representante usar de todos os meios de defesa facultados ao trabalhador.

4 – Quando o instrutor tenha dúvidas sobre se o estado mental do trabalhador o inibe de organizar a sua defesa, solicita uma perícia psiquiátrica nos termos do nº 6 do artigo 159º do Código de Processo Penal, aplicável com as necessárias adaptações.

5 – A realização da perícia psiquiátrica pode também ser solicitada nos termos do nº 7 do artigo 159º do Código de Processo Penal, aplicável com as necessárias adaptações.

(Redação da Lei nº 49/2018, de 14 de agosto)

Artigo 216º – Exame do processo e apresentação da defesa

1 – Sem prejuízo do disposto no artigo seguinte, durante o prazo para apresentação da defesa, pode o trabalhador ou o seu representante ou curador referidos no artigo anterior, bem como o advogado por qualquer deles constituído, examinar o processo a qualquer hora de expediente.

2 – A resposta é assinada pelo trabalhador ou por qualquer dos seus representantes referidos no número anterior e é apresentada no lugar onde o procedimento tenha sido instaurado.

3 – Quando remetida pelo correio, a resposta considera-se apresentada na data da sua expedição.

4 – Na resposta, o trabalhador expõe com clareza e concisão os factos e as razões da sua defesa.

5 – A resposta que revele ou se traduza em infrações estranhas à acusação e que não interesse à defesa é autuada, dela se extraindo certidão, que passa a ser considerada como participação para efeitos de novo procedimento.

6 – Com a resposta, pode o trabalhador apresentar o rol das testemunhas e juntar documentos, requerendo também quaisquer diligências.

7 – A falta de resposta dentro do prazo marcado vale como efetiva audiência do trabalhador, para todos os efeitos legais.

Artigo 217º – Confiança do processo

O processo pode ser confiado ao advogado do trabalhador, nos termos e sob a cominação previstos no Código de Processo Civil, aplicáveis com as necessárias adaptações.

Artigo 218º – Produção da prova oferecida pelo trabalhador

1 – As diligências requeridas pelo trabalhador podem ser recusadas em despacho do instrutor, devidamente fundamentado, quando manifestamente impertinentes e desnecessárias.

2 – Não podem ser ouvidas mais de três testemunhas por cada facto, podendo as que não residam no lugar onde corre o processo, quando o trabalhador não se comprometa a apresentá-las, ser ouvidas por solicitação a qualquer autoridade administrativa.

3 – O instrutor pode recusar a inquirição das testemunhas quando considere suficientemente provados os factos alegados pelo trabalhador.

4 – A autoridade a quem seja solicitada a inquirição, nos termos da parte final do nº 2, pode designar instrutor ad hoc para o ato requerido.

5 – As diligências para a inquirição de testemunhas são notificadas ao trabalhador.

6 – Aplica-se à inquirição referida na parte final do nº 2, com as necessárias adaptações, o disposto nos artigos 111º e seguintes do Código de Processo Penal.

7 – O advogado do trabalhador pode estar presente e intervir na inquirição das testemunhas.

8 – O instrutor inquire as testemunhas e reúne os demais elementos de prova oferecidos pelo trabalhador, no prazo de 20 dias, o qual pode ser prorrogado, por despacho, até 40 dias, quando o exijam as diligências referidas na parte final do nº 2.

9 – Finda a produção da prova oferecida pelo trabalhador, podem ainda ordenar-se, em despacho, novas diligências que se tornem indispensáveis para o completo esclarecimento da verdade.

DIVISÃO III – Fase da decisão

Artigo 219º – Relatório final do instrutor

1 – Finda a fase de defesa do trabalhador, o instrutor elabora, no prazo de cinco dias, um relatório final completo e conciso donde constem a existência material das faltas, a sua qualificação e gravidade, importâncias que porventura haja a repor e seu destino, bem como a sanção disciplinar que entenda justa ou a proposta para que os autos se arquivem por ser insubsistente a acusação, designadamente por inimputabilidade do trabalhador.

2 – A entidade competente para a decisão pode, quando a complexidade do processo o exija, prorrogar o prazo fixado no número anterior, até ao limite total de 20 dias.

3 – O processo, depois de relatado, é remetido, no prazo de 24 horas, à entidade que o tenha mandado instaurar, a qual, quando não seja competente para decidir, o envia no prazo de dois dias a quem deva proferir a decisão.

4 – Quando seja proposta a aplicação das sanções disciplinares de despedimento disciplinar, demissão ou cessação da comissão de serviço, a entidade competente para a decisão apresenta o processo, por cópia integral, à comissão de trabalhadores e, quando o trabalhador seja representante sindical, à associação sindical respetiva, que podem, no prazo de cinco dias, juntar o seu parecer fundamentado.

5 – A remessa da decisão, nos termos do número anterior, não tem lugar quando o trabalhador a ela se tenha oposto por escrito durante a fase de instrução.

Artigo 220º – Decisão

1 – Junto o parecer referido no nº 4 do artigo anterior, ou decorrido o prazo para o efeito, sendo o caso, a entidade competente analisa o processo, concordando ou não com as conclusões do relatório final, podendo ordenar novas diligências, a realizar no prazo que para tal estabeleça.

2 – Antes da decisão, a entidade competente pode solicitar ou determinar a emissão, no prazo de 10 dias, de parecer por parte do superior hierárquico do trabalhador ou de unidades orgânicas do órgão ou serviço a que o mesmo pertença.

3 – O despacho que ordene a realização de novas diligências ou que solicite a emissão de parecer é proferido no prazo máximo de 30 dias, a contar da data da receção do processo.

4 – A decisão do procedimento é sempre fundamentada quando não concordante com a proposta formulada no relatório final do instrutor, sendo proferida no prazo máximo de 30 dias, a contar das seguintes datas:

a) Da receção do processo, quando a entidade competente para punir concorde com as conclusões do relatório final;

b) Do termo do prazo que marque, quando ordene novas diligências;

c) Do termo do prazo fixado para emissão de parecer.

5 – Na decisão não podem ser invocados factos não constantes da acusação nem referidos na resposta do trabalhador, exceto quando excluam, dirimam ou atenuem a sua responsabilidade disciplinar.

6 – O incumprimento dos prazos referidos nos nºs 3 e 4 determina a caducidade do direito de aplicar a sanção.

Artigo 221º – Pluralidade de trabalhadores acusados

1 – Quando vários trabalhadores sejam acusados do mesmo facto ou de factos entre si conexos, a entidade que tenha competência para sancionar o trabalhador de cargo ou de carreira ou categoria de complexidade funcional superior decide relativamente a todos os trabalhadores.

2 – Quando os trabalhadores sejam titulares do mesmo cargo ou de carreira ou categoria de complexidade funcional idêntica, a decisão cabe à entidade que tenha competência para sancionar o trabalhador com antiguidade superior no exercício de funções públicas.

Artigo 222º – Notificação da decisão

1 – A decisão é notificada ao trabalhador, observando-se, com as necessárias adaptações, o regime disposto para a notificação da acusação.

2 – A entidade que tenha decidido o procedimento pode autorizar que a notificação do trabalhador seja protelada pelo prazo máximo de 30 dias, quando se trate de sanção disciplinar que implique suspensão ou cessação de funções por parte do infrator, desde que da execução da decisão disciplinar resultem para o serviço inconvenientes mais graves do que os decorrentes da permanência do trabalhador punido no exercício das suas funções.

3 – Na data em que se faça a notificação ao trabalhador é igualmente notificado o instrutor e o participante, quando este o tenha requerido.

4 – Quando o processo tenha sido apresentado às estruturas de representação dos trabalhadores, a decisão é igualmente comunicada à comissão de trabalhadores e à associação sindical.

Artigo 223º – Início de produção de efeitos das sanções disciplinares

As sanções disciplinares produzem efeitos no dia seguinte ao da notificação do trabalhador ou, não podendo este ser notificado, 15 dias após a publicação de aviso na 2ª série do Diário da República.

DIVISÃO IV – Impugnações

Artigo 224º – Meios impugnatórios

Os atos proferidos em processo disciplinar podem ser impugnados hierárquica ou tutelarmente, nos termos do Código do Procedimento Administrativo, ou jurisdicionalmente.

Artigo 225º – Recurso hierárquico ou tutelar

1 – O trabalhador e o participante podem interpor recurso hierárquico ou tutelar dos despachos e das decisões que não sejam de mero expediente, proferidos pelo instrutor ou pelos superiores hierárquicos daquele.

2 – O recurso interpõe-se diretamente para o respetivo membro do Governo, no prazo de 15 dias, a contar da notificação do despacho ou da decisão, ou de 20 dias, a contar da publicação do aviso a que se refere o nº 2 do artigo 214º

3 – Quando o despacho ou a decisão não tenham sido notificados ou quando não tenha sido publicado aviso, o prazo conta-se a partir do conhecimento do despacho ou da decisão.

4 – O recurso hierárquico ou tutelar suspende a eficácia do despacho ou da decisão recorridos, exceto quando o seu autor considere que a sua não execução imediata causa grave prejuízo ao interesse público.

5 – O membro do Governo pode revogar a decisão de não suspensão referida no número anterior ou tomá-la quando o autor do despacho ou da decisão recorridos o não tenha feito.

6 – Nas autarquias locais, associações e federações de municípios, bem como nos serviços municipalizados, não há lugar a recurso tutelar.

7 – A sanção disciplinar pode ser agravada ou substituída por sanção disciplinar mais grave em resultado de recurso do participante.

Artigo 226º – Outros meios de prova

1 – Com o requerimento de interposição do recurso, o recorrente pode requerer novos meios de prova ou juntar documentos que entenda convenientes, desde que não pudessem ter sido requeridos ou utilizados em devido tempo.

2 – O membro do Governo pode também determinar a realização de novas diligências probatórias.

3 – As diligências referidas nos números anteriores são autorizadas ou determinadas no prazo de cinco dias, iniciam-se em idêntico prazo e concluem-se no prazo que o membro do Governo entenda fixar.

Artigo 227º – Regime de subida dos recursos

1 – Sem prejuízo do disposto no nº 4 do artigo 203º e nos números seguintes, os recursos dos despachos ou das decisões que não ponham termo ao procedimento sobem nos autos com o da decisão final, quando dela se recorra.

2 – Sobem imediatamente nos próprios autos os recursos hierárquicos ou tutelares que, ficando retidos, percam por esse facto o efeito útil.

3 – Sobe imediatamente nos próprios autos o recurso hierárquico ou tutelar interposto do despacho que não admita a dedução da suspeição do instrutor ou não aceite os fundamentos invocados para a mesma.

Artigo 228º – Renovação do procedimento disciplinar

1 – Quando o ato de aplicação da sanção disciplinar tenha sido judicialmente impugnado com fundamento em preterição de formalidade essencial no decurso do processo disciplinar, a instauração do procedimento disciplinar pode ser renovada até ao termo do prazo para contestar a ação judicial.

2 – O disposto no número anterior é aplicável quando, cumulativamente:

a) O prazo referido no nº 1 do artigo 178º não se encontre ainda decorrido à data da renovação do procedimento;

b) O fundamento da impugnação não tenha sido previamente apreciado em recurso hierárquico ou tutelar que tenha sido rejeitado ou indeferido;

c) Seja a primeira vez que se opere a renovação do procedimento.

SUBSECÇÃO III – Procedimentos disciplinares especiais

DIVISÃO I – Processos de inquérito e sindicância

Artigo 229º – Inquérito e sindicância

1 – Os membros do Governo e os dirigentes máximos dos órgãos ou serviços podem ordenar inquéritos ou sindicâncias aos órgãos, serviços ou unidades orgânicas na sua dependência ou sujeitos à sua superintendência ou tutela.

2 – O inquérito tem por fim apurar factos determinados e a sindicância destina-se a uma averiguação geral acerca do funcionamento do órgão, serviço ou unidade orgânica.

Artigo 230º – Anúncios e editais

1 – No processo de sindicância, o sindicante, logo que a ele dê início, fá-lo constar por anúncios publicados em dois jornais, um de expansão nacional e outro de expansão regional, e por meio de editais, cuja afixação é requisitada às autoridades policiais ou administrativas.

2 – Nos anúncios e editais declara-se que toda a pessoa que tenha razão de queixa ou de agravo contra o regular funcionamento dos órgãos, serviços ou unidades orgânicas sindicados se pode apresentar ao sindicante, no prazo designado, ou a ele apresentar queixa por escrito e pelo correio.

3 – A queixa por escrito contém os elementos completos de identificação do queixoso.

4 – No prazo de 48 horas após a receção da queixa, o sindicante notifica o queixoso, marcando-lhe dia, hora e local para prestar declarações.

5 – A publicação dos anúncios pela imprensa é obrigatória para os periódicos a que sejam remetidos, aplicando-se, em caso de recusa, a sanção disciplinar correspondente ao crime de desobediência qualificada, sendo a despesa a que dê causa documentada pelo sindicante, para efeitos de pagamento.

Artigo 231º – Relatório e trâmites ulteriores

1 – Concluída a instrução, o inquiridor ou sindicante elabora, no prazo de 10 dias, o seu relatório, que remete imediatamente à entidade que mandou instaurar o procedimento.

2 – O prazo fixado no número anterior pode ser prorrogado pela entidade que mandou instaurar o procedimento até ao limite máximo, improrrogável, de 30 dias, quando a complexidade do processo o justifique.

3 – Verificando-se a existência de infrações disciplinares, a entidade que instaurou os procedimentos instaura os procedimentos disciplinares a que haja lugar.

4 – O processo de inquérito ou de sindicância pode constituir, por decisão da entidade referida no nº 2, a fase de instrução do processo disciplinar, deduzindo o instrutor, no prazo de 48 horas, a acusação do trabalhador ou dos trabalhadores, seguindo-se os demais termos previstos na presente lei.

5 – Nos processos de inquérito, os trabalhadores visados podem, a todo o tempo, constituir advogado.

DIVISÃO II – Processo disciplinar especial de averiguações

Artigo 232º – Instauração

1 – Quando um trabalhador com vínculo de emprego público tenha obtido duas avaliações do desempenho negativas consecutivas, o dirigente máximo do órgão ou serviço instaura, obrigatória e imediatamente, processo de averiguações.

2 – O disposto no número anterior não é aplicável ao titular de cargos dirigente ou equiparado.

3 – O processo de averiguações destina-se a apurar se o desempenho que justificou aquelas avaliações constitui infração disciplinar imputável ao trabalhador avaliado por violação culposa de deveres funcionais, designadamente do dever de zelo.

4 – É causa de exclusão da culpabilidade da violação dos deveres funcionais a não frequência de formação, ou a frequência de formação inadequada, aquando da primeira avaliação negativa do trabalhador.

5 – O procedimento de averiguações prescreve decorridos três meses, contados da data em que foi instaurado quando, nesse prazo, não tenha tido lugar a receção do relatório final pela entidade competente.

6 – Quando, no processo de averiguações, sejam detetados indícios de violação de outros deveres funcionais por parte de quaisquer intervenientes nos processos de avaliação do desempenho, o instrutor participa-os ao dirigente máximo do órgão ou serviço, para efeitos de eventual instauração do correspondente procedimento de inquérito ou disciplinar.

Artigo 233º – Tramitação

1 – O dirigente máximo do órgão ou serviço nomeia o averiguante de entre dirigentes que nunca tenham avaliado o trabalhador ou, na falta destes, solicita a outro dirigente máximo de outro órgão ou serviço que o nomeie.

2 – O averiguante reúne todos os documentos respeitantes às avaliações e à formação frequentada e ouve, obrigatoriamente, o trabalhador e todos os avaliadores que tenham tido intervenção nas avaliações negativas.

3 – Quando algum avaliador não possa ser ouvido, o averiguante justifica circunstanciadamente esse facto no relatório final, referindo e documentando, designadamente, todas as diligências feitas para o conseguir.

4 – O trabalhador pode indicar o máximo de três testemunhas, que o averiguante ouve obrigatoriamente, e juntar documentos até ao termo da instrução.

5 – Todas as diligências instrutórias são concluídas no prazo máximo de 20 dias, a contar da data da instauração do procedimento, o que é comunicado ao dirigente máximo do órgão ou serviço e ao trabalhador.

Artigo 234º – Relatório e decisão

1 – No prazo de 10 dias, a contar da data de conclusão da instrução, o averiguante elabora o relatório final fundamentado, que remete ao dirigente máximo do órgão ou serviço, no qual pode propor:

a) O arquivamento do processo, quando entenda que não deve haver lugar a procedimento disciplinar por ausência de violação dos deveres funcionais;

b) A instauração de procedimento disciplinar por violação de deveres funcionais.

2 – Quando o dirigente máximo do órgão ou serviço tenha sido um dos avaliadores do trabalhador, o processo é remetido ao respetivo membro do Governo para decisão.

3 – O disposto no número anterior não é aplicável nas autarquias locais, associações e federações de municípios, bem como nos serviços municipalizados.

4 – É aplicável ao processo de averiguações, com as necessárias adaptações, o disposto nos nºs 4 e 5 do artigo 231º

5 – Proposta a instauração de procedimento disciplinar, a infração considera-se cometida, para todos os efeitos legais, designadamente os previstos no artigo 178º, na data daquela proposta.

DIVISÃO III – Revisão do procedimento disciplinar

Artigo 235º – Requisitos da revisão

1 – A revisão do procedimento disciplinar é admitida, a todo o tempo, quando se verifiquem circunstâncias ou meios de prova suscetíveis de demonstrar a inexistência dos factos que determinaram a condenação, desde que não pudessem ter sido utilizados pelo trabalhador no procedimento disciplinar.

2 – A simples ilegalidade, de forma ou de fundo, do procedimento e da decisão disciplinares não constitui fundamento para a revisão.

3 – A revisão pode conduzir à revogação ou à alteração da decisão proferida no procedimento revisto, não podendo em caso algum ser agravada a pena.

4 – A pendência de recurso hierárquico ou tutelar ou de ação jurisdicional não prejudica o requerimento de revisão do procedimento disciplinar.

Artigo 236º – Legitimidade

1 – O interessado na revisão do procedimento disciplinar ou, nos casos previstos no nº 1 do artigo 215º, o seu representante, apresenta requerimento nesse sentido à entidade que tenha aplicado a sanção disciplinar.

2 – O requerimento indica as circunstâncias ou meios de prova não considerados no procedimento disciplinar que ao requerente parecem justificar a revisão e é instruído com os documentos indispensáveis.

Artigo 237º – Decisão sobre o requerimento

1 – Recebido o requerimento, a entidade que tenha aplicado a sanção disciplinar resolve, no prazo de 30 dias, se deve ou não ser concedida a revisão do procedimento.

2 – O despacho que não conceda a revisão é impugnável nos termos do Código de Processo nos Tribunais Administrativos.

Artigo 238º – Trâmites

1 – Quando seja concedida a revisão, o requerimento e o despacho são apensos ao processo disciplinar, nomeando-se instrutor diferente do primeiro, que marca ao trabalhador prazo não inferior a 10 dias nem superior a 20 dias para responder por escrito aos artigos da acusação constantes do procedimento a rever, seguindo-se os termos dos artigos 222º e seguintes.

2 – O processo de revisão do procedimento não suspende o cumprimento da sanção.

Artigo 239º – Efeitos da revisão procedente

1 – Julgando-se procedente a revisão, é revogada ou alterada a decisão proferida no procedimento revisto.

2 – A revogação produz os seguintes efeitos:

a) Cancelamento do registo da sanção disciplinar no processo individual do trabalhador;

b) Anulação dos efeitos da sanção.

3 – Em caso de revogação ou de alteração das sanções disciplinares de despedimento disciplinar ou demissão, o trabalhador tem direito a restabelecer o vínculo de emprego público na modalidade em que se encontrava constituído.

4 – Em qualquer caso de revogação ou de alteração da sanção, o trabalhador tem ainda direito a:

a) Reconstituir a situação jurídico-funcional atual hipotética;

b) Ser indemnizado, nos termos gerais de direito, pelos danos morais e patrimoniais sofridos.

DIVISÃO IV – Reabilitação

Artigo 240º – Regime aplicável

1 – Os trabalhadores condenados em quaisquer sanções disciplinares podem ser reabilitados independentemente da revisão do procedimento disciplinar, sendo competente para o efeito a entidade à qual cabe a aplicação da sanção.

2 – A reabilitação é concedida a quem a tenha merecido pela sua boa conduta, podendo o interessado utilizar para o comprovar todos os meios de prova admitidos em direito.

3 – A reabilitação é requerida pelo trabalhador ou pelo seu representante, decorridos os prazos seguintes sobre a aplicação das sanções disciplinares de repreensão escrita, despedimento disciplinar, demissão e cessação da comissão de serviço ou sobre o cumprimento das sanções disciplinares de multa e suspensão, bem como sobre o decurso do tempo de suspensão de qualquer sanção:

a) Seis meses, no caso de repreensão escrita;

b) Um ano, no caso de multa;

c) Dois anos, no caso de suspensão e de cessação da comissão de serviço;

d) Três anos, no caso de despedimento disciplinar ou demissão.

4 – A reabilitação faz cessar as incapacidades e demais efeitos da condenação ainda subsistentes, sendo registada no processo individual do trabalhador.

5 – A concessão da reabilitação não atribui ao trabalhador a quem tenha sido aplicada sanção disciplinar de despedimento disciplinar ou demissão o direito de, por esse facto, restabelecer o vínculo de emprego público previamente constituído.

CAPÍTULO VIII – Vicissitudes modificativas

SECÇÃO I – Cedência de interesse público

Artigo 241º – Regras gerais de cedência de interesse público

1 – Mediante acordo de cedência de interesse público entre empregador público e empregador fora do âmbito de aplicação da presente lei pode ser disponibilizado trabalhador para prestar a sua atividade subordinada, com manutenção do vínculo inicial.

2 – O acordo de cedência de interesse público carece da aceitação do trabalhador e de autorização do membro do Governo que exerça poderes de direção, superintendência ou tutela sobre o empregador público e, no caso de se tratar de trabalhador com vínculo a empregador fora do âmbito de aplicação da presente lei, de autorização dos membros do Governo responsáveis pelas áreas das finanças e da Administração Pública.

3 – A cedência de interesse público determina para o trabalhador em funções públicas a suspensão do respetivo vínculo, salvo disposição legal em contrário.

4 – Não pode haver lugar, durante o prazo de um ano, a cedência de interesse público para o mesmo órgão ou serviço ou para a mesma entidade de trabalhador que se tenha encontrado cedido e tenha regressado à situação jurídico-funcional de origem.

5 – O acordo de cedência de interesse público pode ser feito cessar, a todo o tempo, por iniciativa de qualquer das partes, incluindo o trabalhador, com aviso prévio de 30 dias.

6 – No caso de suspensão do vínculo, a cessação do acordo de cedência de interesse público tem os efeitos da suspensão por impedimento prolongado previsto na presente lei ou no Código do Trabalho, consoante o caso.

Artigo 242º – Regime jurídico da cedência de interesse público

1 – O trabalhador cedido fica sujeito ao regime jurídico aplicável ao empregador cessionário e ao disposto no presente artigo, salvo quando não tenha havido suspensão do vínculo, caso em que a situação é regulada pelo regime jurídico de origem, incluindo em matéria de remuneração.

2 – A cedência de interesse público sujeita o trabalhador às ordens e instruções do empregador onde vai prestar funções, sendo remunerado, salvo acordo em contrário, pela entidade cessionária.

3 – O trabalhador cedido tem direito:

a) À contagem, na categoria de origem, do tempo de serviço prestado em regime de cedência;

b) A optar pela manutenção do regime de proteção social de origem, incidindo os descontos sobre o montante da remuneração que lhe competiria na categoria de origem;

c) A ocupar, nos termos legais, diferente posto de trabalho no órgão ou serviço ou na entidade de origem ou em outro órgão ou serviço.

4 – No caso previsto na alínea *c)* do número anterior, o acordo de cedência de interesse público caduca com a ocupação do novo posto de trabalho.

5 – No caso previsto na alínea *b)* do nº 3, a entidade cessionária comparticipa:

a) No financiamento do regime de proteção social aplicável em concreto, com a importância que se encontre legalmente estabelecida para a contribuição das entidades empregadoras;

b) Sendo o caso, nas despesas de administração de subsistemas de saúde da função pública, nos termos legais aplicáveis.

6 – O exercício do poder disciplinar cabe à entidade cessionária, exceto quando esteja em causa a aplicação de sanção disciplinar extintiva.

7 – Os comportamentos do trabalhador cedido que constituam infração disciplinar têm relevância no âmbito do vínculo de origem, para todos os efeitos legais.

8 – No caso em que a infração imputada possa corresponder, em abstrato, a sanção disciplinar extintiva, o poder disciplinar pode ser delegado expressamente na entidade cessionária e a decisão de aplicação da sanção deve ser tomada pelo cedente e pelo cessionário, devendo o procedimento disciplinar que apure a infração disciplinar obedecer ao procedimento disciplinar do vínculo de origem.

Artigo 243º – Cedência de interesse público para empregador público

1 – O acordo de cedência de interesse público para o exercício de funções no âmbito de empregador público tem a duração máxima de um ano, exceto quando tenha sido celebrado para o exercício de um cargo ou esteja em causa órgão ou serviço, designadamente temporário, que não possa constituir relações jurídicas de emprego público por tempo indeterminado, casos em que a sua duração é indeterminada.

2 – O exercício de funções no órgão ou serviço pressupõe a constituição de um vínculo de emprego público.

3 – A extinção da cedência de interesse público determina a caducidade do vínculo de emprego público constituído nos termos do número anterior.

4 – As funções a exercer em órgão ou serviço correspondem a um cargo ou a uma categoria, atividade e, quando imprescindível, área de formação académica ou profissional.

5 – Quando as funções correspondam a um cargo dirigente, o acordo de cedência de interesse público é precedido da observância dos requisitos e procedimentos legais de recrutamento.

Artigo 244º – Casos especiais de cedência de interesse público

1 – Quando um trabalhador de órgão ou serviço deva exercer funções em central sindical ou confederação patronal, ou em entidade privada com representatividade equiparada nos setores económico e social, o acordo pode prever que continue a ser remunerado, bem como as correspondentes comparticipações asseguradas, pelo órgão ou serviço.

2 – No caso previsto no número anterior, o número máximo de trabalhadores cedidos é de quatro por cada central sindical e de dois por cada uma das restantes entidades.

3 – O regime da cedência de interesse público, sem suspensão do vínculo de emprego público, aplica-se sempre que um trabalhador em funções públicas, por força de transmissão de unidade económica, passa a exercer funções para empregador fora do âmbito de aplicação da presente lei.

4 – O regime previsto no número anterior é aplicável aos casos em que um empregador público passe a ser responsável pelo estabelecimento ou unidade económica com trabalhadores com relação de trabalho sujeita ao Código do Trabalho, designadamente em situações de reversão de concessão de serviço público.

SECÇÃO II – Reafetação de trabalhadores em caso de reorganização e racionalização de efetivos

Artigos 245º a 275º

(Revogados pela Lei nº 25/2017, de 30 de maio)

SECÇÃO III – Outras situações de redução da atividade ou suspensão do vínculo de emprego público

SUBSECÇÃO I – Disposições gerais

Artigo 276º – Factos que determinam a redução ou a suspensão

1 – A redução do período normal de trabalho ou a suspensão do vínculo de emprego público pode fundamentar-se na impossibilidade temporária, respetivamente, parcial ou total, da prestação do trabalho, por facto respeitante ao trabalhador, e no acordo das partes.

2 – Permite também a redução do período normal de trabalho ou a suspensão do vínculo de emprego público a celebração, entre trabalhador e empregador público, de um acordo de pré-reforma.

Artigo 277º – Efeitos da redução e da suspensão

1 – Durante a redução ou suspensão mantêm-se os direitos, deveres e garantias das partes, na medida em que não pressuponham a efetiva prestação do trabalho.

2 – O tempo de redução ou suspensão conta-se para efeitos de antiguidade.

3 – A redução ou suspensão não interrompe o decurso do prazo para efeitos de caducidade, nem obsta a que qualquer das partes faça cessar o contrato nos termos gerais.

SUBSECÇÃO II – Suspensão do vínculo de emprego público por facto respeitante ao trabalhador

Artigo 278º – Factos determinantes

1 – Determina a suspensão do vínculo de emprego público o impedimento temporário por facto não imputável ao trabalhador que se prolongue por mais de um mês, nomeadamente doença.

2 – O vínculo de emprego público considera-se suspenso, mesmo antes de decorrido o prazo de um mês, a partir do momento em que seja previsível que o impedimento vai ter duração superior àquele prazo.

3 – O vínculo de emprego público extingue-se no momento em que se torne certo que o impedimento é definitivo.

4 – O impedimento temporário por facto imputável ao trabalhador determina a suspensão do vínculo de emprego público nos casos previstos na lei.

Artigo 279º – Regresso do trabalhador

No dia imediato ao da cessação do impedimento, o trabalhador deve apresentar-se ao empregador público para retomar a atividade, sob pena de incorrer em faltas injustificadas.

SUBSECÇÃO III – Licenças

Artigo 280º – Concessão e recusa da licença

1 – O empregador público pode conceder ao trabalhador, a pedido deste, licença sem remuneração.

2 – Sem prejuízo do disposto em legislação especial ou em instrumento de regulamentação coletiva de trabalho, o trabalhador tem direito a licenças sem remuneração de longa duração, para frequência de cursos de formação ministrados sob responsabilidade de uma instituição de ensino ou de formação profissional ou no âmbito de programa específico aprovado por autoridade competente e executado sob o seu controlo pedagógico ou frequência de cursos ministrados em estabelecimento de ensino.

3 – O empregador público pode recusar a concessão da licença prevista no número anterior nas seguintes situações:

a) Quando ao trabalhador tenha sido proporcionada formação profissional adequada ou licença para o mesmo fim, nos últimos 24 meses;

b) Quando a antiguidade do trabalhador no órgão ou serviço seja inferior a três anos;

c) Quando o trabalhador não tenha requerido a licença com uma antecedência mínima de 90 dias em relação à data do seu início;

d) Para além das situações referidas nas alíneas anteriores, tratando-se de trabalhadores titulares de cargos dirigentes que chefiem equipas multidisciplinares ou integrados em carreiras ou categorias de grau 3 de complexidade funcional, quando não seja possível a substituição dos mesmos durante o período da licença, sem prejuízo sério para o funcionamento do órgão ou serviço.

4 – Para efeitos do disposto no nº 2, considera-se de longa duração a licença superior a 60 dias.

Artigo 281º – Efeitos

1 – A concessão da licença determina a suspensão do vínculo, com os efeitos previstos nos nºs 1 e 3 do artigo 277º

2 – O período de tempo da licença não conta para efeitos de antiguidade, sem prejuízo do disposto no número seguinte.

3 – Nas licenças previstas para acompanhamento do cônjuge colocado no estrangeiro, bem como para o exercício de funções em organismos internacionais e noutras licenças fundadas em circunstâncias de interesse público, o trabalhador tem direito à contagem do tempo para efeitos de antiguidade e pode continuar a efetuar descontos para a ADSE ou outro subsistema de saúde de que beneficie, com base na remuneração auferida à data do início da licença.

4 – Nas licenças de duração inferior a um ano, nas previstas para acompanhamento do cônjuge colocado no estrangeiro, bem como para o exercício de funções em organismos internacionais e noutras licenças fundadas em circunstâncias de interesse público, o trabalhador tem direito à ocupação de um posto de trabalho no órgão ou serviço quando terminar a licença.

5 – Nas restantes licenças, o trabalhador que pretenda regressar ao serviço e cujo posto de trabalho se encontre ocupado, deve aguardar a previsão, no mapa de pessoal, de um posto de trabalho não ocupado, podendo candidatar-se a procedimento concursal para outro órgão ou serviço para o qual reúna os requisitos exigidos.

6 – Ao regresso antecipado do trabalhador em gozo de licença sem remuneração é aplicável o disposto no número anterior.

Artigo 282º – Licença sem remuneração para acompanhamento do cônjuge colocado no estrangeiro

1 – O trabalhador tem direito a licença sem remuneração para acompanhamento do respetivo cônjuge, quando este, tenha ou não a qualidade de trabalhador em funções públicas, for colocado no estrangeiro por período de tempo superior a 90 dias ou indeterminado, em missões de defesa ou representação de interesses do País ou em organizações internacionais de que Portugal seja membro.

2 – A licença é concedida pelo dirigente competente, a requerimento do interessado, devidamente fundamentado.

3 – À licença prevista na presente subsecção aplica-se o disposto nos nºs 3 e 4 do artigo 281º, se tiver sido concedida por período inferior a dois anos, e o disposto no nº 5 do mesmo artigo, se tiver sido concedida por período igual ou superior àquele.

4 – A licença tem a mesma duração que a da colocação do cônjuge no estrangeiro, podendo iniciar-se em data posterior à do início das funções do cônjuge no estrangeiro, desde que o interessado alegue conveniência nesse sentido ou antecipar-se o regresso a pedido do trabalhador.

5 – Finda a colocação do cônjuge no estrangeiro, o trabalhador pode requerer ao dirigente máximo do respetivo serviço o regresso à atividade, no prazo de 90 dias, a contar da data do termo da situação de colocação daquele no estrangeiro.

6 – Caso o trabalhador não requeira o regresso à atividade nos termos do número anterior, presume-se a sua vontade de extinguir o vínculo de emprego público por denúncia ou exoneração a pedido do trabalhador.

Artigo 283º – Licença sem remuneração para exercício de funções em organismos internacionais

1 – A licença sem remuneração para exercício de funções em organismos internacionais pode ser concedida por despacho dos membros do Governo responsáveis pela área dos negócios estrangeiros e pelo serviço a que pertence o trabalhador revestindo, conforme os casos, uma das seguintes modalidades:

a) Licença para o exercício de funções com caráter precário ou experimental, com vista a uma integração futura no respetivo organismo;

b) Licença para o exercício de funções em quadro de organismo internacional.

2 – A licença prevista na alínea *a)* do número anterior tem a duração do exercício de funções com caráter precário ou experimental para que foi concedida.

3 – A licença prevista na alínea *b)* do nº 1 é concedida pelo período de exercício de funções.

4 – O exercício de funções nos termos do presente artigo implica que o interessado faça prova, no requerimento a apresentar para concessão da licença ou para o regresso, da sua situação face à organização internacional, mediante documento comprovativo a emitir pela mesma.

SUBSECÇÃO IV – Pré-reforma

Artigo 284º – Acordo de pré-reforma

1 – Considera-se pré-reforma a situação de redução ou de suspensão da prestação do trabalho em que o trabalhador com idade igual ou superior a 55 anos mantém o direito a receber do empregador público uma prestação pecuniária mensal até à data da verificação de qualquer das situações previstas no nº 1 do artigo 287º

2 – A situação de pré-reforma constitui-se por acordo entre o empregador público e o trabalhador e depende da prévia autorização dos membros do Governo responsáveis pelas áreas das finanças e da Administração Pública.

3 – Do acordo de pré-reforma devem constar as seguintes indicações:

a) Data de início da situação de pré-reforma;

b) Montante da prestação de pré-reforma;

c) Forma de organização do tempo de trabalho, no caso de redução da prestação de trabalho.

4 – O empregador público deve remeter o acordo de pré-reforma à segurança social ou, sendo o caso, à Caixa Geral de Aposentações, I.P., conjuntamente com a folha de remunerações relativa ao mês da sua entrada em vigor.

Artigo 285º – Direitos do trabalhador

1 – O trabalhador em situação de pré-reforma tem os direitos constantes do acordo celebrado com o empregador público, sem prejuízo do disposto nos artigos seguintes.

2 – O trabalhador em situação de pré-reforma pode desenvolver outra atividade profissional remunerada, nos termos previstos nos artigos 19º a 24º

Artigo 286º – Prestação de pré-reforma

1 – Na situação de pré-reforma que corresponda à redução da prestação do trabalho, a prestação de pré-reforma é fixada com base na última remuneração auferida pelo trabalhador, em proporção do período normal de trabalho semanal acordado.

2 – A prestação referida no número anterior é atualizada anualmente em percentagem igual à do aumento de remuneração de que o trabalhador beneficiaria se estivesse no pleno exercício das suas funções.

3 – No caso de falta de pagamento pontual da prestação de pré-reforma, se a mora se prolongar por mais de 30 dias, o trabalhador tem direito a retomar o pleno exercício de funções, sem prejuízo da sua antiguidade, ou a resolver o contrato, com direito à indemnização prevista nos nºs 2 e 3 do artigo seguinte.

4 – As regras para a fixação da prestação a atribuir na situação de pré-reforma que corresponda à suspensão da prestação de trabalho são fixadas por decreto regulamentar.

Artigo 287º – Extinção da situação de pré-reforma

1 – A situação de pré-reforma extingue-se:

a) Com a passagem à situação de pensionista, por limite de idade ou invalidez;

b) Com o regresso ao pleno exercício de funções, por acordo entre o trabalhador e o empregador público ou nos termos do artigo anterior;

c) Com a cessação do contrato.

2 – Sempre que a extinção da situação de pré-reforma resulte de cessação do contrato que conferisse ao trabalhador direito a indemnização ou compensação, caso estivesse no pleno exercício das suas funções, aquele tem direito a uma indemnização correspondente ao montante das prestações de pré-reforma até à idade legal de reforma.

3 – A indemnização referida no número anterior tem por base a última prestação de pré-reforma devida à data da cessação do contrato.

4 – O trabalhador em situação de pré-reforma é considerado requerente da reforma ou aposentação por velhice logo que complete a idade legal, salvo se até essa data tiver ocorrido a extinção da situação de pré-reforma.

CAPÍTULO IX – Extinção do vínculo

SECÇÃO I – Disposições gerais

Artigo 288º – Proibição de despedimento ou demissão sem justa causa

É proibido o despedimento ou a demissão sem justa causa ou por motivos políticos ou ideológicos.

Artigo 289º – Formas de extinção do vínculo de emprego público

1 – Sem prejuízo de outras formas de extinção, são causas comuns de extinção do vínculo de emprego público as seguintes:

a) Caducidade;

b) Acordo;

c) Extinção por motivos disciplinares;

d) Extinção pelo trabalhador com aviso prévio;

e) Extinção pelo trabalhador com justa causa.

2 – *Revogado.*

3 – É causa específica de cessação da comissão de serviço a denúncia pelo trabalhador ou pelo empregador.

4 – Na falta de disposição legal em contrário, a comissão de serviço pode ser denunciada com a antecedência mínima de 30 dias.

(Redação da Lei nº 25/2017, de 30 de maio)

Artigo 290º – Direitos e deveres do empregador público e do trabalhador decorrentes da extinção do vínculo

1 – Extinto o vínculo, o empregador público deve entregar ao trabalhador um certificado de trabalho, indicando as datas de admissão e de saída, bem como o cargo ou cargos que desempenhou.

2 – O certificado não pode conter quaisquer outras referências, salvo pedido do trabalhador nesse sentido.

3 – Além do certificado de trabalho, o empregador público é obrigado a entregar ao trabalhador outros documentos destinados a fins oficiais que por aquele devam ser emitidos e que este solicite, designadamente os previstos na legislação de proteção social.

4 – Extinto o vínculo, o trabalhador deve devolver imediatamente ao empregador público os instrumentos de trabalho e quaisquer outros objetos que sejam pertença deste, sob pena de incorrer em responsabilidade civil pelos danos causados.

5 – Cessada a comissão de serviço, o trabalhador regressa à situação jurídico-funcional de que era titular, quando constituída e consolidada por tempo indeterminado, ou cessa o vínculo de emprego público, havendo lugar ao pagamento de indemnização quando prevista em lei especial.

SECÇÃO II – Causas de extinção comuns

SUBSECÇÃO I – Caducidade do vínculo de emprego público

Artigo 291º – Situações de caducidade

O vínculo de emprego público caduca, nomeadamente, nos seguintes casos:

a) Com a verificação do seu termo;

b) Em caso de impossibilidade superveniente, absoluta e definitiva de o trabalhador prestar o seu trabalho;

c) Com a reforma ou aposentação do trabalhador, por velhice ou invalidez, ou quando o trabalhador completar 70 anos de idade, sem prejuízo do disposto no artº 294º-A.

(Redação do Dec.- Lei nº 6/2019, de 14 de janeiro)

Artigo 292º – Reforma ou aposentação por velhice ou invalidez

1 – O vínculo de emprego público caduca pela reforma ou aposentação do trabalhador, por velhice ou invalidez, ou quando o trabalhador complete 70 anos de idade, sem prejuízo do disposto no artº 294º-A.

2 – A caducidade do vínculo verifica-se decorridos 30 dias sobre o conhecimento, por ambas as partes, da reforma ou aposentação do trabalhador por velhice ou invalidez.

(Redação do Dec.- Lei nº 6/2019, de 14 de janeiro)

Artigo 293º – Caducidade do contrato de trabalho em funções públicas a termo certo

1 – O contrato de trabalho em funções públicas a termo certo caduca no final do prazo estipulado, desde que o empregador público ou o trabalhador não comuniquem, por escrito, até 30 dias antes de o prazo expirar, a vontade de o renovar.

2 – Caso o empregador público comunique a vontade de renovar o contrato nos termos do número anterior, presume-se o acordo do trabalhador, se, no prazo de sete dias úteis, este não manifestar por escrito vontade em contrário.

3 – Exceto quando decorra da vontade do trabalhador, a caducidade do contrato a termo certo confere ao trabalhador o direito a uma compensação, calculada nos termos previstos no Código do Trabalho para os contratos a termo certo.

Artigo 294º – Caducidade do contrato de trabalho em funções públicas a termo incerto

1 – O contrato de trabalho em funções públicas a termo incerto caduca quando, prevendo-se a ocorrência do termo, o empregador público comunique ao trabalhador a data da cessação do contrato, com a antecedência mínima de sete, 30 ou 60 dias, conforme o contrato tenha durado até seis meses, de scis meses até dois anos ou por período superior, respetivamente.

2 – Tratando-se da situação prevista na alínea *i)* do nº 1 do artigo 57º, que dê lugar à contratação de vários trabalhadores, a comunicação a que se refere o número anterior deve ser feita, sucessivamente, a partir da verificação da diminuição gradual da respetiva ocupação, com a aproximação da conclusão do projeto para o desenvolvimento do qual foram contratados.

3 – A falta da comunicação a que se refere o nº 1 implica para o empregador público o pagamento da remuneração correspondente ao período de aviso prévio em falta.

4 – A caducidade do contrato confere ao trabalhador o direito a uma compensação calculada nos termos previstos no Código do Trabalho para os contratos a termo incerto.

Artigo 294º-A – Exercício de funções públicas por trabalhador reformado ou aposentado por idade de 70 anos

1 – Em casos de interesse público excecional, devidamente fundamentado, e sem prejuízo das demais condições e requisitos estabelecidos nos artigos 78º e 79º do Estatuto da Aposentação, aprovado pelo Decreto – Lei nº 498/72, de 9 de dezembro, na sua redação atual, o trabalhador que, sendo titular de

um vínculo de emprego público regulado pela presente lei, pretenda manter-se no exercício das mesmas funções públicas após reforma ou aposentação por idade de 70 anos, deve manifestar essa vontade expressamente e por escrito através de requerimento dirigido ao respetivo empregador público, pelo menos seis meses antes de completar aquela idade.

2 – A autorização para o exercício de funções nos termos do número anterior é concedida de acordo com o disposto no artigo 78º do Estatuto da Aposentação.

3 – Caso seja autorizado o requerido, as funções públicas passam a ser exercidas pelo reformado ou aposentado através da adequada modalidade de vínculo de emprego público, nos termos seguintes:

a) Contrato de trabalho em funções públicas a termo resolutivo ou nomeação transitória, quando esteja em causa o exercício de funções a que se referem, respetivamente, os artigos 7º e 8º;

b) Comissão de serviço, quando esta seja a modalidade de vínculo de emprego público prevista para o exercício do cargo, designadamente cargo dirigente, nos termos do artigo 9º

4 – Os vínculos de emprego público referidos nas alíneas *a)* e *b)* no número anterior ficam sujeitos ao regime definido na presente lei para a respetiva modalidade de vínculo, com as necessárias adaptações e as seguintes especificidades:

a) Os vínculos vigoram pelo prazo de seis meses, renovando -se por períodos iguais e sucessivos, até ao limite máximo de cinco anos, sem prejuízo, no caso da comissão de serviço, do prazo máximo definido para a respetiva comissão e renovação;

b) A caducidade do contrato ou da nomeação e a denúncia da comissão de serviço ficam sujeitas a aviso prévio de 30 ou 15 dias, consoante a iniciativa pertença ao empregador ou ao trabalhador;

c) A caducidade do contrato e da nomeação e a denúncia da comissão de serviço não determinam o pagamento de qualquer compensação ao trabalhador.

5 – O disposto nos números anteriores pode aplicar-se, com as necessárias adaptações, às situações de designação de reformado ou aposentado com idade superior a 70 anos, em comissão de serviço, para o exercício de cargo dirigente, nos casos em que o Estatuto do Pessoal Dirigente dos serviços e organismos da Administração central, regional e local do Estado, aprovado pela Lei nº 2/2004, de 15 de janeiro, na sua redação atual, não seja aplicável ou a designação possa operar, nos termos do mesmo Estatuto, sem necessidade de recurso a procedimento concursal.

6 – O disposto nos números anteriores não prejudica a aplicação do regime previsto no Estatuto da Aposentação, nem a aplicação de normas, gerais ou especiais, que estabeleçam outras causas específicas de extinção do vínculo de emprego público.

7 – As autorizações conferidas ao abrigo do disposto no presente artigo são publicadas, por extrato, na 2ª série do Diário da República, com identificação dos respetivos fundamentos.

(Aditado pelo Dec.- Lei nº 6/2019, de 14 de janeiro)

SUBSECÇÃO II – Extinção por acordo

Artigo 295º – Acordo de cessação do vínculo de emprego público

1 – O vínculo de emprego público pode cessar por acordo entre o trabalhador e o empregador público, observados os seguintes requisitos:

a) Comprovada obtenção de ganhos de eficiência e a redução permanente de despesa para o empregador público, designadamente pela demonstração de que o trabalhador não requer substituição;

b) Demonstração da existência de disponibilidade orçamental, no ano da cessação, para suportar a despesa inerente à compensação a atribuir ao trabalhador.

2 – A celebração de acordo de cessação nos termos do número anterior depende de prévia autorização dos membros do Governo responsáveis pelas áreas das finanças e da Administração Pública e do membro do Governo que exerça poderes de direção, superintendência ou tutela sobre o empregador público.

3 – Os membros do Governo responsáveis pelas áreas das finanças e da Administração Pública podem, previamente à autorização prevista no número anterior, requerer à entidade gestora da requalificação a avaliação da possibilidade de colocação do trabalhador em posto de trabalho compatível com a sua categoria, experiência e qualificações profissionais, noutro órgão ou serviço da Administração Pública.

4 – Quando o trabalhador se encontre integrado na carreira de assistente operacional ou de assistente técnico, é dispensada a autorização prevista no nº 2, observados os requisitos enunciados no nº 1.

Artigo 296º – Compensação pela extinção por acordo

1 – O acordo de cessação deve discriminar as quantias pagas a título de compensação pela extinção do vínculo e, sendo caso disso, as decorrentes de créditos já vencidos ou exigíveis em virtude dessa extinção.

2 – Salvo regime especial, a compensação a atribuir ao trabalhador no âmbito do acordo de cessação do vínculo corresponde, no máximo, a 20 dias de remuneração base por cada ano completo de antiguidade e é determinada do seguinte modo:

a) O valor diário de remuneração base é o resultante da divisão por 30 da remuneração base mensal auferida pelo trabalhador;

b) Em caso de fração de ano, o montante da compensação é calculado proporcionalmente;

c) O montante global da compensação não pode ser superior a 100 vezes a RMMG, sem prejuízo do previsto nos números seguintes;

d) O montante global da compensação não pode ser superior ao montante das remunerações base a auferir pelo trabalhador até à idade legal de reforma ou aposentação.

3 – Na situação em que o trabalhador reúna as condições para aceder ao mecanismo legal de antecipação da aposentação, no âmbito do regime de proteção social convergente ou ao abrigo de regime de flexibilização ou de antecipação da idade de pensão de velhice no regime geral de segurança social, o acordo de cessação carece de demonstração de redução efetiva de despesa e da autorização prévia do membro do Governo responsável pela área das finanças.

4 – A extinção do vínculo de emprego público por acordo impede o trabalhador de constituir um vínculo de trabalho em funções públicas, em qualquer modalidade, com os órgãos e serviços da administração direta e indireta do Estado, da administração regional e da administração autárquica, incluindo as respetivas entidades públicas empresariais, e com os outros órgãos do Estado, pelo período correspondente ao quádruplo dos meses da compensação percebida, calculado com aproximação por excesso.

5 – Os membros do Governo responsáveis pelas áreas das finanças e da Administração Pública e o membro do Governo que exerça poderes de direção, superintendência ou tutela podem, por portaria, regulamentar programas sectoriais de redução de efetivos, por recurso à celebração de acordo de cessação de contrato, estabelecendo os requisitos e as condições específicas a aplicar nesses programas, as quais devem ser objeto de negociação prévia com as organizações sindicais representativas dos trabalhadores.

SUBSECÇÃO III – Extinção por motivos disciplinares

Artigo 297º – Fundamento do despedimento ou demissão por motivo disciplinar

1 – O vínculo de emprego público pode cessar em caso de infração disciplinar que inviabilize a sua manutenção.

2 – A extinção do vínculo prevista no número anterior opera por despedimento ou demissão, respetivamente nas modalidades de contrato de trabalho em funções públicas e de nomeação.

3 – Constituem infração disciplinar que inviabiliza a manutenção do vínculo, nomeadamente, os comportamentos do trabalhador que:

a) Agrida, injurie ou desrespeite gravemente superior hierárquico, colega, subordinado ou terceiro, em serviço ou nos locais de serviço;

b) Pratique atos de grave insubordinação ou indisciplina ou incite à sua prática;

c) No exercício das suas funções, pratique atos manifestamente ofensivos das instituições e princípios consagrados na Constituição;

d) Pratique ou tente praticar qualquer ato que lese ou contrarie os superiores interesses do Estado em matéria de relações internacionais;

e) Volte a praticar os factos referidos nas alíneas *c)*, *h)* e *i)* do artigo 186º;

f) Dolosamente participe infração disciplinar supostamente cometida por outro trabalhador;

g) Dentro do mesmo ano civil, dê cinco faltas seguidas ou 10 interpoladas sem justificação;

h) Cometa reiterada violação do dever de zelo, indiciada em processo de averiguações instaurado após a obtenção de duas avaliações de desempenho negativas consecutivas;

i) Divulgue informação que, nos termos legais, não deva ser divulgada;

j) Em resultado da função que exerce, solicite ou aceite, direta ou indiretamente, dádivas, gratificações, participação em lucro ou outras vantagens patrimoniais, ainda que sem o fim de acelerar ou retardar qualquer serviço ou procedimento;

k) Comparticipe em oferta ou negociação de emprego público;

l) Seja encontrado em alcance ou desvio de dinheiros públicos;

m) Tome parte ou tenha interesse, diretamente ou por interposta pessoa, em qualquer contrato celebrado ou a celebrar por qualquer órgão ou serviço;

n) Com intenção de obter, para si ou para terceiro, benefício económico ilícito, falte aos deveres funcionais, não promovendo atempadamente os procedimentos adequados, ou lese, em negócio jurídico ou por mero ato material, designadamente por destruição, adulteração ou extravio de documentos ou por viciação de dados para tratamento informático, os interesses patrimoniais que, no todo ou em parte, lhe cumpre, em razão das suas funções, administrar, fiscalizar, defender ou realizar;

o) Autorize o exercício de qualquer atividade remunerada nas modalidades que estão vedadas aos trabalhadores que, colocados em situação de requalificação, se encontrem no gozo de licença extraordinária.

4 – Tornando-se inviável a manutenção da relação funcional, as penas de demissão e de despedimento por facto imputável ao trabalhador são ainda aplicáveis aos trabalhadores que, encontrando-se em situação de requalificação, exerçam qualquer atividade remunerada fora dos casos previstos na lei.

Artigo 298º – Procedimento para despedimento ou demissão

A aplicação da sanção de despedimento ou demissão pelo empregador público é obrigatoriamente precedida do procedimento disciplinar previsto na presente lei.

Artigo 299º – Impugnação judicial do despedimento ou demissão

1 – A ação de impugnação do despedimento ou demissão tem de ser proposta no prazo de um ano sobre a data de produção de efeitos da extinção do vínculo.

2 – A providência cautelar que visa a suspensão do despedimento ou demissão deve ser requerida no prazo de 30 dias a contar da data de produção de efeitos da extinção do vínculo.

Artigo 300º – Invalidade do despedimento ou da demissão

1 – Sendo anulada ou declarada nula a sanção de despedimento disciplinar ou de demissão, o órgão ou serviço é condenado:

a) A indemnizar o trabalhador por todos os danos, patrimoniais e não patrimoniais, causados;

b) A reconstituir a situação jurídico-funcional atual hipotética do trabalhador.

2 – O trabalhador tem ainda direito a receber a remuneração que deixou de auferir desde a data de produção de efeitos do ato de aplicação da sanção até ao trânsito em julgado da decisão judicial.

3 – Ao montante apurado nos termos do número anterior deduzem-se:

a) As importâncias que o trabalhador tenha comprovadamente obtido com a extinção do vínculo de emprego público e que não receberia se não fosse a sanção aplicada;

b) O montante do subsídio de desemprego eventualmente auferido pelo trabalhador, devendo o órgão ou serviço entregar essa quantia à segurança social;

c) O montante da remuneração respeitante ao período decorrido desde a data de produção de efeitos da extinção do vínculo até 30 dias antes da data da sua impugnação judicial, quando esta não tenha tido lugar nos 30 dias subsequentes àquela data de produção de efeitos.

Artigo 301º – Indemnização em substituição da reconstituição da situação

1 – Em alternativa à reconstituição da sua situação jurídico-funcional atual hipotética, o trabalhador pode optar, até à data da decisão jurisdicional, pelo recebimento da indemnização prevista no número seguinte.

2 – A indemnização prevista no número anterior é fixada pelo tribunal, entre 15 e 45 dias por cada ano completo ou fração de exercício de funções públicas, atendendo ao valor da retribuição e ao grau de ilicitude, e com o valor mínimo correspondente a três remunerações base mensais.

3 – Quando a sanção seja a de cessação da comissão de serviço, ao valor previsto no número anterior acresce uma remuneração base mensal por cada mês completo, ou respetiva proporção no caso de fração de mês, que faltasse para o termo da comissão de serviço, com um mínimo correspondente a três remunerações base mensais.

4 – O tempo decorrido desde a data de produção de efeitos da sanção até ao trânsito em julgado da decisão jurisdicional é considerado exercício de funções públicas, para efeitos do disposto nos números anteriores.

5 – Efetuada a opção referida no nº 1, o tribunal deve condenar o órgão ou serviço em conformidade.

Artigo 302º – Regras especiais relativas ao contrato a termo

1 – Ao contrato a termo aplicam-se as regras gerais de cessação do contrato, com as alterações constantes do número seguinte.

2 – Sendo o despedimento declarado ilícito, o empregador público é condenado:

a) No pagamento da indemnização pelos prejuízos causados, não devendo o trabalhador receber uma compensação inferior à importância correspondente ao valor das remunerações que deixou de auferir desde a data do despedimento até ao termo certo ou incerto do contrato, ou até ao trânsito em julgado da decisão do tribunal, se aquele termo ocorrer posteriormente;

b) Na reintegração do trabalhador, sem prejuízo da sua categoria, caso o termo ocorra depois do trânsito em julgado da decisão do tribunal.

SUBSECÇÃO IV – Extinção pelo trabalhador com aviso prévio

Artigo 303º – Modalidades de extinção

A extinção do vínculo de emprego público por iniciativa do trabalhador com aviso prévio é feita por denúncia ou exoneração a pedido do trabalhador, consoante o trabalhador seja titular de um contrato de trabalho em funções públicas ou de um vínculo de nomeação, respetivamente.

Artigo 304º – Denúncia do contrato de trabalho em funções públicas

1 – O trabalhador pode denunciar o contrato independentemente de justa causa, mediante comunicação escrita enviada ao empregador público com a antecedência mínima de 30 ou 60 dias, conforme tenha, respetivamente, até dois anos ou mais de dois anos de antiguidade no órgão ou serviço.

2 – Sendo o contrato a termo, o trabalhador que se pretenda desvincular antes do decurso do prazo acordado deve avisar o empregador público com a antecedência mínima de 30 dias, se o contrato tiver duração igual ou superior a seis meses, ou de 15 dias, se for de duração inferior.

3 – No caso de contrato a termo incerto, para o cálculo do prazo de aviso prévio a que se refere o número anterior atende-se ao tempo de duração efetiva do contrato.

Artigo 305º – Exoneração a pedido do trabalhador

A nomeação definitiva cessa por exoneração do trabalhador, que produz efeitos no trigésimo dia a contar da data da apresentação do respetivo requerimento escrito, exceto quando o empregador público e o trabalhador acordem diferentemente.

Artigo 306º – Falta de cumprimento dos prazos de aviso prévio

Se o trabalhador não cumprir, total ou parcialmente, os prazos de aviso prévio estabelecidos nos artigos anteriores, fica obrigado a pagar ao empregador público uma indemnização de valor igual à remuneração base correspondente ao período de aviso em falta, sem prejuízo da responsabilidade civil pelos danos eventualmente causados.

SUBSECÇÃO V – Extinção pelo trabalhador com justa causa

Artigo 307º – Justa causa de extinção do vínculo de emprego público

1 – Ocorrendo justa causa, pode o trabalhador extinguir imediatamente o vínculo de emprego público.

2 – Constituem justa causa de extinção do vínculo pelo trabalhador, nomeadamente, os seguintes comportamentos do empregador público:

a) Falta culposa de pagamento pontual da remuneração;

b) Violação culposa das garantias legais ou convencionais do trabalhador;

c) Aplicação de sanção ilegal;

d) Falta culposa de condições de segurança, higiene e saúde no trabalho;

e) Lesão culposa de interesses patrimoniais sérios do trabalhador;

f) Ofensas à integridade física ou moral, liberdade, honra ou dignidade do trabalhador, puníveis por lei, praticadas pelo empregador público ou seu representante legítimo.

3 – Constituem ainda justa causa de extinção do vínculo pelo trabalhador, os seguintes factos:

a) Necessidade de cumprimento de obrigações legais incompatíveis com a continuação do vínculo;

b) Alteração substancial e duradoura das condições de trabalho no exercício legítimo de poderes do empregador público;

c) Falta não culposa de pagamento pontual da remuneração.

4 – Para apreciação da justa causa deve atender-se ao grau de lesão dos interesses do trabalhador e às demais circunstâncias que no caso se mostrem relevantes.

Artigo 308º – Procedimento

1 – A declaração de extinção do vínculo pelo trabalhador deve ser feita por escrito, com indicação sucinta dos factos que a justificam, nos 30 dias subsequentes ao conhecimento desses factos.

2 – Se o fundamento da extinção for o da alínea *a)* do nº 3 do artigo anterior, o trabalhador deve notificar o empregador público logo que possível.

Artigo 309º – Indemnização devida ao trabalhador

1 – A extinção do vínculo com fundamento nos factos previstos no nº 2 do artigo 307º confere ao trabalhador o direito a uma indemnização, a determinar entre 30 e 60 dias de remuneração base auferida pelo trabalhador por cada ano completo de antiguidade no exercício de funções públicas, mas nunca podendo ser inferior a três meses de remuneração base.

2 – No caso de fração de ano de antiguidade, o valor da indemnização é calculado proporcionalmente.

3 – No caso de contrato a termo, a indemnização prevista nos números anteriores não pode ser inferior à quantia correspondente às remunerações vincendas.

Artigo 310º – Impugnação da declaração de extinção do vínculo

1 – A ilicitude da extinção do vínculo pode ser declarada judicialmente em ação intentada pelo empregador público no prazo de um ano, a contar da data da declaração.

2 – Na ação em que for apreciada a ilicitude da extinção do vínculo apenas são atendíveis para a justificar os factos constantes da comunicação referida no nº 1 do artigo 308º

3 – No caso de ter sido impugnada a extinção do vínculo, com base em ilicitude do procedimento previsto no nº 1 do artigo 308º, o trabalhador pode corrigir o vício até ao termo do prazo para contestar, não se aplicando, no entanto, este regime mais de uma vez.

4 – Não se provando a justa causa de extinção do vínculo, o empregador público tem direito a indemnização pelos prejuízos causados, não inferior ao montante calculado nos termos do artigo 306º

SECÇÃO III – Cessação do contrato de trabalho em funções públicas na sequência de processo de reorganização de serviços e racionalização de efetivos

Artigo 311º – Procedimento

(Revogado pela Lei nº 25/2017, de 30 de maio)

Artigo 312º – Compensação pela cessação do contrato

(Revogado pela Lei nº 25/2017, de 30 de maio)

Artigo 313º – Ilicitude da cessação do contrato de trabalho em funções públicas

(Revogado pela Lei nº 25/2017, de 30 de maio)

PARTE III – DIREITO COLETIVO

TÍTULO I – Estruturas de representação coletiva dos trabalhadores

CAPÍTULO I – Disposições gerais

Artigo 314º – Representação coletiva dos trabalhadores em funções públicas

1 – Os trabalhadores em funções públicas têm o direito de criar estruturas de representação coletiva para defesa dos seus direitos e interesses, nomea-

damente comissões de trabalhadores e associações sindicais, sem prejuízo das restrições estabelecidas em lei especial.

2 – Às estruturas de representação coletiva dos trabalhadores em funções públicas é aplicável o regime do Código do Trabalho, com as necessárias adaptações e as especificidades constantes da presente lei.

Artigo 315º – Crédito de horas dos representantes dos trabalhadores

Os trabalhadores em funções públicas eleitos para as estruturas de representação coletiva dos trabalhadores beneficiam de crédito de horas, nos termos previstos no Código do Trabalho e na presente lei.

Artigo 316º – Faltas

1 – As ausências dos trabalhadores eleitos para as estruturas de representação coletiva no desempenho das suas funções e que excedam o crédito de horas consideram-se faltas justificadas e contam, salvo para efeito de remuneração, como tempo de serviço efetivo.

2 – Relativamente aos delegados sindicais, apenas se consideram justificadas, para além das que correspondam ao gozo do crédito de horas, as ausências motivadas pela prática de atos necessários e inadiáveis no exercício das suas funções, as quais contam, salvo para efeito de remuneração, como tempo de serviço efetivo.

3 – As ausências a que se referem os números anteriores são comunicadas, pelo trabalhador ou estrutura de representação coletiva em que se insere, por escrito, com um dia de antecedência, com referência às datas e ao número de dias de que os respetivos trabalhadores necessitam para o exercício das suas funções, ou, em caso de impossibilidade de previsão, nas 48 horas imediatas ao primeiro dia de ausência.

4 – A inobservância do disposto no número anterior torna as faltas injustificadas.

Artigo 317º – Proteção em caso de procedimento disciplinar, despedimento ou demissão

1 – A suspensão preventiva de trabalhador eleito para as estruturas de representação coletiva não obsta a que o mesmo possa ter acesso aos locais e atividades que se compreendam no exercício normal dessas funções.

2 – Na pendência de processo para apuramento de responsabilidade disciplinar, civil ou criminal, com fundamento em exercício abusivo de direitos na qualidade de membro de estrutura de representação coletiva dos trabalhadores, aplica-se ao trabalhador visado o disposto no número anterior.

3 – O despedimento ou demissão de trabalhador candidato a corpos sociais das associações sindicais, bem como do que exerça ou haja exercido funções nos mesmos corpos sociais há menos de três anos, presume-se feito sem justa causa ou motivo justificativo.

4 – No caso de o trabalhador despedido ou demitido ser representante sindical ou membro de comissão de trabalhadores, tendo sido interposta providência cautelar de suspensão do despedimento ou demissão, esta só não é decretada se o tribunal concluir pela existência de probabilidade séria de verificação da justa causa ou do motivo justificativo invocados.

5 – As ações que tenham por objeto litígios relativos ao despedimento ou demissão dos trabalhadores referidos no número anterior têm natureza urgente. 6 – Em caso de ilicitude do despedimento ou demissão de trabalhador membro de estrutura de representação coletiva, este tem o direito de optar entre a reintegração no órgão ou serviço e uma indemnização calculada nos termos previstos na presente lei ou estabelecida em instrumento de regulamentação coletiva de trabalho, nunca inferior à remuneração base correspondente a seis meses.

Artigo 318º – Proteção em caso de mobilidade

1 – Os trabalhadores eleitos para as estruturas de representação coletiva, bem como na situação de candidatos, até dois anos após o fim do respetivo mandato, não podem ser mudados de local de trabalho sem o seu acordo expresso e sem audição da estrutura a que pertencem.

2 – O disposto no número anterior não é aplicável quando a mudança de local de trabalho resultar da mudança de instalações do órgão ou serviço ou decorrer de normas legais aplicáveis a todos os seus trabalhadores.

Artigo 319º – Informações confidenciais

1 – O membro de estrutura de representação coletiva dos trabalhadores não pode revelar aos trabalhadores ou a terceiros informações que tenha recebido, no âmbito de direito de informação ou consulta, e que sejam de acesso restrito nos termos do disposto no regime de acesso aos documentos administrativos ou diploma especial.

2 – O dever de confidencialidade mantém-se após a cessação do mandato de membro de estrutura de representação coletiva dos trabalhadores.

CAPÍTULO II – Comissões de trabalhadores

SECÇÃO I – Disposições gerais sobre comissões de trabalhadores

Artigo 320º – Princípios gerais relativos a comissões, subcomissões e comissões coordenadoras

1 – Os trabalhadores têm direito de criar, em cada empregador público, uma comissão de trabalhadores, para defesa dos seus interesses e para o exercício dos direitos previstos na Constituição e na lei.

2 – Nos empregadores públicos com estabelecimentos periféricos ou unidades orgânicas desconcentradas podem ser criadas subcomissões de trabalhadores.

3 – Podem ser criadas comissões coordenadoras para articulação de atividades das comissões de trabalhadores constituídas em diferentes empregadores públicos do mesmo ministério ou de vários ministérios que prossigam atribuições de natureza análoga, bem como para o desempenho de outros direitos consignados na lei.

Artigo 321º – Número de membros de comissão de trabalhadores, comissão coordenadora ou subcomissão

1 – O número de membros da comissão de trabalhadores não pode exceder os seguintes:

a) Em empregadores públicos com menos de 50 trabalhadores, dois;

b) Em empregadores públicos com 50 a 200 trabalhadores, três;

c) Em empregadores públicos com 201 a 500 trabalhadores, três a cinco;

d) Em empregadores públicos com 501 a 1 000 trabalhadores, cinco a sete;

e) Em empregadores públicos com mais de 1 000 trabalhadores, sete a 11.

2 – O número de membros da subcomissão de trabalhadores não pode exceder os seguintes:

a) Nos estabelecimentos ou unidades orgânicas com 50 a 200 trabalhadores, três;

b) Nos estabelecimentos ou unidades orgânicas com mais de 200 trabalhadores, cinco.

3 – Nos estabelecimentos ou unidades orgânicas com menos de 50 trabalhadores, a função da subcomissão de trabalhadores é assegurada por um só membro.

4 – O número de membros da comissão coordenadora não pode exceder o número das comissões de trabalhadores que a mesma coordena, nem o máximo de 11 membros.

Artigo 322º – Reunião de trabalhadores no local de trabalho convocada por comissão de trabalhadores

A realização de reunião de trabalhadores no local de trabalho, convocada por comissão de trabalhadores, bem como o respetivo procedimento, observam o disposto no Código do Trabalho.

Artigo 323º – Crédito de horas de membros das comissões

1 – Para o exercício da sua atividade, o membro das seguintes estruturas tem direito ao seguinte crédito mensal de horas:

a) Subcomissões de trabalhadores, oito horas;

b) Comissões de trabalhadores, 25 horas;

c) Comissões coordenadoras, 20 horas.

2 – Nos órgãos ou serviços com menos de 50 trabalhadores, o crédito de horas referido no número anterior é reduzido a metade.

3 – Nos órgãos ou serviços com mais de 1 000 trabalhadores, a comissão de trabalhadores pode deliberar, por unanimidade, redistribuir pelos seus membros um montante global correspondente à soma dos créditos de horas de todos eles, com o limite individual de 40 horas mensais.

4 – Os membros das estruturas referidas no nº 1 estão obrigados, para além do limite aí estabelecido, e ressalvado o disposto nos nºs 2 e 3, à prestação de trabalho nas condições normais.

5 – Não pode haver lugar a cumulação de crédito de horas pelo facto de um trabalhador pertencer a mais de uma das estruturas referidas no nº 1.

SECÇÃO II – Direitos das comissões de trabalhadores

SUBSECÇÃO I – Disposições gerais

Artigo 324º – Direitos da comissão e subcomissão de trabalhadores

1 – A comissão de trabalhadores tem direito, nomeadamente, a:

a) Receber todas as informações necessárias ao exercício da sua atividade;

b) Exercer o controlo de gestão nos respetivos empregadores públicos;

c) Participar nos procedimentos relativos aos trabalhadores, no âmbito dos processos de reorganização de órgãos ou serviços;

d) Participar na elaboração da legislação do trabalho, diretamente ou por intermédio das respetivas comissões coordenadoras.

2 – As subcomissões de trabalhadores podem exercer estes direitos, nos termos previstos no Código do Trabalho.

Artigo 325º – Reuniões da comissão de trabalhadores com o dirigente máximo ou órgão de direção do órgão ou serviço

1 – A comissão de trabalhadores tem o direito de reunir periodicamente com o dirigente máximo do serviço ou com o órgão de direção do empregador público para discussão e análise dos assuntos relacionados com o exercício dos seus direitos, devendo realizar-se, pelo menos, uma reunião em cada mês.

2 – Da reunião referida no número anterior é lavrada ata, elaborada pelo órgão ou serviço, que deve ser assinada por todos os presentes.

3 – O disposto nos números anteriores aplica-se igualmente às subcomissões de trabalhadores, em relação aos dirigentes dos respetivos estabelecimentos periféricos ou unidades orgânicas desconcentradas.

SUBSECÇÃO II – Informação e consulta

Artigo 326º – Conteúdo do direito a informação

A comissão de trabalhadores tem direito de informação sobre:

a) Plano e relatório de atividades;

b) Orçamento;

c) Gestão dos recursos humanos, em função dos mapas de pessoal;

d) Prestação de contas, incluindo balancetes, contas de gerência e relatórios de gestão.

e) Projetos de reorganização do órgão ou serviço.

Artigo 327º – Obrigatoriedade de parecer prévio

Sem prejuízo dos pareceres obrigatórios previstos noutros diplomas, designadamente em matéria de balanço social e estatuto disciplinar, têm de ser obrigatoriamente precedidos de parecer escrito da comissão de trabalhadores os seguintes atos do empregador público:

a) Regulação da utilização de equipamento tecnológico para vigilância a distância no local de trabalho;

b) Tratamento de dados biométricos;

c) Elaboração de regulamentos internos do órgão ou serviço;

d) Definição e organização dos horários de trabalho aplicáveis a todos ou a parte dos trabalhadores do órgão ou serviço;

e) Elaboração do mapa de férias dos trabalhadores do órgão ou serviço;

f) Quaisquer medidas de que resulte uma diminuição substancial do número de trabalhadores do órgão ou serviço ou agravamento substancial das suas condições de trabalho e, ainda, as decisões suscetíveis de desencadear mudanças substanciais no plano da organização de trabalho ou dos contratos.

SUBSECÇÃO III – Controlo de gestão do empregador público

Artigo 328º – Finalidade e conteúdo do controlo de gestão

1 – O controlo de gestão visa promover o empenhamento responsável dos trabalhadores na vida do empregador público.

2 – No exercício do direito do controlo de gestão, a comissão de trabalhadores pode:

a) Apreciar e emitir parecer sobre os orçamentos do órgão ou serviço e respetivas alterações, bem como acompanhar a respetiva execução;

b) Promover a adequada utilização dos recursos técnicos, humanos e financeiros;

c) Promover, junto dos órgãos de direção e dos trabalhadores, medidas que contribuam para a melhoria da atividade do empregador público, designadamente nos domínios dos equipamentos técnicos e da simplificação administrativa;

d) Apresentar aos órgãos competentes do empregador público sugestões, recomendações ou críticas tendentes à qualificação inicial e à formação contínua dos trabalhadores e, em geral, à melhoria da qualidade de vida no trabalho e das condições de segurança e saúde;

e) Defender, junto dos órgãos de direção e fiscalização do empregador público e das autoridades competentes, os legítimos interesses dos trabalhadores.

Artigo 329º – Limites ao controlo de gestão

1 – O controlo de gestão nos empregadores públicos não pode ser exercido em matérias sujeitas ao regime de segredo previstos na lei.

2 – O controlo de gestão nos empregadores públicos não pode ser exercido ainda em relação às seguintes atividades:

a) Defesa nacional;

b) Representação externa do Estado;

c) Informações de segurança;

d) Investigação criminal;

e) Segurança pública, quer em meio livre quer em meio institucional;

f) Inspeção.

3 – Excluem-se igualmente do controlo de gestão as atividades que envolvam, por via direta ou delegada, competências dos órgãos de soberania, bem como das assembleias legislativas das regiões autónomas e dos governos regionais.

4 – Os limites constantes deste artigo são igualmente aplicáveis às comissões coordenadoras.

SECÇÃO III – Constituição e extinção da comissão de trabalhadores

Artigo 330º – Disposição geral

A constituição, aprovação de estatutos e eleição de comissão de trabalhadores segue, com as necessárias adaptações, o disposto no Código do Trabalho, com as especialidades constantes da presente secção.

Artigo 331º – Registo

1 – As comissões e subcomissões de trabalhadores são registadas no ministério responsável pela área da Administração Pública.

2 – Para efeitos do disposto no número anterior, a comissão eleitoral deve, no prazo de 15 dias, a contar da data do apuramento dos resultados eleitorais, requerer junto do ministério responsável pela área da Administração Pública o registo da constituição da comissão de trabalhadores e da aprovação dos estatutos ou das suas alterações, juntando os estatutos aprovados ou alterados, bem como cópias certificadas das atas da comissão eleitoral e das mesas de voto, acompanhadas dos documentos de registo dos votantes.

3 – A comissão eleitoral deve, no prazo de 15 dias, a contar da data do apuramento, requerer junto do ministério responsável pela área da Administração Pública o registo da eleição dos membros da comissão de trabalhadores e das subcomissões de trabalhadores, juntando cópias certificadas das listas concorrentes, bem como das atas da comissão eleitoral e das mesas de voto, acompanhadas dos documentos de registo dos votantes.

4 – As comissões de trabalhadores que participaram na constituição da comissão coordenadora devem, no prazo de 15 dias, requerer junto do ministério responsável pela área da Administração Pública o registo da constituição da comissão coordenadora e da aprovação dos estatutos ou das suas alterações, juntando os estatutos aprovados ou alterados, bem como cópias certificadas da ata da reunião em que foi constituída a comissão e do documento de registo dos votantes.

5 – As comissões de trabalhadores que participaram na eleição da comissão coordenadora devem, no prazo de 15 dias, requerer junto do ministério responsável pela área da Administração Pública o registo da eleição dos membros da comissão coordenadora, juntando cópias certificadas das listas concorrentes, bem como da ata da reunião e do documento de registo dos votantes.

6 – O ministério responsável pela área da Administração Pública regista, no prazo de 10 dias:

a) A constituição da comissão de trabalhadores e da comissão coordenadora, bem como a aprovação dos respetivos estatutos ou das suas alterações;

b) A eleição dos membros da comissão de trabalhadores, das subcomissões de trabalhadores e da comissão coordenadora e publica a respetiva composição.

Artigo 332º – Publicação

1 – O ministério responsável pela área da Administração Pública procede à publicação na 2ª série do Diário da República:

a) Dos estatutos da comissão de trabalhadores e da comissão coordenadora, ou das suas alterações;

b) Da composição da comissão de trabalhadores, das subcomissões de trabalhadores e da comissão coordenadora.

2 – A comissão de trabalhadores, a subcomissão ou a comissão coordenadora só pode iniciar as suas atividades depois da publicação dos estatutos e da respetiva composição, nos termos do número anterior.

Artigo 333º – Controlo de legalidade da constituição e dos estatutos das comissões

1 – Após o registo da constituição da comissão de trabalhadores e da aprovação dos estatutos ou das suas alterações, o ministério responsável pela área da Administração Pública remete, no prazo de oito dias, a contar da publicação, cópias certificadas das atas da comissão eleitoral e das mesas de voto, dos documentos de registo dos votantes, dos estatutos aprovados ou alterados e do requerimento de registo, bem como a apreciação fundamentada sobre a legalidade da constituição da comissão de trabalhadores e dos estatutos ou das suas alterações, ao magistrado do Ministério Público da área da sede do respetivo órgão ou serviço.

2 – Caso os estatutos contenham disposições contrárias à lei, o ministério responsável pela área da Administração Pública, no prazo referido no número anterior, notifica os interessados para que estes as alterem no prazo de 180 dias.

3 – Caso não haja alteração no prazo referido no número anterior, o ministério responsável pela área da Administração Pública procede de acordo com o disposto no nº 1.

4 – O disposto nos números anteriores é aplicável, com as necessárias adaptações, à constituição e aprovação dos estatutos da comissão coordenadora.

Artigo 334º – Fusão de serviços

Em caso de extinção de um serviço e da sua incorporação num outro, sempre que neste não exista comissão de trabalhadores, a existente no serviço incorporado continua em funções por um período de dois meses a contar da fusão ou até que nova estrutura entretanto eleita inicie as respetivas funções.

Artigo 335º – Extinção judicial

Quando não tenha sido requerido o registo da eleição dos membros da comissão de trabalhadores, ou da comissão coordenadora, num período de seis anos a contar do último registo, o ministério responsável pela área da Administração Pública deve comunicar o facto ao magistrado do Ministério Público no tribunal competente, o qual promove, no prazo de 15 dias, a contar da receção dessa comunicação, a declaração judicial de extinção da respetiva comissão.

Artigo 336º – Cancelamento do registo

1 – A extinção da comissão de trabalhadores ou comissão coordenadora deve ser comunicada ao ministério responsável pela área da Administração Pública, para que se proceda de imediato ao cancelamento do registo da sua constituição e dos seus estatutos e à publicação de aviso na 2ª série do Diário da República.

2 – O ministério responsável pela área da Administração Pública remete ao magistrado do Ministério Público no tribunal competente cópia certificada da comunicação relativa à extinção voluntária, acompanhada de apreciação fundamentada sobre a legalidade da deliberação, nos oito dias posteriores à publicação do aviso referido no número anterior.

3 – No caso de a deliberação de extinção ser desconforme com a lei ou os estatutos, o magistrado do Ministério Público promove, no prazo de 15 dias, a contar da receção, a declaração judicial de nulidade da deliberação.

4 – O tribunal comunica a declaração judicial de nulidade da deliberação de extinção, transitada em julgado, ao ministério responsável pela área da Administração Pública, o qual revoga o cancelamento e promove a publicação imediata de aviso na 2ª série do Diário da República.

5 – A extinção da comissão de trabalhadores ou da comissão coordenadora ou a revogação do cancelamento produz efeitos a partir da publicação do respetivo aviso.

CAPÍTULO III – Associações sindicais

SECÇÃO I – Disposições gerais

Artigo 337º – Direito de associação sindical

1 – Os trabalhadores em funções públicas têm o direito de constituir associações sindicais a todos os níveis, para defesa e promoção dos seus interesses socioprofissionais.

2 – As associações sindicais de trabalhadores em funções públicas estão sujeitas ao disposto no Código do Trabalho, com as necessárias adaptações.

Artigo 338º – Direitos das associações sindicais

1 – As associações sindicais referidas no artigo anterior têm, nomeadamente, o direito de:

a) Celebrar acordos coletivos de trabalho;

b) Prestar serviços de caráter económico e social aos seus associados;

c) Participar na elaboração da legislação do trabalho;

d) Participar nos procedimentos relativos aos trabalhadores, no âmbito de processos de reorganização de órgãos ou serviços;

e) Estabelecer relações ou filiar-se em organizações sindicais internacionais.

2 – É reconhecida às associações sindicais legitimidade processual para defesa dos direitos e interesses coletivos e para a defesa coletiva dos direitos e interesses individuais legalmente protegidos dos trabalhadores que representem.

3 – As associações sindicais beneficiam da isenção do pagamento das custas para defesa dos direitos e dos interesses coletivos dos trabalhadores que representam, aplicando-se no demais o regime previsto no Regulamento das Custas Processuais, aprovado pelo Decreto-Lei nº 34/2008, de 26 de fevereiro, na redação atual.

SECÇÃO II – Constituição e organização das associações

Artigo 339º – Comunicações ao membro do Governo responsável pela área da Administração Pública

1 – À constituição, extinção e organização de associações sindicais de trabalhadores em funções públicas aplica-se do disposto no Código de Trabalho.

2 – O ministério responsável pela área laboral remete, oficiosamente, ao membro do Governo responsável pela área da Administração Pública:

a) Cópia dos estatutos da associação sindical;

b) Identificação dos membros da direção eleitos, bem como cópia da ata da assembleia que os elegeu.

3 – O ministério responsável pela área laboral comunica, oficiosamente, ao membro do Governo responsável pela área da Administração Pública o cancelamento do registo da associação sindical.

SECÇÃO III – Atividade sindical no órgão ou serviço

Artigo 340º – Atividade sindical

1 – Os trabalhadores e os sindicatos têm direito a desenvolver atividade sindical no órgão ou serviço do empregador público, nomeadamente através de delegados sindicais, comissões sindicais e comissões intersindicais.

2 – O exercício do direito referido no número anterior não pode comprometer a realização do interesse público e o normal funcionamento dos órgãos ou serviços.

Artigo 341º – Reunião de trabalhadores no local de trabalho

1 – Os trabalhadores podem reunir-se no local de trabalho:

a) Fora do horário de trabalho observado pela generalidade dos trabalhadores, mediante convocação do órgão competente da associação sindical, do delegado sindical ou da comissão sindical ou intersindical, sem prejuízo do normal funcionamento dos serviços, no caso de trabalho por turnos ou de trabalho suplementar;

b) Durante o horário de trabalho observado pela generalidade dos trabalhadores, até um período máximo de 15 horas por ano, que contam como tempo de serviço efetivo, desde que assegurem o funcionamento dos serviços de natureza urgente e essencial.

2 – Para efeitos do nº 1 do artigo anterior, as reuniões podem ser convocadas:

a) Pela comissão sindical ou pela comissão intersindical;

b) Excecionalmente, pelas associações sindicais ou os respetivos delegados.

3 – Compete exclusivamente às associações sindicais reconhecer a existência das circunstâncias excecionais que justificam a realização da reunião.

4 – É aplicável à realização das reuniões o disposto no Código do Trabalho para as reuniões convocadas pelas comissões de trabalhadores, com as necessárias adaptações.

5 – Os membros da direção das associações sindicais que não trabalhem no órgão ou serviço podem participar nas reuniões mediante comunicação dos promotores ao empregador público com a antecedência mínima de seis horas.

Artigo 342º – Número de delegados sindicais

1 – O número máximo de delegados sindicais que beneficiam do regime de proteção previsto na presente lei e no Código do Trabalho é determinado da seguinte forma:

a) Órgão ou serviço, estabelecimento periférico ou unidade orgânica desconcentrada com menos de 50 trabalhadores sindicalizados, um;

b) Órgão ou serviço, estabelecimento periférico ou unidade orgânica desconcentrada com 50 a 99 trabalhadores sindicalizados, dois;

c) Órgão ou serviço, estabelecimento periférico ou unidade orgânica desconcentrada com 100 a 199 trabalhadores sindicalizados, três;

d) Órgão ou serviço, estabelecimento periférico ou unidade orgânica desconcentrada com 200 a 499 trabalhadores sindicalizados, seis;

e) Órgão ou serviço, estabelecimento periférico ou unidade orgânica desconcentrada com 500 ou mais trabalhadores sindicalizados, o número resultante da seguinte fórmula: 6 + [(n – 500): 200] em que n é o número de trabalhadores sindicalizados.

2 – O resultado apurado nos termos da alínea *e)* do número anterior é arredondado para a unidade imediatamente superior.

Artigo 343º – Informação e consulta de delegado sindical

1 – Os delegados sindicais gozam do direito a informação e consulta relativamente às matérias constantes das suas atribuições.

2 – O direito a informação e consulta abrange, para além de outras referidas na lei ou identificadas em acordo coletivo de trabalho, as seguintes matérias:

a) A informação sobre a evolução recente e a evolução provável das atividades do órgão ou serviço, do estabelecimento periférico ou da unidade orgânica desconcentrada e a sua situação financeira;

b) A informação e consulta sobre a situação, a estrutura e a evolução provável do emprego no órgão ou serviço e sobre as eventuais medidas de antecipação previstas, nomeadamente em caso de ameaça para o emprego;

c) A informação e consulta sobre as decisões suscetíveis de desencadear mudanças substanciais a nível da organização do trabalho ou dos contratos de trabalho.

3 – Os delegados sindicais devem requerer, por escrito, respetivamente, ao órgão de direção do órgão ou serviço ou ao dirigente do estabelecimento periférico ou da unidade orgânica desconcentrada, os elementos de informação respeitantes às matérias referidas nos números anteriores.

4 – As informações são-lhes prestadas, por escrito, no prazo de 10 dias, salvo se, pela sua complexidade, se justificar prazo maior, que nunca deve ser superior a 30 dias.

5 – Quando esteja em causa a tomada de decisões por parte do empregador público, no exercício dos poderes de direção e de organização decorrentes do contrato de trabalho, os procedimentos de informação e consulta

devem ser conduzidos, por ambas as partes, no sentido de alcançar, sempre que possível, o consenso.

6 – No âmbito do direito a informação e consulta, está vedado o acesso a matérias sujeitas ao regime de segredo previsto na lei.

Artigo 344º – Crédito de horas de delegado sindical

1 – Cada delegado sindical dispõe, para o exercício das suas funções, de um crédito de 12 horas por mês.

2 – Até 15 de janeiro de cada ano civil, deve a associação sindical comunicar aos órgãos ou serviços onde os mesmos exercem funções, a identificação dos delegados sindicais beneficiários do crédito de horas.

Artigo 345º – Crédito de horas dos membros da direção de associação sindical

1 – Sem prejuízo do disposto em instrumento de regulamentação coletiva de trabalho, o número máximo de membros da direção da associação sindical que beneficiam do crédito de horas é determinado da seguinte forma:

a) Associações sindicais com um número igual ou inferior a 200 associados, um membro;

b) Associações sindicais com mais de 200 associados, um membro por cada 200 associados ou fração, até ao limite máximo de 50 membros.

2 – Nas associações sindicais cuja organização interna compreenda estruturas de direção de base regional ou distrital beneficiam ainda do crédito de horas, numa das seguintes soluções:

a) Nas estruturas de base regional, até ao limite máximo de sete, um membro por cada 200 associados ou fração correspondente a, pelo menos, 100 associados, até ao limite máximo de 20 membros da direção de cada estrutura;

b) Nas estruturas de base distrital, até ao limite máximo de 18, um membro por cada 200 associados ou fração correspondente a, pelo menos, 100 associados, até ao limite máximo de sete membros da direção de cada estrutura.

3 – Da aplicação conjugada dos nºs 1 e 2 deve corrigir-se o resultado para que não se verifique um número inferior a 1,5 do resultado da aplicação do disposto na alínea *b)* do nº 1, considerando-se, para o efeito, que o limite máximo aí referido é de 100 membros.

4 – Quando as associações sindicais compreendam estruturas distritais no continente e estruturas nas regiões autónomas, aplica-se-lhes o disposto na alínea *b)* do nº 2 e o disposto na alínea *a)* do mesmo número até ao limite máximo de duas estruturas.

5 – Em alternativa ao disposto nos números anteriores, sem prejuízo do disposto em instrumento de regulamentação coletiva de trabalho, o número máximo de membros da direção de associações sindicais representativas de trabalhadores das autarquias locais que beneficiam do crédito de horas é determinado da seguinte forma:

a) Município em que exercem funções 25 a 49 trabalhadores sindicalizados, um membro;

b) Município em que exercem funções 50 a 99 trabalhadores sindicalizados, dois membros;

c) Município em que exercem funções 100 a 199 trabalhadores sindicalizados, três membros;

d) Município em que exercem funções 200 a 499 trabalhadores sindicalizados, quatro membros;

e) Município em que exercem funções 500 a 999 trabalhadores sindicalizados, seis membros;

f) Município em que exercem funções 1000 a 1999 trabalhadores sindicalizados, sete membros;

g) Município em que exercem funções 2000 a 4999 trabalhadores sindicalizados, oito membros;

h) Município em que exercem funções 5000 a 9999 trabalhadores sindicalizados, 10 membros;

i) Município em que exercem funções 10 000 ou mais trabalhadores sindicalizados, 12 membros.

6 – Para o exercício das suas funções, cada membro da direção beneficia, nos termos dos números anteriores, do crédito de horas correspondente a quatro dias de trabalho por mês, que pode utilizar em períodos de meio dia, mantendo o direito à remuneração.

7 – Até 15 de janeiro de cada ano civil, salvo se a especificidade do ciclo de atividade justificar um calendário diverso, a associação sindical deve comunicar à DGAEP:

a) O número total de associados, por estrutura de direção;

b) A identificação dos membros de direção beneficiários do crédito de horas e respetivo serviço de origem.

8 – A associação sindical deve ainda, no mesmo prazo, comunicar aos órgãos ou serviços onde os mesmos exercem funções a identificação dos membros de direção beneficiários do crédito de horas.

9 – Em caso de alteração da composição da direção sindical, as comunicações previstas nos dois números anteriores devem ser efetuadas no prazo de 15 dias.

10 – A associação sindical deve comunicar, com um dia de antecedência ou, em caso de impossibilidade, num dos dois dias úteis imediatos, aos órgãos ou serviços onde exercem funções os membros da direção referidos nos números anteriores, as datas e o número de dias que os mesmos necessitam para o exercício das respetivas funções.

11 – O disposto nos números anteriores não prejudica a possibilidade de a direção da associação sindical atribuir créditos de horas a outros membros da mesma, ainda que pertencentes a serviços diferentes, e independentemente de estes se integrarem na administração direta ou indireta do Estado, na administração regional, na administração autárquica ou noutra pessoa coletiva pública, desde que, em cada ano civil, não ultrapasse o montante global do crédito de horas atribuído nos termos dos nºs 1 a 3 e comunique tal facto à DGAEP e ao órgão ou serviço em que exercem funções, com a antecedência mínima de 15 dias.

12 – Os membros da direção de federação, união ou confederação não beneficiam de crédito de horas, aplicando-se-lhes o disposto no número seguinte.

13 – Os membros da direção de federação, união ou confederação podem celebrar acordos de cedência de interesse público para o exercício de funções sindicais naquelas estruturas de representação coletiva, sendo as respetivas remunerações asseguradas pelo empregador público cedente, até ao seguinte número máximo de membros da direção:

a) Quatro membros, no caso das confederações sindicais que representem, pelo menos, 5 % do universo dos trabalhadores que exercem funções públicas;

b) No caso de federações, dois membros por cada 10 000 associados ou fração correspondente, pelo menos, a 5000 associados, até ao limite máximo de 10 membros;

c) Um membro, quando se trate de união de âmbito distrital ou regional e represente, pelo menos, 5 % do universo dos trabalhadores que exerçam funções na respetiva área.

14 – Para os efeitos previstos na alínea *b)* do número anterior, deve atender-se ao número de trabalhadores filiados nas associações que fazem parte daquelas estruturas de representação coletiva de trabalhadores.

15 – A DGAEP, bem como a entidade em que esta, em razão da especificidade das carreiras, delegue essa função, mantém atualizados mecanismos de acompanhamento e controlo do sistema de créditos e cedências de interesse público previstos nos números anteriores.

Artigo 346º – Faltas

1 – Os membros da direção das associações sindicais, cuja identificação é comunicada à DGAEP e ao órgão ou serviço em que exercem funções nos termos da presente lei, usufruem ainda, para além do crédito de horas, do direito a faltas justificadas, que contam, para todos os efeitos legais, como serviço efetivo, salvo quanto à remuneração.

2 – Os demais membros da direção usufruem do direito a faltas justificadas, até ao limite de 33 faltas por ano, que contam, para todos os efeitos legais, como serviço efetivo, salvo quanto à remuneração.

3 – Quando as faltas determinadas pelo exercício de atividade sindical se prolongarem para além de um mês, aplica-se o regime de suspensão do contrato por facto respeitante ao trabalhador.

4 – O disposto no número anterior não é aplicável aos membros da direção cuja ausência no local de trabalho, para além de um mês, seja determinada pela cumulação do crédito de horas.

SECÇÃO IV – Atos eleitorais

(Secção aditada pela Lei nº 25/2017, de 30 de maio)

Artigo 346º-A – Participação nos processos eleitorais

1 – Para a realização de assembleias constituintes de associações sindicais ou para efeitos de alteração dos estatutos ou eleição dos corpos gerentes, os trabalhadores gozam dos seguintes direitos:

a) Dispensa de serviço para os membros da assembleia geral eleitoral e da comissão fiscalizadora eleitoral, até ao limite de sete membros, pelo período máximo de 10 dias úteis, com possibilidade de utilização de meios dias;

b) Dispensa de serviço para os elementos efetivos e suplentes que integram as listas candidatas pelo período máximo de seis dias úteis, com possibilidade de utilização de meios dias;

c) Dispensa de serviço para os membros da mesa, até ao limite de três ou até ao limite do número de listas concorrentes, se o número destas for superior a três, por período não superior a um dia;

d) Dispensa de serviço aos trabalhadores com direito de voto, pelo tempo necessário para o exercício do respetivo direito;

e) Dispensa de serviço aos trabalhadores que participem em atividades de fiscalização do ato eleitoral durante o período de votação e contagem dos votos.

2 – A pedido das associações sindicais ou das comissões promotoras da respetiva constituição, é permitida a instalação e funcionamento de mesas de voto nos locais de trabalho durante as horas de serviço.

3 – As dispensas de serviço previstas no nº 1 não são imputadas noutros créditos previstos na lei.

4 – As dispensas de serviço previstas no nº 1 são equiparadas a serviço efetivo, para todos os efeitos legais.

5 – O exercício dos direitos previstos no presente artigo só pode ser impedido com fundamento, expresso e por escrito, em grave prejuízo para a realização do interesse público.

(Aditado pela Lei nº 25/2017, de 30 de maio)

Artigo 346º-B – Formalidades

1 – A comunicação para a instalação e funcionamento das mesas de voto deve ser apresentada, preferencialmente por via eletrónica, ao dirigente máximo do órgão ou serviço com antecedência não inferior a 10 dias, e dela deve constar:

a) A identificação do ato eleitoral;

b) A indicação do local pretendido;

c) A identificação dos membros da mesa ou substitutos;

d) O período de funcionamento.

2 – A instalação e o funcionamento das mesas de voto consideram-se autorizados se nos três dias imediatos à apresentação da comunicação não for proferido despacho de indeferimento e notificado à associação sindical ou comissão promotora.

(Aditado pela Lei nº 25/2017, de 30 de maio)

Artigo 346º-C – Votação

1 – A votação decorre dentro do período normal de funcionamento do órgão ou serviço.

2 – O funcionamento das mesas não pode prejudicar o normal funcionamento dos órgãos e serviços.

(Aditado pela Lei nº 25/2017, de 30 de maio)

Artigo 346º-D – Votação em local diferente

Os trabalhadores que devam votar em local diferente daquele em que exerçam funções só nele podem permanecer pelo tempo indispensável ao exercício do seu direito de voto.

(Aditado pela Lei nº 25/2017, de 30 de maio)

Artigo 346º-E – Extensão

No caso de consultas eleitorais estatutariamente previstas ou de outras respeitantes a interesses coletivos dos trabalhadores, designadamente congressos ou outras de idêntica natureza, podem ser concedidas dispensas de serviço aos trabalhadores, em termos a definir, caso a caso, por despacho do membro do Governo responsável pela área da Administração Pública.

(Aditado pela Lei nº 25/2017, de 30 de maio)

TÍTULO II – Negociação coletiva

CAPÍTULO I – Princípios gerais

SECÇÃO I – Disposições gerais

Artigo 347º – Direito de negociação coletiva

1 – É garantido aos trabalhadores com vínculo de emprego público o direito de negociação coletiva nos termos da presente lei.

2 – O direito de negociação coletiva dos trabalhadores é exercido exclusivamente pelas associações sindicais que, nos termos dos respetivos estatutos, representem interesses de trabalhadores em funções públicas e se encontrem devidamente registadas.

3 – A negociação coletiva visa:

a) Obter um acordo sobre as matérias que integram o estatuto dos trabalhadores em funções públicas, a incluir em atos legislativos ou regulamentos administrativos aplicáveis a estes trabalhadores;

b) Celebrar um instrumento de regulamentação coletiva convencional aplicável a trabalhadores com contrato de trabalho em funções públicas.

Artigo 348º – Princípios

1 – O empregador público e as associações sindicais respeitam o princípio da boa-fé na negociação coletiva, nomeadamente respondendo com a máxima brevidade, quer aos pedidos de reunião solicitados, quer às propostas mútuas, fazendo-se representar nas reuniões destinadas à negociação e à prevenção ou resolução de conflitos.

2 – As consultas dos representantes do empregador público e dos trabalhadores, através das suas organizações sindicais, devem ser feitas com brevidade e não suspendem ou interrompem a marcha do procedimento de negociação, salvo se as partes nisso expressamente acordarem.

3 – Cada uma das partes pode solicitar à outra as informações consideradas necessárias ao exercício adequado do direito de negociação coletiva, designadamente os estudos e elementos de ordem técnica ou estatística, não confidenciais, e que sejam considerados indispensáveis à fundamentação das propostas e das contrapropostas.

4 – Na negociação coletiva relativa ao estatuto dos trabalhadores em funções públicas, a Administração Pública e as associações sindicais devem assegurar a apreciação, discussão e resolução das questões colocadas numa perspetiva global e comum a todos os serviços e organismos e aos trabalhadores no seu conjunto, respeitando o princípio da prossecução do interesse público.

5 – No processo de negociação para a celebração de instrumento de regulamentação coletiva convencional, não pode ser recusado o fornecimento de planos e relatórios de atividades dos órgãos ou serviços nem, em qualquer caso, a indicação do número de trabalhadores, por categoria, que se situem no âmbito de aplicação do acordo a celebrar.

Artigo 349º – Legitimidade

1 – Têm legitimidade para a negociação coletiva, em representação dos trabalhadores, as seguintes entidades:

a) As confederações sindicais com assento na Comissão Permanente de Concertação Social;

b) As associações sindicais com um número de trabalhadores sindicalizados que corresponda a, pelo menos, 5 % do número total de trabalhadores que exercem funções públicas;

c) As associações sindicais que representem trabalhadores de todas as administrações públicas e, na administração do Estado, em todos os ministérios, desde que o número de trabalhadores sindicalizados corresponda a, pelo menos, 2,5 % do número total de trabalhadores que exercem funções públicas;

d) No caso de negociação coletiva sectorial, estando em causa matérias relativas a carreiras especiais, as associações sindicais com assento na Comissão Permanente de Concertação Social e as associações sindicais que representem, pelo menos, 5 % do número total dos trabalhadores integrados na carreira especial em causa.

2 – Consideram-se representantes das associações sindicais na negociação coletiva:

a) Os membros das respetivas direções, portadores de credencial com poderes bastantes para negociar;

b) Os portadores de mandato escrito conferido pelas direções das associações sindicais, do qual constem expressamente poderes para negociar.

3 – A revogação do mandato previsto no número anterior só é eficaz após comunicação aos serviços competentes da Administração Pública.

4 – O empregador público é representado no processo de negociação coletiva pelo Governo, do seguinte modo:

a) Na negociação coletiva geral, através dos membros do Governo responsáveis pela área da Administração Pública, que coordena, e das finanças;

b) Na negociação coletiva sectorial, através do membro do Governo responsável pelo setor, que coordena, e dos membros do Governo responsáveis pelas áreas das finanças e da Administração Pública.

5 – As entidades referidas no número anterior podem intervir na negociação coletiva diretamente ou através de representantes.

6 – Compete à DGAEP apoiar o membro do Governo responsável pela área da Administração Pública no processo de negociação coletiva.

CAPÍTULO II – Negociação coletiva sobre o estatuto dos trabalhadores em funções públicas

Artigo 350º – Objeto da negociação coletiva

1 – São objeto de negociação coletiva, para a celebração de um acordo quanto ao estatuto dos trabalhadores com vínculo de emprego público, as seguintes matérias:

a) Constituição, modificação e extinção do vínculo de emprego público;

b) Recrutamento e seleção;

c) Carreiras;

d) Tempo de trabalho;

e) Férias, faltas e licenças;

f) Remuneração e outras prestações pecuniárias, incluindo a alteração dos níveis remuneratórios e do montante pecuniário de cada nível remuneratório;

g) Formação e aperfeiçoamento profissional;

h) Segurança e saúde no trabalho;

i) Regime disciplinar;

j) Mobilidade;

k) Avaliação do desempenho;

l) Direitos coletivos;

m) Regime de proteção social convergente;

n) Ação social complementar.

2 – Não podem ser objeto de negociação coletiva matérias relativas à estrutura, atribuições e competências da Administração Pública.

3 – A negociação coletiva a que se refere o nº 1 pode ser geral ou sectorial, nos termos definidos na presente lei.

Artigo 351º – Procedimento de negociação

1 – A negociação coletiva geral tem periodicidade anual, devendo iniciar-se a partir do dia 1 de setembro.

2 – A negociação inicia-se com a apresentação, por uma das partes, de proposta fundamentada sobre qualquer das matérias previstas no artigo anterior, procedendo-se seguidamente à calendarização das negociações, de forma que estas terminem tendencialmente antes da votação final global da proposta de lei do Orçamento do Estado, nos termos constitucionais, na Assembleia da República.

3 – As matérias sem incidência orçamental constantes do artigo anterior podem ser objeto de negociação a qualquer momento, desde que as partes nisso acordem e que não tenham sido discutidas na negociação geral anual precedente.

4 – As partes devem fundamentar as suas propostas e contrapropostas, impendendo sobre elas o dever de tentar atingir, em prazo adequado, um acordo.

5 – A convocação de reuniões dentro do procedimento negocial tem de ser feita com a antecedência mínima de cinco dias úteis, salvo acordo das partes.

6 – Das reuniões havidas são elaboradas atas, subscritas pelas partes, donde consta um resumo do que tiver ocorrido, designadamente os pontos em que não se tenha obtido acordo.

7 – As negociações sectoriais iniciam-se em qualquer altura do ano e têm a duração que for acordada entre as partes, aplicando-se-lhes os princípios constantes dos números anteriores.

8 – Ao pessoal com funções de representação externa do Estado, bem como ao que desempenhe funções de natureza altamente confidencial, é aplicado, em cada caso, o procedimento negocial adequado à natureza das respetivas funções, sem prejuízo dos direitos reconhecidos na presente lei.

Artigo 352º – Negociação coletiva suplementar

1 – Terminado o período de negociação sem que tenha havido acordo, pode abrir-se uma negociação suplementar, a pedido das associações sindicais, para resolução dos conflitos.

2 – O pedido para negociação suplementar é apresentado no final da última reunião negocial, ou por escrito, no prazo de cinco dias úteis, a contar do encerramento dos procedimentos de negociação previstos no artigo anterior, devendo dele ser dado conhecimento a todas as partes envolvidas no processo.

3 – A negociação suplementar, desde que requerida nos termos do número anterior, é obrigatória, não podendo a sua duração exceder 15 dias úteis.

4 – Na negociação suplementar, a parte governamental é constituída por membro ou membros do Governo, sendo obrigatoriamente presidida pelo que for responsável pela Administração Pública e, no caso das negociações sectoriais, pelo que for responsável pelo respetivo setor.

Artigo 353º – Informação sobre política salarial

As associações sindicais podem enviar ao Governo, até ao fim do primeiro semestre de cada ano, a respetiva posição sobre os critérios que entendam dever orientar a política salarial a prosseguir no ano seguinte.

Artigo 354º – Acordo decorrente da negociação

1 – Sem prejuízo de outros prazos definidos pelas partes, o acordo a que se refere a alínea *a)* do nº 3 do artigo 347º obriga o Governo a adotar as medidas legislativas ou administrativas adequadas ao seu integral e exato cumprimento, no prazo máximo de 180 dias, devendo, nas matérias que careçam de autorização legislativa, submeter as respetivas propostas de lei à Assembleia da República, no prazo máximo de 45 dias.

2 – Finda a negociação suplementar sem obtenção de acordo, o Governo toma a decisão que entender adequada.

CAPÍTULO III – Instrumentos de regulamentação coletiva de trabalho

SECÇÃO I – Disposições gerais

Artigo 355º – Conteúdo de instrumento de regulamentação coletiva de trabalho

1 – Para além de outras matérias previstas na presente lei ou em norma especial, o instrumento de regulamentação coletiva de trabalho só pode dispor sobre:

a) Suplementos remuneratórios;

b) Sistemas de recompensa do desempenho;

c) Sistemas adaptados e específicos de avaliação do desempenho;

d) Regimes de duração e organização do tempo de trabalho;

e) Regimes de mobilidade;

f) Ação social complementar.

2 – O instrumento de regulamentação coletiva de trabalho não pode:

a) Contrariar norma legal imperativa;

b) Dispor sobre a estrutura, atribuições e competências da Administração Pública;

c) Conferir eficácia retroativa a qualquer cláusula que não seja de natureza pecuniária.

Artigo 356º – Publicação e entrada em vigor dos instrumentos de regulamentação coletiva de trabalho

1 – Os instrumentos de regulamentação coletiva de trabalho, bem como a sua revogação, são publicados na 2ª série do Diário da República e entram em vigor, após a sua publicação, nos mesmos termos das leis.

2 – Compete à DGAEP proceder à publicação, na 2ª série do Diário da República, de avisos sobre a data da cessação da vigência de acordos coletivos de trabalho.

3 – Os instrumentos de regulamentação coletiva de trabalho que sejam objeto de três revisões são integralmente republicados.

Artigo 357º – Aplicação de instrumento de regulamentação coletiva de trabalho

1 – No cumprimento do acordo coletivo de trabalho devem as partes, tal como os respetivos filiados, agir de boa-fé.

2 – Durante a execução do acordo coletivo de trabalho atende-se às circunstâncias em que as partes fundamentaram a decisão de contratar.

3 – A parte outorgante do acordo coletivo de trabalho, bem como os respetivos filiados que faltem culposamente ao cumprimento das obrigações dele emergentes, são responsáveis pelo prejuízo causado, nos termos gerais.

Artigo 358º – Publicidade

O empregador público deve afixar no órgão ou serviço, em local apropriado, a indicação dos instrumentos de regulamentação coletiva de trabalho aplicáveis.

SECÇÃO II – Acordo coletivo de trabalho

SUBSECÇÃO I – Processo negocial para a celebração do acordo coletivo

Artigo 359º – Proposta

1 – A celebração de um acordo coletivo de trabalho é precedida de um processo de negociação.

2 – O processo de negociação inicia-se com a apresentação à outra parte de uma proposta de celebração ou de revisão de acordo coletivo de trabalho.

3 – A proposta deve revestir forma escrita, ser devidamente fundamentada e conter os seguintes elementos:

a) Designação das entidades que a subscrevem em nome próprio e em representação de outras;

b) Indicação do acordo coletivo de trabalho que se pretende rever, sendo caso disso, e respetiva data de publicação.

Artigo 360º – Resposta

1 – A entidade destinatária da proposta deve responder, de forma escrita e fundamentada, nos 30 dias seguintes à receção daquela, salvo prazo mais longo convencionado pelas partes ou indicado pelo proponente.

2 – A resposta deve exprimir uma posição relativa a todas as cláusulas da proposta, aceitando, recusando ou contrapropondo.

3 – A falta de resposta ou de contraproposta, no prazo fixado no nº 1 e nos termos do número anterior, legitima a entidade proponente a requerer a conciliação.

Artigo 361º – Prioridade em matéria negocial

1 – As partes devem, sempre que possível, atribuir prioridade às matérias dos suplementos remuneratórios, dos prémios de desempenho e da duração e organização do tempo de trabalho, tendo em vista o ajuste do acréscimo global de encargos daí resultante, bem como à matéria da segurança, higiene e saúde no trabalho.

2 – A inviabilidade do acordo inicial sobre as matérias referidas no número anterior não justifica a rutura de negociação.

Artigo 362º – Negociações diretas

1 – Na sequência da resposta, devem ter início as negociações diretas.

2 – Durante a negociação, os representantes das partes devem prestar as informações relevantes e fazer as necessárias consultas aos trabalhadores e aos empregadores públicos interessados, nos termos da presente lei.

Artigo 363º – Apoio técnico

Na preparação da proposta e da resposta e durante as negociações, a DGAEP e os demais órgãos e serviços fornecem às partes a informação necessária de que disponham e que por elas seja requerida.

SUBSECÇÃO II – Celebração e conteúdo

Artigo 364º – Legitimidade e representação

1 – Podem celebrar acordos coletivos de carreiras gerais, em representação dos trabalhadores, as associações sindicais com legitimidade para a negociação coletiva e, pelos empregadores públicos, os membros do Governo responsáveis pelas áreas das finanças e da Administração Pública.

2 – Têm legitimidade para celebrar acordos coletivos de carreiras especiais:

a) Pelas associações sindicais, as confederações sindicais com assento na Comissão Permanente de Concertação Social e as associações sindicais que representem, pelo menos, 5 % do número total de trabalhadores integrados na carreira especial em causa;

b) Pelos empregadores públicos, os membros do Governo responsáveis pelas áreas das finanças e da Administração Pública e os restantes membros do Governo interessados, em função das carreiras objeto dos acordos.

3 – Têm legitimidade para celebrar acordos coletivos de empregador público:

a) Pelas associações sindicais, as confederações sindicais com assento na Comissão Permanente de Concertação Social e as restantes associações sindicais representativas dos respetivos trabalhadores;

b) Pelo empregador público, o membro do Governo que superintenda no órgão ou serviço e o empregador público nos termos do nº 1 do artigo 27º, e ainda os membros do Governo responsáveis pelas áreas das finanças e da Administração Pública no caso do nº 3 do artigo 105º

4 – Na administração autárquica, têm legitimidade para celebrar acordos coletivos de empregador público as associações sindicais, a que se refere a alínea *a)* do número anterior, e o empregador público autárquico, nos termos do nº 2 do artigo 27º

5 – Têm ainda legitimidade para celebrar acordos coletivos de carreiras gerais as associações sindicais que apresentem uma única proposta de celebração ou de revisão de um acordo coletivo de trabalho e que, em conjunto, cumpram os critérios das alíneas *b)* e *c)* do nº 1 do artigo 349º

6 – No caso previsto no número anterior, o processo negocial decorre conjuntamente.

7 – Os acordos coletivos são assinados pelos representantes das associações sindicais e representantes do empregador público, ou respetivos representantes, bem como pelos membros do Governo, nas situações em que têm legitimidade para a respetiva celebração, nos termos do nº 3.

(Redação da Lei nº 25/2017, de 30 de maio; o Acórdão do Tribunal Constitucional nº 494/2015, publicado em DR, nº 207, Série I, de 22 de outubro, declarou a inconstitucionalidade, com força obrigatória geral, das normas que conferem aos membros do governo responsáveis pelas áreas das finanças e da administração pública legitimidade para celebrar e assinar acordos coletivos de empregador público, no âmbito da administração autárquica, resultantes do artº 364º, nº 3, al. b), e do nº 6, da LTFP, aprovada em anexo à Lei nº 35/2014, de 20 de junho)

Artigo 365º – Forma do acordo coletivo de trabalho

1 – O acordo coletivo de trabalho reveste a forma escrita, sob pena de nulidade.

2 – Do acordo coletivo de trabalho constam obrigatoriamente as seguintes referências:

a) Entidades celebrantes;

b) Nome e qualidade em que intervêm os representantes das entidades celebrantes;

c) Âmbito de aplicação;

d) Data de celebração;

e) Acordo coletivo de trabalho alterado ou substituído e respetiva data de publicação, caso exista;

f) Prazo de vigência, caso exista;

g) Estimativa dos órgãos ou serviços e do número de trabalhadores abrangidos pelo acordo coletivo de trabalho, elaborada pelas entidades celebrantes.

Artigo 366º – Conteúdo do acordo coletivo de trabalho

1 – O acordo coletivo de trabalho de trabalho deve regular:

a) As relações entre as partes outorgantes, em particular quanto à verificação do cumprimento do acordo e aos meios de resolução de conflitos decorrentes da sua aplicação e revisão;

b) O âmbito temporal, nomeadamente a sobrevigência e o prazo de denúncia do acordo;

c) A definição de serviços mínimos e dos meios necessários para os assegurar em caso de greve.

2 – O acordo coletivo de trabalho deve prever a constituição de uma comissão formada por igual número de representantes das partes celebrantes, com competência para interpretar e integrar as suas cláusulas.

Artigo 367º – Comissão paritária

1 – O funcionamento da comissão paritária prevista no nº 2 do artigo anterior é regulado pelo acordo coletivo de trabalho.

2 – A comissão paritária só pode deliberar desde que esteja presente metade dos representantes de cada parte.

3 – A deliberação tomada por unanimidade considera-se, para todos os efeitos, como integrando o acordo coletivo de trabalho a que respeita, devendo ser depositada e publicada nos mesmos termos do acordo coletivo de trabalho.

SUBSECÇÃO III – Depósito

Artigo 368º – Procedimento de depósito de acordo coletivo de trabalho

1 – O acordo coletivo de trabalho, bem como a respetiva revogação, é entregue para depósito, na DGAEP, nos cinco dias subsequentes à data da assinatura.

2 – A terceira revisão parcial consecutiva de um acordo coletivo de trabalho deve ser acompanhada de texto consolidado assinado nos mesmos termos, o qual, em caso de divergência, prevalece sobre os textos a que se refere.

3 – O acordo e o texto consolidado são entregues em documento eletrónico, nos termos previstos em portaria do membro do Governo responsável pela área da Administração Pública.

4 – O depósito depende do acordo coletivo de trabalho satisfazer os seguintes requisitos:

a) Ser celebrado por quem tenha capacidade para o efeito;

b) Ser acompanhado de títulos comprovativos da representação das entidades celebrantes, emitidos por quem possa vincular as associações sindicais e o empregador público celebrantes;

c) Obedecer ao disposto nos nºs 2 e 3;

d) Obedecer ao disposto no artigo 365º

5 – O depósito considera-se feito se não for recusado nos 15 dias seguintes à receção do acordo coletivo de trabalho no serviço referido no nº 1.

6 – A recusa fundamentada do depósito é notificada às partes, sendo devolvidos todos os documentos.

Artigo 369º – Alteração do acordo antes da decisão sobre o depósito

1 – Por acordo das partes e enquanto o depósito estiver pendente, pode ser introduzida qualquer alteração formal ou substancial ao acordo coletivo de trabalho entregue para esse efeito.

2 – A alteração referida no número anterior interrompe o prazo para o depósito previsto no artigo anterior.

SUBSECÇÃO IV – Âmbito pessoal de aplicação

Artigo 370º – Incidência subjetiva dos acordos coletivos de trabalho

1 – O acordo coletivo de trabalho obriga os empregadores públicos abrangidos pelo seu âmbito de aplicação e as associações sindicais outorgantes.

2 – O acordo coletivo de trabalho aplica-se aos trabalhadores filiados em associação outorgante ou membros da associação sindical filiada na união, federação ou confederação sindical outorgante.

3 – O acordo coletivo de trabalho aplica-se ainda aos restantes trabalhadores integrados em carreira ou em funções no empregador público a que é aplicável o acordo coletivo de trabalho, salvo oposição expressa do trabalhador não sindicalizado ou de associação sindical interessada e com legitimidade para celebrar o acordo coletivo de trabalho, relativamente aos seus filiados.

4 – O direito de oposição previsto no número anterior deve ser exercido no prazo de 15 dias, a contar da data entrada em vigor do acordo coletivo, através de comunicação escrita dirigida ao empregador público.

5 – No caso de ser aplicável mais do que um acordo coletivo no âmbito do empregador público, o trabalhador não sindicalizado deve indicar por escrito ao empregador o acordo coletivo que pretende ver-lhe aplicado.

6 – Na falta da indicação prevista no número anterior, é aplicável o instrumento de regulamentação coletiva de trabalho que abranja o maior número de trabalhadores no âmbito do empregador público.

Artigo 371º – Determinação temporal da filiação

1 – Os acordos coletivos abrangem os trabalhadores que estejam filiados nas associações signatárias no momento do início do processo negocial, bem como os que nelas se filiem durante o período de vigência dos mesmos acordos.

2 – Em caso de desfiliação dos trabalhadores ou das respetivas associações dos sujeitos outorgantes, o acordo coletivo de trabalho aplica-se até ao final do prazo que dele expressamente constar ou, sendo o acordo objeto de alteração, até à entrada em vigor desta.

3 – No caso de o acordo coletivo de trabalho não ter prazo de vigência, os trabalhadores ou as respetivas associações que se tenham desfiliado dos sujeitos outorgantes são abrangidos durante o prazo mínimo de um ano.

4 – A opção do trabalhador não sindicalizado pela sujeição a um acordo coletivo, exercida nos termos do artigo anterior, é irrevogável até ao final do período estabelecido nos nºs 2 e 3, consoante o caso.

Artigo 372º – Efeitos da sucessão nas atribuições

1 – Em caso de reorganização de órgãos ou serviços com transferência das suas atribuições ou competências para outro órgão ou serviço, os acordos coletivos de empregador público que vinculam aqueles órgãos ou serviços são aplicáveis ao órgão ou serviço integrador até ao termo dos respetivos prazos de vigência e, no mínimo, durante 12 meses, a contar da data da transferência, salvo se, entretanto, outro acordo coletivo de trabalho de empregador público passar a aplicar-se ao órgão ou serviço integrador.

2 – Em caso de transferência de atribuições ou de responsabilidade de gestão de órgão ou serviço para entidades públicas empresariais ou entidades privadas sob qualquer forma, o instrumento de regulamentação coletiva de trabalho que vincula aquele órgão ou serviço é aplicável a estas entidades até ao termo do respetivo prazo de vigência e, no mínimo, durante 12 meses, a contar da data da transferência, salvo se, entretanto, outro instrumento de regulamentação coletiva de trabalho convencional passar a aplicar-se às mesmas entidades.

SUBSECÇÃO V – Âmbito temporal de aplicação

Artigo 373º – Vigência

1 – O acordo coletivo de trabalho vigora pelo prazo que dele constar, não podendo este ser inferior a um ano.

2 – Decorrido o prazo de vigência aplica-se o seguinte regime:

a) O acordo coletivo de trabalho renova-se nos termos nele previstos;

b) No caso de não regular a matéria prevista na alínea anterior, o acordo coletivo de trabalho renova-se sucessivamente por períodos de um ano.

3 – O acordo coletivo de trabalho pode ter diferentes períodos de vigência para cada matéria ou grupo homogéneo de cláusulas.

Artigo 374º – Denúncia

1 – O acordo coletivo de trabalho pode ser denunciado, por qualquer dos outorgantes, mediante comunicação escrita dirigida à outra parte, desde que acompanhada de uma proposta negocial.

2 – No caso de o acordo estabelecer um prazo de vigência, a denúncia não pode ser feita com uma antecedência superior a três meses relativamente ao termo daquele prazo ou da renovação em curso.

3 – No caso de o acordo coletivo de trabalho não estabelecer um prazo de vigência, a denúncia não pode ser feita antes de decorridos 10 meses sobre a sua entrada em vigor.

Artigo 375º – Sobrevigência

1 – Havendo denúncia, o acordo coletivo de trabalho renova-se por um período de 18 meses, devendo as partes promover os procedimentos conducentes à celebração de novo acordo.

2 – Decorrido o período referido no número anterior, o acordo coletivo de trabalho caduca, mantendo-se, até à entrada em vigor de um outro acordo coletivo de trabalho ou decisão arbitral, os efeitos definidos por acordo das partes ou, na sua falta, os já produzidos pelo mesmo acordo nos contratos no que respeita a:

a) Remuneração do trabalhador;

b) Duração do tempo de trabalho.

3 – Para além dos efeitos referidos no número anterior, o trabalhador beneficia dos demais direitos e garantias decorrentes da aplicação da presente lei.

4 – Decorrido o prazo de um ano após a caducidade do acordo coletivo de trabalho, sem que tenha sido celebrado um novo acordo e esgotados os demais meios de resolução de conflitos coletivos, qualquer das partes pode acionar a arbitragem necessária, mediante comunicação à parte que se lhe contrapõe na negociação do acordo coletivo de trabalho e à DGAEP.

Artigo 376º – Cessação

O acordo coletivo de trabalho pode cessar:

a) Mediante revogação por acordo das partes;

b) Por caducidade, nos termos do artigo anterior.

Artigo 377º – Sucessão de acordos coletivos de trabalho

1 – O acordo coletivo de trabalho posterior revoga integralmente o acordo anterior, salvo nas matérias expressamente ressalvadas pelas partes.

2 – A mera sucessão de acordos coletivos não pode ser invocada para diminuir o nível de proteção global dos trabalhadores.

3 – Os direitos decorrentes de acordo coletivo de trabalho só podem ser reduzidos por novo acordo de cujo texto conste, em termos expressos, o seu caráter globalmente mais favorável.

4 – No caso previsto no número anterior, o novo acordo coletivo de trabalho prejudica os direitos decorrentes de acordo anterior, salvo se, no novo acordo, forem expressamente ressalvados pelas partes.

SECÇÃO III – Acordo de adesão

Artigo 378º – Adesão a acordos coletivos de trabalho e a decisões arbitrais

1 – As associações sindicais e, no caso de acordos coletivos de empregador público, o empregador público podem aderir a acordos coletivos de trabalho ou decisões arbitrais em vigor.

2 – A adesão opera-se por acordo entre a entidade interessada e aquela ou aquelas que se lhe contraporiam na negociação do acordo, se nela tivessem participado.

3 – Da adesão não pode resultar modificação do conteúdo do acordo coletivo de trabalho ou da decisão arbitral, ainda que destinada a aplicar-se somente no âmbito da entidade aderente.

4 – Aos acordos de adesão aplicam-se as regras referentes à assinatura, ao depósito e à publicação dos acordos coletivos de trabalho.

CAPÍTULO IV – Arbitragem

SECÇÃO I – Disposições gerais

Artigo 379º – Admissibilidade

As partes podem, a todo o tempo, acordar em submeter a arbitragem, nos termos que definirem ou, na falta de definição, segundo o disposto nos artigos seguintes, as questões laborais que resultem, nomeadamente, da interpretação, integração, celebração ou revisão de um acordo coletivo de trabalho.

Artigo 380º – Efeitos da decisão arbitral

1 – A decisão arbitral produz os efeitos do acordo coletivo de trabalho.

2 – Aplicam-se às decisões arbitrais, com as necessárias adaptações, as regras sobre conteúdo obrigatório, depósito e publicação previstas para os acordos coletivos de trabalho.

SECÇÃO II – Arbitragem voluntária

Artigo 381º – Regras gerais da arbitragem voluntária

1 – As partes podem, a todo tempo, recorrer à arbitragem voluntária.

2 – A arbitragem voluntária rege-se por acordo das partes ou, na falta deste, pelo disposto nos números seguintes.

3 – A arbitragem é realizada por três árbitros, um nomeado por cada uma das partes e o terceiro escolhido por estes.

4 – No caso de não ter sido escolhido o terceiro árbitro, a DGAEP procede ao respetivo sorteio, de entre os árbitros constantes da lista de árbitros presidentes, no prazo de cinco dias úteis.

5 – A DGAEP deve ser informada pelas partes do início e do termo do respetivo procedimento.

6 – Os árbitros podem ser assistidos por peritos e têm o direito a obter das partes, da DGAEP e dos demais órgãos e serviços a informação necessária de que estes disponham.

7 – Os árbitros enviam o texto da decisão às partes e à DGAEP, para efeitos de depósito e publicação, no prazo de 15 dias, a contar da decisão.

8 – O regime geral da arbitragem voluntária é subsidiariamente aplicável.

SECÇÃO III – Arbitragem necessária

Artigo 382º – Regime aplicável

1 – A arbitragem necessária rege-se pelas normas da presente lei e, com as necessárias adaptações, pelo regime de arbitragem previsto no Decreto-Lei nº 259/2009, de 25 de setembro, nomeadamente quanto à constituição e funcionamento do tribunal arbitral e à independência, aos impedimentos e à substituição dos árbitros.

2 – O regime geral da arbitragem voluntária é subsidiariamente aplicável.

Artigo 383º – Constituição do tribunal arbitral

1 – A arbitragem necessária é acionada mediante comunicação fundamentada de qualquer das partes à parte que se lhe contrapõe na negociação do acordo coletivo de trabalho e à DGAEP.

2 – A arbitragem é realizada por três árbitros, um nomeado por cada uma das partes e o terceiro escolhido por estes.

3 – Nas 48 horas subsequentes à comunicação a que se refere o nº 1, as partes nomeiam o respetivo árbitro, cuja identificação é comunicada, no prazo de 24 horas, à outra parte e à DGAEP.

4 – No prazo de 72 horas, a contar da comunicação referida no número anterior, os árbitros procedem à escolha do terceiro árbitro, cuja identificação é comunicada, nas 24 horas subsequentes, às entidades referidas no número anterior.

5 – No caso de não ter sido feita a nomeação do árbitro por uma das partes, a DGAEP procede, no prazo de cinco dias úteis, ao sorteio do árbitro em falta, de entre os constantes da lista de árbitros dos representantes dos trabalhadores ou dos empregadores públicos, consoante os casos, podendo

a parte faltosa oferecer outro, em sua substituição, nas 48 horas seguintes, procedendo, neste caso, os árbitros nomeados à escolha do terceiro árbitro, nos termos do número anterior.

6 – No caso de não ter sido feita a escolha do terceiro árbitro, a DGAEP procede ao respetivo sorteio, de entre os árbitros constantes da lista de árbitros presidentes, no prazo de cinco dias úteis.

7 – A DGAEP notifica os representantes da parte trabalhadora e dos empregadores públicos do dia e hora do sorteio, realizando-se este à hora marcada, na presença de todos os representantes ou, na falta destes, uma hora depois, com os que estiverem presentes.

Artigo 384º – Listas de árbitros

1 – As listas de árbitros dos representantes dos trabalhadores e dos empregadores públicos são compostas por oito árbitros e elaboradas, respetivamente, pelas confederações sindicais e pelo membro do Governo responsável pela área da Administração Pública.

2 – No caso de as listas de árbitros dos representantes dos trabalhadores e, ou, dos empregadores públicos não terem sido elaboradas nos termos do número anterior, a competência para a sua elaboração é deferida ao presidente do Conselho Económico e Social, que a constitui no prazo de um mês.

3 – A lista de árbitros presidentes é constituída por juízes ou magistrados jubilados, indicados, em número de três, por cada uma das seguintes entidades:

a) Conselho Superior da Magistratura;

b) Conselho Superior dos Tribunais Administrativos e Fiscais;

c) Conselho Superior do Ministério Público.

4 – Cada lista vigora durante um período de três anos.

5 – As listas de árbitros são comunicadas à DGAEP, que garante a sua permanente atualização.

6 – O sorteio de árbitros compete à DGAEP, devendo observar-se as regras do Decreto-Lei nº 259/2009, de 25 de setembro, com as necessárias adaptações.

Artigo 385º – Local da arbitragem e apoio

1 – A arbitragem realiza-se em local previamente indicado pelo presidente do Conselho Económico e Social, em despacho emitido no início de cada ano civil.

2 – Só é permitida a utilização de instalações de quaisquer das partes no caso de estas e os árbitros estarem de acordo.

3 – Na falta do despacho ou do acordo a que se referem os números anteriores, as arbitragens realizam-se nas instalações da DGAEP.

4 – Compete ao ministério responsável pela área da Administração Pública a disponibilização de instalações para a realização da arbitragem, sempre que se verifique indisponibilidade das instalações indicadas pelo presidente do Conselho Económico e Social.

5 – O tribunal arbitral pode requerer à DGAEP, aos demais órgãos e serviços e às partes a informação necessária de que disponham.

6 – A DGAEP assegura o apoio administrativo ao funcionamento do tribunal arbitral.

Artigo 386º – Encargos do processo

1 – Os encargos resultantes do recurso à arbitragem são suportados pelo Orçamento do Estado, através da DGAEP.

2 – Constituem encargos do processo:

a) Os honorários, despesas de deslocação e estada dos árbitros;

b) Os honorários, despesas de deslocação e estada dos peritos.

3 – Os honorários dos árbitros e peritos são fixados por portaria do membro do Governo responsável pela área da Administração Pública, precedida de audição das confederações sindicais com assento na Comissão Permanente de Concertação Social.

4 – Os árbitros presidentes aposentados ou jubilados podem cumular a pensão com a remuneração que competir às funções de árbitro presidente, com um limite correspondente a uma terça parte da pensão auferida.

5 – O disposto nos números anteriores e as regras sobre o local da arbitragem aplicam-se, com as devidas adaptações, aos processos de conciliação, mediação e arbitragem voluntária, sempre que o conciliador, o mediador ou o árbitro presidente sejam escolhidos de entre a lista de árbitros presidentes.

(Redação da Lei nº 25/2017, de 30 de maio)

TÍTULO III – Conflitos coletivos de trabalho

CAPÍTULO I – Conciliação, mediação e arbitragem

Artigo 387º – Modos de resolução dos conflitos coletivos

1 – Os conflitos coletivos de trabalho, designadamente os que resultam da celebração ou revisão de um acordo coletivo de trabalho, podem ser resolvidos por conciliação, mediação e arbitragem.

2 – Na pendência de um conflito coletivo de trabalho as partes devem agir de boa-fé.

Artigo 388º – Admissibilidade e regime da conciliação

1 – Na falta de regulamentação convencional da conciliação pode esta ser promovida em qualquer altura:

a) Por acordo das partes;

b) Por uma das partes, no caso de falta de resposta à proposta de celebração ou de revisão do acordo coletivo, ou, fora deste caso, mediante aviso prévio de oito dias, por escrito, à outra parte.

2 – A conciliação é requerida à DGAEP e efetuada por um dos árbitros presidentes constante da lista de árbitros a que se refere o nº 3 do artigo 384º, assessorado pela DGAEP.

3 – O árbitro a que se refere o número anterior é sorteado pela DGAEP, no prazo de cinco dias úteis.

4 – Do requerimento de conciliação deve constar a indicação do respetivo objeto.

Artigo 389º – Procedimento de conciliação

1 – As partes são convocadas pelo árbitro conciliador para o início do procedimento de conciliação, nos 15 dias seguintes à apresentação do pedido.

2 – O procedimento de conciliação tem lugar nas instalações da DGAEP.

3 – O árbitro deve convidar a participar na conciliação que tenha por objeto a revisão de um acordo coletivo de trabalho as partes no processo de negociação que não requeiram a conciliação.

4 – As partes referidas no número anterior devem responder ao convite no prazo de cinco dias úteis.

5 – As partes são obrigadas a comparecer nas reuniões de conciliação.

Artigo 390º – Transformação da conciliação em mediação

A conciliação pode ser transformada em mediação, nos termos dos artigos seguintes.

Artigo 391º – Admissibilidade da mediação

1 – As partes podem, a todo o tempo, acordar em submeter a mediação os conflitos coletivos, a efetuar pelos serviços públicos de mediação ou outros sistemas de mediação laboral.

2 – Na falta do acordo previsto no nº 1, uma das partes pode requerer, junto da DGAEP, um mês após o início da conciliação, a intervenção de uma

das personalidades constantes da lista de árbitros presidentes, constante da lista de árbitros a que se refere o nº 3 do artigo 384º, para desempenhar as funções de mediador.

3 – Do requerimento de mediação deve constar a indicação do respetivo objeto.

Artigo 392º – Funcionamento da mediação

1 – A mediação é efetuada, caso seja requerida por uma ou por ambas as partes, por um dos árbitros presidentes a que se refere o nº 3 do artigo 384º, assessorado pela DGAEP.

2 – O árbitro a que se refere o número anterior é sorteado pela DGAEP, de entre os constantes da lista de árbitros presidentes, no prazo de cinco dias úteis.

3 – Se a mediação for requerida apenas por uma das partes, o mediador deve solicitar à outra parte que se pronuncie sobre o respetivo objeto.

4 – Se as partes discordarem sobre o objeto da mediação, o mediador decide tendo em consideração a viabilidade de acordo das partes.

5 – O mediador pode realizar todos os contactos, com cada uma das partes em separado, que considere convenientes e viáveis no sentido da obtenção de um acordo.

6 – As partes são obrigadas a comparecer nas reuniões convocadas pelo mediador.

7 – Para a elaboração da proposta, o mediador pode solicitar às partes e a qualquer órgão ou serviço os dados e informações de que estes disponham e que aquele considere necessários.

8 – O mediador deve remeter a sua proposta às partes, por carta registada, no prazo de 30 dias, a contar da sua nomeação.

9 – A proposta do mediador considera-se recusada se não houver comunicação escrita de ambas as partes a aceitá-la no prazo de 10 dias, a contar da sua receção.

10 – Decorrido o prazo fixado no número anterior, o mediador comunica, em simultâneo, a cada uma das partes, no prazo de cinco dias, a aceitação ou recusa das partes.

11 – O mediador está obrigado a guardar sigilo de todas as informações colhidas no decurso do procedimento que não sejam conhecidas da outra parte.

Artigo 393º – Arbitragem

Os conflitos coletivos podem ser dirimidos por arbitragem, nos termos previstos nos artigos 381º a 386º

CAPÍTULO II – Greve e proibição do lock-out

SECÇÃO I – Disposições gerais

Artigo 394º – Direito à greve

1 – A greve constitui um direito dos trabalhadores com vínculo de emprego público.

2 – O disposto no número anterior não prejudica, nos termos da Constituição, a existência de regimes especiais.

3 – À greve e lock-out é aplicável o regime do Código do Trabalho, com as necessárias adaptações e as especificidades constantes da presente lei.

Artigo 395º – Competência para declarar a greve

Sem prejuízo do direito das associações sindicais, as assembleias de trabalhadores podem deliberar o recurso à greve, desde que no respetivo órgão ou serviço a maioria dos trabalhadores não esteja representada por associações sindicais e que a assembleia seja expressamente convocada para o efeito por 20 % ou 200 trabalhadores, a maioria dos trabalhadores do órgão ou serviço participe na votação e a declaração de greve seja aprovada por voto secreto pela maioria dos votantes.

Artigo 396º – Aviso prévio de greve

1 – As entidades com legitimidade para decidirem o recurso à greve devem dirigir ao empregador público, ao membro do Governo responsável pela área da Administração Pública e aos restantes membros do Governo competentes, por meios idóneos, nomeadamente por escrito ou através dos meios de comunicação social, um aviso prévio, com o prazo mínimo de cinco dias úteis ou, no caso de órgãos ou serviços que se destinem à satisfação de necessidades sociais impreteríveis, de 10 dias úteis.

2 – O aviso prévio deve conter uma proposta de definição dos serviços necessários à segurança e manutenção do equipamento e instalações, bem como, sempre que a greve se realize em órgão ou serviço que se destine à satisfação de necessidades sociais impreteríveis, uma proposta de definição de serviços mínimos.

Artigo 397º – Obrigações de prestação de serviços durante a greve

1 – Nos órgãos ou serviços que se destinem à satisfação de necessidades sociais impreteríveis, a associação que declare a greve, ou a comissão de greve,

e os trabalhadores aderentes devem assegurar, durante a greve, a prestação dos serviços mínimos indispensáveis à satisfação daquelas necessidades.

2 – Para efeitos do disposto no número anterior, consideram-se órgãos ou serviços que se destinam à satisfação de necessidades sociais impreteríveis, os que se integram, nomeadamente, em alguns dos seguintes setores:

a) Segurança pública, quer em meio livre quer em meio institucional;

b) Correios e telecomunicações;

c) Serviços médicos, hospitalares e medicamentosos;

d) Educação, no que concerne à realização de avaliações finais, de exames ou provas de caráter nacional que tenham de se realizar na mesma data em todo o território nacional;

e) Salubridade pública, incluindo a realização de funerais;

f) Serviços de energia e minas, incluindo o abastecimento de combustíveis;

g) Distribuição e abastecimento de água;

h) Bombeiros;

i) Serviços de atendimento ao público que assegurem a satisfação de necessidades essenciais cuja prestação incumba ao Estado;

j) Transportes relativos a passageiros, animais e géneros alimentares deterioráveis e a bens essenciais à economia nacional, abrangendo as respetivas cargas e descargas;

k) Transporte e segurança de valores monetários.

3 – As associações sindicais e os trabalhadores ficam obrigados a prestar, durante a greve, os serviços necessários à segurança e manutenção do equipamento e instalações.

4 – Os trabalhadores que prestem, durante a greve, os serviços necessários à segurança e manutenção do equipamento e instalações e os afetos à prestação de serviços mínimos mantêm-se, na estrita medida necessária à prestação desses serviços, sob a autoridade e direção do empregador público, tendo direito, nomeadamente, à remuneração.

Artigo 398º – Definição de serviços a assegurar durante a greve

1 – Os serviços previstos nos nºs 1 e 3 do artigo anterior e os meios necessários para os assegurar devem ser definidos por instrumento de regulamentação coletiva de trabalho ou por acordo com os representantes dos trabalhadores.

2 – Na ausência de previsão em instrumento de regulamentação coletiva de trabalho ou de acordo sobre a definição dos serviços mínimos previstos no nº 1 do artigo anterior, o membro do Governo responsável pela área da Administração Pública convoca os representantes dos trabalhadores e os representantes das entidades empregadoras públicas interessadas, tendo em vista a

negociação de um acordo quanto aos serviços mínimos e quanto aos meios necessários para os assegurar.

3 – Na falta de um acordo até ao termo do terceiro dia posterior ao aviso prévio de greve, a definição dos serviços e dos meios referidos no número anterior compete a um colégio arbitral, composto por três árbitros constantes das listas de árbitros previstas no artigo 384º

4 – O empregador público deve comunicar à DGAEP, nas 24 horas subsequentes à receção do pré-aviso de greve, a necessidade de negociação do acordo previsto no nº 2.

5 – A decisão do colégio arbitral produz efeitos imediatamente após a sua notificação aos representantes referidos no nº 2 e deve ser afixada nas instalações do órgão ou serviço, nos locais habitualmente destinados à informação dos trabalhadores.

6 – Os representantes dos trabalhadores devem designar os trabalhadores que ficam adstritos à prestação dos serviços referidos no artigo anterior, até 24 horas antes do início do período de greve, e, se não o fizerem, deve o empregador público proceder a essa designação.

7 – A definição dos serviços mínimos deve respeitar os princípios da necessidade, da adequação e da proporcionalidade.

Artigo 399º – Âmbito de aplicação da decisão arbitral

1 – Nos casos em que o empregador esteja sujeito à presente lei, a definição dos serviços mínimos é feita nos termos da presente secção, sendo a decisão arbitral aplicável a todos os trabalhadores independentemente da natureza do respetivo vínculo.

2 – Nos casos em que o empregador esteja fora do âmbito de aplicação da presente lei, a definição dos serviços mínimos é feita nos termos do Código do Trabalho e respetiva legislação complementar, sendo a decisão arbitral aplicável a todos os trabalhadores independentemente da natureza do respetivo vínculo.

SECÇÃO II – Arbitragem dos serviços mínimos

SUBSECÇÃO I – Designação de árbitros

Artigo 400º – Constituição do colégio arbitral

1 – No quarto dia posterior ao aviso prévio de greve, o membro do Governo responsável pela área da Administração Pública declara constituído o colégio arbitral, notificando as partes e os árbitros.

2 – Para a constituição do colégio arbitral previsto no número anterior, cada uma das listas de árbitros dos trabalhadores, dos empregadores públicos e presidentes é ordenada alfabeticamente.

3 – O sorteio do árbitro efetivo e do suplente deve ser feito através de tantas bolas numeradas quantos os árbitros que não estejam legalmente impedidos no caso concreto, correspondendo a cada número o nome de um árbitro.

4 – As bolas a que se refere o número anterior são todas sorteadas, correspondendo a primeira ao árbitro efetivo e as restantes aos árbitros suplentes.

5 – A DGAEP notifica os representantes da parte trabalhadora e dos empregadores públicos do dia e hora do sorteio, com a antecedência mínima de 24 horas.

6 – Se um ou ambos os representantes não estiverem presentes, a DGAEP designa trabalhadores dessa direção-geral, em igual número, para estarem presentes no sorteio.

7 – A DGAEP elabora a ata do sorteio, que deve ser assinada pelos presentes e comunicada imediatamente às partes.

8 – A DGAEP comunica imediatamente o resultado do sorteio aos árbitros que constituem o tribunal arbitral, aos suplentes e às partes que não tenham estado representadas no sorteio.

9 – O membro do Governo responsável pela área da Administração Pública pode ainda determinar que a decisão sobre serviços mínimos seja tomada pelo colégio arbitral que tenha pendente a apreciação de outra greve cujos período e âmbito geográfico e sectorial sejam total ou parcialmente coincidentes, havendo parecer favorável do colégio em causa.

SUBSECÇÃO II – Do funcionamento da arbitragem

Artigo 401º – Impedimento e suspeição

1 – Qualquer das partes pode apresentar requerimento de impedimento do árbitro designado e este pode apresentar pedido de escusa imediatamente após a comunicação prevista no artigo anterior.

2 – Perante o requerimento de impedimento ou pedido de escusa, e não havendo oposição das partes, procede-se de imediato à substituição do árbitro visado pelo respetivo suplente.

3 – Havendo oposição das partes, compete ao presidente do Conselho Económico e Social decidir o requerimento de impedimento ou pedido de escusa.

Artigo 402º – Procedimento da arbitragem

1 – A arbitragem tem início imediatamente após a notificação dos árbitros sorteados, podendo desenvolver-se em qualquer dia do calendário.

2 – O tribunal arbitral notifica as partes para que apresentem, por escrito e no prazo indicado, o seu entendimento sobre a definição dos serviços mínimos e os meios necessários para os assegurar, podendo estas juntar os documentos que considerem pertinentes.

3 – O tribunal arbitral pode convocar as partes para as ouvir sobre a definição dos serviços mínimos e os meios necessários para os assegurar.

4 – O tribunal arbitral pode ser assistido por peritos.

5 – Após três decisões no mesmo sentido, em casos em que as partes sejam as mesmas e cujos elementos relevantes para a decisão sobre os serviços mínimos a prestar e os meios necessários para os assegurar sejam idênticos, e caso a última decisão tenha sido proferida há menos de três anos, o tribunal arbitral pode, em iguais circunstâncias, decidir de imediato nesse sentido, dispensando a audição das partes e outras diligências instrutórias.

Artigo 403º – Redução da arbitragem

1 – No caso de acordo parcial, incidindo este sobre a definição dos serviços mínimos, a arbitragem prossegue em relação aos meios necessários para os assegurar.

2 – No caso de as partes chegarem a acordo sobre todo o objeto da arbitragem, esta considera-se extinta.

Artigo 404º – Decisão

1 – A notificação da decisão é efetuada até 48 horas antes do início do período da greve.

2 – A decisão final do tribunal arbitral é fundamentada e reduzida a escrito, dela constando ainda:

a) A identificação das partes;

b) O objeto da arbitragem;

c) A identificação dos árbitros;

d) O lugar da arbitragem e o local e data em que a decisão foi proferida;

e) A assinatura dos árbitros;

f) A indicação dos árbitros que não puderem assinar.

3 – A decisão deve conter um número de assinaturas, pelo menos, igual ao da maioria dos árbitros e inclui os votos de vencido, devidamente identificados.

4 – A decisão arbitral equivale a sentença da primeira instância, para todos os efeitos legais.

5 – Qualquer das partes pode requerer ao tribunal arbitral o esclarecimento de alguma obscuridade ou ambiguidade da decisão ou dos seus fundamentos, nos termos previstos no Código de Processo Civil, nas 12 horas seguintes à sua notificação.

6 – As decisões arbitrais são objeto de publicação na página eletrónica da DGAEP.

Artigo 405º – Regime subsidiário

São subsidiariamente aplicáveis o regime da arbitragem necessária previsto na presente lei e o regime de arbitragem de serviços mínimos previsto no Decreto-Lei nº 259/2009, de 25 de setembro.

Artigo 406º – Lock-out

1 – É proibido o lock-out.

2 – Considera-se lock-out qualquer decisão unilateral do empregador público que se traduza na paralisação total ou parcial do órgão ou serviço ou na interdição do acesso aos locais de trabalho a alguns ou à totalidade dos trabalhadores e, ainda, na recusa em fornecer trabalho, condições e instrumentos de trabalho que determine ou possa determinar a paralisação de todos ou alguns setores do órgão ou serviço ou desde que, em qualquer caso, vise atingir finalidades alheias à normal atividade do órgão ou serviço.

ANEXO

(a que se refere o nº 2 do artigo 88º da LTFP)

CARACTERIZAÇÃO DAS CARREIRAS GERAIS

Carreira	Categorias	Conteúdo funcional	Grau de complexidade funcional	Número de posições remuneratórias
Técnico superior	Técnico superior	Funções consultivas, de estudo, planeamento, programação, avaliação e aplicação de métodos e processos de natureza técnica e ou científica, que fundamentam e preparam a decisão. Elaboração, autonomamente ou em grupo, de pareceres e projetos, com diversos graus de complexidade, e execução de outras atividades de apoio geral ou especializado nas áreas de atuação comuns, instrumentais e operativas dos órgãos e serviços. Funções exercidas com responsabilidade e autonomia técnica, ainda que com enquadramento superior qualificado. Representação do órgão ou serviço em assuntos da sua especialidade, tomando opções de índole técnica, enquadradas por diretivas ou orientações superiores.	3	14
Assistente técnico	Coordenador técnico	Funções de chefia técnica e administrativa em uma subunidade orgânica ou equipa de suporte, por cujos resultados é responsável. Realização das atividades de programação e organização do trabalho do pessoal que coordena, segundo orientações e diretivas superiores. Execução de trabalhos de natureza técnica e administrativa de maior complexidade. Funções exercidas com relativo grau de autonomia e responsabilidade.	2	4
	Assistente técnico	Funções de natureza executiva, de aplicação de métodos e processos, com base em diretivas bem definidas e instruções gerais, de grau médio de complexidade, nas áreas de atuação comuns e instrumentais e nos vários domínios de atuação dos órgãos e serviços.	2	9

Assistente operacional	Encarregado geral operacional	Funções de chefia do pessoal da carreira de assistente operacional. Coordenação geral de todas as tarefas realizadas pelo pessoal afeto aos setores de atividade sob sua supervisão.	1	2
	Encarregado operacional	Funções de coordenação dos assistentes operacionais afetos ao seu setor de atividade, por cujos resultados é responsável. Realização das tarefas de programação, organização e controlo dos trabalhos a executar pelo pessoal sob sua coordenação. Substituição do encarregado geral nas suas ausências e impedimentos.		5
	Assistente operacional	Funções de natureza executiva, de caráter manual ou mecânico, enquadradas em diretivas gerais bem definidas e com graus de complexidade variáveis. Execução de tarefas de apoio elementares, indispensáveis ao funcionamento dos órgãos e serviços, podendo comportar esforço físico. Responsabilidade pelos equipamentos sob sua guarda e pela sua correta utilização, procedendo, quando necessário, à manutenção e reparação dos mesmos.		8

Portaria nº 1553-C/2008, de 31 de dezembro

A presente portaria aprova a tabela remuneratória única dos trabalhadores que exercem funções públicas, assim se completando as disposições de natureza remuneratória essenciais à execução da Lei nº 12-A/2008, de 27 de fevereiro, e se estabelecendo o enquadramento das remunerações base de todos aqueles trabalhadores.

Nos termos do artigo 109º da Lei nº 12-A/2008, de 27 de fevereiro, os trabalhadores serão reposicionados remuneratoriamente na tabela a partir de 1 de janeiro de 2009. Para o efeito, porém, há que proceder à atualização das suas remunerações base atuais.

Remunerações que não devam, nunca, ser absorvidas pela tabela remuneratória única são também atualizadas em igual percentagem.

São também atualizados os suplementos do «abono para falhas» e pelo exercício de funções de secretariado, adotando já a regra da fixação em montantes pecuniários exatos, decorrente da Lei nº 12-A/2008, de 27 de fevereiro.

Cumprindo o que oportunamente se acordou em sede de negociação sindical, fixa- se em € 28 o mínimo do primeiro acréscimo remuneratório resultante de alteração de posição remuneratória que deva ter lugar após a transição dos trabalhadores para os novos regimes de vinculação, carreiras e remunerações.

Assim:

Ao abrigo dos nºs 2 e 4 do artigo 68º da Lei nº 12-A/2008, de 27 de fevereiro:

Manda o Governo, pelo Primeiro-Ministro e pelo Ministro de Estado e das Finanças, o seguinte:

1º É aprovada a tabela remuneratória única dos trabalhadores que exercem funções públicas, em anexo à presente portaria, contendo o número de níveis remuneratórios e o montante pecuniário correspondente a cada um.

2º Nos termos da subalínea *i)* da alínea *b)* do artigo 18º da Lei do Orçamento do Estado para 2009 e dos nºs 3 e 4 do artigo 4º do Decreto-Lei nº 353- A/89, de 16 de outubro, os índices 100 de todas as escalas salariais são atualizados em 2,9 %.

3º A atualização referida no número anterior não prejudica a atualização em montante superior, na medida do estritamente necessário para fazer equivaler à retribuição mínima mensal garantida as remunerações base que fossem inferiores.

4º São atualizadas, nos termos previstos nos números anteriores:

a) As remunerações base que não coincidam com qualquer índice das escalas salariais;

b) As remunerações base de titulares de cargos equiparados a funções dirigentes, mas que não detenham o efetivo exercício das competências de chefia, bem como as do pessoal dirigente constante do anexo II do Decreto-Lei nº 406/82, de 27 de setembro, que não esteja integrado no designado «novo sistema retributivo da função pública».

5º Os montantes pecuniários referidos no nº 3 do artigo 106º e no nº 4 do artigo 108º, ambos da Lei nº 12-A/2008, de 27 de fevereiro, são atualizados nos termos previstos no nº 2º

6º As gratificações previstas nas alíneas *b)* e *c)* do nº 1 do artigo 6º do Decreto-Lei nº 110-A/81, de 14 de maio, são atualizadas em 2,9 %.

7º O adicional à remuneração criado pelo artigo 5º do Decreto-Lei nº 61/92, de 15 de abril, continua a ser abonado aos trabalhadores dos corpos especiais abrangidos pela alínea *a)* do nº 1 do artigo 18º da Lei do Orçamento do Estado para 2009, nas mesmas condições em que atualmente o vêm percebendo.

8º O adicional à remuneração dos trabalhadores, quer dos corpos especiais referidos no número anterior, quer dos corpos especiais já revistos, é atualizado em 2,9 %.

9º Nos termos do nº 1 do artigo 4º do Decreto-Lei nº 4/89, de 6 de janeiro, o montante pecuniário do «abono para falhas» é de € 86,29.

10º Nos termos do nº 5 do artigo 33º da Lei nº 2/2004, de 15 de janeiro, o montante pecuniário do suplemento remuneratório pelo exercício de funções de secretariado é de € 116,63.

11º Nos termos do nº 5 do artigo 104º da Lei nº 12-A/2008, de 27 de fevereiro, o montante pecuniário ali referido é de € 28.

12º A presente portaria produz efeitos desde 1 de janeiro de 2009.

ANEXO

Tabela remuneratória única

Atualizada nos termos do Decreto-Lei nº 10/2021, de 1 de fevereiro

Base remuneratória para a Administração Pública em 2021: 665,00 €

Níveis remuneratórios	Montante pecuniário (euros)
1	**RMMG** (a)
2	RMMG (a)
3	RMMG (a)
4	**665,00** (b)
5	703,13
6	750,26
7	801,91
8	840,11
9	895,21
10	946,85
11	998,50
12	1 050,14
13	1 101,80
14	1 153,44
15	1 205,08
16	1 256,73
17	1 308,37
18	1 360,03
19	1 411,67
20	1 463,32
21	1 514,96
22	1 566,61
23	1 618,26
24	1 669,90
25	1 721,55
26	1 773,19
27	1 824,84
28	1 876,49
29	1 928,14
30	1 979,78
31	2 031,43
32	2 083,07
33	2 134,73
34	2 186,37
35	2 238,01
36	2 289,66

37	2 341,30
38	2 392,96
39	2 444,60
40	2 496,25
41	2 547,89
42	2 599,54
43	2 651,19
44	2 702,83
45	2 754,48
46	2 806,12
47	2 857,77
48	2 909,42
49	2 961,07
50	3 012,71
51	3 064,36
52	3 116,00
53	3 167,65
54	3 219,30
55	3 270,94
56	3 322,59
57	3 374,23
58	3 425,89
59	3 477,53
60	3 529,18
61	3 580,82
62	3 632,46
63	3 684,12
64	3 735,76
65	3 787,41
66	3 839,05
67	3 890,70
68	3 942,35
69	3 994,00
70	4 045,64
71	4 097,29
72	4 148,93
73	4 200,58
74	4 252,23
75	4 303,87
76	4 355,52
77	4 407,16
78	4 458,82
79	4 510,46
80	4 562,11
81	4 613,75
82	4 665,39

83 .... 4 717,05
84 .... 4 768,69
85 .... 4 820,34
86 .... 4 871,98
87 .... 4 923,63
88 .... 4 975,28
89 .... 5 026,93
90 .... 5 078,57
91 .... 5 130,21
92 .... 5 181,86
93 .... 5 233,51
94 .... 5 285,16
95 .... 5 336,80
96 .... 5 388,45
97 .... 5 440,09
98 .... 5 491,75
99 .... 5 543,39
100 .... 5 595,03
101 .... 5 646,68
102 .... 5 698,32
103 .... 5 749,98
104 .... 5 801,62
105 .... 5 853,27
106 .... 5 904,91
107 .... 5 956,56
108 .... 6 008,21
109 .... 6 059,86
110 .... 6 111,50
111 .... 6 163,14
112 .... 6 214,79
113 .... 6 266,44
114 .... 6 318,09
115 .... 6 369,73

(a) Retribuição mínima mensal garantida RMMG – A tabela remuneratória única não pode prever níveis remuneratórios de montante inferior ao da retribuição mínima mensal garantida, cujo valor é de 665,00 €, desde 1 de janeiro de 2021, por força do disposto no Dec. – Lei nº 109-A/2020, de 31 de dezembro (artº 273º, nº 1 do CT).
(b) A partir de 1 de janeiro de 2021 a base remuneratória da TRU passou a ser 665,00 Euros (atualizada pelo Dec. – Lei nº 10/2021, de 1 de fevereiro).
Nota – Vede Dec. – Lei nº 29/2019, de 20 de fevereiro, que atualizou a base remuneratória da Administração Pública em 2019, e promoveu o apagamento dos pontos dos assistentes operacionais na base da respetiva carreira para efeitos de progressão em virtude da sua atualização salarial ter sido superior a 28 Euros.

Decreto Regulamentar nº 14/2008, de 31 de julho

A Lei nº 12-A/2008, de 27 de fevereiro, que define e regula os regimes de vinculação, de carreiras e de remunerações dos trabalhadores que exercem funções públicas, criou, no seu artigo 49º, as carreiras gerais de técnico superior, assistente técnico e assistente operacional, sendo a primeira uma carreira unicategorial e as demais pluricategoriais.

O mesmo diploma legal prevê, no nº 1 do seu artigo 69º, que, por decreto regulamentar, se identifiquem os níveis remuneratórios correspondentes às posições remuneratórias das categorias.

Ora, o objeto do presente decreto regulamentar é dar concretização àquela previsão legal no que às carreiras gerais respeita.

São, pois, identificados os níveis remuneratórios correspondentes às posições remuneratórias daquelas carreiras e respetivas categorias, em estreita conformidade com os princípios e regras estabelecidos na Lei nº 12 -A/2008, de 27 de fevereiro.

O presente decreto regulamentar cria, ainda, nas carreiras de assistente técnico e de assistente operacional posições remuneratórias complementares para os atuais trabalhadores.

Com essas posições complementares permite-se que os atuais trabalhadores mantenham e aumentem as expectativas criadas na legislação anterior aplicável às carreiras de regime geral comuns à administração central, regional e local. Assim, os atuais trabalhadores com relação jurídica de emprego público constituída por tempo indeterminado até à data da entrada em vigor do presente decreto regulamentar poderão mudar para as posições remuneratórias constantes do anexo IV, desde que verificados os requisitos legais. Refira-se, aliás, que a solução concretamente adotada permite mesmo que aqueles que já atingiram ou pudessem atingir, no anterior sistema, o nível remuneratório máximo tenham agora uma nova perspetiva de evolução remuneratória.

Foram ouvidos os órgãos de governo próprio das Regiões Autónomas e a Associação Nacional dos Municípios Portugueses.

Foi promovida a audição à Associação Nacional de Freguesias.

Foram observados os procedimentos decorrentes da Lei nº 23/98, de 26 de maio.

Assim:

Nos termos do nº 1 do artigo 69º da Lei nº 12-A/2008, de 27 de fevereiro, e da alínea *c)* do artigo 199º da Constituição, o Governo decreta o seguinte:

Artigo 1º – Objeto

O presente decreto regulamentar identifica os níveis da tabela remuneratória única dos trabalhadores que exercem funções públicas correspondentes às posições remuneratórias das categorias das carreiras gerais de técnico superior, de assistente técnico e de assistente operacional.

Artigo 2º – Níveis remuneratórios das categorias das carreiras gerais

Os níveis remuneratórios correspondentes às posições remuneratórias das categorias das carreiras de técnico superior, de assistente técnico e de assistente operacional constam dos anexos I, II e III ao presente decreto regulamentar, do qual fazem parte integrante.

Artigo 3º – Posições remuneratórias complementares

1 – Nas categorias das carreiras de assistente técnico e de assistente operacional são criadas as posições remuneratórias complementares a que correspondem os níveis remuneratórios constantes do anexo IV ao presente decreto regulamentar, do qual faz parte integrante.

2 – As posições remuneratórias complementares referidas no número anterior são consideradas para efeitos de aplicação do disposto no artigo 104º da Lei nº 12-A/2008, de 27 de fevereiro.

3 – Todos os trabalhadores que constem da lista nominativa referida no artigo 109º da Lei nº 12-A/2008, de 27 de fevereiro, podem vir a ser posicionados, verificados os requisitos legais, nas posições remuneratórias complementares.

Artigo 4º – Entrada em vigor

O presente decreto regulamentar entra em vigor na data de início de vigência do regime do contrato de trabalho em funções públicas, aprovado nos termos do artigo 87º da Lei nº 12-A/2008, de 27 de fevereiro.

ANEXO I

Carreira de técnico superior

Categoria de técnico superior

Posições remuneratórias ...	1.ª	2.ª	3.ª	4.ª	5.ª	6.ª	7.ª	8.ª	9.ª	10.ª	11.ª	12.ª	13.ª	14.ª
Níveis remuneratórios da tabela única	11	15	19	23	27	31	35	39	42	45	48	51	54	57

ANEXO II

Carreira de assistente técnico

Categoria de coordenador técnico

Posições remuneratórias	1.ª	2.ª	3.ª	4.ª
Níveis remuneratórios da tabela única	14	17	20	22

Categoria de assistente técnico

Posições remuneratórias	1.ª	2.ª	3.ª	4.ª	5.ª	6.ª	7.ª	8.ª	9.ª
Níveis remuneratórios da tabela única	5	7	8	9	10	11	12	13	14

ANEXO III

Carreira de assistente operacional

Categoria de encarregado geral operacional

Posições remuneratórias	1.ª	2.ª
Níveis remuneratórios da tabela única	12	14

Categoria de encarregado operacional

Posições remuneratórias	1.ª	2.ª	3.ª	4.ª	5.ª
Níveis remuneratórios da tabela única	8	9	10	11	12

Categoria de assistente operacional

Posições remuneratórias	1.ª	2.ª	3.ª	4.ª	5.ª	6.ª	7.ª	8.ª
Níveis remuneratórios da tabela única	1	2	3	4	5	6	7	8

ANEXO IV

Posições remuneratórias complementares

Carreira de assistente técnico

Categoria de coordenador técnico

Posições remuneratórias complementares	5.ª	6.ª
Níveis remuneratórios da tabela única	23	24

Categoria de assistente técnico

Posições remuneratórias complementares	10.ª	11.ª	12.ª
Níveis remuneratórios da tabela única	15	16	17

Carreira de assistente operacional

Categoria de encarregado geral operacional

Posições remuneratórias complementares	3.ª	4.ª
Níveis remuneratórios da tabela única	15	16

Categoria de encarregado operacional

Posições remuneratórias complementares	6.ª	7.ª
Níveis remuneratórios da tabela única	13	14

Categoria de assistente operacional

Posições remuneratórias complementares	9.ª	10.ª	11.ª	12.ª
Níveis remuneratórios da tabela única	9	10	11	12

- ***Por força do disposto no Dec.- Lei nº 10/2021, de 1 de fevereiro, o valor da remuneração base praticada na Administração Pública, a partir de 1 de janeiro de 2021, passou a ser € 665,00.***
- ***O Dec. – Lei nº 10-B/2020, de 23 de março, procedeu em 2020 à atualização da TRU em 0,3%, com exceção do seu Nível Remuneratório 5, que foi aumentado em 1%, e da sua base que foi fixada nos 645,07 – 10 euros mais do que o RMMG deste ano.***

ÍNDICE

PARTE II
DIREITO COLETIVO